古代飛鳥の都市構造

相原嘉之 著

吉川弘文館

目　次

序　研究の目的……………………………………………………… *1*

　はじめに …………………………………………………………… *1*

　(1)　各部の目的と構成 ………………………………………… *1*

　(2)　用語の整理 …………………………………………………… *3*

I　7世紀における宮都の成立過程の研究 …………… *9*

　1　倭京の実像 ……………………………………………………… *10*
　　　──飛鳥地域における京の成立過程──

　　はじめに ………………………………………………………… *10*

　　(1)　倭京をめぐる研究史とその課題 ………………………… *10*

　　(2)　京の成立過程 ……………………………………………… *13*

　　(3)　「倭京」の検討 …………………………………………… *40*

　　(4)　総　　　括──今後の課題と展望 ……………………… *43*

　2　近江京域論の再検討 ………………………………………… *53*
　　　──7世紀における近江南部地域の諸相──

　　はじめに ………………………………………………………… *53*

　　(1)　近江京をめぐる研究史とその課題 ……………………… *54*

　　(2)　史料にみる大津宮・近江京 ……………………………… *56*

　　(3)　7世紀の近江南部地域 …………………………………… *58*

　　(4)　倭京からみた近江京 ……………………………………… *76*

　　(5)　総　　　括──近江京域論の再検討 …………………… *78*

目　次　*i*

3 新益京造営試論……………………………………………… *84*
　　── 藤原宮・京の造営過程 ──

　は　じ　め　に……………………………………………………… *84*
　(1)　藤原宮・藤原京の概要 ………………………………… *84*
　(2)　藤原地域の調査成果 …………………………………… *87*
　(3)　調査成果と史料の整合性 ……………………………… *98*
　(4)　総　　　括──「新益京」の誕生 ………………… *102*

Ⅱ　古代王宮の位置と構造の研究 ………………………… *113*

　1　飛鳥の諸宮とその展開……………………………… *114*
　　── 史料からみる王宮造営の画期 ──

　は　じ　め　に ……………………………………………………… *114*
　(1)　飛鳥時代王宮の造営期間と体制 …………………… *114*
　(2)　王宮造営の画期………………………………………… *125*

　2　宮中枢部の成立過程 ……………………………… *129*
　　── 内裏・大極殿・朝堂院の成立 ──

　は　じ　め　に……………………………………………………… *129*
　(1)　古代宮都中枢部の構造 ……………………………… *130*
　(2)　「大極殿」の成立についての研究史と課題 ………… *138*
　(3)　「大極殿」の成立をめぐる課題の整理 …………… *144*
　(4)　「朝堂院」の成立と展開 …………………………… *148*
　(5)　「朝堂院」の成立をめぐる課題の整理 ……………… *154*
　(6)　「内裏」の構造と展開………………………………… *162*
　(7)　「内裏」の構造をめぐる課題の整理 ……………… *164*
　(8)　総　　　括──宮中枢部の成立過程 ……………… *168*

　3　飛鳥浄御原宮の宮城 ……………………………… *178*
　　── 官衙配置の構造とその展開 ──

はじめに ……………………………………………………………… 178

 (1) 文献にみえる天武・持統朝の官衙 ………………………… 179

 (2) 飛鳥宮跡の構造 …………………………………………… 183

 (3) 飛鳥宮関連官衙群の構造と特色 ………………………… 186

 (4) 掌握官司の推定と配置状況 ……………………………… 199

 (5) 藤原宮の官衙 ……………………………………………… 203

 (6) 掌握官司の推定と配置状況の特色 ……………………… 207

 (7) 総 括 ── 飛鳥宮から藤原宮へ ……………………… 211

Ⅲ 飛鳥地域における都市構造の研究 …………………… 221

1 宅地空間の利用形態 ……………………………………… 222
── 掘立柱建物の統計的分析を通して ──

はじめに ……………………………………………………………… 222

 (1) 飛鳥地域の宅地遺構 ……………………………………… 223

 (2) 新益京の宅地利用形態 …………………………………… 232

 (3) 藤原京の掘立柱建物 ……………………………………… 235

 (4) 飛鳥地域における空間利用形態 ………………………… 243

 (5) 総 括 ── 倭京と新益京の比較試論 ………………… 248

2 飛鳥地域の道路体系の復元 …………………………… 257
── 都市景観復元に向けての一試論 ──

はじめに ……………………………………………………………… 257

 (1) 文献史料にみえる飛鳥周辺の古道 ……………………… 258

 (2) 発掘された道路状遺構 …………………………………… 260

 (3) 飛鳥地域の古道 …………………………………………… 275

 (4) 飛鳥地域における古代道路体系の復元 ………………… 279

 (5) 総 括 ── 都市復元における交通道路網 …………… 283

 付 古代飛鳥地域における道路関係史料（稿）………………… 290

3　飛鳥の古代庭園 ………………………………………… *293*
　　　── 苑池空間の構造と性格 ──

　は じ め に ……………………………………………………… *293*

　（1）　飛鳥地域の苑池研究 ……………………………………… *294*

　（2）　文献史料にみる飛鳥の苑池 …………………………… *297*

　（3）　飛鳥地域の苑池遺構 …………………………………… *300*

　（4）　遺跡の検討 ……………………………………………… *313*

　（5）　苑池の構造分類と性格 ………………………………… *315*

　（6）　総　　　括 ── 苑池と古代都市 ……………………… *320*

4　倭京の守り ………………………………………………… *324*
　　　── 飛鳥地域における防衛システム構想 ──

　は じ め に ……………………………………………………… *324*

　（1）　律令国家の軍事組織 …………………………………… *325*

　（2）　記録にみる飛鳥の軍事防衛時期 …………………… *327*

　（3）　飛鳥周辺の丘陵上遺構 ……………………………… *333*

　（4）　丘陵上遺構の評価をめぐって ……………………… *339*

　（5）　飛鳥を守るその他の施設群 ………………………… *345*

　（6）　総　　　括 ── 飛鳥地域における防衛システム構想の復元 …… *350*

結　我が国における古代国家の形成過程 ………………… *359*
　　　── 古代宮都の変遷からみた律令国家の形成 ──

　は じ め に ……………………………………………………… *359*

　（1）　始めて法興寺を作る ── 飛鳥前史 ………………… *359*

　（2）　東アジアへの憧憬 ── 推古天皇の時代 …………… *360*

　（3）　飛鳥宮の誕生 ── 舒明天皇の時代 ………………… *361*

　（4）　前時代からの転換 ── 皇極天皇の時代 …………… *362*

　（5）　律令国家への飛躍 ── 孝徳天皇の時代 …………… *363*

（6）　倭京の荘厳化──斉明天皇の時代 ……………………………… *364*

（7）　淡 海 の 都──天智天皇の時代 …………………………………… *365*

（8）　日本国の形成──天武天皇の時代 ……………………………… *366*

（9）　文物の儀，是に備れり──藤原京の時代 ……………………… *368*

（10）　総　　　　括──平城京・平安京へ ………………………… *370*

あ と が き …………………………………………………………… *373*

索　　　引 …………………………………………………………… *381*

図 表 目 次

図　1　飛鳥地域の遺跡分布図　*6*
図　2　飛鳥・藤原地域の遺跡分布図　*7*
図　3　飛鳥・藤原地域の遺跡分布図（倭京 0 期）　*18*
図　4　飛鳥・藤原地域の遺跡分布図（倭京 1 期）　*19*
図　5　飛鳥・藤原地域の遺跡分布図（倭京 2 期）　*22*
図　6　飛鳥・藤原地域の遺跡分布図（倭京 3 期）　*23*
図　7　飛鳥・藤原地域の遺跡分布図（倭京 4 期）　*26*
図　8　飛鳥・藤原地域の遺跡分布図（倭京 5 期）　*27*
図　9　近江南部地域の遺跡分布図（近江京 0 期）　*60*
図 10　近江南部地域の遺跡分布図（近江京 1 期）　*61*
図 11　近江南部地域の遺跡分布図（近江京 2 期）　*64*
図 12　近江南部地域の遺跡分布図（近江京 3 期）　*65*
図 13　近江南部地域の遺跡分布図（近江京 4 期）　*66*
図 14　近江南部地域の遺跡分布図（近江京 5 期）　*67*
図 15　新益京（藤原京）復元図　*86*
図 16　大極殿院南門周辺の遺構変遷　*88*
図 17　先行条坊の変遷　*90*
図 18　造営運河と先行条坊　*91*
図 19　内裏東官衙の変遷（左：前半，右：後半）　*93*
図 20　藤原宮の瓦生産の変遷　*97*
図 21　前期難波宮内裏地区 殿舎配置復元図　*133*
図 22　7 世紀宮中枢部の変遷図　*136-137*
図 23　史料にみる小墾田宮と飛鳥板蓋宮復元図　*157*
図 24　飛鳥宮内部の空間構成　*167*
図 25　宮中枢部の変遷模式図　*169*
図 26　飛鳥宮跡官衙配置図　*187*
図 27　宮外東辺官衙地区 A・B　*192*
図 28　飛鳥宮関連官衙配置図　*195*
図 29　飛鳥池工房遺跡遺構配置図　*197*
図 30　藤原宮官衙地区配置図　*204*
図 31　東方官衙北地区遺構配置図　*205*
図 32　西方官衙南地区遺構配置図　*206*
図 33　裏松固禅考証 平安宮復元図　*208*
図 34　藤原宮の官衙配置図　*209*

vi

図 35　古代宮城の変遷図　　213
図 36　飛鳥地域の宅地遺構分布図　　225
図 37　飛鳥地域の宅地遺構①　　227
図 38　飛鳥地域の宅地遺構②　　229
図 39　新益京の宅地遺構　　233
図 40　大和の道路網　　261
図 41　川原下ノ茶屋遺跡周辺道路網復元図　　262
図 42　飛鳥横大路関連遺構　　263
図 43　飛鳥宮東辺道路　　266
図 44　石神遺跡内道路　　268
図 45　飛鳥寺参道・南辺道路　　269
図 46　山田寺参道・南辺道路　　272
図 47　飛鳥地域周辺道路網復元図　　280
図 48　藤原京条坊模式図　　285
図 49　飛鳥地域における苑池の分布図　　296
図 50　飛鳥地域の苑池①　　302
図 51　飛鳥地域の苑池②　　303
図 52　飛鳥地域の苑池③　　306
図 53　飛鳥地域の苑池④　　307
図 54　飛鳥地域の苑池⑤　　308
図 55　飛鳥地域の苑池⑥　　309
図 56　飛鳥地域の苑池⑦　　312
図 57　酒船石遺跡向イ山地区　　334
図 58　八釣マキト遺跡　　335
図 59　佐田遺跡群　　336
図 60　檜前上山遺跡　　337
図 61　森カシ谷遺跡　　338
図 62　飛鳥地域の防御施設想定復元図　　341
図 63　近江京の王宮と寺院　　347
図 64　古代山城分布図　　349
図 65　飛鳥周辺地域の防御施設　　352-353

表　1　新益京造営関連史料　　106
表　2　飛鳥諸宮の変遷　　119
表　3　中央官僚制構造①　大宝律令の中央官僚制　　180
表　4　中央官僚制構造②　天武朝（近江令）の中央官僚制，
　　　　飛鳥浄御原令の中央官僚制　　182

表 5　古代宮城面積比較表　*214*

表 6　藤原京内掘立柱建物桁行間数（％）　*238*

表 7　藤原京内掘立柱建物桁行寸法（％）　*238*

表 8　藤原京内掘立柱建物梁行間数（％）　*238*

表 9　藤原京内掘立柱建物梁行寸法（％）　*239*

表10　藤原京内掘立柱建物掘形径（％）　*239*

表11　飛鳥地域の掘立柱建物桁行間数（％）　*244*

表12　飛鳥地域の掘立柱建物桁行寸法（％）　*244*

表13　飛鳥地域の掘立柱建物梁行間数（％）　*244*

表14　飛鳥地域の掘立柱建物梁行寸法（％）　*244*

表15　飛鳥地域の掘立柱建物掘形径（％）　*245*

表16　苑池の分類と系譜　*318*

表17　奈良県内における「ヒブリ山」関係地名一覧表　*344*

序　研究の目的

は じ め に

「文物の儀，是に備れり」（大宝元年（701）正月条）と『続日本紀』に高らか
に謳われている。これは我が国の律令制度がソフト・ハードともに完成したこ
とを国内外に宣言したことを意味する。「日本国」が誕生した瞬間である。

この律令国家が確立するまでには多くの準備と画期，試行があったが，実に
飛鳥時代約 100 年間の時が必要であった。その形成過程においては，国内・国
外での政治状況など，多くの刺激と影響があった。そのなかで，時の為政者で
ある「天皇」はどのような政治判断をし，どのような理念のもとに国家形成を
行っていたのであろうか。当時の国家形成の思想を考古学的に解明する手法と
して，古代王宮・王都の研究がある。その構造や規模，成立過程を解明するこ
とは，天皇が国家形成にどのように取り組んできたのかを探る方法でもある。

本書では，我が国における国家の成立を，飛鳥の王宮・王都から解明するこ
とを目的として，『古代飛鳥の都市構造』の書名のもと，以下の 3 部にわたっ
て論ずる。

(1)　各部の目的と構成

本書における各部の目的と構成について記しておく。

第 I 部　7 世紀における宮都の成立過程の研究

第 I 部では，飛鳥，近江，藤原京が 7 世紀の王都となった形成過程を考古学
の手法を通して論じた。

第 1 章では，飛鳥地域における遺跡の空間的な分布を，時期ごとにみること
により，飛鳥の開発の動向と特徴を明らかにしようとした。具体的には，集
落・寺院・墳墓の動向と土器の変化などを，史料と照合することにより，飛鳥

地域における王都の形成過程を考察した。第2章でも同手法を用いて，近江京のあった近江南部地域の遺跡の動向を分析し，7世紀後半の近江京の様相を探った。そして，第3章においては，近年，王宮中枢部の調査が継続している藤原京の造営過程を考古学から明らかにしたうえで，『日本書紀』『続日本紀』との整合性を図った。

これらの分析を通じて，国家形成解明の重要な要素である7世紀の王都の成立過程を遺跡から明らかにしたものである。

第Ⅱ部　古代王宮の位置と構造の研究

第Ⅱ部では，7世紀の王宮の変遷や構造，官衙の成立について3章にわたって論じた。

第1章は，史料にみえる7世紀の王宮の造営期間や体制について，検討したものである。まず，王宮の造営期間や体制を史料から検討することにより，造営に必要な期間と画期を明らかにする。これを踏まえて，第2章では，考古学的に確認されている王宮中枢施設群の構造変化を明らかにすることにより，王宮造営に込められた天皇の政治理念を浮かび挙げた。そして，第3章では，王宮に付随している官衙について検討し，官衙の成立過程や性格を藤原宮との比較において明らかにした。

これらの分析を通じて，天皇が如何なる政治理念の基に王宮を造営したか，その成立過程から，どのような変化があったのかを明らかにしたものである。

第Ⅲ部　飛鳥地域における都市構造の研究

第Ⅲ部では，7世紀の王都の構造について，宅地・道路・庭園，そして防御施設という4つの視点から論じた。

第1章では，飛鳥地域の宅地について概観したが，藤原京以降の都城とは異なり，宅地規模や配置が判明する事例が少ない。そこで，建物の規模や構造，柱間寸法などの属性を統計的に処理し，藤原京の宅地との比較において分析した。第2章では都市の重要な構成要素である道路について，考古学成果を基に道路網を復元し，都城以前の都市交通について明らかにした。第3章では，近年，調査研究の進んでいる飛鳥の庭園について，遺構に即した分類を行い，そ

の主たる性格を特定した。第4章では，飛鳥を守る施設について検討し，発掘調査で確認している尾根上の掘立柱塀が，「羅城」的施設であると推定し，次の藤原宮へ繋がるものとした。

これらの分析を通じて，条坊制都城「藤原京」の前段階にあたる王都の構造・景観を復元し，国家形成過程における王都のあり方を明らかにした。

結　我が国における古代国家の形成過程

結では，第Ⅰ～Ⅲ部の検討を踏まえ，古代宮都からみた律令国家の形成過程を総括し，国家形成を概観した。

(2)　用語の整理

本論に入る前に，いくつかの用語について，若干の整理をしておく。

東アジアの宮都研究では一般的な名詞として，王の宮殿を「王宮」，王の都を「王都」と呼称する。よって，東アジアの宮都研究も視野に入れて，本書では「王宮」「王都」と呼称することにする。ただし，必要に応じて「王宮」を「宮」「宮殿」「宮城」と呼称することもある。また，「王都」を「都」「京」と呼ぶこともあり，特に藤原京以降の条坊を備えた中国式の都については「都城」と呼称することもある。また，「宮都」という言葉は，岸俊男氏が提唱した，「宮室・都城」を略した宮とその周辺地域を指す言葉である（岸1993）が，ここでは「王宮・王都」をあわせて「宮都」と呼称する。

また，「天皇」の呼称は，天武朝以降に使われはじめ，飛鳥浄御原令で確立した立場をとるが，これ以前の天皇については「大王」と呼称されていたと考える。しかし，慣例として推古天皇など「漢風諡名＋天皇」が呼称されているので，本書でもそのように扱うことにする。

明日香村大字岡に所在する宮殿遺跡については，これまでの調査研究によって，大きく3時期（Ⅲ期はさらにABの2小期に区分）に分かれることが判明している。下層からⅠ期遺構を飛鳥岡本宮，Ⅱ期遺構を飛鳥板蓋宮，Ⅲ－A期を後飛鳥岡本宮，Ⅲ－B期を飛鳥浄御原宮であることが確実視されている（小澤2003・林部2001・橿考研2008）。本書でも基本的にこの理解に沿って記して

序　研究の目的　*3*

いる。ただし，細部において，異なる見解を示す場合は，別に記述することにする。

　また，この宮殿遺跡の呼称であるが，調査を担当している橿原考古学研究所は「飛鳥京跡」の名称で調査を継続している。史跡に指定されている正式名称は，「伝飛鳥板蓋宮跡」であったが，平成28年10月3日に「飛鳥宮跡」と改められた。この宮殿遺跡を示す場合，「飛鳥京跡」では飛鳥の都を示すことになり，宮を示すことにならないこと，またこれまでの史跡名称である「伝飛鳥板蓋宮跡」では宮殿の歴史的名称のひとつしか示さないことから問題があると考える。現在，奈良県遺跡地図による遺跡名は「飛鳥宮跡」であることや，史跡指定名称についても「飛鳥宮跡」へと変更されたこと，さらに遺跡が宮殿跡であることなどを総合的に考えると，これまでも幾人かの研究者によって提唱されている「飛鳥宮跡」がもっともふさわしいと筆者も考える。よって，本書では明日香村大字岡に所在する重複して確認されている宮殿遺跡を「飛鳥宮跡」と呼称することにする。

　一方，「藤原京」については，史料にその名称が現れず，藤原宮の周辺に広がる条坊遺構を「藤原京」と呼称しており，喜田貞吉氏が提唱した（喜田1913）。史料では天武5年（676）に「新城」として現れ，「京師」などと記されており，その範囲・性格についても移動が予想される。また，発掘調査の成果からは，小澤毅氏が復元した京域（十条十坊）が，最も妥当と考える（小澤2003）が，本書でも論じるように，その造営過程は複雑で，範囲についても移動があったと理解している。よって，本書では史料上，あるいは歴史上の名称としては「新城」「新益京」という表現を使用するが，遺跡としては，通例に従い「藤原京」と呼称する。また，論の展開上，範囲としての表現が必要な場合は，四古道に囲まれた範囲を「岸説藤原京域」，十条十坊の小澤説藤原京の範囲を示す場合は，「大藤原京域」と呼称することにする。なお，条坊呼称は，混乱を避けるために，大藤原京域についても，岸説藤原京の条坊呼称を援用して記載する。

　本書は筆者が平成5年（1993）以来発表した日本古代宮都に関する論考9編に，新稿2編を加えて一書に編んだものである。各論考がそれぞれに関係して

おり，全体として研究の目的を達成するべく，体系的な記述に努めた。ただし，発表段階から調査研究の進展に伴い，筆者の見解も修正している部分がある。基本的には，発表時点の原稿に，その後の調査成果や研究の進展，筆者の見解の修正により，内容を変更している部分がある。よって，本書の内容をもって，現在の筆者の見解としていただきたい。

　註および参考文献は，各章の末尾に付す形式とし，著者名などの引用文献にかかわる敬称は省略させていただいた。

　なお，本書において特に断らない限り，史料の引用は『日本書紀』『続日本紀』からの引用である。また，史料は，基本的に以下のものに依拠した。

『日本書紀』日本古典文學大系 67・68，岩波書店，1965・1967 年。

『続日本紀』新日本古典文学大系 12・13，岩波書店，1989・1990 年。

参考・引用文献

小澤　毅 2003 『日本古代宮都構造の研究』青木書店

橿原考古学研究所 2008 『飛鳥京跡Ⅲ―内郭中枢の調査（1）―』

岸　俊男 1993 『日本古代宮都の研究』岩波書店

喜田貞吉 1913 「藤原京考証　上中下」『歴史地理　21-1・2・5』

林部　均 2001 『古代宮都形成過程の研究』青木書店

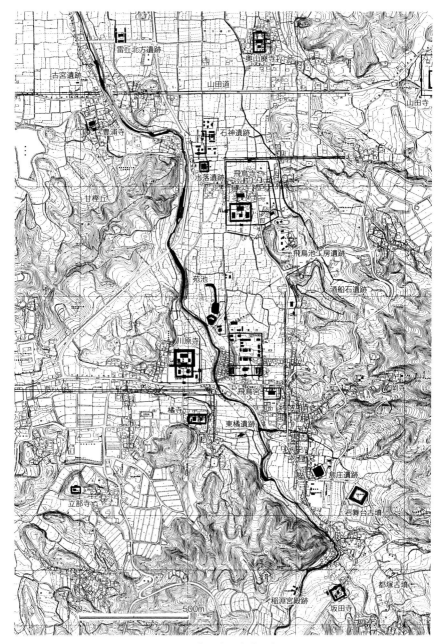

図1　飛鳥地域の遺跡分布図

図2　飛鳥・藤原地域の遺跡分布図

I　7世紀における宮都の成立過程の研究

1　倭京の実像
——飛鳥地域における京の成立過程——

は じ め に

　「新城に都つくらむとす」（天武5年（676）是歳条）。これは天武天皇が藤原地域において「新城」を計画した最初の文献史料である。しかし，『日本書紀』によると条坊制を伴う「新益京」成立以前の飛鳥において「倭京」と称する都が存在していたことが記されており，その範囲は「勅して，絁・綿・絲・布を以て，京の内の二十四寺に施りたまふこと，各差有り」（天武9年（680）5月1日条）からも窺うことができるように，広大な地域が想定されている。現在では「京」と称する都の存在は定説となりつつある。しかし，これまで「倭京」の復元基準となっている点については課題も多い。倭京の範囲・構造・成立過程そして新益京との関係などいまだ未解明な点も多い。そこで本章では飛鳥地域の遺跡の動向から読み取ることのできる「都市的空間」の成立過程について検討を行うこととする。

(1)　倭京をめぐる研究史とその課題

　「倭京」に関する研究史をみるとき，まず方格地割の研究があげられる。特に，飛鳥地域に方格地割が計画または施工されていたという見解が，1970年頃から公表された。まず，この点を遺跡・遺構から指摘したのは網干善教氏である。1970年に新聞紙上に紹介されたが，論文の形で公表されたのは1977年のことである（網干1977）。網干氏は，最も景観的な特徴となる塔の位置を基に，600小尺（500大尺）単位の地割があったとした。つづいて，岸俊男氏は「飛鳥と方格地割」において倭京について考察を行っている。このなかで飛鳥地域において方格地割を復元しており，同時に「飛鳥」の範囲を，文献を基に，小墾田・豊浦・橘・嶋を含まない香具山南麓の大官大寺跡付近から南，現在の

10　　I　7世紀における宮都の成立過程の研究

橘寺から島庄・岡集落以北に比定している。そして，倭京については少なくと
も天武朝以降にはひとつの行政区画としての「京」が存在したとして，その範
囲は壬申の乱の戦闘記事（天武即位前紀）や「京の内の二十四寺」（天武9年5
月1日条）の記事から「飛鳥」の範囲を超えて，北は横大路以南，西は下ツ道
以東，東は上ツ道以西，南は檜隈寺・坂田寺地域までを推定している。また，
古墳やヒブリ山の地名・皇子の宮の分布からも同様の結論を導いている（岸
1970・1982）。秋山日出雄氏も網干氏と同様に500大尺の地割を復元するが，
その基準を塔ではなく，伽藍中軸線や古道とした。さらにその論考のなかで大
藤原京との関係において飛鳥京の範囲と創設年代・性格について記している。
範囲については岸氏同様に「京の内の二十四寺」の記事と歴史地理学的検討か
ら横大路・下ツ道・上ツ道・飛鳥横大路に囲まれた東西8里・南北9里と推定
(3)
している。また，この範囲を外城，「飛鳥」の範囲を内城とする二重構造をも
つとする。飛鳥京の創設年代については，古道の設置時期を「難波より京に至
るまでに大道を置く」（推古21年（613）11月条）との関係に求めているが，用
明陵・推古陵の改葬の記事などから一時期になされたものではなく，内城から
外城へと拡大されたものとみている（秋山1971・1983）。千田稔氏も500大尺
とその半分の250大尺を基準に方格地割を復元する（千田1981）。また，近年
では黒崎直氏が再び飛鳥方格地割論を展開している。それは舒明朝末から皇極
朝には，5分の1里地割が施工され，斉明朝に4分の1里地割に変更されたと
する。前者が条里制地割であり，後者が条坊制地割とすると，斉明朝が都城制
のはじまりと評価できるとし，地割の範囲が「京」と呼べるのではないかとす
る（黒崎2011）。

　これら飛鳥の方格地割に対しては，井上和人氏や入倉徳裕氏が数値による詳
細な検討により，計測数値の不正確さ，基点遺構の不確実さをあげて，諸説の
課題点・問題点を指摘している（井上1986・2007・入倉2014）。特に，飛鳥地域
の発掘調査で，少なくとも中ツ道が香具山以南に存在しないという指摘は重要
である。

　飛鳥の方格地割論に対して，藤原宮下層の先行条坊を倭京とかかわって理解
する見解がある。木下正史氏は藤原地域における7世紀の開発状況の動向から，
7世紀後半に開発の画期を見いだしている。そして，藤原宮先行遺構群につい

ても詳論しており，宮域になるにもかかわらず条坊道路・建物群が施工され，一般集落とはみなしがたいことから，宮内先行条坊およびこれに伴う建物群を倭京に関連づけようとしている（木下 1983・2003）。また，湊哲夫氏は先行条坊を天武 5 年に岸説藤原京を京域とする条坊制都城が成立したとして，宮城を通説とは異なり，条坊施工南半の飛鳥川左岸にあったとする（湊 1983・1993・2015）。同様に，押部佳周氏も先行条坊を倭京の条坊とみる（押部 1988）。

　これらに対して，今泉隆雄氏は倭京を推古朝以降の宮殿・官衙・寺院や豪族の集住によって，一定の京域が自然的に形成されたとする。その画期としては斉明朝にあり，天武朝に特別行政区に発展したと説く（今泉 1993）。前田晴人氏は，飛鳥と境界祭祀の検討から倭京の構造・範囲について言及している。そのポイントとして軽市と海石榴市の衢を南西と東北の隅と想定しており，古道に囲まれた範囲を倭京とみている。特に，推古朝には海石榴市で隋の使者である裴世清を迎えるなど都の玄関としての役割をもつと考えられ，京の成立年代は市の設置などから，推古朝まで遡るとする（前田 1985）。仁藤敦史氏は，藤原京以前を斉明・天智朝の倭京，天武朝の新城，持統・文武朝の新益京，大宝令以降の藤原京に区分し，斉明・天智朝の倭京は宮・宅・寺・市・広場などの集合体と捉えている（仁藤 1992）。橋本義則氏も飛鳥周辺にあった宮や邸宅・寺院などが計画的に配置されたものではなく，飛鳥寺創建以降に集積された結果だとする（橋本 2000）。

　倭京の範囲を間接的に推定する史料に，「勅して，絁・綿・絲・布を以て，京の内の二十四寺に施りたまふこと，各差有り」（天武 9 年 5 月 1 日条）の記事がある。この 24 寺院を特定すれば，その範囲がおおむね推定できる。岸俊男氏は天武朝以前ということでこの検討を最初に行ったが，その範囲は広範囲に及ぶことになった。さらに，各寺院の創建年代を詳細に特定し，天武 9 年創建の本薬師寺よりも古い瓦を出土する寺院を 24 寺としたのは大脇潔氏と花谷浩氏である。それによると，北は横大路，西は畝傍山，東は上ツ道，南は栗原寺（呉原寺）あたりまで広がることになる（大脇 1991・花谷 2000）。

　これまで「倭京」をめぐる見解を概観してきたが，飛鳥に方格地割の施工を復元して「京」とするもの，藤原宮先行条坊およびその周辺を「京」とみなすもの，飛鳥周辺を漠然と（明確な範囲ではない）「京」とみなす見解に分かれる。

成立時期については斉明朝・天武朝の7世紀後半には成立しており，さらに遡った推古朝に求めることも可能とする。

これらの研究に対しては，飛鳥地域に方格地割の復元は難しく，飛鳥地域の道路網については，現実的にはグリッドプランをしていなかったと考えている。筆者は，飛鳥の「京」については，7世紀100年間の積み重ねによって形成されたと考えており，その形成過程を確認することによって，「倭京」と呼ばれる空間が推定できると考える。この変遷と画期を時期ごとに把握するために，飛鳥周辺地域の遺跡（集落・寺院・墳墓・土器）の時期別な推移を追いかけることによって都の範囲・構造・成立過程を明確にした（相原1993）。本章では，その後の資料の増加も踏まえて，再度同手法を用いて，飛鳥地域における王都の成立過程の実態にせまりたい。

また，前稿（1993年）発表以降に，筆者と同様に，時間軸と空間軸を設定して，遺跡の変遷から「京」の成立過程について検討したものに，阿部義平氏と林部均氏の研究がある。阿部義平氏は飛鳥寺の造営を端緒として，推古朝の王宮や道路整備を倭京の形成期と捉え，斉明朝を改造期，天武・持統朝を拡大と条坊施工期とした（阿部1997）。林部均氏は，飛鳥の遺跡の変遷から，開発状況と正方位遺構の展開に注目する。飛鳥宮跡Ⅰ期の舒明朝までは「飛鳥」を整備した様子がみられない。これに対して「飛鳥」に，飛鳥宮跡Ⅱ期の正方位の王宮が造営され，飛鳥宮跡Ⅲ期の斉明朝になると整備が飛躍的に進む。そして，天武朝になると飛鳥周辺部においても正方位の遺構群が展開し，藤原地域には条坊が施工される。これを飛鳥に伴う「京」と理解している（林部2008a・2008b）とする。

(2) 京の成立過程

時期区分について

本章での考察方法は，遺跡の時間軸と空間軸を合わせた変遷を検討する。そこでまず，個々の遺跡（遺構）における時間設定（時期区分）を行う必要がある。時代を特定する方法としては土器・瓦等があげられるが，瓦は寺院および藤原宮以降での宮殿でしか出土しないのに対して，土器は宮殿や集落・寺院で

1　倭京の実像　*13*

普遍的に出土する。そこで，土器編年を基本にしつつ，瓦・木簡・史料等の成果も併用することによって，時期区分を設定する。

　飛鳥藤原地域の7世紀の土器については，すでに西弘海氏によって5期に編年されている（西1978）。その後，土器資料の蓄積はあるものの基本的に西氏の編年案が今日まで踏襲されている（相原1997）。ここでは，近年の土器編年の細分案（林部1998・重見2015）も参考にしながら，区分することにする。

　飛鳥Iは，技法・法量等によって，古宮遺跡（小墾田宮推定地）SD050→川原寺SD02→甘樫丘東麓遺跡SX037→飛鳥池遺跡灰緑色粘砂層・雷丘北方遺跡SD3580への変遷が提示されており，山田寺整地層は甘樫丘東麓遺跡と飛鳥池遺跡にまたがる内容をもつ（奈文研1995a）。このことから，古宮遺跡SD050を飛鳥I古段階，川原寺SD02を飛鳥I中段階，甘樫丘東麓遺跡SX037・飛鳥池遺跡灰緑色粘砂層・雷丘北方遺跡SD3580，山田寺整地層を飛鳥I新段階とする。飛鳥Iの上限は，飛鳥寺の下層から金属器模倣の土器（土師器C）が出土しないことから，飛鳥寺造営の始まる崇峻元年（588）を遡ることはない。また，飛鳥寺西回廊基壇出土土器や豊浦寺下層で検出した建物（豊浦宮か）廃絶に伴う遺構から飛鳥Iの杯Cが出土しており，豊浦寺創建の推古11年（603）頃には飛鳥Iが始まっていたことになる。つまり飛鳥I古の上限は590年代となる。一方，下限を示す資料は山田寺整地層から推定できる。山田寺の造営は舒明13年（641）に開始されることから，整地層から出土する土器のうち最も新しいものは，641年に近い時のものと推定できる。また，甘樫丘東麓遺跡SX037が蘇我氏に関連するものとすれば，640年代の土器と考えられる。よって，飛鳥I新は630〜640年代となる。これらの中間にあたる飛鳥I中の川原寺下層SD02は，大阪府狭山池北堤窯出土須恵器よりも形式的に新しい。狭山池北堤窯は推古24年（616）と推定され，これよりも新しいことから，620年代頃と推定できようか。

　飛鳥IIは，坂田寺SG100を飛鳥II古段階，水落遺跡を飛鳥II新段階とする。飛鳥水落遺跡は中大兄皇子が斉明6年（660）に建設した漏刻と推定されている。遺跡は次の天武朝の建物と重複しており，この段階にはすでに漏刻は存在していない。そこで推定される水落遺跡の廃絶年代は，大津宮遷都の天智6年（667）か大津宮で漏刻を作った天智10年（671）が考えられる。よって，飛鳥

Ⅱ新の年代は 660 年代頃と考えられる。一方，飛鳥Ⅱ古段階は，実年代を特定する材料がない。しかし，飛鳥Ⅰ新および飛鳥Ⅱ新の年代から，650 年前後と推定できようか。

飛鳥Ⅲは，藤原京左京六条三坊 SE2355 を飛鳥Ⅲ古段階，大官大寺 SK121 を新段階とする。この段階の土器の実年代を飛鳥で求めることは難しい。この時期の土器の出土量は少なく，また，遺構も希薄である。これらのことと飛鳥Ⅱ新段階と飛鳥Ⅳの間に位置づけられることを考えると，都が飛鳥を離れた大津宮の時期が中心と推定される。よって，飛鳥Ⅲ古段階は大津宮時代の 660 年代後半，新段階は 670 年代前半と推定できよう。

飛鳥Ⅳは，本薬師寺下層遺構を飛鳥Ⅳ古段階，藤原宮大極殿院地区 SD1901A を新段階とする。本薬師寺は天武 9 年（680）に発願され，持統 2 年（688）には主要伽藍が整っていたと推定されている。これに先行する条坊道路や建物が確認できることから，飛鳥Ⅳ古段階は 670 年代まで遡る可能性を含みながら 680 年頃とする。一方，藤原宮大極殿院地区 SD1901A からは「壬午」「癸未」「甲申」や天武 14 年（685）制定の冠位「進大肆」などの木簡が共伴することによって天武 11 年（682）〜天武 14 年頃と考えられる。また，藤原宮西方官衙南地区 SE8470 は井戸枠材の伐採年代が年輪年代によって天武 11 年と判明し，この土器群も 680 年代以降と推定される。よって飛鳥Ⅳ新段階は，680 年代〜690 年代と考えられる。

飛鳥Ⅴは，藤原宮・藤原京関連の遺構からの出土が多く，藤原京時代，つまり藤原京遷都（持統 8 年・694 年）〜平城京遷都（和銅 3 年・710 年）までに使用されていた土器群と推定される。しかし，一括資料の多くは，基本的には遺構廃絶時に投棄された土器群と理解でき，より 710 年に近い時期が考えられる。これを飛鳥Ⅴ新段階とする。古段階としては飛鳥京跡 SD0901 がある。飛鳥Ⅳ新段階と飛鳥Ⅴ新段階の中間にあたることから 700 年頃と推定できる。

これらの年代観を踏まえて，本章では 6 世紀後半を 1 期と 7 世紀を 5 期の計 6 時期に区分する。まず，前段階にあたる**倭京 0 期**を 6 世紀後半から末（飛鳥寺下層式）までとし，ほぼ敏達〜崇峻朝頃に比定，**倭京 1 期**は飛鳥Ⅰ古〜中段階で推古朝頃，**倭京 2 期**は飛鳥Ⅰ新段階で舒明〜孝徳朝前半，**倭京 3 期**は飛鳥Ⅱ古〜Ⅲ新段階で孝徳朝後半〜天智朝頃，**倭京 4 期**は飛鳥Ⅳ古〜新段階で，天

1　倭京の実像　　*15*

武〜持統朝（藤原京遷都）の時期，倭京5期は飛鳥Ⅴ古〜新段階で，藤原京期の時期とする。当然，土器編年と天皇の在位とは厳密には整合性のとれない部分もあるが，大きくは齟齬をきたさない。また，必要に応じてこれらを細分することにする。

飛鳥地域の集落

まず飛鳥・藤原地域周辺の集落の動向についてみてみたい。集落分布をみる[(4)]ことは，この地域の開発状況の推移を探ることにもなる[(5)]。ここでは時期の判明する遺構の分布から分布図を作成した[(6)]。

倭京0期における集落の分布をみると磐余・阿部・飛鳥・藤原宮地域に集中する。磐余地域では阿部丘陵上の東辺に位置する上之宮遺跡がある。上之宮遺跡は厩戸皇子（聖徳太子）の幼年期に居住していたと考えられている場所で，この時期（上之宮2・3期）の遺構としては，総柱建物群あるいは四面廂建物・特殊な園池遺構からなる邸宅遺構がみつかり，方位は地形に合わせて東に振れている（桜井市1989）。香具山北麓の東池尻・池之内遺跡では，磐余池とも推定されている古代池跡が6世紀後半以前に築造されている[(7)]。この時期には堤上で竪穴建物や掘立柱建物が確認されており，それ以前には大壁建物もみられる（橿原市2013）。阿部地域の谷遺跡では，溝が確認されている程度である（桜井市1994・1999）。飛鳥地域では飛鳥寺下層・豊浦寺下層・平吉遺跡・山田道遺跡・古宮遺跡で確認されている。このなかでも飛鳥寺下層（奈文研1958）と平吉遺跡（奈文研1978a）では竪穴建物が検出されている。飛鳥地域では次期以降，基本的に竪穴建物は確認されず，掘立柱建築となる。他地域では7世紀代に竪穴建物が多く建てられる時期であるので，飛鳥・藤原地域の都市性を示す材料になると考える。豊浦寺の講堂の下層では，石敷を伴う掘立柱建物が確認された。豊浦寺創建以前で，飛鳥の王宮の特色である石敷を伴うことから，豊浦宮の可能性が高い（奈文研1986a）。さらに隣接する甘樫坐神社でも，同時期の石組溝が確認されている（橿考研1998）。また山田道遺跡の調査では明確な生活痕跡はないものの，大量の土器が出土していることから近辺に集落があった可能性が高い（奈文研1991）。これらはいずれも山田道に沿う位置か，飛鳥寺とその北方域の開発が進んでいたことを示している。藤原宮域では数カ所確

16　Ⅰ　7世紀における宮都の成立過程の研究

認されているが，これらは東方官衙下層を除いては土坑・溝で明確な建物痕跡とはいいがたい。東方官衙下層遺跡は約45度東に振れる遺構群で柵列の内に整然と建物群が並ぶものである（奈文研1985）。現在，豪族居館の一例としてとりあげられている。この遺構はこの時期だけで，次の倭京1期までは続かない。

　倭京1期の集落は第0期同様に，磐余・阿部・飛鳥地域に分布する。倭京0期に比べると磐余地域の分布範囲が広がっていることがわかる。磐余地域では前段階からの上之宮遺跡のほかに中山遺跡がある。上之宮遺跡（上之宮4期）は倭京0期に検出した四面廂建物を建て替えたもので，この遺跡内で最も整備された時期のものである。中山遺跡の大型掘立柱建物は丘陵上に位置し，ほぼ主軸を東西にとる。その立地・規模および構造から山荘風の邸宅が想定されている（桜井市1989）。阿部地域では，谷（阿部六ノ坪）遺跡・安倍寺遺跡で溝・土坑のみの検出である。このなかでも上ツ道・山田道に関する成果は注目される。箸墓古墳の後円部北側の周濠（纏向遺跡）では，この時期の盛土遺構があり，その位置から上ツ道と推定される（桜井市2005）。同様に，安倍寺遺跡では石組溝とバラス敷が確認されており，側溝と路面と考えられる（桜井市2012）。香具山北麓での東池尻・池之内遺跡では，前段階にひきつづき竪穴建物がある（橿原市2013）。飛鳥地域では古宮遺跡・石神遺跡がある。古宮遺跡は，これまで小墾田宮推定地とされていたが，発掘調査の結果，7世紀前半の庭園遺構を確認した（奈文研1976c）。しかし，王宮中心部は確認できず，飛鳥川対岸の雷丘東方遺跡で「小治田宮」墨書土器が出土したことから，王宮は飛鳥川右岸に推定されている（明日香村1988）。古宮遺跡は蘇我氏の邸宅にかかわる庭園と推定される（相原2013）。石神遺跡の中心部では，西偏する石列しかない。この時期，遺跡の中心は石神遺跡の東に隣接する微高地にある。この地区を区画する掘立柱塀の北西隅部と瓦葺建物を確認した（奈文研2009）。ここで重要なのは，これらの遺構が正方位を示すことであり，古山田道の北側の「小墾田」にあることである。筆者はここに小墾田宮を推定している（相原2013）。島庄遺跡では一辺40mにも及ぶ方形池や大型建物群が確認されている。これらは蘇我馬子の嶋家にかかわる遺跡とみられる（橿考研1974・明日香村2009）。

1　倭京の実像　　*17*

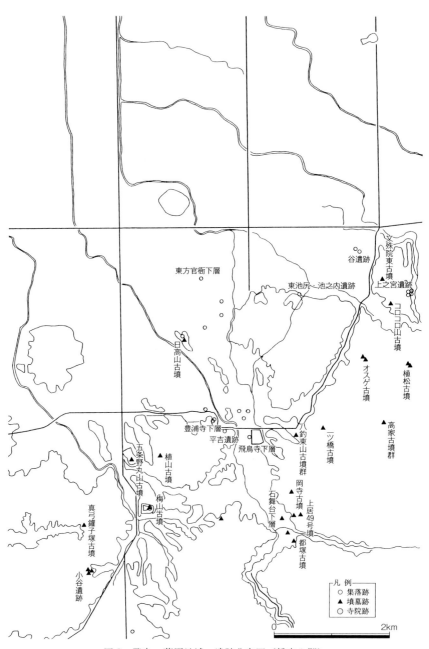

図3 飛鳥・藤原地域の遺跡分布図（倭京0期）

図4 飛鳥・藤原地域の遺跡分布図（倭京1期）

1 倭京の実像　19

倭京２期の集落は磐余・外山・飛鳥・藤原京地域に分布し，磐余地域では前段階の中山遺跡の掘立柱建物が継続するが，阿部地域には現在のところ土坑のみで，建物跡などの顕著な遺構は確認されていない。外山地域でも城島遺跡田中地区・アベヲ地区のみでほかにはない。この城島遺跡では方位を東に振る建物群が見つかっており，邸宅跡と考えられているが，重複関係はなく，倭京１から２期にかけてのみの存在である（桜井市1992）。アベヲ地区では竪穴建物がみられる（桜井市1990）。飛鳥地域では，この時期飛躍的に分布範囲が広がっており，従来，飛鳥寺周辺域のみが開発されていたが，その範囲はさらに北方へと広がっている。この開発は飛鳥寺南方にも広がる。飛鳥宮跡では，Ⅰ期遺構が飛鳥岡本宮と推定されており，西に20度振る遺構群が断片的に確認されている（橿考研2008）。しかし，前段階の小墾田宮（石神遺跡東方）が正方位をすることから，確認された遺構群は岡本宮隣接地の遺構であり，より立地のよい東側（山側）に中心部を推定する。一方，Ⅱ期遺構は飛鳥板蓋宮と推定され，南北198ｍ以上，東西193ｍの正方位の王宮の一部が確認されている。石神遺跡（石神Ａ期）では，この段階から遺構が展開しだす。また，島庄遺跡でも前段階の建物群が，一部建て替えながらも継続している（明日香村2009）。飛鳥池遺跡はこの段階の後半にすでに金属関係の工房が存在していたと考えられる（奈文研1992a）。川原寺の下層では，バラス敷や石組溝・素掘溝が確認されており（奈文研2004），山田寺下層遺跡は山田寺の造営前の遺構で，蘇我倉山田石川麻呂の邸宅と推定されるものがある（奈文研2002）。甘樫丘では甘樫丘東麓遺跡で，石垣や総柱倉庫が確認されている。ここは蘇我蝦夷・入鹿の邸宅かとも推定されていたところではあるが，遺構の状況からは邸宅の中心部とはいえない。しかし，7世紀中頃を境に遺跡の性格が大きく変化することや，出土瓦の同范関係から，この時期の甘樫丘全域が蘇我氏の支配下にあったとみてよい（相原2016b）。一方，南方に位置する檜前上山遺跡では総柱建物や土塁状遺構等が検出されており，その立地が下ツ道に沿うことから古道との関係が注目され，飛鳥の外郭施設としての性格が予測される（橿考研1983a）。藤原宮地域では，倭京１期に減少した分布が，再び出現する。ただし，検出遺構は溝・土坑等のみで明確な生活痕跡とはいいがたいが，日高山から木之本廃寺と同形式の型押忍冬文軒平瓦が出土しており，瓦窯・工房を推定することもでき

よう（奈文研 1976d）。また，大官大寺周辺で大規模な整地とこれに伴う石組暗渠の遺構は注目される（奈文研 1990）。

　倭京3期になると外山・飛鳥・藤原京地域に分布するが，分布の中心は飛鳥・藤原京地域である。特に，藤原京地域では前段階よりも範囲が広がる。外山地域には前段階からの城島遺跡田中地区のみしか確認できず，磐余地域では遺構は確認できない。飛鳥地域には後飛鳥岡本宮と推定される飛鳥宮跡III期遺構があり（橿考研 2008），ここを中心に北には迎賓館と推定される石神遺跡（石神 A—3 期）がある。この時期の石神遺跡は東西に2区画ある。このうち東区画の様子が解明されており，整然とした建物群や方形池，噴水石造物などがある。一方，その南の水落遺跡には，漏刻台以前の建物群（A 期以前）があり，石神遺跡の A—3 期遺構と共通する配置が想定されている（奈文研 2000）。そして，これを廃止して斉明 6 年（660）には漏刻が設置される（奈文研 1995b）。飛鳥宮の東方には，丘陵中腹に石垣をめぐらせ，頂部に酒船石を配置した酒船石遺跡がある（明日香村 2006a）。この地域では「羅城」的施設とも考えられる掘立柱塀も確認されている（明日香村 2001）。島庄遺跡では，小規模な建物が散在する。飛鳥川上流左岸では，飛鳥河邊行宮とも推定されている稲淵宮殿跡で，石敷の庭をもつ二重コ字形配置をする整然とした建物群が確認されている（奈文研 1977a）。一方，飛鳥宮跡の対岸にある川原寺下層では石組遺構などが断片的に確認されており（奈文研 1960），橘寺の東側の東橘遺跡では廊状施設を伴う建物が見つかっている（橿考研 1985a）。梅山古墳の南の平田キタガワ遺跡では，石敷と石積護岸が確認されており，江戸時代に猿石が近辺から出土していることから，苑池にかかわるという指摘もある（橿考研 1990）。また，西飛鳥には飛鳥外郭施設ともされる佐田遺跡群において掘立柱建物が確認されている（橿考研 1984a）。また，下ツ道から飛鳥宮への直線道路も，川原下ノ茶屋遺跡の成果を考えると，この頃の設置と考えられる（明日香村 1998a）。甘樫丘東麓遺跡では，前段階の遺構群を廃止して，谷の奥に掘立柱塀で囲まれた区画施設が造られる。公の施設の可能性が高い（奈文研 2009）。藤原地域では前段階の大官大寺周辺から藤原宮域全域に広がると同時に北を意識する建物群が建ち並ぶ。おそらくこれらの建物群が次の段階の方格地割に伴う建物群へとつながるものと思われる。

1　倭京の実像　*21*

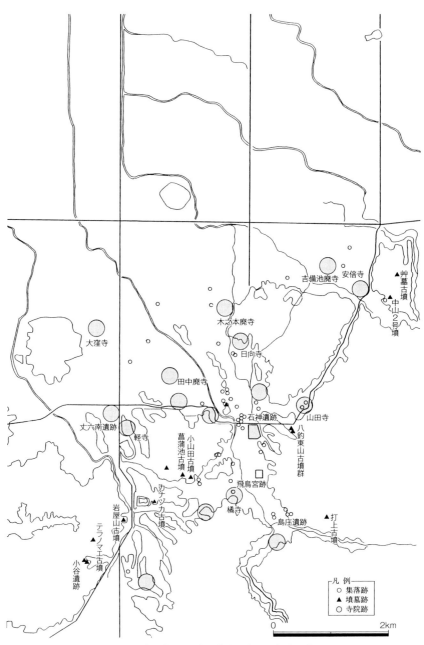

図5 飛鳥・藤原地域の遺跡分布図（倭京2期）

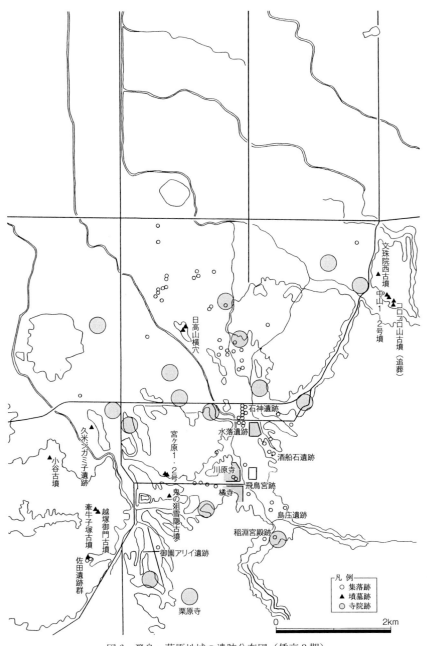

図6 飛鳥・藤原地域の遺跡分布図（倭京3期）

1 倭京の実像　23

倭京4期は阿部・飛鳥・藤原京地域の3地域に分布する。阿部地域では，谷遺跡で井戸や柱穴が確認されるが（桜井市2001），明確な遺構はほかにはみられない。この時期の中心は飛鳥地域にあり，飛鳥宮跡Ⅲ―B期遺構が飛鳥浄御原宮に推定されている（橿考研2008）。また，稲淵宮殿跡・嶋宮・石神遺跡（B期）など官衙遺跡が集中している。飛鳥南西部の平田にはクルマゴエ遺跡（橿考研1984b）や檜隈地域で御園アリイ遺跡などの建物が確認できる（明日香村1997a）。下ツ道の西には佐田遺跡群（橿考研1984a）が立地している。この段階において最も注目されることは藤原京地域に方形街区が設定されること[8]である。この方形街区の施工は史料と発掘成果からは天武5年（676）に始まるが，一時中断される。その後，天武11年に再開されることが判明している。問題は天武5年地割がどの範囲まで施行されていたかであるが，これまでの成果からは，藤原宮域および本薬師寺周辺では確実に施工されていたと考えられる。しかし，上層遺構や天武11年条坊との重なりがない限り，方形街区の施工時期の特定は難しい。地割の基準が下ツ道と横大路であることも考え合わせると，基本的に，古道に囲まれた岸説藤原京域内と考えられる。つまり，横大路・山田道・下ツ道・中ツ道に囲まれた範囲（新城）にまず方形街区が計画（施工）される。集落の分布範囲もほぼこの中に収まる。ただし，この時期の遺構が藤原宮域や本薬師寺跡に集中するのは宮内先行条坊など比較的に倭京5期と識別しやすいことによるものであり，施工範囲の確定は，今後の良好な成果がまたれる。このなかでも，倭京4期末にはさらに北東西に条坊計画が広がる。四条遺跡の発見はその先駆けとなるものである（橿考研1988）。

　倭京5期になると集落は阿部・飛鳥・大藤原京地域に分布する。この時期は大藤原京域に分布が広がり，新益京の条坊が完成する段階である。飛鳥北方の広大な地域に，平城京に匹敵する人工都市が浮かび上がるのである。これに対して，飛鳥地域ではすでに飛鳥宮跡が撤去されるものの，宮城大垣は残され，宮跡は適切な管理がなされていた。この時期，寺院を除くと極めて限られた遺跡しか存在しない。石神遺跡（C期）では前段階の遺構をすべて廃止して新たな官衙となる。飛鳥南西の入口にある下ツ道の両側には佐田遺跡群（橿考研1984a）と檜前上山遺跡（橿考研1983a）が位置している。一方，阿部地域の谷遺跡や磐余地域の上之宮遺跡があるが，明確な痕跡ではない。

大藤原京域の条坊施工時期については，天武朝まで確実に遡る例はない。唯一，四条遺跡で古墳の削平・整地の一部がこの時期まで遡る事例が確認されているものの，少なくとも，藤原宮期になってから整地・条坊施工される例があることは重要である（橿考研2010）。このことは，周辺部の造営が遅れることを意味するが，これが，広大な京域の縁辺部の施工が遅れたとみるか，途中で拡大などの計画変更があったとみるかは検討が必要である。

　このように6世紀後半から7世紀末までの飛鳥を中心とする周辺地域の集落の分布をみてきた。これはとりもなおさず，飛鳥地域の開発の動向を示すものである。ここでもう一度，飛鳥地域の開発の動向について都市の成立という点からみてみよう。倭京0期には磐余・阿部地域と飛鳥・藤原宮地域に分布するが，飛鳥・藤原宮地域の遺跡は単発的な遺跡が多く，竪穴建物の存在など，都市的景観はまだ持っていない。この時期の中心は，確認された遺跡は少ないが，文献史料からも知られるように磐余地域にある。つづく倭京1期になると飛鳥寺北辺および山田道周辺に遺跡が集中する傾向がある。藤原地域にも遺跡が確認されているが，明確な生活痕跡とはいいがたい。一方，磐余・阿部地域も遺跡の密度は高く，飛鳥と二極化している。倭京2期には磐余地域の遺跡は急激に減少し，飛鳥地域の遺跡が増加する。特に，大官大寺地域から南は島庄地域まで広がっている。倭京3期には藤原京地域にまで開発が飛躍的に広がると同時にそれまで自由な方向を向いていた建物方位が，北を意識するようになる。倭京4期は最大の画期ともいうべき時期で，藤原京地域に前段階の建物群を基本として方形街区が施工される。そして，倭京5期には新城の方形街区を拡張した新益京が完成し，飛鳥地域の遺跡は減少する。

　ここでもうひとつの視点，古道の年代について近年の調査から検討しておきたい。飛鳥周辺の古道には横大路・上ツ道・中ツ道・下ツ道・山田道が存在する。これらのなかで発掘調査において検出されているのは，横大路・中ツ道・下ツ道・山田道である。このうち横大路・下ツ道については，出土遺物から，藤原京・大藤原京関係の条坊遺構と形態・時期に変わりなく，藤原京関係の遺構としての理解でも問題はない。しかし，上ツ道・山田道については，倭京1期に設置されたことが，纒向遺跡（桜井市2005）や安倍寺遺跡（桜井市2012）

1　倭京の実像　*25*

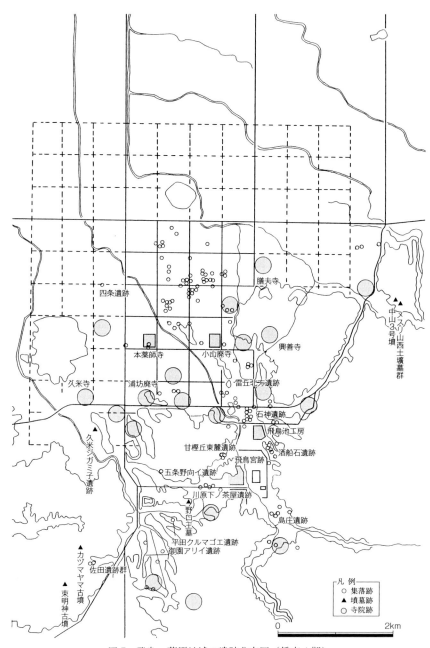

図7　飛鳥・藤原地域の遺跡分布図（倭京4期）

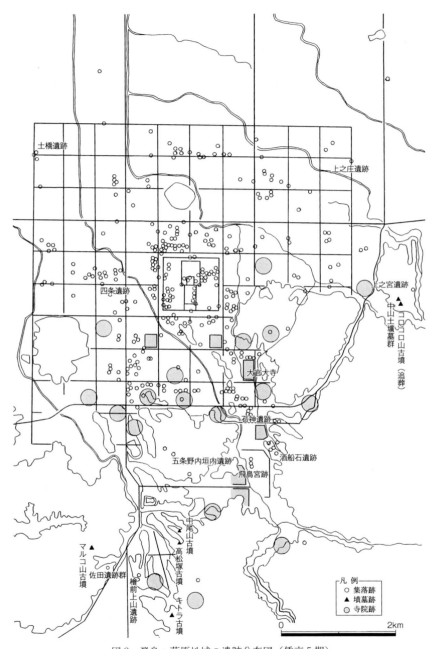

図8 飛鳥・藤原地域の遺跡分布図（倭京5期）

1 倭京の実像 27

の調査で確認できる。山田道については，石神遺跡北方の調査で，倭京2期までは湿地であったことが判明しており，この湿地を造成し，山田道（新山田道）を敷設するのは，倭京3期である（奈文研2008）。これ以前の山田道（古山田道）は飛鳥寺北辺道路に比定できる（相原2013）。また，古宮遺跡の調査成果からは，7世紀前半の古山田道は直進を指向するものの，小さな丘陵があると，これを避けるように迂回していたが，7世紀後半の新山田道になると，丘陵を削ってまで直線道路をつくる（奈文研2010）。つまり，古道は倭京1期にほぼ直線道路として敷設されるが，丘陵や谷があるとすぐに迂回するものであった。これが倭京3期以降に，丘陵を削平・谷を造成して直線古道に整備していると考えられる。これらのことが方位を意識した建物群にも影響を与えている。

飛鳥地域の寺院

天武9年（680）5月1日条の「京の内の二十四寺」に関しては「倭京」の範囲を検討する有効な史料となる。ここでは，これまでの成果を踏まえて，飛鳥地域周辺の寺院の分布と画期，そして王宮・王都との関係についても検討を行いたい。[9]

倭京0期には寺院は確認されていない。寺院造営の前段階にあたる時期である。ただし文献には大野丘北塔（敏達14年（585）2月15日条）や，石川精舎（敏達13年（584）条）・向原の家（欽明13年（552）条）などが記されており，仏像が祀られていたとしている。これらは邸宅の一部を改造したり，私邸の一画に仏殿を建てるものがほとんどであり，七堂伽藍を備えたものではない。本格的な寺院は倭京1期の飛鳥寺まで待たなければならない。

倭京1期には飛鳥寺・豊浦寺・坂田寺・和田廃寺・奥山廃寺・定林寺・檜隈寺が建立される。その分布をみると飛鳥中心部と南部の丘陵地帯に広がることがわかる。飛鳥寺は崇峻元年（588）に造営がはじまり，推古17年（609）年に完成する。我が国最初の本格的伽藍をもつ寺院で，その造営にあたっては，百済・高句麗からの知識・技術援助があったことが，文献史料および考古資料からわかっている。発掘調査では，一塔三金堂の伽藍が確認され，最古期寺院の一端が明らかになった（奈文研1958）。この飛鳥寺の立地する場所は北から

28 Ⅰ　7世紀における宮都の成立過程の研究

飛鳥盆地入口部分に位置する。ここに広大な寺院を建立することにより，飛鳥寺南方の地が一等地となる。飛鳥寺にわずかに遅れ，豊浦寺が創建される。まずは金堂が建立され，つづいて塔が建てられた（橿考研 1995a）。その後，和田廃寺（葛城尼寺）・奥山廃寺（小墾田寺）の造営がはじまるが，いずれも山田道沿いの蘇我系寺院である（大脇 1997）。一方，飛鳥南部丘陵地には，平田氏の定林寺，鞍作氏の坂田寺，檜隈氏の檜隈寺など渡来系氏族の寺院が建立される。しかし，坂田寺・檜隈寺については，この時期の堂塔が確認されておらず，出土瓦からの推測である（明日香村 2006b）。定林寺は調査が進んでいないので，こちらも実態は不明である。初期寺院の多くは，堂がひとつ程度の寺院として始まった。これらのことから，初期寺院は，蘇我氏と渡来人が先進的に受け入れたと考えられる。

　倭京2期になると新たに吉備池廃寺・木之本廃寺・日向寺・軽寺・田中廃寺・大窪寺・山田寺・安倍寺・橘寺がこの時期に創建される。前段階に比べて山田道沿いおよび山田道以北に広がる。この段階ではじめて官寺が創出される。百済大寺の有力な候補地であったのは型押忍冬文軒平瓦が周辺で発見されている木之本廃寺であったが，桜井市の吉備池廃寺が発見されると，その堂塔・伽藍が並外れた規模をもつことや，瓦から推定される創建年代，移築を推測させる検出状況から，吉備池廃寺＝百済大寺と考えられるようになった（奈文研 2003）。『日本書紀』によると「大宮及び大寺を造作らしむ」「則ち百済川の側を以て宮処とす。是を以て，西の民は宮を造り，東の民は寺を作る」（舒明11年（639）7月条）と記している。つまり王宮と官寺の関係がこの段階に確立する。これによって，木之本廃寺は移築後の高市大寺の可能性も指摘される。ただし，寺院遺構が確認されていないので，百済大寺にかかわる施設の範疇に押さえておくことが必要であろう。橘寺は出土瓦から，この時期に金堂が創建されたと考えられる。また，山田寺は舒明13年（641）に造営がはじまり，金堂から建立がはじまったことがわかっており，発掘調査でも確認されている（奈文研 2002）。奥山廃寺では，この段階で塔の造営がはじまった（奈文研 1988）。

　倭京3期には川原寺・栗原寺（呉原寺）が創建される。この段階ではすでに，飛鳥周辺ではかなり多くの寺が密集する状況にあった。飛鳥川左岸には川原寺が創建される。創建時期については，必ずしも明確ではないが，中大兄皇子が

母斉明天皇の菩提をとむらうために，天智称制時に建立したとするのが有力である（奈文研 1960）。また，飛鳥宮と飛鳥川を隔てて，対になることから，王宮と寺院のセットがここにもみられる。少なくとも，前段階からの宮と寺の関係は重要で，次段階の都と寺院の関係への過渡期にあたると考えられる。

倭京4期には膳夫寺・本薬師寺・小山廃寺・浦坊廃寺・久米寺・興善寺が創建される。この段階は藤原地域に方形街区が設定される時期である。本薬師寺は天武天皇が持統天皇病気平癒のために天武9年（680）に発願した官寺である。寺院下層から方形街区やそれに伴う塀等が確認され，本薬師寺は方形街区に規制された寺院として建立された。同様の事例は，小山廃寺でもみられる。前段階までの宮と寺院の関係がこの段階で都城と寺院の関係として成立したことになる。また，発掘調査では檜隈寺（奈文研 1980a・1981a・1982a・1983a）と和田廃寺（奈文研 1975b・1976b）もこの時期の造営寺院しか確認されておらず，倭京1期の創建寺院は確認できない。これはこの段階で新たに堂塔を再建したか，または本格的な整備を行ったことを意味する。

倭京5期には大官大寺がこの段階にあたる。大官大寺は文武朝の国家大寺であるが，前身である高市大寺は未確認である。発掘調査により，いまだ造営途中で焼失したことが明らかとなった（奈文研 1975a・1976a・1977b・1978b・1979a・1980b・1981b・1982b・1983b）。このほかにも藤原宮式の瓦が坂田寺・定林寺・橘寺・檜隈寺・小山廃寺・本薬師寺などから出土していることから，この時期にも整備されたことがわかる。

このように飛鳥地域の寺院をみてみると，倭京0期は寺院造営前段階であり，本格的な七堂伽藍を備えた寺院は，倭京1期の飛鳥寺によって飛鳥の寺院史がはじまる。その範囲は飛鳥中心部と南部丘陵地域に渡来系氏族や有力豪族によって建立される。そして倭京2期は官寺が創出され，山田道以北に分布する。この段階は宮と寺院の関係の成立でもある。第4期になると「新城」方形街区に規制された寺院が出現し，都城と寺院の関係が成立する。

飛鳥地域の墳墓

次に墳墓との関係をみてみよう。養老喪葬令には「凡皇都及道路側近，並得埋葬」とある。この条文の内容がはたして7世紀代まで遡るかが問題となるが，

藤原京造営に際して墳墓の改葬の記事（持統7年（693）2月10日条）があることや，推古朝の墓制改革・大化の薄葬令（大化2年（646）3月22日条）の存在が推定されていることから，これらとの関係に留意しながら墳墓の分布をみていきたい。[10]

倭京0期の墳墓は磐余・飛鳥東方・飛鳥南東・飛鳥南西・西飛鳥・藤原地域に分布する。

磐余地域にはコロコロ山古墳・文殊院東古墳がある。コロコロ山古墳は1辺30mの方墳で，全長11mの石室を持つ横穴式石室である（桜井市1989）。文殊院東古墳は文殊院境内に位置し，西100mには文殊院西古墳が存在する。墳形は不明であるが，15〜20m程度の円墳とおもわれる。羨道の一部を破壊されており，石室規模は不明であるが玄室長4.8mで自然石を使用した横穴式石室である（橿考研1982a）。

飛鳥東方ではオスゲ6号墳・植松東4・5号墳・高家一ツ橋古墳・八釣東山5号墳・岡寺古墳がある。高家古墳群では，この段階から7世紀前半にかけて，計45基の古墳がある（橿考研1995b）。高家古墳群は100基を超える群集墳であるが，一ツ橋古墳は墳丘は不明なものの横穴式石室であることが判明している（桜井市1995）。八釣東山5号墳は八釣地区では6世紀中頃からはじまった古墳で，最大規模の横穴式石室である（明日香村2001）。倉橋池の東に10基余り築かれた赤坂天王山古墳群のなかに，一辺50mの三段築成の大型方墳がある。内部には横穴式石室をもち，崇峻5年（592）に暗殺された崇峻天皇の真陵の可能性がある（桜井市2010a）。

飛鳥東南地域には石舞台下層1〜7号墳・上居49号墳・都塚古墳・馬場頭古墳群がある。石舞台下層1〜7号墳は次段階の石舞台古墳の造営に際して破壊された古墳群である。ほとんどが10m程度の円墳の横穴式石室である。細川谷古墳群のなかでも最も西に位置する支群と理解できよう（橿考研1989）。上居49号墳も細川谷古墳群のなかに位置する巨石を用いた横穴式石室である。冬野川を挟んで400mのところに都塚古墳がある。墳形は一辺41〜42mの壇状石積の方墳である（明日香村2016）。

飛鳥南西地域にある梅山古墳は全長138mの前方後円墳で欽明32年（571）に崩御した欽明天皇陵に比定されており（宮内庁1999），同時期には全長

318 m の前方後円墳の五条野丸山古墳があり（宮内庁 1994），蘇我稲目墓と推定する。丸山古墳の東には，丘陵南斜面に造られた東西約 40 m の長方形墳の植山古墳がある。推古天皇初葬陵と推定されているが，東石室は竹田皇子の墓室と考えられる（橿原市 2014）。

　西飛鳥地域では，東漢氏の族長クラスの墳墓と考えられる真弓鑵子塚古墳がある。直径約 40 m の円墳で，奥室をもつ巨大な穹窿状横穴式石室をもつ（明日香村 2010）。佐田遺跡群のなかに位置する小谷遺跡では 9 基の古墳が確認されているが，これらの古墳群はこの段階から築造が開始される。方形または円形の墳丘をもち，木棺直葬である（橿考研 1984a）。

　藤原地域には日高山 W1 号墳が築造される。同墳は日高山の西斜面に掘られた横穴で玄室長 2.9 m，幅 1.5 m の規模である。また，この古墳で注目すべきことは，藤原京造営に際して改葬がなされており，都城の造営と古墳の関係を端的に示すものと考えられる（奈文研 1986b）。

　つづく倭京 1 期の墳墓は磐余・飛鳥東方・飛鳥南東・飛鳥南西に分布する。

　磐余地域にはコロコロ山東石室・谷首古墳・メスリ山西土壙群が存在する。コロコロ山東石室はコロコロ山古墳の墳丘東南隅にもうけられた小型の横穴式石室である。この段階の末から次の段階のはじめにかけての築造と考えられる（桜井市 1989）。谷首古墳は墳丘規模南北 41 m・東西 38 m の方墳の横穴式石室である。石室は全長 13.8 m で巨石をつみあげたものである（桜井市 1989）。メスリ山西土壙群は 4 基確認されている。この土壙群はこの段階から築造が始まり第 3 期まで続く（桜井市 1991）。

　飛鳥東南地域には石舞台古墳をはじめ，塚本古墳の 2 基が存在する。石舞台古墳は前段階の下層古墳群を破壊して築造したもので 1 辺 51 m の方墳である。巨石を用いた最大級の横穴式石室をもち，蘇我馬子の桃原墓の可能性が指摘されている（京都大学 1937）。塚本古墳は一辺 28 m の墳丘をもつ方墳で，割り貫き式家形石棺をもつ横穴式石室である（橿考研 1983b）。

　一方，飛鳥南西から西飛鳥については，植山古墳の西石室がこの段階にあたり，推古天皇初葬陵と推定される（橿原市 2014）。飛鳥西南地域の佐田遺跡群では前段階につづき小谷古墳群をはじめ数基の古墳が存在すると思われる（橿考研 1984a）。

倭京2期の墳墓は磐余・飛鳥東方・飛鳥西南地域の3地域に分布する。

磐余地域には艸墓古墳・中山2号墳・メスリ山西土壙群が存在する。艸墓古墳は南北28m，東西22mの方墳で石材間に漆喰を塗り込んだ切石を使用した横穴式石室である（橿考研1982a）。メスリ山西土壙群（桜井市1989）が前段階につづきこの時期にも築造される。中山古墳群のうち2号墳がこの時期にあたる。この古墳は径18mの円墳で横穴式石室の埋葬施設をもつ（桜井市1989）。

飛鳥中心の雷丘頂部では，小規模横穴式石室が2基確認されている（奈文研2006）。一方，飛鳥東方では，八釣東山古墳群の2・4号墳が築造される（明日香村2001）。飛鳥東南地域では，細川谷古墳群に打上古墳がある。打上古墳は径20mの円墳で大型の横穴式石室をもつ（白石1974）。

甘樫丘の南麓には，小山田遺跡の巨大な方墳が見つかっている。一辺50m以上（80m程度か）の方墳で，掘り割りには，貼石を施し，榛原石を積み上げている（橿考研2016）。また，隣接する菖蒲池古墳にも2棺の家型石棺が安置されている（橿原市2015）。

飛鳥南西地域には，梅山古墳の東に，吉備姫王墓と推定されるカナヅカ古墳がある。当古墳は岩屋山式石室をもつ一辺50mの方形壇をもつ方墳である（明日香村1997b・1998b・1999）。また，西飛鳥地域には全長16.7mの石室は丁寧に加工した切石を用い，目地には漆喰が確認される岩屋山古墳（明日香村1981），磚積石室のテラノマエ古墳（西光2002），佐田遺跡群の群集墳のあとをうけ小谷5号墳が築造される（橿考研1984a）。

倭京3期の墳墓は磐余・飛鳥南西地域の2地域に分布する。

磐余地域には中山1・2号墳がある。1号墳は周濠のめぐる径16mの円墳で，横穴式石室の埋葬施設をもつ（桜井市1989）。メスリ山西土壙群はこの段階で築造を終える（桜井市1989）。文殊院西古墳は一辺25mの墳丘をもつと考えられる方墳である。石室は全長12.5mで，花崗岩切石技法を用いる（橿考研1982a）。

飛鳥南西地域には鬼の俎雪隠古墳・牽牛子塚古墳・越塚御門古墳・小谷古墳・久米ジガミ子遺跡が存在する。鬼の俎雪隠古墳は墳丘規模・形態は不明であるが石英閃緑岩を加工した底・蓋・扉石を組み合わせた横口式石槨である（西光1999）。小谷古墳も岩屋山古墳同様に一辺35mの方墳で切石の横穴式石

室をもつ。牽牛子塚古墳は三段築成の八角墳である。凝灰岩の刳り貫き式石槨でなかに間仕切りを作り出し2部屋をもうける。夾紵棺・金銅金具・ガラス玉などの出土があり，斉明天皇陵の可能性が高い。越塚御門古墳は鬼の俎雪隠と同構造の横口式石槨である（明日香村 2013）。久米ジガミ子遺跡はこの段階からはじまる遺跡で炭化物の入った土坑が検出され，火葬墓と考えられている（橿考研 1982b）。

藤原地域には日高山 W1～2・W2～4 号横穴が存在する。これらは日高山丘陵の東・西斜面に築造されており，すべて藤原京の造営によって改葬されている（奈文研 1986b）。

倭京 4 期の墳墓は磐余・飛鳥南西地域に分布する。

阿部丘陵には前段階から引き続き築造されてきた中山古墳群のうち中山 3 号墳が築造される。同墳は完全に削平されているため規模・形態は不明であるが，横穴式石室であることは判明した。この古墳をもって阿部丘陵の地域での本格的な古墳造営は終了する（桜井市 1989）。

飛鳥南西地域には天武持統陵が築造され，西飛鳥では束明神古墳・久米ジガミ子遺跡がこの段階にあたる。

天武持統陵（野口王墓）は新益京（藤原京）の中軸線南方に位置する八角墳である。『阿不幾乃山陵記』によると瑪瑙（大理石）の切石を用いた横口式石槨で内陣・外陣の 2 部屋からなる。なかに夾紵棺と骨臓器がある（明日香村 2013）。束明神古墳は長方体の磚を積み上げて構築した石槨構造をもつ。草壁皇子の墓の有力な候補である（橿考研 1999）。また，真弓では，磚積横穴式石室のカヅマヤマ古墳がある（明日香村 2007）。久米ジガミ子遺跡の火葬墓は前段階に引き続き構築される（橿考研 1982b）。

倭京 5 期の墳墓は阿部丘陵・飛鳥西南地域の 2 地域に分布する。

阿部丘陵地域には中山古墳周辺において土壙墓 10・土器棺墓 1 の 11 基の墓跡が検出されている。また，コロコロ山古墳ではこの段階で追葬が行われている（桜井市 1989）。

飛鳥南西地域では中尾山古墳・高松塚古墳・マルコ山古墳・キトラ古墳がある。

中尾山古墳は径 29 m の三段築成の八角墳である。墓室は火葬骨を納めたも

ので，文武陵の可能性が高い（明日香村 1979）。高松塚古墳は壁画の存在で有名な終末期の古墳であり，墳丘規模 23 m の円墳で凝灰岩切石を組み合わせた横口式石槨である。この壁面に漆喰を塗り，壁画を描いている（橿考研 1972）。マルコ山古墳は対辺 24 m の多角形墳で，高松塚古墳同様の横口式石槨をもつ（明日香村 1978）。松山古墳は偶然発見された古墳で，墳丘・石室形態は不明であるが，伝聞記録によると切石を用いた石室と考えられる。棺金具・海獣葡萄鏡などの副葬がある。キトラ古墳はファイバースコープによって壁画が確認されている。墓室構造は高松塚と同様である（キトラ古墳学術調査団 1999・文化庁ほか 2008）。

　飛鳥地域の墳墓の動向を追ってきたが，ここで墳墓の分布と構造からみた都市的空間を窺っておきたい。

　まず，墳墓の時期的な分布であるが，磐余・飛鳥東方地域では倭京 0〜5 期までの墳墓が確認されているが，倭京 5 期になると土壙墓・追葬以外に墳墓の築造はなく，この地域の墳墓築造の中心的な時期は倭京 0〜3 期であると考えられる。藤原地域では倭京 0〜3 期に横穴が検出されるほかは墳墓の築造は確認されない。飛鳥東南地域では倭京 0〜2 期の墳墓が検出されているが，それ以降は確認されていない。甘樫丘は倭京 3 期までで，ほぼ 650 年代で終焉を迎える。一方，飛鳥南西地域には倭京 0〜5 期の墳墓が検出されている。しかし，倭京 0〜2 期の墳墓は佐田遺跡群に集中しているのに対して，倭京 3〜5 期の墳墓は西南地域の広範囲に広がる。また，大王級の前方後円墳は倭京 0 期で築造を終える。

　次に墳墓構造に目を向けると，倭京 0〜2 期の墳墓は花崗岩自然石を用いた大型横穴式石室が多いなか，磐余地域では倭京 2 期に切石を用いた横穴式石室の築造が始まる。一方，飛鳥西南地域の倭京 3 期には切石の横穴式石室のほかに，刳り貫き式横口式石槨，そして凝灰岩横口式石槨が出現する。この凝灰岩横口式石槨は続く倭京 4・5 期に主流となる。

　ここで重要なのは，倭京 4 期で都市域における墳墓の造営が終了しているだけでなく，改葬・削平される事例があることである。特に，日高山横穴群は朱雀大路造営に際して改葬され，四条古墳群も新益京造営に伴い倭京 4 期末〜5 期に削平・造成されている。これらは都市開発と墳墓の関係で重要である（今

尾2008）。このことは甘樫丘南辺における古墳群でも指摘でき，五条野内垣内古墳・五条野向イ古墳・小山田古墳・菖蒲池古墳も，蘇我本宗家滅亡後，没官地となり，7世紀後半の都市開発によって破壊・改変されている（相原2016b）。さらに五条野丸山古墳の前方部北端は，新益京南京極大路施工にあたって，削平されている可能性が高い。これらのなかでも，意図的に削平されずに残された古墳についても，神武陵などの天皇陵に比定され，「都市陵墓」という新たな位置づけもなされている（今尾2016）。

　これらのことから都市的空間をみてみると，倭京1期までは飛鳥川上流の石舞台古墳よりも北，藤原地域の日高山よりも南に限定される。ただし，雷丘で倭京2期の古墳が確認されていることは，小墾田宮の位置比定ともかかわって重要である。倭京3期になると飛鳥南東地域の墳墓はなくなり，都市的空間はさらに南まで広がる可能性がある。そして，倭京3期になると日高山の墳墓もなくなり，より北方へと広がる。倭京4期には方形街区の設定により，日高山横穴や四条古墳の削平に代表されるように大藤原京域に都市的空間が現れはじめる。また，墳墓構造をみると，伝統的な横穴式石室から倭京3期に出現しはじめる横口式石槨は第4期以降の主流となり，倭京3期を過渡期として，倭京4期に大きな画期ととらえることができよう。この傾向は，阿部丘陵地域で飛鳥地域より一時期早い倭京2期から終末期古墳構造の墳墓が出現すること，阿部丘陵地域と飛鳥地域での墳墓の衰退関係から，律令官人層の墳墓が阿部丘陵地域から飛鳥南西地域へと移る大きな流れが考えられる。

飛鳥地域の土器

　「土器が，或は一般に遺物が文化のメルクマールとなるのは，土器が文化の変転と相照応してその様相を変じているからである。その変貌によって，推移する文化の一時一時の姿を造形せられた物として可視の形に捉えているからである」と記したのは西弘海氏である（西1982）。7世紀の土器の変遷については すでに西氏の論考に記されている。ここでは西氏の論考に導かれ，その後の資料増加を踏まえて，6世紀後半から7世紀までの土器の移り変わりを整理し（相原1997），そのなかにある画期を抽出することから，京の成立の視点で位置づけてみたい。

倭京０期は，それまでの古墳時代の須恵器が自然な形式変化をとげてきた流れのなかにある。杯Ｈはこの時期には法量の縮小化・粗雑化が進む時期である。しかし，これに続く倭京１期になると須恵器・土師器ともに大きな変化がみられるようになる。

　倭京１期は，飛鳥Ｉ古段階（古宮遺跡SD050 上層）と中段階（川原寺SD02）に該当する。古宮遺跡SD050 は上・中・下層の３層に分層でき，在来の土師器杯類では杯Ｇ・Ｈが主流を占めており，杯Ｃは上層においてはじめて確認される。同様に，須恵器杯類では杯Ｈが主流を占め，杯Ｇは下層・中層では確認されていない。上層の段階ですでに土師器杯Ｃの法量による器種分化がみられる（奈文研 1976c）。次の川原寺SD02 になると土師器杯Ｃ・須恵器杯Ｇが一定量含まれている（奈文研 1980c）。このように，須恵器は前段階の杯Ｈが主流を占めるものの，杯Ｈの蓋と身の逆転がおこる杯Ｇが出現する。またこの蓋には宝珠ツマミがつく。このほかに台付椀・鉢も出現する。しかし，これら杯Ｇ・台付椀・鉢の全体に占める割合は少なく，主体はそれまでの杯Ｈである。一方，土師器は精製された粘土を使い，器外面をヘラミガキし，内面に暗文を施す杯Ｃ・Ⅲ・鉢が出現する。しかし，これも量的には少なくそれまでの無文の土師器がかなりを占める。

　倭京２期は，前段階に出現した土器様式が発展していく段階である。飛鳥Ｉ新段階に該当し，甘樫丘東麓遺跡（奈文研 1995a）では土師器杯Ｃ・Ｇが主流となり杯Ｈは少ない。しかし，杯Ｃの暗文が不安定で太い点など飛鳥地域で出土するほかの杯Ｃとは異なる点，遺跡・遺構の特殊性も考慮する必要があろう。山田寺整地層（奈文研 2002）や飛鳥池遺跡（奈文研 1992a）になると，それまでの土師器杯ＣⅠの底部外面を丁寧に削っていたのが，底部削りの回数が省略され，削られなくなるものも現れる。また，杯ＣⅡの外面ミガキ調整も省略傾向にある。これらのことは雷丘北方遺跡（奈文研 1996b）でも同様である。須恵器では杯ＧとＨの比率をみると，山田寺下層で杯Ｇ：杯Ｈ＝１：３，飛鳥池遺跡でほぼ等量で，やや杯Ｈが多い。土師器では無文の土器が衰退し，主体が杯Ｃ・Ⅲ・鉢に占められる。そしてこの段階に杯Ａが出現する。杯Ｃは器高の縮小とともにヘラミガキの粗略化が進む。

　倭京３期は，飛鳥Ⅱ古からⅢ新段階に該当する。飛鳥Ⅱ古段階の坂田寺

1　倭京の実像　　*37*

SG100 では前段階よりも形式変化・技法の省略化が進んでいる。土師器杯 C
Ⅰでは底部外面を削るものと削らないものが等量含まれる。また，杯 CⅡの
外面ミガキを省略するものも等量存在する（奈文研 1973）。この段階ではじめ
て二段放射暗文の杯 A が極少量含まれるが，前段階の川原寺 SD02 では底部
が平らにちかく，口縁が直立する杯 C が注目される。須恵器杯類では杯 H と
杯 G が等量ある。次の飛鳥Ⅱ新段階の水落遺跡では，法量がより小型になる。
杯 B は確認できないが，木樋直上出土土器に底部を丸く削った椀 A が共伴す
るなど，次の飛鳥Ⅲにつながる要素を含んでいる（奈文研 1995b）。飛鳥Ⅲに属
する土器群は大官大寺 SE116・SK121（奈文研 1976a）をはじめ，藤原京右京二
条二坊 SK7303（奈文研 1992b），藤原京左京六条三坊 SE2355（奈文研 1979b）
がある。この段階の土器は出土量が少なく，飛鳥Ⅱや飛鳥Ⅳとの形式差が小さ
いことから，疑問視する向きもあるが，技法・器種構成からみると，土師器杯
CⅠにおける底部削り調整，CⅡにおける外面ミガキ調整の消失，杯 A の一
定量の存在，須恵器杯 H の消滅，杯 B の普遍的な成立など技法・器種構成の
変化はこの段階でみられ，大きな画期としてとらえられる。杯 B に付く高台
は外方へと大きくふんばった形態をとる。

　倭京 4 期は飛鳥Ⅳ段階で，本薬師寺西三坊坊間路 SD151・SD152（奈文研
1996a），藤原宮内裏東官衙地区 SD8551，檜前上山遺跡第 5 トレンチ包含層
（橿考研 1985b），高松塚周辺遺跡掘割状遺構（橿考研 1983c），雷丘東方遺跡
SD110（奈文研 1980d），藤原宮西方官衙南地区 SK8471・SE8470（奈文研 1996c），
藤原宮大極殿院地区 SD1901A（奈文研 1978d）がある。土師器杯 A は口縁端部
を内面に屈曲し，定型化する。須恵器杯 B の高台は前段階に比べて低くなり，
蓋にかえりのないものが出現する。かえりのない蓋の数は半数以下であり，大
型のものにかえりのないものが多い。また，杯 G は杯 A・B に混じって極少
量存在する程度である。しかし，この段階の最大の特色は，器種分化と大型品
の成立にある。それまで，土師器杯 C にみられていた法量による器種分化は，
この段階において，土師器杯 A・杯 B・須恵器杯 A・杯 B にまで広がる。口
径が同じで器高の異なるものが認められる。また，土師器高杯・皿・鉢，須恵
器皿・盤で 30 cm 前後の大型品が目立つ。

　倭京 5 期は 4 期に成立した土器様式の完成期である。飛鳥Ⅴ古〜新段階で，

飛鳥V段階の資料は，飛鳥京跡 SD0901（橿考研 2011），藤原宮西方官衙南地区
SE1105（奈文研 1978c），藤原宮内裏東外郭地区 SD850・SD105（奈文研 1980d），
藤原宮東面大垣地区 SD2300（奈文研 1979c），藤原京左京二条二坊土坑 1（橿考
研 1994），藤原京横大路 SD01（橿考研 1993）がある。これらは前段階に比べて，
土師器の口縁の角度がやや開くことと，器高が低くなることを除いて，あまり
変わらない。最も大きな特色は，須恵器杯B蓋のかえりが残るものはほとん
どなく，かえりが消失した時期にあたることである

　以上が6世紀後半から7世紀の土器の変化の概要である。飛鳥Iになると大
きな変化が現れる。須恵器の蓋杯と身が逆転して，新たに蓋頂部に宝珠形つま
みが付く平底の杯が出現する。そして，土師器では精選された胎土で，外面へ
ラミガキ，内面に暗文をもつ器種が出現し，しかも相似性をもつ規格がみられ
る。このような新器種と規格性の出現は，「金属器指向」と捉えることができ，
大きな画期とみられる。次なる画期は，飛鳥IIIにみられる（相原 1997・林部
1998・川越 2000・小田 2012）。この段階の土器資料は少なく，飛鳥において実態
がいまひとつ明確ではない。須恵器では，古墳時代以来の杯Hが消滅し，台
付椀の発展形として杯Bが確実に成立する。これらは食器構成の変化とみら
れ，丸底の器から平底の器への変換といえる。さらに飛鳥IVでは，土師器杯C
にみられていた法量による器種分化が，各器種にまで広がる。口径が同じで器
高の異なるものが認められ，土師器高杯・皿・鉢，須恵器皿・盤で 30 cm 前
後の大型品が目立つようになる。

　このように，倭京1期（飛鳥I）・倭京3期後半（飛鳥III）・倭京4期（飛鳥
IV）に画期を見いだすことができる。これらの画期を「京」の成立過程という
視点でみてみる。飛鳥Iの始まりは，土器に金属器を指向したもので，仏教文
化のひとつとしてもたらされた佐波理椀を模倣したものとされる。それは須恵
器台付椀や土師器の暗文施文に代表される。仏教の導入に伴う飛鳥での寺院の
建立は，飛鳥の都市化の端緒とみることができよう。飛鳥IIIの杯Hの消滅は，
古墳時代の土器様式からの脱却であり，丸底土器から平底・台付土器への土器
構成の変化は，食事様式の変化に起因する（小田 2012）。この段階において
「律令的土器様式」成立の端緒とみる。そして，その背景には百済移民のもた
らした文化様式が考えられる（西口ほか 2001・玉田 2002）。飛鳥IVにおける法量

による器種分化や器種構成の拡大は，土器の大量かつ普遍的な使用を前提としており，給食や饗宴など律令体制や都市生活の確立に伴うものとみる。

(3) 「倭京」の検討

これまで考古学的な遺跡・遺物から倭京の変遷について検討を行ってきた。ここでは『日本書紀』にみえる王都について検討を行い，先に考察した遺跡・遺物との関係をいかに理解するかについて考えてみたい。

まず，「倭京」の名称であるが，「倭京」「倭都」の呼称は白雉４・５年・天智６年・天武元年６・７・９月の６カ所に記載されている。これらの記事は難波宮・近江京そして壬申の乱の記事であり，都が飛鳥を離れている難波京あるいは近江京との対比に関する内容である。このことから「倭京」と称する名称が固有名詞として使用されていたかは疑問である。しかし，このほかにも天武元年７月の「古京」・斉明５年（659）７月の「京内諸寺」などの記事からもわかるように，当時の飛鳥周辺に「京」という認識が存在していたと理解してよいであろう。この「京」を指す名称は今となっては知るすべはないが，「倭京」という表現が唯一飛鳥周辺の京を記す名称である。それゆえ，飛鳥周辺の京をここでは「倭京」と称しておきたい。

つづいて「京」の範囲を示す史料をみてみよう。「群臣に詔して，京内の諸寺に，盂蘭盆経を勧講かしめて，七世の父母を報いしむ」（斉明５年７月15日条）。この記事が「京」を一定の範囲を持つ空間ととらえることのできる最初の記事である。一方，行政上の「京」を示すものとしては「王卿を京及び畿内に遣して，人別の兵を校へしむ」（天武５年（676）９月10日条）あるいは「京職大夫直大参許勢朝臣辛檀努卒りぬ」（天武14年３月16日条）がある。これから知られるように，「京」は７世紀後半の斉明朝・天武朝にはすでに認識・成立していたことが読み取れる。これ以前の大化２年の改新の詔にも行政上の「京」を示す記事が存在するが，この記事の信頼性は学会でも問題とされているので，ここではひとまず置いておく。

では，７世紀後半には存在していたと思われる「倭京」の範囲はいかなるものであったのだろうか。ここで「倭京」の範囲を考えるための史料が３点ある。

天武元年7月，天武元年9月の壬申の乱戦闘記事，そして天武9年5月の「京の内の二十四寺」の記事である。このうち天武9年5月1日条を検討すると，天武9年発願の本薬師寺以前に創建された寺院の分布範囲から，北は横大路，西は下ツ道あたり，東は上ツ道，南は栗原寺あたりまでの広範囲が推定される。天武元年7月4日条の「是に，果安，追ひて八口に至りて，仂りて京を視るに，街毎に楯を竪つ」からは八口が京を展望できる高い場所であることが推測され，中ツ道に沿う地域で京を展望できる高い場所は香具山であると考えられており，倭京は香具山から見渡せる場所，つまり香具山の南・西地域と推測できる。また，天武元年9月12日条「倭京に詣りて，嶋宮に御す」の記事は大海人皇子が近江京を脱して吉野に向かう途中に倭京に立ち寄る内容であるが，ここで嶋宮が倭京の内にあると理解できるのである。つまり，この時期の倭京は嶋宮を含む地域であることがわかる。

このように7世紀後半段階の「倭京」の範囲は飛鳥・藤原地域と漠然とではあるが想定されよう。そこで「倭京」と「新城」「新益京」との関係が次に課題となる。

「新城」については，天武5年是歳条，天武11年3月1日条，天武11年3月16日条の3ヵ所にみられる。一方，「新益京」は持統5年10月27日条，持統6年1月12日条の2ヵ所にみられ，両者は時期的に重なりはなく，別のもの，あるいは名称の変更があったとも理解できる。新益京の範囲については，いまだ諸説はあるが，東西京極の確認によって，現在は藤原宮を中心に置く，十条十坊の京域が有力とされている（小澤2003）。

この藤原京の造営過程については，第Ⅰ部第3章でも検討するように，方形街区の施工は天武5年「新城に都つくらむとす」にまで遡ると考えられ，「先々行条坊」の確認や，天武9年発願の本薬師寺の下層から見つかった，道路と併存する掘立柱遺構の存在からも裏づけられる。そして，中断期間をおいて天武11年3月1日条の「小紫三野王及び宮内官大夫等に命して，新城に遣して，その地形を見しむ。仍りて都つくらむとす」の記事によって，京の造営が再開されたことがわかる。宮の造営も発掘成果からこの頃から開始されることがわかっている。持統8年（694）12月1日に藤原宮に遷都するが，この段階においては，いまだ大極殿・朝堂院は完成していない。また，藤原京の縁辺

部においては，確実に条坊造営が，遷都後になる事例が確認されている。

　ここでの問題は，藤原京の形成が，当初より条坊道路によって十条十坊の京域をもち，中央に宮室を配置する京の計画があったかである。これについては，反論も提示されており，一致をみない（林部2001）。小澤説での課題は，「新城」と「新益京」を同一範囲・性格とみることができるか。宮内先行条坊に伴う掘立柱建物・塀が併存するが，宮域予定地にこれらの遺構が造られるのはなぜか。史料から大宝令以降に「左右京職」や「東西市」がみられることから，京域の変動が窺われることなど，があげられる。

　本章で分析した集落の分布からは，倭京4期には飛鳥地域と岸説藤原京域に分布が集中することがわかる。そして，倭京5期になると，大藤原京域に広がり，平城京遷都と前後する時期に廃絶している。このことは，岸説藤原京域から大藤原京域への拡大を窺わせる。ただし，藤原京の条坊遺構には，「先々行条坊」・先行条坊・条坊と，発掘成果から区別されているが，「先々行条坊」と先行条坊が識別できるのは，両者が位置的にズレている場合だけであり，先行条坊と条坊が識別できるのは，藤原宮期の遺構が上層にあり，前後関係が認識できる場合だけである。つまり，これらの好条件が整わなければ，区別ができない。これら三者の遺構は，施工時期によって区別されるのではなく，廃絶時期によって区別がされているのである。よって，「先々行条坊」と先行条坊にかかわる遺構は，藤原宮域および本薬師寺周辺に集中する。そのほかは，廃絶まで継続することから，時期別の現象面としては，分布範囲が拡大しているようにもみえる。

　しかし，少なくとも，四条遺跡では条坊施工が確実に藤原京遷都以降の事例にみられること（橿考研1988・2010）や，先にあげた小澤説への課題や，「倭京」「新城」「新益京」の関係を考えると，ここでは，以下の京域拡大整備案を提示したい。

　天武天皇は，即位後，母である斉明天皇の後飛鳥岡本宮に入った。すでにこの頃には「倭京」と称する都市空間が飛鳥を中心として，広範囲に広がっていた。そして，天武5年には，古道に囲まれた範囲（岸説藤原京域）に「新城」と称する方形街区を施工する。この段階では，条坊地割と同じ方形街区を「倭京」の一部に施行したのであって，街区内に王宮は計画されていない。その範

42　　I　7世紀における宮都の成立過程の研究

囲は，岸説の範囲全域に施工されたかは，天武5年に「遂に都つくらず」とあることから，中断を示唆して明確ではない。しかし，藤原宮内および本薬師寺下層には確実に施工されており，街区の基準が横大路と下ツ道であることから，ほぼこの範囲を施工したと推定する。天武11年には藤原宮の造営が始まり，京域拡大もこの頃であり，四条古墳の削平や造成が始まる。十条十坊の京域の確定，宮域の位置決定は，天武9年の本薬師寺発願により，本薬師寺の位置が王宮位置と同時に計画がされていたとすると，天武10年前後と考えられる。つまり「新城」と呼ばれたのは，飛鳥の北西の古道に囲まれた方形街区を施工した部分であり，「新益京」はこれを拡大整備させた大藤原京と理解することも可能であろう。[13]

　では，これらの文献史料と前節までの考察結果とはいかに符合するであろうか。「倭京」の成立時期については文献では斉明朝には成立していると考えられ，遺跡でも倭京3期には都市的空間がみられることと対応している。範囲としては文献・遺跡ともにこの段階では飛鳥・藤原地域の範囲が考えられる。そして，倭京4期に倭京内の一画に「新城」と呼ばれる方形街区が施工され，倭京5期には「新城」を拡大整備した「新益京」が造営される。問題となるのは遺跡の倭京1〜2期である。文献史料からは7世紀前半の京の存在を示す明確な記事はないが，倭京1〜2期の都市的様相はこの段階から見られはじめると考えられる。その範囲は倭京3期にくらべて非常に狭く，この段階で「京」が成立したと理解するのは，現状では可能性を指摘するにとどめておく。

(4)　総　　括──今後の課題と展望

　新益京（藤原京）の造営以前に存在したといわれる「倭京」。この「倭京」の実態に迫るため，本章では飛鳥地域における都市的空間の成立過程を探ることとした。その方法としては6世紀後半から7世紀の遺跡（集落・寺院・墳墓・土器）の動向と文献史料の検討を行った。倭京1期に飛鳥寺周辺における集落の集中・寺院の創設・前方後円墳の消滅・官道の設置・金属器指向の土器の出現などの最初の画期がある。つづいて倭京3期には集落範囲の拡大とともに，北を意識した建物の出現・官道の整備・終末期古墳の出現・文献による

1　倭京の実像　　*43*

「京」の初出などの過渡期を経て，倭京4・5期には「新城」方形街区設定・都城と官寺・律令的土器様式が成立，完成期に至る。つまり倭京3期には「倭京」と称する京が存在していたと考えられ，その範囲は飛鳥・藤原地域と一致，これまで想定されていたような横大路・下ツ道・上ツ道に囲まれた広範囲の「京」は想定しがたい。「京」の成立時期に関しては，第1期からすでに都市的様相の兆候が現れはじめるが，都市的空間はその後，徐々に広がっていき第3期に至る。倭京1・2期は明確な「京」を示すとはいいがたいが，倭京3・4期の都市空間の基礎となるのは確かであろう。

　以上，いくつかの検討を行ってきたが，本章における分析にもなお課題は存在する。最後にその問題点を指摘し，今後の課題としたい。まず，本章の分析の中心は時期別の遺跡分布の抽出にある。分布図（図3〜図8）の性格上，発掘調査密度の問題がそこには存在する。今回の内容では飛鳥中心部と藤原宮域の調査密度が高い状況にある。今後の調査の進展により，この分布図の改定を迫られることは十分に予想されるところである。しかし，今回，約20年余の調査成果を含めた再分析を行ったが，平成5年（1993）発表当時の分布傾向と，大きな差違はないことがわかった。このことから分布傾向については，今後も大きな変更はないものと考える。時期区分については，すでに記したように7世紀の土器編年が完成されているわけではなく，厳密な意味での時期区分に関しても問題はあろう。近年では，尾張産須恵器の検討により，新たな指摘もされている（尾野ほか2016）。飛鳥地域の土器編年の再構築と精緻化が求められる。もうひとつ，7世紀の都市空間を考察するに関しては「近江京」の問題が存在する。近江京は倭京3期後半に位置し，その意味で条坊の存在・京域の広がりなどの微妙な時期にあたる。これについては第Ⅰ部第2章で検討する。

　註
（1）　天智6年条「皇太子，倭の京に幸す」など。
（2）　ここでいう「都市」とは，いわゆる都市論に基づくものではなく，宮の周辺に広がる官衙・官人の邸宅等をもつ景観をさす。
（3）　和田萃氏は川原寺と橘寺の間を，飛鳥宮から亀石までの東西道路を「飛鳥横大路」と仮称している（和田萃1988）。筆者も旧稿では「川原橘大路」と仮称していた（相原1993）が，飛鳥宮から下ツ道までを直線で結ぶ重要な東西道であることから，和田氏の提唱する「飛鳥横大路」と呼ぶことにする。

44　　Ⅰ　7世紀における宮都の成立過程の研究

（４）　ここでは飛鳥とその周辺地域（大藤原京域・阿部・磐余地域まで含めた）の広範囲を対象としている。

（５）　ここでは「集落」とするが，必ずしも建物群が確認されているものだけではなく，土坑・溝・井戸などの遺構を含めて，便利上「集落」として扱っておく。

（６）　分布図のデータは，2016 年 6 月末までに刊行された報告書からのものである。

（７）　東池尻・池之内遺跡の古代池跡は「磐余池」の有力な候補地とされるが，磐余池は磐余中心部の別の地にあると考える（相原 2016a）。

（８）　天武 5 年に施工された岸説藤原京域の区画道路およびこれに伴う宅地について，のちの条坊と同じ規格であるが，この区画範囲内に王宮はなく，宅地を配置することから，ここでは「方形街区」と呼ぶ。この方形街区内に王宮を計画するのは，天武 10 年頃と推定する。

（９）　飛鳥時代の寺院の年代については，各報告書および花谷 2000・明日香村 2006b を参考にした。

（10）　飛鳥時代の古墳の年代については，各報告書および明日香村 2006b・桜井市埋文センター 2010b を参考にした。

（11）　白雉 4 年是歳条・白雉 5 年正月 1 日条・天智 6 年 8 月条・天武元年 6 月 26 日条・天武元年 7 月 7 日条・天武元年 9 月 12 日条。

（12）　持統 3 年 9 月 10 日条は，文脈からみて筑紫の記事で，水城・大野城などの大宰府都城の施設を指すと考えられる。

（13）　「新城」とは倭京の一画に方形街区を施工したもので，この段階の王宮は飛鳥浄御原宮と推定する。天武朝の政策をみても，天武 10 年を境に変化しており，この頃に藤原宮を中心とした「新益京」の造営計画がはじまったとみる。よって，「新城」方形街区を拡大整備して十条十坊の条坊王都としたものと考える。この点では林部均氏の理解にちかい。なお，筆者は相原 1994 において，岸説藤原京域から大藤原京域への拡大を，大宝令に伴うものと理解していた。しかし，本章のように，拡大整備の計画時期を天武 10 年前後とし，新益京の京域も十条十坊の範囲であると考えを改めた。

参考・引用文献

相原嘉之 1993 「倭京の実像―飛鳥地域における京の成立過程―」『紀要　第 6 号』滋賀県文化財保護協会（本書第Ⅰ部第 1 章に収録）

相原嘉之 1994 「藤原京から新益京へ―その京域をめぐる諸問題―」『文化財学論集』文化財学論集刊行会

相原嘉之 1997 「Ⅰ　大和　飛鳥・藤原地域の土器」『古代の土器 5-1　7 世紀の土器（近畿東部・東海編）』古代の土器研究会

相原嘉之 2013 「飛鳥寺北方域の開発―7 世紀前半の小墾田を中心として―」『橿原考古学研究所論集　16』八木書店

相原嘉之 2016a 「磐余の諸宮と磐余池—古代磐余をめぐる諸問題—」『魂の考古学　豆谷和之さん追悼論文編』豆谷和之さん追悼事業会

相原嘉之 2016b 「甘樫丘をめぐる遺跡の動態—甘樫丘遺跡群の評価をめぐって—」『明日香村文化財調査研究紀要　第 15 号』明日香村教育委員会

秋山日出雄 1971 「『飛鳥京と大津京』都制の比較研究」『飛鳥京跡 I 』奈良県立橿原考古学研究所

秋山日出雄 1983 「日本の古代都市（1）　飛鳥京」『講座 考古地理学 2』学生社

明日香村教育委員会 1978 『真弓マルコ山古墳』

明日香村教育委員会 1979 『史跡中尾山古墳環境整備事業報告』

明日香村教育委員会 1981 『奈良県高市郡明日香村越　岩屋山古墳—史跡環境整備事業にともなう事前調査概報—』

明日香村教育委員会 1988 『雷丘東方遺跡　第三次発掘調査概報』

明日香村教育委員会 1997a 「1995-3 次　御園アリイ遺跡の調査」『明日香村遺跡調査概報　平成 7 年度』

明日香村教育委員会 1997b 「1995-12 次　カナヅカ古墳（第 1 次）範囲確認調査」『明日香村遺跡調査概報 平成 7 年度』

明日香村教育委員会 1998a 「1996-9 次　川原下ノ茶屋遺跡の調査」『明日香村遺跡調査概報 平成 8 年度』

明日香村教育委員会 1998b 「1996-14 次　カナヅカ古墳（第 2 次）範囲確認調査」『明日香村遺跡調査概報 平成 8 年度』

明日香村教育委員会 1999 「1997-19 次　カナヅカ古墳（第 3 次）範囲確認調査」『明日香村遺跡調査概報 平成 9 年度』

明日香村教育委員会 2001 「1999-3 次　八釣・東山古墳群の調査」『明日香村遺跡調査概報 平成 11 年度』

明日香村教育委員会 2006a 『酒船石遺跡発掘調査報告書—付. 飛鳥東垣内遺跡・飛鳥宮ノ下遺跡—』

明日香村 2006b 『続 明日香村史』

明日香村教育委員会 2007 『カヅマヤマ古墳発掘調査報告書—飛鳥の磚積石室墳の調査—』

明日香村教育委員会 2009 『島庄遺跡発掘調査報告書—嶋宮傳承地における発掘調査報告書—』

明日香村教育委員会 2010 『真弓鑵子塚古墳発掘調査報告書—飛鳥の穹窿横穴式石室墳の調査—』

明日香村教育委員会 2013 『牽牛子塚古墳発掘調査報告書—飛鳥の刳り貫き式横口式石槨墳の調査—』

明日香村教育委員会 2016 『都塚古墳発掘調査報告書—飛鳥の多段築墳の調査—』

阿部義平 1997 「倭京の都市指標―日本列島における都城形成―」『国立歴史博物館研究報告　第74集』

網干善教 1977 「倭京（飛鳥）地割の復原―飛鳥地域の寺院跡を中心にして―」『関西大学考古学研究紀要　3』

井上和人 1986 「飛鳥京域論の検証」『考古学雑誌　71-2』日本考古学会（のちに井上2004所収）

井上和人 2004 『古代都城制条里制の実証的研究』学生社

井上和人 2007 「『飛鳥の道路遺構と方格地割』説批判」『条里制・古代都市研究　第22号』条里制・古代都市研究会

今泉隆雄 1993 『古代宮都の研究』吉川弘文館

入倉徳裕 2014 「新『飛鳥方格地割論』批判―七世紀の飛鳥に方格地割は存在しない―」『条里制・古代都市研究　第29号』条里制・古代都市研究会

今尾文昭 2008 「京と横穴―都市におけるケガレ観念形成の考古学的検討―」『律令期陵墓の成立と都城』青木書店

今尾文昭 2016 「都市陵墓の出現―可視から認識へ―」『ここまでわかった飛鳥・藤原京』吉川弘文館

大脇　潔 1991 「新益京の建設」『新版　日本の古代　第6巻近畿』角川書店

大脇　潔 1997 「蘇我氏の氏寺からみたその本拠」『堅田直先生古稀記念論文集』真陽社

小澤　毅 2003 『日本古代宮都構造の研究』青木書店

尾野善裕ほか 2016 「飛鳥地域出土の尾張産須恵器」『奈良文化財研究所紀要　2016』

押部佳周 1988 「飛鳥京・新益京」『古代史論集』塙書房

小田裕樹 2012 「食器構成からみた『律令的土器様式』の成立」『文化財論叢　IV』奈良文化財研究所

橿原市教育委員会 2013 「2011-4次　大藤原京左京五条八坊，中嶋遺跡」『平成23年度（2011年度）橿原市文化財調査年報』

橿原市教育委員会 2014 『史跡植山古墳』

橿原市教育委員会 2015 『菖蒲池古墳』

川越俊一 2000 「藤原京条坊年代考―出土土器から見たその存続期間―」『研究論集　11』奈良国立文化財研究所

岸　俊男 1970 「飛鳥と方格地割」『史林　53-4』史学研究会（のちに岸1993所収）

岸　俊男 1982 「倭京から平城京へ」『国文学　27-5』学燈社（のちに岸1993所収）

岸　俊男 1993 『日本古代宮都の研究』岩波書店

キトラ古墳学術調査団 1999 『キトラ古墳学術調査報告書』明日香村教育委員会

木下正史 1983 「藤原宮域の開発」『文化財論叢』奈良国立文化財研究所

木下正史 2003 『藤原京―よみがえる日本最初の都城―』中公新書

京都帝国大学 1937 『奈良県大和島庄石舞台の巨石墳』

宮内庁書陵部 1994 「畝傍陵墓参考地石室内現況調査報告」『書陵部紀要　第 45 号』

宮内庁書陵部 1999 「欽明天皇　檜隈坂合陵整備工事区域の調査」『書陵部紀要　第 50 号』

黒崎　直 2011 『飛鳥の都市計画を解く』同成社

西光慎治 1999 「飛鳥地域の地域史研究（3）―今城谷の合葬墓―」『明日香村文化財調査研究紀要　第 2 号』明日香村教育委員会

西光慎治 2002 「真弓テラノマエ古墳の研究」『明日香村文化財調査研究紀要　第 11 号』明日香村教育委員会

桜井市教育委員会 1989 『阿部丘陵跡群』

桜井市文化財協会 1990 「城島遺跡・アベヲ地区発掘調査概要」『桜井市内埋蔵文化財 1989 年度発掘調査報告書 1』

桜井市教育委員会 1991 『桜井市国史跡メスリ山古墳西隣接地発掘調査報告書』

桜井市文化財協会 1992 『城島遺跡田中地区発掘調査報告書』

桜井市文化財協会 1994 『桜井市内埋蔵文化財 1992 年度発掘調査報告書 2』

桜井市文化財協会 1995 『高家一ツ橋古墳発掘調査報告書』

桜井市文化財協会 1999 「谷遺跡第 13 次調査」『桜井市内埋蔵文化財 1998 年度発掘調査報告書 3』

桜井市教育委員会 2001 「谷遺跡第 15 次調査」『桜井市内埋蔵文化財 2000 年度発掘調査報告書 3』

桜井市教育委員会 2005 「纏向遺跡第 142 次発掘調査報告（箸墓古墳周辺第 14 次）」『桜井市平成 16 年度国庫補助による発掘調査報告書』

桜井市文化財協会 2010 「安倍寺遺跡第 12 次発掘調査報告」『桜井市内埋蔵文化財 2002 年度発掘調査報告書 6』

桜井市文化財協会 2010a 『赤坂天王山古墳群の研究―測量調査報告―』

桜井市立埋蔵文化財センター 2010b 『桜井の横穴式石室を訪ねて』

桜井市文化財協会 2012 「安倍寺遺跡第 12 次発掘調査報告」『桜井市内埋蔵文化財 2002 年度発掘調査報告書 6』

重見　泰 2015 「後飛鳥岡本宮の構造と飛鳥浄御原宮の成立」『ヒストリア　249 号』大阪歴史学会

白石太一郎 1974 「明日香村　打上古墳」『奈良県の主要古墳　Ⅱ』奈良県教育委員会

千田　稔 1981 「歴史地理学における『復原』から『意味論』へ」『地理の思想』

玉田芳英 2002 「大官大寺下層土坑の貯蔵器・煮炊具」『奈良文化財研究所紀要　2002』

奈良県立橿原考古学研究所 1972 『壁画古墳 高松塚　調査中間報告』奈良県教育委員会・明日香村

奈良県立橿原考古学研究所 1974 『嶋宮傳承地―昭和 46～48 年度発掘調査概報―』奈良県教育委員会

奈良県立橿原考古学研究所 1982a 「文殊院西古墳・文殊院東古墳・艸墓古墳」『飛鳥・磐余地域の後，終末期古墳と寺院跡』

奈良県立橿原考古学研究所 1982b 「久米・ジカミ子遺跡発掘調査概報」『奈良県遺跡調査概報 1980 年度』

奈良県立橿原考古学研究所 1983a 「檜前・上山遺跡発掘調査概報」『奈良県遺跡調査概報 1982 年度』

奈良県立橿原考古学研究所 1983b 「塚本古墳発掘調査概報」『奈良県遺跡調査概報 1982 年度第 2 分冊』

奈良県立橿原考古学研究所 1983c 「高松塚周辺遺跡調査概報」『奈良県遺跡調査概報 1981 年度第 2 分冊』

奈良県立橿原考古学研究所 1984a 「佐田遺跡群発掘調査概報」『奈良県遺跡調査概報 1983 年度』

奈良県立橿原考古学研究所 1984b 「平田クルマゴエ遺跡発掘調査概報」『奈良県遺跡調査概報 1982 年度』

奈良県立橿原考古学研究所 1985a 「飛鳥京跡—第 97 次・100 次他発掘調査概報—」『奈良県遺跡調査概報 1983 年度第 2 分冊』

奈良県立橿原考古学研究所 1985b 「檜前・上山遺跡発掘調査概報Ⅱ」『奈良県遺跡調査概報 1984 年度第 2 分冊』

奈良県立橿原考古学研究所 1988 「四条遺跡発掘調査概報」『奈良県遺跡調査概報 1987 年度』

奈良県立橿原考古学研究所 1989 「石舞台古墳」『大和考古学 50 年』

奈良県立橿原考古学研究所 1990 「飛鳥京跡発掘調査概報—第 111 次〜113 次および平田キタガワ遺跡の調査—」『奈良県遺跡調査概報（第 1 分冊）1987 年度』

奈良県立橿原考古学研究所 1993 「新益京横大路発掘調査報告書」『奈良県遺跡調査概報（第 2 分冊）1992 年度』

奈良県立橿原考古学研究所 1994 「左京二条二坊発掘調査報告書」『奈良県遺跡調査概報（第 2 分冊）1993 年度』

奈良県立橿原考古学研究所 1995a 「飛鳥京跡発掘調査概報—豊浦寺金堂の調査—」『奈良県遺跡調査概報 1994 年度』

奈良県立橿原考古学研究所 1995b 「高家古墳群発掘調査概報」『奈良県遺跡調査概報（第 2 分冊）1994 年度』

奈良県立橿原考古学研究所 1998 「飛鳥京跡発掘調査概報—豊浦寺第 3 次—」『奈良県遺跡調査概報 1997 年度第 2 分冊』

奈良県立橿原考古学研究所 1999 『束明神古墳の研究』

奈良県立橿原考古学研究所 2008 『飛鳥京跡Ⅲ—内郭中枢の調査（1）—』

奈良県立橿原考古学研究所 2010 『四条遺跡Ⅱ』

奈良県立橿原考古学研究所 2011 『飛鳥京跡Ⅳ―外郭北部地域の調査―』

奈良県立橿原考古学研究所 2016 「小山田遺跡第5・6次調査」『奈良県遺跡調査概報（第
2分冊）2014年度』

奈良国立文化財研究所 1958 『飛鳥寺発掘調査報告』

奈良国立文化財研究所 1960 『川原寺発掘調査報告』

奈良国立文化財研究所 1973 「坂田寺跡の調査」『飛鳥・藤原宮発掘調査概報3』

奈良国立文化財研究所 1975a 「大官大寺跡の調査」『飛鳥・藤原宮発掘調査概報5』

奈良国立文化財研究所 1975b 「和田廃寺の調査」『飛鳥・藤原宮発掘調査概報5』

奈良国立文化財研究所 1976a 「大官大寺第2次の調査」『飛鳥・藤原宮発掘調査概報6』

奈良国立文化財研究所 1976b 「和田廃寺第2次の調査」『飛鳥・藤原宮発掘調査概報6』

奈良国立文化財研究所 1976c 『飛鳥・藤原宮発掘調査報告　Ⅰ』

奈良国立文化財研究所 1976d 「藤原宮第17次の調査」『飛鳥・藤原宮発掘調査概報6』

奈良国立文化財研究所 1977a 「稲淵川西遺跡の調査」『飛鳥・藤原宮発掘調査概報7』

奈良国立文化財研究所 1977b 「大官大寺第3次の調査」『飛鳥・藤原宮発掘調査概報7』

奈良国立文化財研究所 1978a 「平吉遺跡の調査」『飛鳥・藤原宮発掘調査概報8』

奈良国立文化財研究所 1978b 「大官大寺第4次（推定金堂跡）の調査」『飛鳥・藤原宮発
掘調査概報8』

奈良国立文化財研究所 1978c 『飛鳥・藤原宮発掘調査報告　Ⅱ』

奈良国立文化財研究所 1978d 「藤原宮第20次（大極殿北方）の調査」『飛鳥・藤原宮発
掘調査概報8』

奈良国立文化財研究所 1979a 「大官大寺第5次（塔・東面回廊）の調査」『飛鳥・藤原宮
発掘調査概報9』

奈良国立文化財研究所 1979b 「藤原宮第23-2次の調査」『飛鳥・藤原宮発掘調査概報9』

奈良国立文化財研究所 1979c 「藤原宮第24次（東面大垣）の調査」『飛鳥・藤原宮発掘
調査概報9』

奈良国立文化財研究所 1980a 「檜隈寺第1次（南門）の調査」『飛鳥・藤原宮発掘調査概
報10』

奈良国立文化財研究所 1980b 「大官大寺第6次（講堂・東面回廊）の調査」『飛鳥・藤原
宮発掘調査概報10』

奈良国立文化財研究所 1980c 「川原寺西南部の調査」『飛鳥・藤原宮発掘調査概報10』

奈良国立文化財研究所 1980d 『飛鳥・藤原宮発掘調査報告　Ⅲ』

奈良国立文化財研究所 1981a 「檜隈寺第2次の調査」『飛鳥・藤原宮発掘調査概報11』

奈良国立文化財研究所 1981b 「大官大寺第7次の調査」『飛鳥・藤原宮発掘調査概報11』

奈良国立文化財研究所 1982a 「檜隈寺第3次の調査」『飛鳥・藤原宮発掘調査概報12』

奈良国立文化財研究所 1982b 「大官大寺第8次の調査」『飛鳥・藤原宮発掘調査概報12』

奈良国立文化財研究所 1983a 「檜隈寺第4次（門・東面回廊）の調査」『飛鳥・藤原宮発

掘調査概報 13』

奈良国立文化財研究所 1983b 「大官大寺第 9 次の調査」『飛鳥・藤原宮発掘調査概報 13』

奈良国立文化財研究所 1985 「藤原宮東方官衙地域の調査（第 38・41・44 次）」『飛鳥・藤原宮発掘調査概報 15』

奈良国立文化財研究所 1986a 「豊浦寺第 3 次調査」『飛鳥・藤原宮発掘調査概報 16』

奈良国立文化財研究所 1986b 「朱雀大路・左京七条一坊（日高山）の調査（第 45-2・9 次）」『飛鳥・藤原宮発掘調査概報 16』

奈良国立文化財研究所 1988 「奥山久米寺の調査（1987-1 次）」『飛鳥・藤原宮発掘調査概報 18』

奈良国立文化財研究所 1990 「左京九条四坊の調査（第 58-20 次）」『飛鳥・藤原宮発掘調査概報 20』

奈良国立文化財研究所 1991 「山田道第 2・3 次調査」『飛鳥・藤原宮発掘調査概報 21』

奈良国立文化財研究所 1992a 「飛鳥池遺跡の調査」『飛鳥・藤原宮発掘調査概報 22』

奈良国立文化財研究所 1992b 「右京二条二坊の調査（第 66-5 次）」『飛鳥・藤原宮発掘調査概報 22』

奈良国立文化財研究所 1995a 「甘樫丘東麓の調査」『飛鳥・藤原宮発掘調査概報 25』

奈良国立文化財研究所 1995b 『飛鳥・藤原宮発掘調査報告 IV―飛鳥水落遺跡の調査―』

奈良国立文化財研究所 1996a 「本薬師寺の調査」『飛鳥・藤原宮発掘調査概報 26』

奈良国立文化財研究所 1996b 「左京十一条三坊（雷丘北方遺跡第 5・6 次）の調査（第 75-16 次・第 78-8 次調査）」『飛鳥・藤原宮発掘調査概報 26』

奈良国立文化財研究所 1996c 「西方官衙南地区の調査（第 79 次・第 80 次）」『飛鳥・藤原宮発掘調査概報 26』

奈良国立文化財研究所 2000 「水落遺跡の調査―第 103 次」『奈良国立文化財研究所年報 2000-II』

奈良文化財研究所 2002 『山田寺発掘調査報告』

奈良文化財研究所 2003 『吉備池廃寺発掘調査報告―百済大寺跡の調査―』

奈良文化財研究所 2004 『川原寺寺域北限の調査―飛鳥藤原第 119-5 次発掘調査報告―』

奈良文化財研究所 2006 「雷丘の調査―第 139 次」『奈良文化財研究所紀要 2006』

奈良文化財研究所 2008 「石神遺跡（第 19・20 次）の調査―第 145・150 次」『奈良文化財研究所紀要 2008』

奈良文化財研究所 2009 「石神遺跡（第 21 次）の調査―第 156 次」『奈良文化財研究所紀要 2009』

奈良文化財研究所 2009 「甘樫丘東麓遺跡の調査―第 151・157 次」『奈良文化財研究所紀要 2009』

奈良文化財研究所 2010 「古宮遺跡の調査―第 152-8 次」『奈良文化財研究所紀要 2010』

西口壽生・玉田芳英 2001 「大官大寺下層土坑の出土土器」『奈良文化財研究所紀要

2001』

仁藤敦史 1992 「倭京から藤原京へ―律令国家と都城制―」『国立歴史民俗博物館研究報告 45』

西　弘海 1978 「七世紀の土器の時期区分と型式変化」『飛鳥・藤原宮発掘調査報告　Ⅱ』奈良国立文化財研究所

西　弘海 1982 「土器様式の成立とその背景」『考古学論考』小林行雄博士古稀記念論文集刊行委員会

花谷　浩 2000 「京内二十四寺について」『研究論集　Ⅺ』奈良国立文化財研究所

橋本義則 2000 「『藤原京』造営試考―『藤原京』造営史料とその京号に関する再検討―」『研究論集　Ⅺ』奈良国立文化財研究所

林部　均 1998 「伝承飛鳥板蓋宮跡出土土器の再検討」『橿原考古学研究所論集 13』吉川弘文館（のちに林部 2001 所収）

林部　均 2001 『古代宮都形成過程の研究』青木書店

林部　均 2008a 「飛鳥宮と『飛鳥京』の形成」『飛鳥京跡Ⅲ―内郭中枢の調査（1）―』奈良県立橿原考古学研究所

林部　均 2008b 『飛鳥宮と藤原京―よみがえる古代王宮―』吉川弘文館

文化庁ほか 2008 『特別史跡キトラ古墳発掘調査報告書』

前田晴人 1985 「倭京の実態についての一試論」『続日本紀研究　240・241』続日本紀研究会

湊　哲夫 1983 「飛鳥浄御原京の基礎的考察」『日本史論叢　十輯』

湊　哲夫 1993 「飛鳥浄御原京再論」『立命館文学　532 号』立命館大学人文学会

湊　哲夫 2015 『飛鳥の古代史』ブイツーソリューション

和田　萃 1988 「飛鳥のチマタ」『橿原考古学研究所論集　第 10』吉川弘文館

2 近江京域論の再検討
―― 7 世紀における近江南部地域の諸相 ――

は じ め に

　近江大津宮廃都後，10 数年たった頃，時の歌人・柿本臣人麻呂は次のような歌を残している。

　　近江の荒れたる都を過ぎし時に，柿本臣人麻呂の作れる歌

　　　（前略）楽浪の　大津の宮に　天の下　知らしめしけむ　天皇の
　　　神の尊の　大宮は　此処と聞けども　大殿は　此処と言へども
　　　春草の　繁く生ひたる　霞立ち　春日の霧れる　ももしきの　大宮処
　　　見れば悲しも（『万葉集』巻 1-29）

　都が飛鳥に還って短い年月の間に，大津宮は当時の様子を思い浮かべることができないほどまでに荒れ果ててしまった。その後，長い歴史のなかに，わずか 5 年間の都であったその所在地すら忘れられてしまい，長らく人々の記憶から消しさられていた。江戸時代以降，その王宮の所在地についての考証がはじめられ，近年に至るまでいくつかの説が流布していた。しかし，昭和 49 年（1974）の秋に大津市錦織 2 丁目で行われた発掘調査において，はじめて大津宮に関連すると思われる建物遺構が検出され，その後の調査によって大津宮中枢部が錦織一帯に存在することが明らかとなりつつある。さらに『日本書紀』には「近江京」の名称が記され，次なる課題として大津宮周辺の「京」の存否とその規模・実態の解明が望まれるところである。

　筆者はすでに「倭京の実像―飛鳥地域における京の成立過程―」（本書第 I 部第 1 章に収録）において，飛鳥地域における新益京以前の王都の成立過程についての検討を行った（相原 1993）。その手法としては，まず従来の説に関しての問題点の抽出を行い，時期別に集落・寺院・墳墓・土器の分布と画期を明確にすることから「倭京」の実態にせまった。その結果，7 世紀初頭に飛鳥寺周辺における集落の集中・寺院の創建・前方後円墳の消滅・金属器指向の土器

の出現という最初の画期がみられ，7世紀中頃には集落の拡大と同時に北を意
識した建物群の出現・官道の整備・終末期古墳の出現・文献による「京」の初
出等の過渡期を経て，7世紀後半の条坊（方形街区）の設定・都城と官寺・律
令的土器様式の成立などの完成期に至る。その範囲としても7世紀中頃以降に
おいては，いわゆる飛鳥・藤原の地域とみられ，それ以前の段階から徐々に広
がってきたものであると理解された。

　こうしたなか，「近江京」は7世紀後半に位置づけられる都で，王都の成立
過程のなかでは条坊の存在・京域の広がりなど極めて微妙な位置を占めている
もので，その解明は日本都城制ならびにそれ以前の宮都を理解するにあたって
重要な課題である。本章では，近江京の実態について，「都市空間」という観
点から検討する。また，その方法論として第Ⅰ部第1章同様に，6世紀後半か
ら7世紀までの遺跡の動向を窺うことからアプローチしてみたい。

(1)　近江京をめぐる研究史とその課題

　近江京に関する研究はすでに江戸時代後半から追求されており，近年に至る
まで数々の論考がなされている。これらについては，田辺昭三・林博通氏らに
よって端的にまとめられている（田辺1983・林2001）。ここでは直接関係する
ものについてのみ簡単に紹介する。

　南湖西部地域における南北条里地割については従来から注目されているとこ
ろであったが，福尾猛市郎氏は昭和17年（1942）に『大津市史』において，
条里（60間）とは異なる80間あるいは40間を単位とした道・畦等を抽出し，
これを「特殊地割」と称した。この地割の範囲内に南滋賀廃寺や大津宮の候補
地のすべてが位置することから，この特殊地割こそ大津京の条坊ではないかと
している（福尾1942）。また，藤岡謙二郎氏もこの「特殊地割」と飛鳥京の方
格地割との対比によって，方600尺（500大尺）の地割を復元し，十条六坊の
京域を想定している（藤岡1971）。つづいて小笠原好彦氏は穴太廃寺の再建伽
藍の方位が大津宮の方位と合わせて建て替えられているとして，大津京の地割
がこの周辺まで広がっていたと説く。また，大津宮内裏南門と正殿の距離の2
倍が約500大尺で福尾・藤岡氏のいう特殊地割と一致することと，周辺の小字

名の検討から南北 10000 大尺，東西 3000 大尺の範囲を京域とする。ただし，北京は南京よりやや東にずれた形態をとる（小笠原 1990）。阿部義平氏も南湖西部地域の 600 尺（500 大尺）の地割に注目し，南北 30 区画，東西平均 6 区画の方格地割を地形に沿った形で復元している。その範囲は南を園城寺の南，北を穴太廃寺の北までと想定している。さらにその南北に広がる条里地割も居住空間と理解しており，その西方の長等山山中に大規模な山城を想定し，北は三尾城，南は瀬田唐橋まで尾根づたいに羅城を形成するとする（阿部 1992）。

　各々その範囲は異なるが，以上が南湖西部地域に方格地割を想定する見解である。これに対して，近江京を点と線の都と理解し，方格地割による京域は存在しなかったという見解がある。昭和 46 年（1971）に始まった湖西線関係の発掘調査および大津北郊の調査で，一部に大津宮と同一方位をもつ溝を除いては，条坊道路が検出されていないことから，統一的な方格地割は存在しなかったとするものである。

　林博通氏は大津北郊の 4 寺院（穴太廃寺・南滋賀廃寺・崇福寺・園城寺）が大津京を防備する意味も兼ねて，交通の要所に計画的に配置されたと考え，これら 4 寺院に囲まれた範囲を大津京と説く（林 1978・1984）。また，田辺昭三氏も西に急激な山並み，東に琵琶湖があり，これまで想定された条坊制の広大な京域は設定しがたいこと，湖西線関係の発掘調査成果から，条坊制をもつ京を否定している（田辺 1983）。一方，仁藤敦史氏は近江遷都の理由・造営氏族・宮の構造から大津宮は「京」を附属させない都城制成立以前に位置づけられる過渡期的な宮で，宮域の広大な領域性・多元性・分散性を特色とすると説く（仁藤 1986）。筆者は「倭京」の形成過程を検討した同手法を用いて，近江南部地域の集落・寺院・墳墓などの動向と分布を検討した。その結果，近江京は既存の地割や，新たな地割施工などの集合体としての都とした（相原 1994）。本章はその後の調査データを踏まえて再検討したものである。松浦俊和氏は白鳳寺院・天智天皇伝承地・渡来系氏族の分布と地形的な検討から，大津京は宮域と，比叡山と琵琶湖に囲まれた坂本から石山までの外郭で構成されているとした（松浦 1997）。

　「近江京」をめぐる研究史をごく簡単に振り返ってみたが，次にこれらに含まれる課題を抽出してみよう。南湖西部地域における 500 大尺の方格地割の有

無については，近江京の地割と仮定した場合，その基準は南滋賀廃寺ではなく大津宮（錦織遺跡）中軸線になること。その特殊地割は条里制によってかなりの部分が現地表から消されて遺存しないこと。大津宮内裏南門と正殿間の距離を基準単位の半分としているが，内裏正殿は東西7間でこの建物が本来の内裏正殿かは不明で，この距離を基準とするには問題があること[(1)]。飛鳥地域における方格地割の存在に関しては否定的であること（井上1986）。発掘調査で条坊遺構が確認されていないこと。湖西南部地域の地質状況および当時の汀線から生活に適した場所は限られていると考えられること（林2001）などから，南湖西部地域に統一的・計画的な方格地割を想定するのは現状では消極的にならざるを得ないと考える。しかし，部分的であれ条里とは異なる地割が遺存しているのも事実であり，この意味については考究する必要はある。一方，長等山山中に想定された山城については，筆者らの踏査の結果，積極的に山城であるという確証は得られなかった[(2)]。

　このように現状では南湖西部地域に近江京に伴う条坊地割を想定するには，多くの課題がなお存在していると考える。これらを踏まえたうえで，以下では近江地域の動向についてみていくことにする。

(2)　史料にみる大津宮・近江京

　ここでは史料から窺うことのできる大津宮および近江京の構造について，林博通氏の研究（林2001）を参考にまとめておきたい。

　まず大津宮内の施設をみると，天皇の王宮である大津宮には，居住空間である「内裏」があったことがわかる（天智7年（668）正月7日条）。この内裏のなかには，「殿」「臥内」「大殿」と呼ばれる正殿があり（天智10年（671）正月2日条・天智10年10月17日条），「内裏佛殿」「内裏西殿」と呼ばれる仏殿があったことも記される（天智10年10月17日条・天智10年11月23日条）。さらに，宮内には「大藏」があったこともわかる（天智8年（669）12月条）。「大藏」については，飛鳥宮の事例から，宮外の可能性もあるが，天智10年11月24日条からは，近江宮の火災が大蔵省第3倉の出火が原因であったことから，宮内に「大藏」があったと考えられる。このほかに「大炊」の存在が記される（天

智10年条）が，職務内容からみて，これも宮内と推定するべきであろう。

　一方，宮内か宮外か不明なものに「漏剋」（天智10年4月25日条）がある。この「漏剋」は天智天皇が皇太子時代に飛鳥で作ったものを移築したものである。「漏剋」は平安宮では中務省にあることから，大津宮でも宮内にあったこととも考えられるが，斉明朝の飛鳥では，宮外の飛鳥寺北西に配置されている。これらのことから「漏剋」は宮内外のいずれかは特定できない。

　京内にあった施設には「濱臺」「濱樓」がある（天智7年7月7日条・『藤氏家伝』）。湖畔ちかくにあった楼閣状施設と考えられる。また，唐崎ちかくに船着き場が推定される（『万葉集』巻1-30・巻2-152）。さらに学校である「庠序」(3)（『懐風藻序』）や，中臣鎌足の邸宅である「淡海之第」（『藤氏家伝』）もあったことがわかる。

　　「是の冬に，京都の鼠，近江に向きて移る。」（天智5年（666）条）

　　「都を近江に遷す。是の時に，天下の百姓，都遷すことを願はずして，諷へ諫く者多し。童謡亦衆し。日日夜夜，失火の處多し。」（天智6年（667）3月19日条）

　　「群臣に内裏に宴したまふ。」（天智7年（668）正月7日条）

　　「又濱臺の下に，諸の魚，水を覆ひて至る。」（天智7年7月7日条）

　　「大藏に災けり。」（天智8年（669）12月条）

　　「士大夫等に詔して，大きに宮門内に射る。」（天智9年（670）正月7日条）

　　「大錦上蘇我赤兄臣と大錦下巨勢人臣と，殿の前に進みて，賀正事奏す。」（天智10年（671）正月2日条）

　　「漏剋を新しき臺に置く。始めて候時を打つ。鐘鼓を動す。始めて漏剋を用ゐる。此の漏剋は，天皇の，皇太子に為す時に，始めて親ら製造れる所なりと，云云。」（天智10年4月25日条）

　　「天皇，西の小殿に御す。皇太子・群臣，宴に侍り。」（天智10年5月5日条）

　　「内裏にして，百佛の眼を開けたてまつる。」（天智10年10月8日条）

　　「天皇，疾病彌留し。勅して東宮を喚して，臥内に引入れて，詔して曰はく『朕，疾甚し。後事を以て汝に屬く』と，云云。」（天智10年10月17日条）

「便ち内裏の佛殿の南に向でまして，胡床に踞坐げて，鬚髪を剃除りたまひて，沙門と為りたまふ。」（天智 10 年 10 月 17 日条）

「大友皇子，内裏の西殿の織の佛像の前に在します。」（天智 10 年 11 月 23 日条）

「近江宮に災けり。大藏省の第三倉より出でたり。」（天智 10 年 11 月 24 日条）

「又大炊に八つの鼎有りて鳴る。或いは一つの鼎鳴る。或いは二つ或いは三つ俱に鳴る。或いは八つながら俱に鳴る。」（天智 10 年条）

「天皇，臥病したまひて，痛みたまふこと甚し。是に，蘇賀臣安麻侶を遣して，東宮を召して，大殿に引き入る。」（天智 10 年 10 月 17 日条）

「爰に則ち庠序を建て，茂才を徴し，五禮を定め，百度を興したまふ。」（『懐風藻序』）

「帝群臣を召して濱樓に置酒したまふ。」（『藤氏家伝』）

「帝私第に臨みて，親ら所患を問ひたまふ。」（『藤氏家伝』）

「十六日辛酉，淡海之第に薨ず。」（『藤氏家伝』）

「ささなみの志賀の辛崎幸くあれど大宮人の船待ちかねつ」（『万葉集』巻 1-30）

「やすみししわご大君の大御船待ちか戀ふらむ志賀の辛崎」（『万葉集』巻 2-152）

(3)　7世紀の近江南部地域

時 期 区 分

ここでは本章で用いる時期区分について記しておく。今回使用する時期区分については第Ⅰ部第1章ですでに記したものと同区分を使用する。すなわち，近江京 0 期は 6 世紀後半〜末（飛鳥寺下層式）まで，近江京 1 期が飛鳥Ⅰ古〜中段階（推古朝頃），近江京 2 期が飛鳥Ⅰ新段階（舒明〜孝徳朝前半），近江京 3 期が飛鳥Ⅱ古〜Ⅲ新段階（孝徳朝後半〜天智朝），近江京 4 期が飛鳥Ⅳ古〜新段階（天武・持統朝），近江京 5 期が飛鳥Ⅴ古〜新段階の藤原京期とする[4]。ただし，3 期については，天智朝を含む区分となっており，本章では天智朝以前か，

以降かは重要なポイントともなる。本章では細分可能な場合のみ，近江京3期を前半と後半（天智朝）に細分する。

近江南部地域の集落遺跡

ここではまず，大津市・草津市域での集落の動向についてみてみたい。その抽出方法は第Ⅰ部第1章同様に時期の判明する遺構のみを図9〜図14に示した。また，ここでいう「集落」とは一般集落と官人の邸宅を含めた広義の意味での集落をさす。

近江京0期において集落の分布を見るとき，南湖西部地域の穴太・滋賀里・南滋賀・錦織に集中する。このほかには南湖南東部地域の御倉遺跡において当期から第1期にかけての土坑が検出されているが，明確な生活痕跡とはいいがたい（滋賀県1990a）。一方，分布の集中する南湖西部地域では南滋賀遺跡（滋賀県1978a・1991・1993・大津市2011）・橿木原遺跡（滋賀県1981）・錦織遺跡（滋賀県1992c）において竪穴建物がみつかっている。これに対して，南滋賀遺跡・滋賀里遺跡・穴太遺跡では掘立柱建物がすでに建ち並んでおり，この時期に特殊な構造をもつ大壁建物も出現している（滋賀県1975a・大津市1982a・1989・2011・2015b）。

つづく近江京1期の集落遺跡の分布も前段階同様に南湖西部地域の穴太遺跡・滋賀里遺跡・南滋賀遺跡・錦織遺跡に集中する。この段階にも穴太遺跡では掘立柱建物とともに大壁建物・オンドル遺構・礎石建物が検出されている。滋賀里遺跡・南滋賀遺跡でも掘立柱建物と大壁建物が併存する。しかし，錦織遺跡では溝・河川が確認されているだけである（滋賀県1985a）。一方，南湖南東部地域の御倉遺跡では土坑が確認されているが，笠山南遺跡や野路岡田遺跡・中畑遺跡では竪穴建物が確認されている（滋賀県1985c・2005b・草津市2008・2010）。

しかし，近江京2期になると確認された遺跡は少なくなる。その分布は南湖西部地域の穴太遺跡と南滋賀遺跡に限られる。いずれも竪穴建物・掘立柱建物・大壁建物が検出されている。対岸の南湖南東地域では，前段階につづき野路岡田遺跡で竪穴建物・掘立柱建物がある。さらに菅池遺跡では東西溝が確認できる（大津市2013）。瀬田川左岸では新たに関津遺跡で竪穴建物が出現する

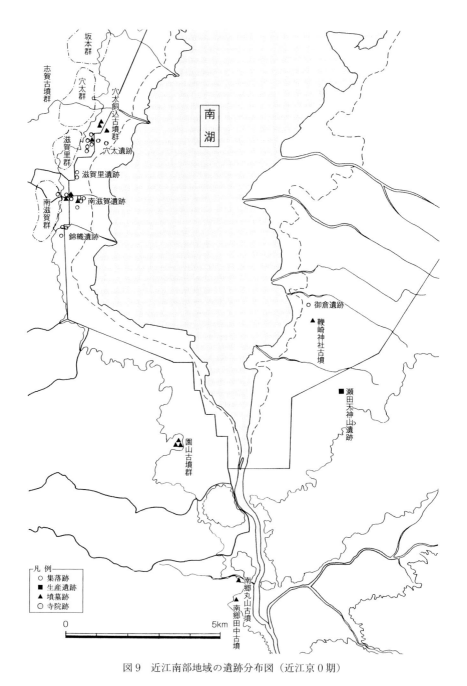

図9　近江南部地域の遺跡分布図（近江京0期）

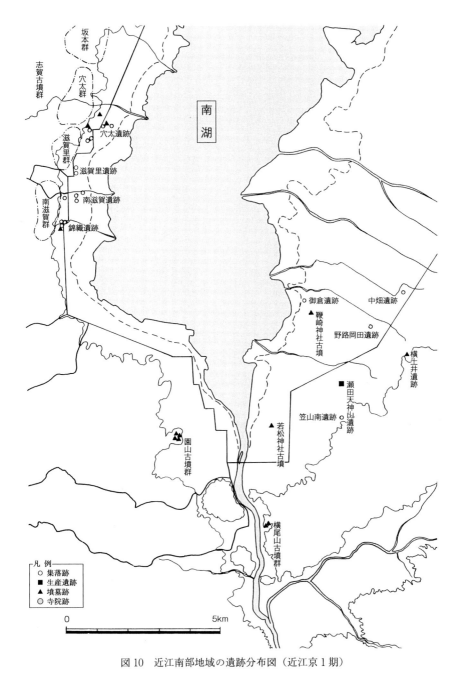

図10　近江南部地域の遺跡分布図（近江京1期）

（滋賀県 2007・2010）。

　近江京 3 期になると南湖西部・南湖南西・瀬田川左岸・南湖南東・南湖東部そして南湖南端地域で確認されている。南湖西部地域では錦織遺跡と南滋賀遺跡・穴太遺跡・大津城下層遺跡でみつかっている。錦織遺跡はその構造や形態から大津宮中枢部と考えられ，内裏地区と朝堂と推定される建物が検出された（滋賀県 1988a・1989・1990c・1992c・1994・大津市 1977・1982b・2004・林 2001）。南滋賀遺跡では，この段階には正方位の溝のみであるが，南滋賀廃寺の地割にかかわるものと考えられる（滋賀県 1993）。穴太遺跡では瓦窯より新しい掘立柱建物がある。後期穴太廃寺創建伽藍に近い方位をしていることから，3 期前半と考えられる（滋賀県 2001a）。大津城下層遺跡では 3〜4 期の南北溝がみつかっている（滋賀県 1997）。南湖南西地域の膳所城下町遺跡では竪穴建物が 2 棟確認される（滋賀県 2005a）。南湖の南端に位置する瀬田川の唐橋遺跡で橋脚遺構がみつかっている（滋賀県 1992a）。その構造は我が国では例のないもので韓国の慶州に類似の橋脚遺構が確認されていることから渡来系の技術が導入されたものと理解される（東 1990）。瀬田川左岸にある関津遺跡では竪穴建物がある（滋賀県 2007・2010）。一方，南湖南東地域では中畑遺跡・野路岡田遺跡，そして菅池遺跡がある。中畑遺跡では建物遺構は確認できないが，井戸・溝がある（草津市 2010・滋賀県 2005b）。野路岡田遺跡では壁建式建物がある（草津市 2008）。菅池遺跡では東西溝が確認され，文意不明ながら，木簡が出土している（大津市 2013）。南湖東部地域では芦浦遺跡で溝が確認されている（滋賀県 1987a）。

　近江京 4 期も前段階同様に南湖西部地域・南湖南西地域・瀬田川左岸地域・南湖南東地域・南湖東部地域そして南湖南端地域で確認されているが，その検出地点は少なくなる。穴太南遺跡では湖西線関係の調査で東西の大溝がみつかっている（滋賀県 1973）。特に錦織遺跡では前段階に集中して確認された大津宮の遺構はこの段階にはすでに廃絶しており，落ち込み状の遺構があるだけである（滋賀県 1992c）。かわって，土器棺が営まれている（滋賀県 1985a）。南湖南東地域の膳所城下町遺跡では竪穴建物が 8 棟確認され，前段階よりも増える（滋賀県 2005a）。瀬田川左岸の関津遺跡も同様に，竪穴建物が 8 棟と増加している（滋賀県 2007・2010）。南湖南東地域の菅池遺跡は，前段階の溝に加えて，

竪穴建物も確認されている（大津市 2013）。

　近江京5期には確認された遺跡は少ないが，南湖西部地域・南湖南西地域・南湖南端地域・南湖東部地域で検出されている。南湖西部地域では近江京3期から存続する穴太南遺跡の大溝と南滋賀遺跡の南北柵列がある（大津市 1991a）。膳所城下町遺跡では竪穴建物があり，ここからは方形瓦の破片が出土していることから，近接してある膳所廃寺のものと推定されている（滋賀県 2005a）。南湖南東部地域の中畑遺跡では掘立柱建物が確認されるが（滋賀県 2005b・草津市 2010），矢倉口遺跡で土坑がみつかっているだけである。掘立柱建物もこの段階の可能性がある（滋賀県 1987b）。

　以上が6世紀後半から7世紀における近江南部地域の集落遺跡の時期別の分布である。しかし，確認された遺跡数は非常に少なく，この状況下での分析については課題もあるが，今後の見通しの意味をこめて，検討してみたい。

　まず，総合的にみた場合，近江南部地域の集落遺跡は南湖西部地域に集中する傾向がみられ，そのほかの地域では単独的であり分布の集中はみられない。しかし，奈良・平安時代になると南湖南東部地域および東部地域に近江国府をはじめ官道に沿う地域での官衙・邸宅が増加し，その分布の中心はこちらの地域に移る。7世紀の南湖西部地域については，その時期的変遷をみると大きく3時期に区分が可能である。まず，近江京0～2期には他地域に先駆けて掘立柱建物群が出現しており（大崎 1989），近江国内では先進的な位置を占める。また，掘立柱建物や竪穴住居と同時に大壁建物・礎石建物，オンドル遺構等の特殊な構造の建物の集落が注目される。これらについてはすでに渡来系の人々との関係が指摘されている（花田 1993）。この地域に集中して営まれていた大壁建物は，近江京2期で終息する（詳細には3期前半で終息する可能性が高いと考える）。

　そして次の段階の近江京3期には錦織遺跡における分布の集中がみられる。錦織遺跡では前段階までの建物遺構はなく，突然に出現する。すなわち大津宮占地の要因がここに推定される。

　さらに次の近江京4・5期になると再び分布密度が薄くなることは，近江京が廃都になったことと無関係ではないであろう。このように，南湖西部地域の開発の動向と内容は，渡来系氏族が集中する集落があったところに王宮・王都

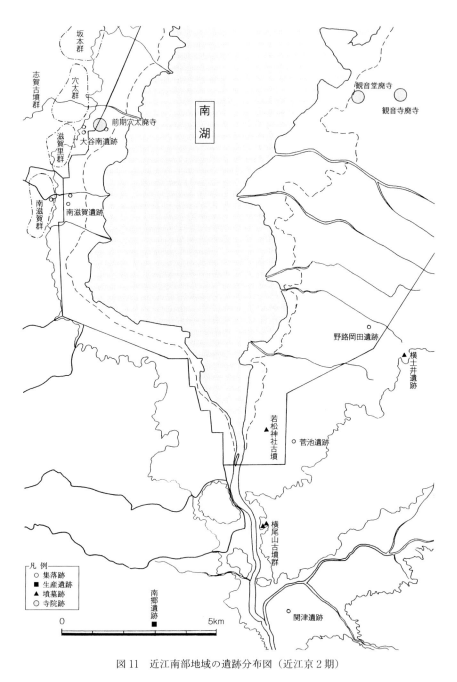

図11　近江南部地域の遺跡分布図（近江京2期）

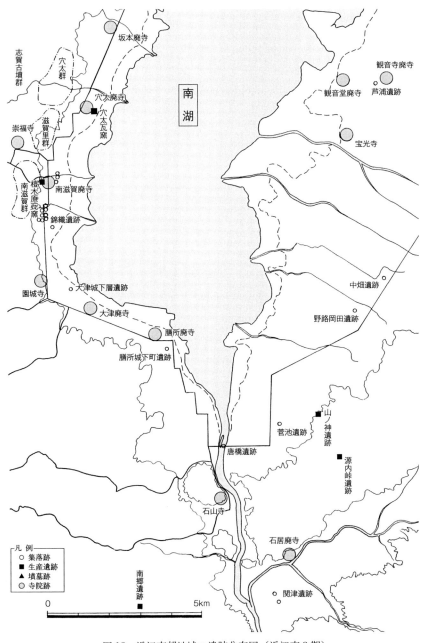

図12 近江南部地域の遺跡分布図（近江京3期）

2 近江京域論の再検討 65

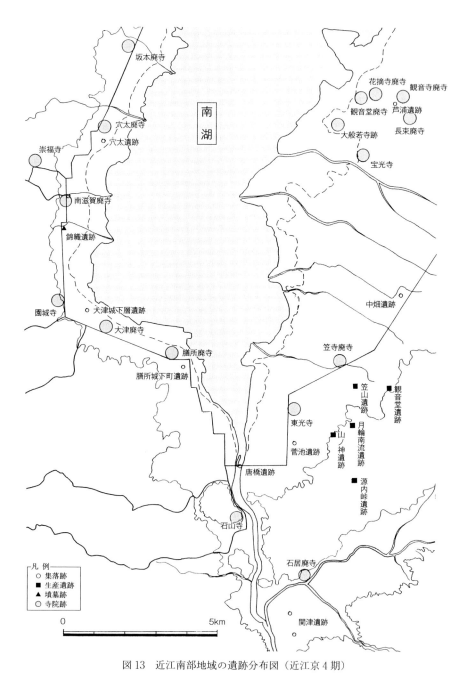

図 13　近江南部地域の遺跡分布図（近江京 4 期）

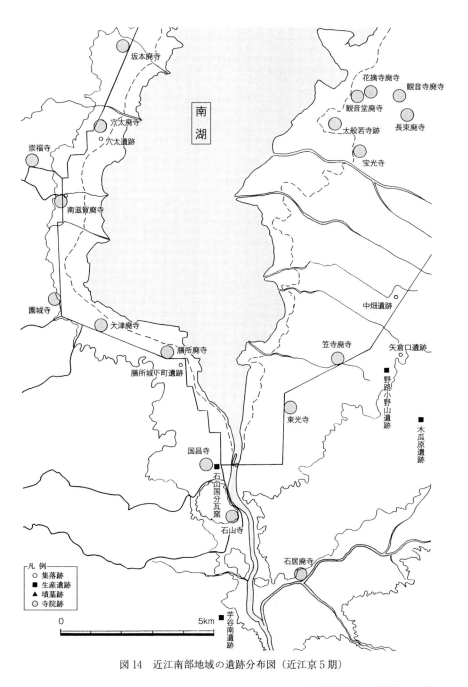

図 14　近江南部地域の遺跡分布図（近江京 5 期）

2　近江京域論の再検討

が置かれた状況と符合する。そのなかでも大津宮は，それまで積極的な開発が
みられなかった錦織の地に，王宮を設置したといえる。

　もう1点，地割りの問題に関連して，ここで各地の遺構方位について検討し
ておきたい。まず，錦織遺跡においては，方位を検討できる資料は近江京0期
と3期しかない。近江京0期の竪穴住居はすべて北から東に振れる方位を示す
のに対して，3期後半には正方位を示す大津宮が出現する。南滋賀遺跡では近
江京0・1期に正方位の遺構と北から東に振れる方位を示す竪穴建物が共存す
るが，2期以降は確実に正方位を示す遺構群のみが現れている。これは南滋賀
廃寺の建立に対応するものと理解される。さらに北に位置する滋賀里遺跡では
資料が少なく，正方位を示す遺構は確認されていない。ただし，近江京0期に
は東に振れる竪穴住居が検出されている。穴太遺跡では，近江京0〜2期には
比較的自由な方位をしていたが，近江京3期前半は35度東に振れる方位をし
ている。穴太地域の地割方位であり，後期穴太廃寺創建伽藍の方位と一致する。
しかし，近江京3期後半の再建伽藍はほぼ正方位を示しており，4期には正方
位の東西溝が確認されている。大津城下層遺跡では近江京3期の南北溝が確認
されている。これらのことを総合すると，南滋賀遺跡では，南滋賀廃寺創建に
伴い，やや早く近江京2期に正方位になるが，穴太遺跡・錦織遺跡・大津城下
層遺跡では近江京3期（後半）に正方位の遺構群となる。この穴太から大津城
下層遺跡の範囲というのは，先にも見たように，特殊地割の範囲と符合するも
のである。現在の遺存地割と遺構の関係は，すでに林博通氏によって詳細に検
討されているが，この180m区画の地割が古く，湖畔にある条里地割が新し
いという前後関係が確認されている（林2001）。この特殊地割が地表に残され
ている場所は限定的ではあるが，これらを検出遺構と合わせて，積極的に復元
したのが小笠原・阿部氏といえる。ここで問題となるのは当時の湖水面の標高
である。藤居朗氏は草津市内の白鳳寺院の現標高が86mであることから，こ
の標高が7世紀代の水位変化によっても影響の受けない高さとした（藤居
1986）。これらを考慮しながら，小笠原・阿部両氏も近江京の条坊を復元した。
しかし，これまでの調査で遺構が確認されているのは，現在のJR線よりも西
であり，これより東は7世紀の遺構が確認できない。さらに湖畔に近づくほど，
遺構面は現地表面より3m掘り下げても平安時代の遺構面である事例もある

68　Ⅰ　7世紀における宮都の成立過程の研究

という（林2001）。現在でも南湖西部の地勢は西から東へと大きく傾斜しているが，7世紀当時はさらに高低差が大きいものと考えられる。これらのことから，遺構の展開できる範囲は，場所によっては極めて狭い範囲しか確保できない。現実的には，整然とした方格地割は形成できず，この地域を屈曲しながらも南北に設置された古西近江路を基準に，一定の規格のもとに交差する道路を施工したものと考える。場所によっては方形の区画がいくつか形成されることになるが，グリッドプランの基に施工されたものではなく，古道を基準として，交差・平行する区画を造ったにすぎないと考える。[7]

近江南部地域の生産遺跡

ここでは生産遺跡，特に窯業・製鉄遺跡についての分布と動向をみていきたい。

近江京0期には明確な生産遺跡は確認されていないが，南湖南東地域の瀬田天神山遺跡では，詳細は不明なものの古墳時代に特有の杯Hが出土していることから，この段階あるいは次段階に属するものと理解される（畑中1993）。

近江京2期になると瀬田川右岸において南郷遺跡がみられる。南郷遺跡は当段階から3期段階にかけての時期であるが，近江国では最も早い段階に操業を開始した製鉄遺構が確認された。あわせて炭窯も検出されている（滋賀県1988b・丸山ほか1986）。

そして，近江京3期には瀬田川右岸地域の南郷遺跡，南湖南東地域の山ノ神遺跡・源内峠遺跡，南湖西部地域で穴太瓦窯と橿木原瓦窯が確認される。山ノ神遺跡ではこの段階の前半（飛鳥Ⅱ）に，まず4号窯が開窯する。4号窯は須恵器杯Hを中心とした地方窯であり，同時に鴟尾も焼成しており，寺院への供給が窺われる。しかし，3期後半（飛鳥Ⅲ）になると2・3・1号窯の操業を開始し，当遺跡での最盛期になると同時に爆発的ともいうべき生産量をもつ。また小規模ながら製鉄も行われていたようである（大津市1985・1991b・2005・滋賀県1986）。源内峠遺跡は，この段階から次段階にかけての製鉄遺跡である。製鉄炉が大型であることと，操業が天智朝に遡ることから，「水碓を造りて冶鐵す」（天智9年是歳条）に該当する可能性がある（滋賀県1978b・2001b）。穴太瓦窯は穴太廃寺の東にある瓦窯である。後期穴太廃寺創建伽藍の方形瓦を焼成

していたことが判明したことから，近江京 3 期前半にあたると考えられる。現[8]状では 1 基しか確認されておらず，その操業期間も極めて短い（滋賀県 2001a）。一方，橿木原瓦窯は窯と工房が検出され，その供給先は南滋賀廃寺であることが確認されている。方形瓦とともに，川原寺式瓦を焼成していることから，3 期後半の天智朝にあたる（滋賀県 1975b・1976a・1981）。

　しかし，近江京 4 期になると再び南湖西部地域には生産遺跡はみられなくなる。これに対して，南湖南東地域の山ノ神遺跡では 1 号窯のみがこの段階まで操業を続けて終息する。このほかに月輪南流遺跡や笠山遺跡で須恵器窯が操業するようになる（畑中 1993）。源内峠遺跡では前段階の製鉄がこの段階まで続く。さらに観音堂遺跡でも須恵器窯と炭窯が見つかっている（草津市 1996・1997）。

　近江京 5 期では南湖南東地域で操業していた観音堂遺跡が終息し，これに続くように木瓜原遺跡で須恵器窯が開窯する。同時に，製鉄炉や梵鐘鋳造遺構・炭窯もあり，近江の寺院あるいは近江国庁（関連施設を含む）に供給されていたと推定できる（滋賀県 1996）。また，製鉄遺跡ではこの段階に野路小野山遺跡が現れる（滋賀県 1990b）。瀬田川右岸の芋谷南遺跡でも，製鉄炉が確認されている（青山 1998）。さらに国昌寺ちかくの石山国分遺跡では，藤原宮同笵瓦を焼成していた瓦窯も確認された（大津市 2015a）。

　このように近江南部地域における生産遺跡の分布と変遷をみるとき，まず注目されるのは南湖南東地域の瀬田丘陵に集中することである。瀬田丘陵上では須恵器窯と製鉄遺跡が，順次移動しながら 1 世紀にわたり操業する。近江南部地域では，瀬田川左岸の瀬田丘陵は生産遺跡群が集中して営まれる地域と捉えることができ，あきらかに他地域と一線を画することができる。瀬田丘陵上の生産遺跡は特に須恵器窯に関してみれば，瀬田天神山遺跡にはじまり木瓜原遺跡への変遷がみられる。畑中英二氏によると，瀬田天神山遺跡・（茶屋前遺跡）・山ノ神遺跡・月輪南流遺跡・笠山遺跡・観音堂遺跡・（新池遺跡）・木瓜原遺跡と変遷し，南から北へと順次移動しながら約 1 世紀にわたり操業が続くという（畑中 1993）。このうち山ノ神遺跡は第 3 期には少なくとも 3 基の窯が稼働しており，前段階に比べて膨大な量の須恵器を供給している。特に，硯の出土状況は灰原上層に集中しており，この段階の特徴をなしている（大津市

1991b)。これらの須恵器生産の受容背景には大規模な官人層の存在が想定される。今後は山ノ神遺跡と南湖西部地域出土土器の胎土分析をも含めた検討が必要であろう。しかし、現在の錦織遺跡出土土器の出土量の少なさを考慮すると、山ノ神遺跡で生産された須恵器が大津宮の官人のために生産されたとしても、現実にどれほどの食器（須恵器）が南湖南部地域に供給されたかは今後の課題である。また、製鉄遺跡においても源内峠遺跡・月輪南流遺跡・観音堂遺跡・木瓜原遺跡・野路小野山遺跡と変遷することが判明している。

　一方、瀬田川右岸にも南郷遺跡・芋谷南遺跡・石山国分遺跡があるが、長期間にわたっての操業の変遷はみられない。これに対して、穴太瓦窯・檀木原瓦窯は、後期穴太廃寺創建伽藍・南滋賀廃寺に伴う瓦窯であり、寺域内あるいは隣接して設けられている寺院付属工房と理解できる。

近江南部地域の寺院

　ここでは近江南部地域における寺院について概観する。近江の古代寺院は発掘調査によって、その創建年代・伽藍配置・寺域等が判明しているものは少ない。そこで創建については表採を含めた瓦の年代観から推定することにする。[9]

　近江南部地域の寺院の建立は**近江京2期**にはじまり、それ以前には確認できない。この段階には南湖西部地域で穴太廃寺があり、南湖東部地域では観音寺廃寺・観音堂廃寺のあわせて3寺院が確認される。このうち最も早くに建立されたのは前期穴太廃寺である。穴太廃寺はこれまでの調査により、土石流内に素弁系の瓦や大型鴟尾が含まれることから、寺の北西に想定される未確認の伽藍が想定されている。その後、位置を変更して建てたのが、後期穴太廃寺創建伽藍である。造営方位が35度東に振れ、単弁系瓦および方形瓦（B系統）を葺く。さらに創建伽藍を、ほぼ正方位の法起寺式に建て替え、B系統の瓦に加えて、複弁系瓦（川原寺式・A系統）を葺いている。これらのうち前期穴太廃寺がこの段階にあたる（滋賀県2001a）。一方、対岸の観音寺廃寺・観音堂廃寺もやや遅れて、この段階に建立される。伽藍配置については不明であるが、周辺の栗太郡条里とは異なる東西南北の地割をとる。寺域の1.5～2町四方が推定されている（小笠原ほか1989）。

　次の**近江京3期**前半には南湖西部地域で衣川廃寺・坂本廃寺・穴太廃寺・南

滋賀廃寺・園城寺，南湖南西地域では膳所廃寺，瀬田川右岸に石山寺，南湖東部地域で宝光寺が建立される。このうち穴太廃寺では単弁系瓦および方形瓦（B系統）を葺いた後期穴太廃寺創建伽藍が建てられている（滋賀県2001b）。南滋賀廃寺・園城寺では後期穴太廃寺再建伽藍同様に，B系統とA系統の瓦が出土している。このことから，B系統のみを葺いた段階が推定される（林2001）。B系統の方形瓦は湖南東部地域の宝光寺でも出土していることから，同時期と考えられる。さらに湖南南西地域の膳所城下町遺跡でも破片ではあるが方形瓦が出土しており，近接してある膳所廃寺に使用されていたと推定される（滋賀県2005a）さらに衣川廃寺からもB系統の瓦が出土している（大津市2001）。瀬田川右岸の石山寺についてはこれまで創建時期については明確ではなかった。しかし，発掘調査および伝石山寺出土瓦に，単弁蓮華文軒丸瓦や白鳳時代の平瓦が出土していることから，この段階とした（松浦1994）。一方，3期後半になると，南湖西部地域穴太廃寺・崇福寺・南滋賀廃寺・園城寺，南湖南西地域では大津廃寺，瀬田川左岸に石居廃寺が新たに建立される。穴太廃寺は，ほぼ同じ場所で正方位に建て替え，AB両系統瓦を葺く後期再建伽藍となる（滋賀県2001b）。同様に南滋賀廃寺でもAB両系統瓦を葺いており，園城寺でも同様と推定される（林2001）。崇福寺および大津廃寺からはB系統瓦は出土せず，A系統の複弁瓦のみが出土するので，この時期の創建となる（吉水2013）。石居廃寺は瀬田川左岸で大戸川北岸に位置し，現状では金堂と推定される土壇が確認できるにとどまる。寺域については周辺地割から正方位の最大2町四方が想定される。

近江京4期には南湖東部地域・南東地域で新たに寺院の建立がはじまる。南湖東部地域には花摘寺廃寺・長束廃寺・大般若寺跡が建立され，この地域は飛鳥地域に次ぐ，寺院密集地となっている。花摘寺廃寺は草津市下物町の天満宮境内を中心とした地域に位置しており，この周辺は景観条里とは異なる正方位を示すことから，この範囲を寺域と理解されている。長束廃寺は周辺で発掘調査が行われているものの明確に寺院にかかわる遺構は発見されていない。しかし，以前から表採ではあるが白鳳瓦がみられることから寺跡と考えられる。また，この1.5町四方の範囲には景観条里とは異なる正方位地割がみられる。大般若寺跡は志那中町に所在する天武天皇勅願の寺院である。詳細については不

明であるが，白鳳瓦の表採が知られる。瀬田川の対岸の南湖南東地域には東光
寺跡・笠寺廃寺の 2 寺院がみられる。東光寺跡は奈良時代の近江国府の中心南
北道を北方に延長した場所にある。伽藍・寺域などの詳細については不明であ
るが，複弁八葉蓮華文軒丸瓦や重弧文軒平瓦の出土からこの段階に創建された
寺院であると考えられる。笠寺廃寺は草津市南笠町に推定される寺院である。
詳細は不明であるが，複弁八葉蓮華文瓦や飛雲文瓦の出土により白鳳から平安
時代まで存続したものと理解される。寺域については周辺に遺存する水路・道
路から 1.5 町程度の正方位の範囲が想定される（小笠原ほか 1989）。

　近江京 5 期には南湖南西地域において国昌寺が新たに建立される。国昌寺は
近江国分寺が焼失した後，再建せず従来から存在していた国昌寺を近江国分寺
とした記録がある。寺の位置等については旧位置を移動した礎石があるだけで
明確ではない。しかし表採瓦のなかに藤原宮式 6646A と同笵の瓦がある。こ
のほかに近江南部地域で藤原宮と同笵瓦を出土する寺院に花摘寺廃寺がある
（坪之内 1982）。

　以上が近江南部地域における寺院建立の動向である。寺院の存在する範囲が
すなわち京域であるとはいえないが，その動向を京域や画期を理解するための
ひとつの指標として捉え，検討してみたい。

　近江南部地域において寺院の建立が始まったのは近江京 2 期の前期穴太廃寺
からである。この段階には対岸でもわずかに遅れて，観音寺廃寺・観音堂廃寺
の建立が始まる。次の近江京 3 期前半には南湖西・東部地域に広がる。このな
かでも，後期穴太廃寺・南滋賀廃寺・園城寺・膳所廃寺・衣川廃寺・宝光寺で
は B 系統の方形瓦が出土することや瓦積基壇の採用など，極めて特殊な共通
点を共有している。これらはこの地域に居住していた渡来人との関連が指摘さ
れており，このなかでの共通性と理解できよう。これに対して，3 期後半（大
津宮期）には，A 系統瓦は川原寺式瓦が導入される。これは崇福寺が天智創建
寺院であることや，斉明天皇菩提寺の川原寺と同様の川原寺式瓦を採用してい
ることなどから，官が大きく関与したことを示しており，近江遷都が契機とな
っていることは想像に難くない。このなかでも B 系統瓦寺院で，伽藍が判明
している穴太廃寺・南滋賀廃寺では，AB 両系統瓦を葺いている。渡来系寺院
に官が関与した結果，両瓦を葺いたと考えられる。官の関与を最も象徴的に表

しているのは，後期穴太廃寺の創建伽藍から再建伽藍への変更であろう。近江京内寺院として，正方位への建て替えが強要されたとみる。

つづく近江京4期には南湖東部・南東地域に寺院の建立が進む。これらについては天武朝の政策の一環と考える。

これらのうち，近江京3期寺院の分布をみてみると，いずれも古道と関連することが指摘されている（林2001）。基本的に古西近江路に沿うことが多いが，いずれも峠から湖畔にでる所に位置する。坂本八条遺跡は本坂，穴太廃寺は白鳥越，崇福寺は志賀越，園城寺は如意越・小関越，大津廃寺は逢坂越，石山寺は醍醐越と関係が深い。南湖西部地域の寺院が湖西への入口にあたることはすでに指摘されているが（松浦1997），これらの寺院が都の守りになることは，飛鳥でも判明している（相原2003）。よって，寺院からみるかぎり，穴太から石山までの範囲が王都と理解できる。

近江南部地域の墳墓

ここでは近江南部地域に築造された墳墓について概観する。

まず，近江京0期の分布をみると，南湖西部地域・南湖南西部地域・瀬田川右岸と南湖南東部地域の4カ所にみられる。南湖西部地域には北から，坂本群・穴太群・滋賀里群・南滋賀群の中群からなる「志賀古墳群」と仮称される群集墳が占めている（花田1993）。これらはすでに指摘をされているように渡来系氏族の墳墓と理解されるもので穹窿状石室やミニチュア炊飯具の副葬などの特色をもつものである（水野1970）。また，注目されることに当古墳群内に檜木原瓦窯によって破壊された福王寺古墳がある（滋賀県1981）。さらに平地部にあたる南滋賀遺跡の調査で甕棺や土壙墓3基がある（滋賀県1993）。また，南湖南西地域では，古い調査ではあるが8基の古墳が確認された園山古墳群がある。いずれも横穴式石室であり，この段階から1期にかけて順次築造されたと考えられる（柴田1939）。一方，瀬田川右岸には南郷田中・南郷丸山古墳の2基がある（松浦1977）。南郷田中古墳は横穴式石室をもつ円墳である。南郷丸山古墳も同様の構造・形態をもつ古墳でともに独立して立地しており，志賀古墳群とは対称的である。南湖南東部地域には0〜1期の鞭崎神社古墳しか確認されていない。

74 I 7世紀における宮都の成立過程の研究

つづく**近江京1期**の墳墓は南湖西部地域・南湖南西地域・瀬田川左岸・南湖南東地域に分布する。南湖西部地域では志賀古墳群のほかに錦織遺跡の土壙墓がある（滋賀県1992c）。瀬田川左岸の横尾山古墳群は，瀬田川の左岸の小丘陵の南斜面に位置し，この段階から築造が開始される30基からなる古墳群である。当段階には1号墳をはじめ10数基が築造される。その構造は横穴式石室・直葬・木炭槨の各種のものがある（滋賀県1992b）。南湖南東地域には若松神社古墳・横土井遺跡・鞭崎神社古墳がある。若松神社古墳は径15m程度の円墳で内部主体に両袖式横穴式石室をもち，石室内に土師質亀甲形陶棺が安置されている（滋賀県1976b）。横土井遺跡でも約7m前後の方墳に四柱式陶棺を直葬することが確認されている（滋賀県1985b）。

近江京2期も前段階同様に南湖西部地域・瀬田川左岸・南湖南東地域に墳墓の分布がみられる。南湖西部地域は前段階につづき志賀古墳群の築造が継続されている。一方，瀬田川左岸・南湖南東地域でもつづいて横尾山古墳群の築造が行われており，この段階をもって終了する。

次の**近江京3期**になると墳墓は南湖西部地域の志賀古墳群しか確認されていない。しかも当古墳群でも坂本群は前段階でもってその築造を終えている。

さらに**近江京4期**になると志賀古墳群も築造を終了し，わずかに穴太群のみが築造を続けている。また，このほかに錦織遺跡において土器棺が確認されている（滋賀県1985a）。[11]

そして，**近江京5期**になると近江南部地域では墳墓は確認されていない。

以上が近江南部地域における墳墓の分布と動向である。墳墓と都市の関係を探るためには養老喪葬令の問題がそこに存在する。このことは第Ⅰ部第1章での分布も基本的に都市の範囲とは重複しないと理解されたので，本章でもこの点に留意しながら検討してみたい。ただし，大津宮時代の墓域の設定については，大津宮時代が極めて短かったこともあり，遺跡からは明らかにできていない。

まず分布についてみると，近江京3期では南湖西部地域の志賀古墳群がこの段階まで続く。ただし，3期前半までで収まるか，後半にも築造が継続するかまでは特定できない。しかし，その数は間違いなく減少しており，山間部に限られることから，大津宮と時期的に平行することは可能である。ここで重要な

のは，榾木原瓦窯の築窯によって福王子古墳群が破壊されていることである。
古墳群の一部が，寺院関連施設によって壊されているという事実である。もう
1点は，近江京4期に，錦織遺跡に土器棺が確認されていることである。この
ことは，都市空間が喪失後，再び墓を築造できる地域に復したことを示してい
る。

　ここで墳墓からみた近江京3期後半の都市空間をまとめてみると，南湖西部
から南西地域の平野部が都市域として想定できる範囲と考える。瀬田川の左岸
および南湖南東地域，東部地域に関しては，検討を深めるデータが乏しい。

(4)　倭京からみた近江京

　本節では，倭京からみた「近江京」について，文献および考古資料を使って
検討してみたい。

　これまで本章では研究史を除いて，大津宮周辺に存在した都市的空間を「大
津京」ではなく，「近江京」という表現を意識的に使用してきた。これは「大
津京」という表現が文献史料では現れないからである。しかし一方，「近江京」
の表現も「近江京より，倭京に至るまでに，處處に候を置けり」（天武元年
（672）5月条）の記事に現れるのみでほかには知られない。しかも，この表現
も「倭京」に対して記されているのであって，当時，近江大津宮周辺に存在し
たと思われる都を「近江京」という固有名詞で称していたかは不明といわざる
を得ない。しかし，本章ではほかに近江の都を表現する呼称がないので「近江
京」と仮称して論を進める。

　次に文献史料にみられる近江京についてみてみよう。しかし，『日本書紀』
をはじめとする文献に近江京の京域・構造・景観等を示す史料は乏しい。京に
かかわる史料は，「濱臺」（天智7年7月条），「庠序」（『懐風藻』），「藤原内大臣
の家」（天智8年10月10日条），「淡海之第」（『藤氏家伝』）がみられる程度であ
る。これらのことから近江京内には，大津宮のほかには「濱臺」と呼ばれる湖
畔の楼閣，「庠序」と呼ばれる学校，「淡海之第」と呼ばれる中臣鎌足の邸宅が
あったことがわかる程度である。このなかで，京の範囲を示唆する史料に壬申
の乱の戦闘記事がある。「男依等瀬田に至る。（中略）智尊を橋の邊に斬る。大

友皇子・左右大臣等，僅に身免れて逃げぬ。男依等，即ち粟津岡の下に軍す。是の日に羽田公矢国・出雲臣狛，合ひて共に三尾城を攻めて降しつ。壬子に，男依等，近江の将犬養連五十君及び谷直鹽手を粟津市に斬る。」（天武元年7月22日条）。瀬田川をはさんで近江側と大海人側の決戦である。大海人側は瀬田川を突破すると一気に近江朝廷軍に勝利した。同日に北の三尾城をも陥落させている。瀬田川を越えた大海人側軍は粟津市で近江朝廷軍の将軍を処刑した。このことから近江京の防衛線として南東の瀬田川と北の三尾城が認識されていたと理解される。以上のことは近江京を理解するために重要である。さらに粟津市の位置づけに関しても近江京の市と理解するか，単に，近江京の周辺に存在する地方市とみるかは意見が分かれるところであるが，粟津市が南湖南西地域の瀬田川右岸に推定されることは，京内の市と理解しても問題はない。これらのことから近江京とは三尾城と瀬田川を防衛ラインとした範囲内が想定される。

　次に「倭京」と「近江京」の関係についてみてみよう。天智6年（667）3月19日「都を近江に遷す」とあり，近江大津宮遷都に伴い都は飛鳥を離れた。遷都とともに多くの官人が大津に移り，諸官庁・邸宅が近江京に並んだものと思われる。しかし，壬申の乱における近江朝廷側の行動には大津宮よりも飛鳥を争奪することに重点がみられる。例えば，小墾田兵庫に武器が収蔵されていたこと（天武元年6月29日条），留守司が置かれていたこと（天武元年6月24日条），吹負に「倭京将軍」称号を与えたりしている（天武元年7月7日条）。このように近江京と並んで倭京も重視されている。天武元年7月3日条に「古京は是れ本の営の處なり。固く守るべし」と記されていることからも窺われる。これを理解するためにこれまでの分析結果と対応させ検討しよう。

　まず，集落遺跡が参考になる。近江京3期後半の集落遺跡の分布は南湖西部地域に集中するが，それまでの近江京0〜2期には大壁建物を始めとして，渡来系氏族の集落が広がっていた。これらの渡来系集落が突如としてなくなるのは，近江大津宮遷都に際してそれまでの居住空間の住み替えが行われたと理解される。

　しかし，実際に近江京にそれほど多くの邸宅が並ぶという景観があったかは明確ではない。発掘調査でも邸宅遺構と推定されるものは，まだ見つかってい

ない。また，大津宮時代の土器が山ノ神遺跡の須恵器窯で大量に生産されていたにもかかわらず，南湖西部地域での出土は少ない。遺跡の残存状況や発掘調査面積の問題もあるが，近江京としての完成・成熟度がどの程度であったかは疑問である。一方，倭京には王宮や寺院，諸施設が残されており，なお倭京に多くの人々が集住していたことを推測させる。

　これらのことから近江京とはそれまでの集落を移転させ，新たな都を計画したが，結果的に官人移住者の少なさ，さらに天皇制・律令制の未熟さから完成に至らなかった都と位置づけることができるのではないだろうか。

(5)　総　　括──近江京域論の再検討

　これまでの近江京に関しての問題点の提示，それをふまえたうえで考古資料を使っての近江京の再検討を試みた。

　6世紀後半から7世紀における近江南部地域の動向をみてみると，集落に関しては近江京3期前半までの渡来系集落が近江京建設のため立ち退きさせられる。しかし，現実には大津宮中枢部以外の京域についてどこまで宅地化が実現していたかは不明である。その後，倭京への還都に伴って，この地域の集落は急激に減少する。また，正方位地割の創出時期については近江京2期に南滋賀地域で出現するが，これは南滋賀廃寺創建に伴うものである。錦織・穴太地域では，近江京3期後半の近江遷都に伴って成立する。ただし，これは方格地割ではなく，この地域を屈曲しながら南北に通過する古西近江路を基準に，一定の基準の下に交差・平行する区画を形成したに過ぎない。その施工範囲は，穴太から大津市街までの範囲と推定される。

　一方，生産遺跡については近江京0期から瀬田丘陵に須恵器窯をはじめ製鉄関連遺跡が7世紀を通じて存在することから，瀬田川左岸地域は生産遺跡群の立地する地域に位置づけられる。このなかで注目されるのは山ノ神遺跡における近江京3期の膨大な生産量と砥の生産，これに反して南湖西部地域の飛鳥Ⅲの出土量の少なさがあげられる。遺構の残存状況や調査面積にも影響されているが，近江遷都に伴い大規模な官人層の存在が想定されるが，実際には飛鳥から官人層の移住が少なかったのではないかとも考えられる。

78　Ⅰ　7世紀における宮都の成立過程の研究

寺院については近江京2期の穴太廃寺の建立から開始される。その後，近江京3期前半には方形瓦・瓦積基壇などの特殊な共通点をもつ寺院群が南湖西部地域に展開する。これは渡来系氏族にかかわるものであるが，3期後半の近江遷都に伴って，官が関与することになり，川原寺式軒瓦を併用することになる。その最たる事例が，後期穴太廃寺の創建伽藍から再建伽藍への建て替えである。

墳墓については，南湖西部地域で近江京3期まで墳墓の築造が続き，7世紀前半まではこれに瀬田川左岸地域に古墳群が集中することが注目される。この段階までは瀬田川の左岸も墓域として認識されていた可能性がある。特に，注目されるのは，錦織遺跡で飛鳥還都後の近江京4期に甕棺墓がつくられることである。飛鳥への還都に伴って，この地域が都市的空間の外になったためと理解できる。

これらのことから，近江京とは天智天皇によって遷都・造都の計画がなされ，実施された都であったと考えられる。その範囲は三尾城と瀬田唐橋を最前線として，さらに中核となる穴太から大津城までには，古道を軸とした地割を形成している。[13]ただし，近江京の完成度については疑問な点も残されており，未完の都であった可能性が高い。その理由として南湖西部地域の立地・天智朝の政策・倭京の存在等が予想されるが，「天皇，蒲生郡の匱迮野に幸して，宮地を観はす」（天智9年2月条）の記事があり，天智天皇は近江京のこれらの課題を解消するために，蒲生の地に方格地割をもつ王都を計画したのかもしれない。現実には天智の崩御・壬申の乱勃発によって，夢となったのだが……。

註

（1） 私見ではSB015の前方に正殿を想定しており，中軸線上に3棟の建物が並ぶ配置をとるものと考えている。さらにこの配置は前期難波宮跡・飛鳥宮跡内郭にもみられると理解している。

（2） 平成5年（1993）4月10日に滋賀県文化財保護協会・大津市教育委員会の職員10名程度で踏査した。

（3） 琵琶湖の汀線は，現在よりも内陸に入っていたことから，「唐崎」も現在の唐崎の場所とは厳密には異なる。

（4） 本章の時期区分および土器編年位置づけは，第Ⅰ部第1章に準拠する。

（5） 7世紀における近江南部地域の古道の設置位置については変遷が想定されており，各々の正確なルートは明らかではない。ここでは奈良・平安時代のルートを図示している。また，報告のないものは林1998を参考にした。分布図のデータは，2016年6

月末までに刊行された報告書からのものである。

（6） 吉水 2005 によると，南湖西部地域には 36 棟の大壁建物が確認されている。

（7） 近江京の実態をこのように推定すると，王都の変遷が次のように形成されたと理解できる。孝徳朝の前期難波京については難波宮の周辺にある平坦面に，宮の地割を延長した区画がいくつか形成される（積山 2013）。次の斉明朝の倭京では下ツ道から飛鳥宮への直線道路が設定されるが，これに面して，あるいは交差する道路によって宅地が配置される。天智朝の近江京では，幹線道路を基準に交差・平行する道路を一定の基準でつくり，そこに施設を配置する。天武 5 年の天武朝の新城は古道に囲まれた範囲に方形街区を形成する。天武 10 年頃の新益京は藤原宮を中心とした条坊制都城を新城（方形街区）を拡大整備した形で計画した。

（8） 林 1984 などにおいては，穴太窯では方形瓦と川原寺式が焼成されていると報告されており，瓦窯の時期を穴太廃寺再建瓦のものとして，瓦窯の時期を大津宮時代と推定していた。相原 1994 でもこれら報告をうけ，同様の理解をしていたが，正式な報告である滋賀県 2001a においては，方形瓦のみを焼成していたことが報告され，創建伽藍に伴うものとした。よって，本章では瓦窯の時期も大津宮以前とした。

（9） 瓦の年代観については細川修平氏にご教示をいただいた。

（10） 崇福寺の創建については『扶桑略記』第五 天智天皇段に記されており，天智 7 年正月 17 日に発願されたことが記され，史料上唯一，天智朝に造営されたことがわかる寺院である。

（11） 大崎 1993 によると，7 世紀前半とするが，概報では整地層を切り込んでいると報告されている。この形態の甕は 7 世紀後半にも存在することから，ここでは大津宮に後出する近江京 4 期と理解した。

（12） 平坦面の少ない南湖西部地域には，宅地を展開する空間が少ない。むしろ南西地域に広い空間が確保できる余地がある。しかし，ここはすでに市街化されており，発掘調査事例が少ない。ただし，大津城下層遺跡や膳所城下町遺跡でも 7 世紀の遺構が見つかっていることから，今後の調査が期待される。

（13） 古道を軸とした穴太から大津城までの地割の範囲内には諸官衙を配置し，その南北の地域に宅地を配置した可能性もある。

参考・引用文献

相原嘉之 1993 「倭京の実像—飛鳥地域における京の成立過程—」『紀要 第 6 号』滋賀県文化財保護協会（本書第 I 部第 1 章に収録）

相原嘉之 1994 「近江京域論の再検討・予察—7 世紀における近江南部地域の諸相—」『紀要 第 7 号』滋賀県文化財保護協会（本書第 I 部第 2 章に収録）

相原嘉之 2003 「倭京の守り—古代都市 飛鳥の防衛システム構想—」『明日香村文化財調査研究紀要 第 4 号』明日香村教育委員会（本書第 III 部第 4 章に収録）

青山　均 1998　「滋賀県大津市芋谷南遺跡」『日本考古学年報　49』日本考古学協会

阿部義平 1992　「日本列島における都城形成 2―近江京の復元を中心に―」『国立歴史民俗博物館研究報告　第 45 集』

井上和人 1986　「飛鳥京域論の再検討」『考古学雑誌　17-2』日本考古学会（のちに井上 2004 所収）

井上和人 2004　『古代都城制条里制の実証的研究』学生社

大津市教育委員会 1977　『大津宮関連遺跡』

大津市教育委員会 1982a　『滋賀里・穴太地区遺跡群発掘調査報告書Ⅱ』

大津市教育委員会 1982b　『大津市埋蔵文化財調査報告書 4』

大津市教育委員会 1985　『山ノ神遺跡発掘調査報告書』

大津市教育委員会 1989　『穴太遺跡（弥生町地区）発掘調査報告書』

大津市教育委員会 1991a　『埋蔵文化財発掘調査集報Ⅱ』

大津市教育委員会 1991b　『山ノ神遺跡発掘調査報告書Ⅱ』

大津市教育委員会 2001　『史跡衣川廃寺後整備事業報告書』

大津市教育委員会 2004　『錦織遺跡発掘調査概要報告書』

大津市教育委員会 2005　『山ノ神遺跡発掘調査報告書Ⅲ』

大津市教育委員会 2011　『南滋賀遺跡発掘調査報告書Ⅲ』

大津市教育委員会 2013　『近江国府跡・菅池遺跡発掘調査報告書』

大津市教育委員会 2015a　『石山国分遺跡発掘調査報告書』

大津市教育委員会 2015b　『南滋賀遺跡発掘調査報告書Ⅵ』

大崎哲人 1989　「滋賀県下における掘立柱建物集落の成立契機について」『紀要　第 2 号』滋賀県文化財保護協会

大崎哲人 1993　「土師器甕の変遷とその背景」『紀要　第 6 号』滋賀県文化財保護協会

小笠原好彦・西田弘・田中勝弘・林博通 1989　『近江の古代寺院』サンライズ出版

小笠原好彦 1990　「大津京と穴太廃寺」『考古学古代史論攷』伊東信雄先生追悼論文集刊行会

草津市教育委員会 1996　「観音堂遺跡」『平成 5 年度 草津市文化財調査年報』

草津市教育委員会 1997　「観音堂遺跡」『平成 6 年度 草津市文化財調査年報』

草津市教育委員会 2008　『野路岡田遺跡発掘調査報告書』

草津市教育委員会 2010　『中畑遺跡発掘調査報告書』

滋賀県教育委員会 1973　『湖西線関係遺跡調査報告書』

滋賀県教育委員会 1975a　『滋賀県文化財調査報告　昭和 60 年度』

滋賀県教育委員会・滋賀県文化財保護協会 1975b　『檀木原遺跡発掘調査報告書』

滋賀県教育委員会・滋賀県文化財保護協会 1976a　『檀木原遺跡発掘調査報告書Ⅱ』

滋賀県教育委員会 1976b　『昭和 49 年度 滋賀県文化財調査年報』

滋賀県教育委員会・滋賀県文化財保護協会 1978a　『昭和 51 年度 滋賀県文化財調査年報』

滋賀県教育委員会・滋賀県文化財保護協会 1978b 『源内峠遺跡試掘調査報告書』
滋賀県教育委員会・滋賀県文化財保護協会 1981 『檀木原遺跡発掘調査報告書Ⅲ』
滋賀県教育委員会・滋賀県文化財保護協会 1985a 『錦織・南滋賀遺跡発掘調査概要Ⅰ』
滋賀県教育委員会・滋賀県文化財保護協会 1985b 『横土井（観音寺）遺跡発掘調査報告
　書』
滋賀県埋蔵文化財センター 1985c 「笠山南遺跡の調査」『滋賀埋文ニュース　第 58 号』
滋賀県教育委員会・滋賀県文化財保護協会 1986 『山ノ神遺跡発掘調査報告書』
滋賀県教育委員会・滋賀県文化財保護協会 1987a 『芦浦遺跡発掘調査報告書Ⅰ』
滋賀県教育委員会・滋賀県文化財保護協会 1987b 『矢倉口遺跡発掘調査報告書』
滋賀県教育委員会・滋賀県文化財保護協会 1988a 『錦織・南滋賀遺跡発掘調査概要Ⅱ』
滋賀県教育委員会・滋賀県文化財保護協会 1988b 『南郷遺跡発掘調査報告書』
滋賀県教育委員会・滋賀県文化財保護協会 1989 『錦織・南滋賀遺跡発掘調査概要Ⅲ』
滋賀県教育委員会・滋賀県文化財保護協会 1990a 『ほ場整備関係遺跡発掘調査報告書
　ⅩⅦ-12』
滋賀県教育委員会・滋賀県文化財保護協会 1990b 『野路小野山遺跡発掘調査報告書』
滋賀県教育委員会・滋賀県文化財保護協会 1990c 『錦織・南滋賀遺跡・近江国庁跡発掘
　調査概要Ⅳ』
滋賀県教育委員会・滋賀県文化財保護協会 1991 『錦織・南滋賀遺跡発掘調査概要Ⅴ』
滋賀県教育委員会・滋賀県文化財保護協会 1992a 『唐橋遺跡』
滋賀県教育委員会・滋賀県文化財保護協会 1992b 『横尾山古墳群発掘調査報告書』
滋賀県教育委員会・滋賀県文化財保護協会 1992c 『錦織遺跡』
滋賀県教育委員会・滋賀県文化財保護協会 1993 『南滋賀遺跡』
滋賀県教育委員会・滋賀県文化財保護協会 1994 『錦織・南滋賀遺跡発掘調査概要Ⅷ』
滋賀県教育委員会・滋賀県文化財保護協会 1996 『木瓜原遺跡』
滋賀県埋蔵文化財センター 1997 「大津宮期の流路跡見つかる　大津市大津城下層遺跡」
　『滋賀埋文ニュース　第 212 号』
滋賀県教育委員会・滋賀県文化財保護協会 2001a 『穴太遺跡発掘調査報告書Ⅳ』
滋賀県教育委員会・滋賀県文化財保護協会 2001b 『源内峠遺跡』
滋賀県教育委員会・滋賀県文化財保護協会 2005a 『膳所城下町遺跡』
滋賀県教育委員会・滋賀県文化財保護協会 2005b 『中畑遺跡Ⅱ』
滋賀県教育委員会・滋賀県文化財保護協会 2007 『関津遺跡Ⅰ』
滋賀県教育委員会・滋賀県文化財保護協会 2010 『関津遺跡Ⅲ』
柴田　実 1939 「膳所園山古墳」『滋賀県史蹟調査報告　第 8 冊』
積山　洋 2013 『古代都城と東アジア―大極殿と難波京―』清文堂
田辺昭三 1983 『よみがえる湖都』日本放送出版協会
坪之内徹 1982 「畿内周辺地域の藤原宮式軒瓦」『考古学雑誌　68-1』日本考古学会

仁藤敦史 1986 「大津京の再検討」『史観 115』早稲田大学史学会

畑中英二 1993 「草津市笠山古窯出土遺物の紹介」『紀要 第6号』滋賀県文化財保護協会

花田勝広 1993 「渡来人の集落と墓域」『考古学研究 第39巻第4号』考古学研究会

林 博通 1978 『さざなみの都大津京』日本放送出版協会

林 博通 1984 『大津京』ニューサイエンス社

林 博通 1998 『古代近江の遺跡』サンライズ出版

林 博通 2001 『大津京跡の研究』思文閣出版

東 潮 1990 「勢多橋と慶州月精橋」『勢多唐橋―橋にみる古代史―』元興出版

福尾猛市郎 1942 「大津京」『大津市史 上』大津市役所

藤居 朗 1986 「草津の古代寺院」『滋賀史学会誌 第5号』滋賀史学会

藤岡謙二郎 1971 「古代の大津京域とその周辺の地割に関する若干の歴史地理学的考察」『人文地理 23-6』人文地理学会

松浦俊和 1977 「南郷丸山古墳発掘調査略報」『滋賀文化財だより No.6』

松浦俊和 1994 「石山寺創建時期の再検討―白鳳時代創建説―」『安井良三博士還暦記念論集 考古学と文化史』還暦記念論集刊行世話人会（のちに松浦2003所収）

松浦俊和 1997 「近江大津宮新『京域』論―大津宮に『京域』は設定できるか―」『大津市歴史博物館研究紀要 第5号』（のちに松浦2003所収）

松浦俊和 2003 『古代近江の原風景』サンライズ出版

丸山竜平・濱修・喜多貞裕 1986 「滋賀県下における製鉄遺跡の諸問題」『考古学雑誌 72-2』日本考古学会

水野正好 1970 「滋賀郡所在の漢人系帰化氏族とその墓制」『滋賀県文化財調査報告 第4冊』

吉水眞彦 2005 「七世紀における近江の渡来文化―大津北郊の横穴式石室・副葬品・建物を中心として―」『ヤマト王権と渡来人』サンライズ出版

吉水眞彦 2013 「近江大津宮をめぐる諸問題」『国立歴史民俗博物館研究報告 第179集』

3　新益京造営試論
──藤原宮・京の造営過程──

は じ め に

　持統8年（694）12月1日「藤原宮に遷り居します」と『日本書紀』に記されている。飛鳥から藤原への遷都の記事である。藤原京は，約100年間をかけて形成されてきた律令国家の確立を示す王都で，対外的にも，国内的にも，目に見える形で具現化したものといえる。しかし，我が国で初めての本格的な条坊制都城の造営は，決して単純なものではなかった。持統8年の藤原宮への遷都時には，まだ大極殿・朝堂院はもとより，大垣でさえ完成していなかったのである。これまで，藤原京の造営過程については，文献史料や考古資料を駆使した研究があるが，その多くは藤原京遷都までの期間を対象としており，藤原宮期についての細かな検討は少なかった。しかし，近年，藤原宮中心部の調査が継続しており，朝堂院の造営過程や下層運河の様相が徐々に明らかになってきている。これを受けて，出土遺物の整理から，新たな研究成果も提起されている。

　本章では，近年の発掘調査によって明らかになってきた調査研究成果と文献史料とを対比させることによって，藤原京の造営から平城京遷都に至る約35年間の造営過程を整理することにする。現時点での研究成果による造営過程を提示することによって，今後の藤原京の歴史的な意義や国家の形成過程の検討についての基礎的なデータとしたい。

（1）　藤原宮・藤原京の概要

藤原宮の概要

　藤原宮は持統8年（694）年12月1日に，飛鳥浄御原宮から遷都した王宮である。その位置は大和三山に囲まれたほぼ中央に位置している。それから16

年間，我が国の首都の中心として形成され，大宝律令をはじめ，ソフト・ハードを創りあげていった。それは大宝元年（701）元旦に「文物の儀，是に備れり」と宣言されたことにも裏づけられている。藤原宮は東西 927 m，南北 906 m の範囲を高さ 5.5 m の瓦葺の掘立柱大垣によって，矩形に囲まれた王宮である。大垣の各辺には宮城門が各三門ずつ配置されている。大垣に沿って，外側には幅 5.3 m の外濠，内側には 2〜3 m の内濠がめぐる。藤原宮内は東西に三分した中央に，北から内裏・大極殿院・朝堂院と配置されている。内裏は 150 m 四方程度と推定されるが，区画内部は未調査で，建物配置等は明らかではない。内裏の南には礎石基壇建物の大極殿を中央においた大極殿院がある。東西 118 m，南北 159 m を礎石瓦葺単廊で囲み，それぞれの辺には門が開く。朝堂院の北東および北西からは掘立柱の内裏外郭塀が，大極殿院および内裏を囲むように，東西 303 m，南北 378 m を囲む。大極殿院南門の南方には朝堂院が配置される。大極殿院南面回廊が朝堂院北面回廊に接続し，東西 235 m，南北 321 m の範囲を礎石瓦葺単廊で囲む。北辺を大極殿院南門，南を朝堂院南門，さらに東西辺にも門をもつ。朝堂院内には中央に朝庭をもち，その東西に南北棟の朝堂を 4 棟並べ，南辺に東西棟朝堂を 2 棟並列する。計 12 棟の礎石瓦葺朝堂が庭を囲むように配置されることになる。朝堂院の南の朱雀門までの間には，朝堂院の南東および南西隅から南面大垣に向けて礎石瓦葺単廊がのび区画を形成する。朝集堂院内の中央には庭があり，その東西に南北棟の礎石瓦葺の朝集堂が配置される。

　中枢施設の東西には，官衙が配置されている。官衙区画は，基本的に条坊区画を基本としていることから，図 30 のように各官衙地区を呼称している（204 ページ参照）。このうち発掘調査で建物配置が判明している東方官衙北地区，西方官衙南地区では長大な建物を直列に，あるいはコ字形に配置しているのに対して，内裏東官衙地区では一辺 65〜72 m の小さな区画の官衙となっている。

藤原京の概要

　藤原宮の周囲には，条坊制による碁盤目状の街区が形成されている。従来，その範囲は古道（下ツ道・中ツ道・横大路・山田道）に囲まれた東西 2.1 km，南北 3.1 km で，十二条八坊と復元されてきた（岸 1969）。この場合の一坊は半里

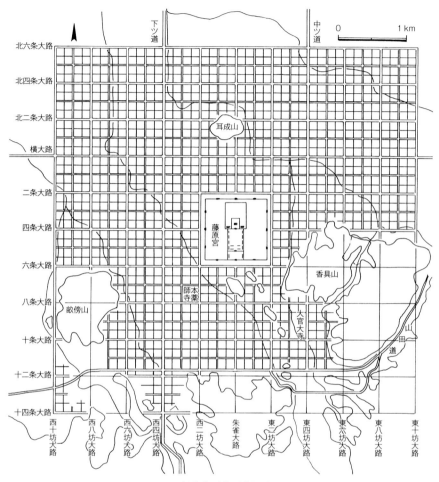

図 15　新益京（藤原京）復元図

（約 265 m）四方で，四町で構成されると考えられている。しかし，近年の調査では，その外側でも条坊道路や宅地遺構が確認されており，現在は藤原宮を中心におく，東西 5.3 km，南北 5.3 km，十里四方の範囲であることが明らかになり，『周礼』冬官考工記による古代中国の理想の都城を忠実に具現したものと考えられている（小澤 1997）。この場合の一坊は一里（約 530 m）四方で，平城京と同じ十六町で構成される。従来の奇数大路の幅が狭いことからも，これは条間路・坊間路と推定される。よって条坊呼称も変更する必要があるが，本

章では混乱を避けるために，岸説藤原京の条坊呼称を，そのまま拡大して表記する。この場合，東西京極が東十坊大路，西十坊大路，南京極が十四条大路，北京極が北六条大路となる。

藤原宮は中央の四坊四方を占地し，官道が藤原京の大路に取り込まれることになる。さらに大和三山が京内に含まれる。当然のことながら，山間部や南辺の丘陵部では，現実には条坊は施工されず，宅地化もされていない。京内の条坊区画は，基本的には官人層の宅地であるが，身分に応じて四町から1/4町まで宅地班給されていた。さらに宮外官衙もいくつかみられる。また，京内には寺院も建てられていた。特に，大官大寺と本薬師寺は都の象徴として，宮城前面の東西に伽藍を聳えていた。

(2)　藤原地域の調査成果

大極殿院・朝堂院の調査

大極殿院と朝堂院地区の発掘調査で確認されている殿舎は，大極殿院回廊と，各辺に取りつく門，そして，巨大な東楼，朝堂院回廊と朝堂東第一・二・三・四・六堂，朝集堂院回廊がある。また大極殿については，戦前に日本古文化研究所が行った調査がある（日本古文化研究所 1936）。

しかし，これらの殿舎の造営過程やその年代については必ずしも明確ではない。奈良文化財研究所の第100次調査では，朝堂院北面回廊よりも，東楼SB530 が先行して建てられたことがわかった。朝堂院北面回廊と大極殿院南面回廊が，完全に一連で造られているかは明確ではないが，第160次調査ではその接続部分で，施工時期に段階差はみられない。朝堂院北面回廊が先に造られ，のちに記すように，東面回廊が後続する。さらに下層の造営運河 SD1901A と支流 SD10801A を埋め戻し，大極殿院南門を迂回する SD10801B を掘削する。この段階でまず大極殿院南門の掘込地業を開始する。その後，SD10801B を回廊予定地の南で，東へと方向を変える。これによって回廊基壇の築成がはじまるが，この間にも南門の造営は進行していたものと考えられる。その後，大極殿院内庭と朝堂院朝庭の整地が行われ，礫を敷き詰めている。このように，ほぼ同時進行している部分もあるが，造営開始の工程としては，東楼・大極殿院

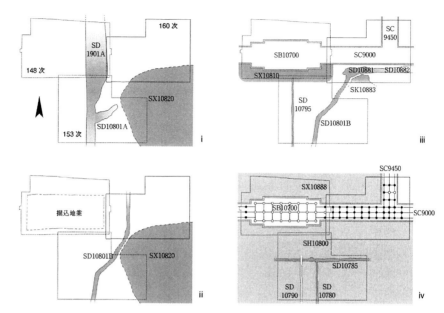

図16　大極殿院南門周辺の遺構変遷（奈文研2010を転載）

南門→大極殿院南回廊・朝堂院北面回廊→礫敷舗装ということがわかる（奈文研2000・2001・2003a・2008・2010）。

　一方，朝堂院の建物については，遺構の上からは，造営順序を確定できない。第一堂は四面廂建物，第二堂は床張りの東西二面廂にさらに西に孫廂がつく構造である。一方，第三堂と第四堂は同規模であるものの，いずれも梁行5間から4間に建築途中で規模を縮小しているという特色がある。所用瓦も第一・二堂の瓦当文様に統一がみられるのに対して，第三堂以下は，大極殿所用の瓦を混用している。瓦の笵傷や形式からは，大極殿院の瓦が朝堂院東第三堂以下の建物に先行することがわかる。また，第三堂と第四堂はほぼ同時並行で建築が進行していたと考えられるが，梁行の縮小段階については，微妙な違いがある。それは，第三堂が礎石を据える直前に計画変更がなされたが，第四堂では足場の存在から，礎石を据え，柱を立てる工程まで進行してからの計画変更であった。このような微妙な工程差はあるものの，ほぼセットで工事が進んでいたと理解できよう（奈文研2001・2003b・2004ab・2005・2006・2007）。これらのことから大極殿と朝堂第一・二堂→第三堂以下の順番が推定できる（石田2010）。

朝集堂院東面区画施設は，朝堂院東面回廊の南への延長上に位置している。
当初は朝堂院回廊と棟通りを合わせて，掘立柱塀が建設されていた。その後，
この掘立柱塀を礎石建ち複廊へ建て替えている。朝堂院回廊のすぐ東の下層で
は南北溝 SD9815 がある。この溝を埋めたのちの整地土は，朝堂院回廊基壇位
置にまで及んでおり，SD9815 は朝堂院東回廊に先行することがわかる。この
南北溝には小木片や檜皮とともに，「大国　大宝 3 年□」の木簡が出土してい
ることから，周辺での建設工事の進行中であったことがわかり，朝堂院東回廊
の建設も，大宝 3 年以降であることがわかる。同時に計画された朝集堂院東面
掘立柱塀もこれ以降である。さらに東面施設は掘立柱塀から礎石複廊に建て替
える時期は，より新しくなる（市 2010・奈文研 2004b）。

先行条坊群と造営運河の調査

　大極殿院・朝堂院の下層には，造営に伴う南北運河 SD1901A とそこから派
生する支流，さらに宮殿施設に先立つ先行条坊などがある。先行条坊は藤原宮
内のほぼ全域で確認されており，藤原宮中心施設および官衙群の造営前に埋め
られていることが判明している。このことから先行条坊は，藤原宮の諸施設の
建設前に施工・機能・廃絶したことがわかり，先行条坊に伴う塀や建物も確認
されており，一定期間の時間幅があるものと推定できる。この先行条坊は，藤
原宮内において顕著に確認できるものであるが，京内においても，本薬師寺跡
の下層で条坊遺構や塀などが確認できることから，いわゆる藤原京の条坊遺構
と先行条坊は一連の遺構群であり，藤原宮内や本薬師寺跡のように，これを埋
め立てて後続する施設群を建設する場合にのみ，先行条坊として識別できると
考えられる。藤原京条坊遺構はその後も存続して，平城京遷都時に廃絶する。
　一方，第 100 次調査においてはじめて，先行条坊よりも古い「先々行条坊」
を確認した。この調査によって，既存の調査成果を再検討すると，いくつかの
地点で，「先々行条坊」とされる直線溝が確認できる。第 100 次調査では，四
条大路と逆 T 形に接続する東一坊坊間路がある。また，条坊に併存する塀も
みられる。特に，注目されるのは四条大路以南に東一坊坊間路が確認できない
点である。検出状況からは東一坊坊間路が四条大路の南が削平されたとは考え
られず，施工されなかったと考えられている。つまり，「先々行条坊」は，宮

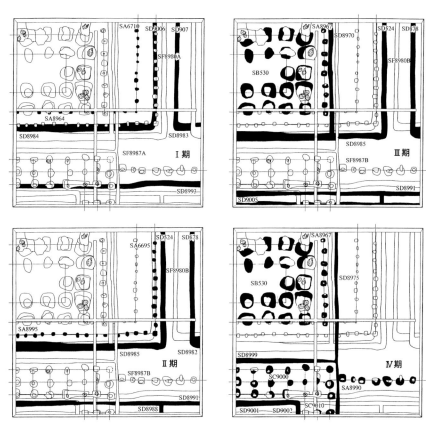

図17 先行条坊の変遷（第Ⅰ期〜第Ⅳ期，奈文研2000を一部改変）

内すべてで施工されたわけではないと考えられている（奈文研2000）。

これら先行条坊と藤原宮施設との関連で注目されるのが造営運河SD1901Aである。第20次調査は大極殿のすぐ北にあたるが，先行朱雀大路と先行四条条間路の交差点が確認されている。ここでは先行朱雀大路東側溝の西に隣接して南北溝SD1925がある。北面中門の調査では，この溝は先行朱雀大路東側溝より古いことが確認されており，先々行条坊と推定されている。一方，東側溝の東5mには，幅6〜7m，深さ約2mの造営運河SD1901Aがある。この運河は朝庭部分（第163次）から北面中門（第18次）までの560m分確認している。先行条坊との関係は，少なくとも両者は併存しており，条坊遺構を埋めた後に，造営運河SD1901Aの最終埋め立てが行われたことが判明している。こ

こで問題となるのは条坊遺構と造営運河の開削順序である。四条条間路は造営運河SD1901Aを挟んで東西で確認され，先行朱雀大路東側溝に接続することから，先行条坊が先に開削され，その後に造営運河が開削されたと推定できる。

造営運河SD1901Aの下層の堆積土は，運河が機能していたときに堆積した埋土であり，造営に伴う手斧の削屑や建築部材，飛鳥Ⅳの土器，さらに「壬午年」（天武11年・682），「甲申年」（天武13年・684），「進大肆」（天武14年・685制定の位階）の紀年銘木簡がある。コホリ表記は「評」のみであるが，サト表記は，「里」に限られるため，五十戸制下の天武10年（681）を遡らないと考えられる。このことからみて，天武11年頃から天武14年（685）まで運河が

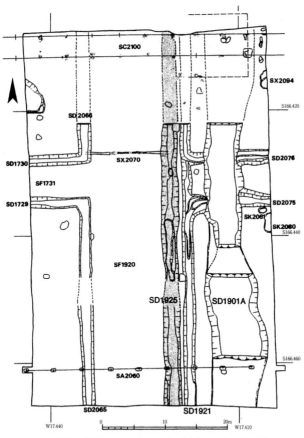

図18　造営運河と先行条坊（奈文研2000を転載）

3　新益京造営試論　　91

機能していたと考えられる。なお，運河上層の埋立土からは大極殿・大極殿院所用瓦が出土していることから，この段階において，大極殿の瓦の搬入されていたことがわかる。また，「□玉評大里評」の墨書瓦があることから，大宝以前であることは間違いない（奈文研1978b）。

東方官衙・西方官衙地区の調査

東方官衙北地区は東面中門を入った北西にある。官衙を区画する塀は，西辺および南辺しか確認されていないが，三条大路・四条大路・東一坊大路と東面内濠に囲まれた150m四方の範囲が推定されている。区画のほぼ中央部で，南側柱を揃えた3棟と西端に南北棟の建物がL字形に並ぶ。東西棟は東から桁行12間，桁行11間，梁間2間の長大な建物と，その隣に桁行9間，梁間3間の建物が一列に並ぶ。中央の建物には束石がみられることから，床張りであったことがわかる。西側の建物は総柱構造で，やはり床張構造の建物と推定される。さらに西の建物は，全長は不明だが，南と東に廂がつく。これらの南にも東西棟建物が1棟確認されている。南に廂をもつが，規模は明らかではない。これらの官衙建物には建て替えの痕跡はみられないが，南廂東西棟建物の柱穴からは，「加之伎手官」の墨書土器が出土しており，浄御原令制下の役所で，のちの「大膳職」「大炊寮」の前身の役所名と推定されている。これらのことから，この官衙建物は先行条坊を埋めて建築され，さらに大宝令以前に建てられたと推定できる（奈文研1987）。

西方官衙南地区は西面中門を入った東南にある。ここでは官衙を区画する塀はみられない。官衙建物は，長大な建物が4棟南に開くコ字形に配置され，中央が東西60m，南北130mの広場となる。広場には南北23m，東西6.5mの長方形の水溜がある。西側には，桁行18間に及ぶ南北SB1100と，その南にSB1110が柱筋を揃えて南北に並んでいる。いずれも同位置で，側柱建物であったものから総柱建物へと建て替えられている。北側の建物は，やはり桁行18間の東西棟SB1200で，SB1110Bの西側柱筋を揃えて建つ。これに加えて，総長や柱間寸法など，南北SB1100B，SB1110Bと共通性が多いことから，建て替え時の建物と一連で建てられたと考えられる。東側の建物はさらに長大で，桁行20間の南北棟で，南側柱列が西側のSB1110Bの南側柱列と揃う。南側

10間分には束石があり，南半が床張り，北半が土間床である。これらの官衙建物は，飛鳥Ⅳの土器が出土する先行条坊を埋めた跡に造られていることから，先行条坊→前期官衙→後期官衙と変遷する。また先行条坊に伴うSB1230・SB1231からは飛鳥Ⅲ新（大官大寺下層）の土器が出土している（奈文研1978a）。

内裏東官衙地区の調査

内裏外郭の東には，内裏東官衙と称する官衙区画が南北に3区画配置されている。東辺を宮内東一坊大路に面して，三条大路・四条大路の間に，北から官衙ABCと3区画が並ぶ。内裏東官衙は，藤原宮期に2時期の変遷がみられる。官衙Aの前半では，北辺は未調査であるが，東西と南辺を掘立柱塀で区画されている。このなかには東西棟建物と総柱建物が各一棟検出されているだけであるが，後半になると，区画内を東西に二分し，柱筋を揃える整然とした配置となり，建物に囲まれた空間が存在する。一方，官衙Bは四周を掘立柱塀で区画し，前半は掘立柱塀で南北に二分した柱筋を揃えた整然とした建物配置をとる。後半になると西辺・北辺の塀も建て替えられ，区画内部は北半に東西棟，南北棟を規格正しく配置し，西辺および南辺にも建物を建てる。入口は南辺と

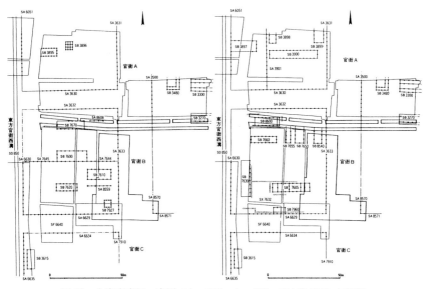

図19　内裏東官衙の変遷（左：前半，右：後半，奈文研1996aを転載）

3　新益京造営試論　　93

西辺に設けられている。建物の周囲には石組溝がめぐらされ，石敷が施されている。官衙Cは調査区の関係で，東西辺と北辺の掘立柱塀と，区画内では西辺に南北棟建物があるだけで，前期・後期の変遷があったかは確認できていない。この官衙の改作時期については明確にはできないが，このうち官衙Bでは，後期石敷の下層で検出した土坑から，郡制木簡が出土しており，大宝元年（701）以降であることは間違いない。このような大規模な官衙建物の変化は，大宝律令の制定に伴う行政組織の変更・充実に求めることが妥当であり，出土木簡からも，これを否定しない（奈文研1996a）。

本薬師寺跡の調査

　本薬師寺の発願は史料により明らかで，この寺院の下層から，先行条坊が確認された。さらに各堂塔の伽藍所用瓦が判明し，それは藤原宮式瓦と密接に関係があることも判明した。

　本薬師寺は，双塔式伽藍配置をとる寺院であるが，これまでに金堂・中門・参道・東塔・西塔の発掘調査が実施されている。出土瓦および遺構の関係から，本薬師寺の堂塔の造営順序が推定されている。金堂所用瓦は，藤原宮の軒瓦がモデルになったもので，SD1901Aからも出土している。よって，天武末年には生産されていた瓦であることがわかる。また，同范瓦が両遺跡から出土するが，范傷からみて，藤原宮への供給が本薬師寺に先行することも判明している。本薬師寺の造営は，金堂から始まった。そして金堂→（講堂）→東塔→中門・南面回廊→西塔の順番に造営されたと推定されている（高田2010）。東西参道の脇から，伐採年代が持統9年（695）の建築部材が出土している。この部材は西塔のものと推定され，この頃に建築が進行していたことになる。史料によると，文武2年（698）には「ほぼ了る」とあり，主要な建物が完成していたことがわかる。そして，『薬師寺縁起』によると，講堂では持統6年（692）4月12日に本尊阿弥陀大繍仏の造顕がされていたことから，この時点で講堂は完成していたとみられる。

　このように堂塔の造営過程が判明してきたが，さらに中門および参道の下層から，西三坊坊間路と，この両側の坪に道路側溝と平行する南北塀・建物がみつかった。このことから，本薬師寺創建以前に，先行条坊が施工され，坪内が

一定期間，宅地化されていたことがわかる（奈文研 1996b）。

　本薬師寺は，天武 9 年（680）11 月 12 日に発願された。その造営工事が，実際にいつ始まったかは明確ではないが，天武 9 年に近い頃には造営は始まったものと推測される。その場合，下層で検出された条坊を天武 11 年（682）に比定することも可能ではあるが，坪内で確認される塀や掘立柱建物の存在からは，一定の期間，宅地として利用されていた時間が必要となり，天武 5 年まで遡る可能性が高い。

四条遺跡・土橋遺跡の調査

　岸説藤原京域の範囲外でも，多くの条坊遺構ならびに宅地遺構が確認されている。これらの廃絶時期は，平城京遷都時であることは，出土遺物から明らかである。しかし，その造営時期に関しては，これまで，宮内先行条坊や本薬師寺下層条坊から天武朝に遡るとされているが，比較的多くの調査事例のある四条遺跡および土橋遺跡では，古墳の削平・整地・条坊施工の時期が，藤原京期に下る事例が指摘されている。

　四条遺跡第 1 次調査は古墳を削平し，四条大路と西六坊坊間路の交差点が設けられている。四条 1 号墳の周溝埋め立て土からは，飛鳥Ⅳの土器が出土し，条坊遺構からは飛鳥Ⅴが出土する。ここで重要なのは，四条大路南側溝の南に平行する溝 9 から飛鳥Ⅴの土器が出土することである。この溝を埋めた後に，西六坊坊間路を掘削していることから，少なくとも南北道路は飛鳥Ⅴに掘削されたことが確実である（橿考研 1988）。

　四条遺跡第 29 次では，西六坊大路と四条条間路の交差点が確認されている。古墳時代の自然流路 SD147b を人為的に埋める上層堆積土からは飛鳥Ⅳ～Ⅴの土器が出土しており，これらを覆う整地土からは飛鳥Ⅴの土器が出土する。これら整地土を掘りこんで四条条間路の南北側溝が掘削されている。この側溝からも飛鳥Ⅴの土器が出土しており，道路の廃絶時期は飛鳥Ⅴ段階と理解できる。一方，西六坊大路西側溝によって壊される土坑からは飛鳥Ⅴの土器が出土しており，道路側溝からも同時期の土器が出土している（橿考研 2010）。

　四条遺跡には，削平された多くの古墳が存在する。これを四条古墳群と呼んでいる。[3] これらは藤原京の造営に伴って削平されたことが調査から明らかにな

りつつある。四条7号墳の周溝の上層埋土は藤原京造営時の整地土と同じであるが，ここから出土する土器は飛鳥Vであり，これに重複して，掘削されている四条条間路もこれ以降の施工となる。

このように四条遺跡では古墳を削平して，整地造成した後に条坊道路および宅地遺構が設けられるが，これらはいずれも飛鳥V段階のなかでの変遷である。

同様の事例は，西京極とされる土橋遺跡でもみられる。ここでは西十坊大路と北四条大路が├形に接続することがわかり，沼地を飛鳥Vの土器を含む整地土で造成して，これら条坊や宅地遺構が建設されている。この状況は四条遺跡と類似する（川越2000）。

このような事例を藤原京周縁部に一般化してよいかはさらなる検討が必要であるが，藤原京期にまで，造営が下る事例があることは重要である（林部2010）。

藤原宮の瓦製作年代と造営過程

これまでの藤原宮内の調査によって，膨大な瓦が出土している。これらは詳細な分析により，16のグループに分類でき，基本的に瓦窯の単位を表していることが判明している（大脇1878・花谷1993）。さらにこれらの瓦を使用した殿舎についても，かなり判明してきた。これらの瓦は，我が国の王宮としてはじめて瓦を採用し，短期間に膨大な瓦を必要とすることから，多くの生産地からの供給が必要となる。しかし，これらの瓦もすべて同時期に生産されたものではなく，微妙な時間差をもっており，それは製作技法や出土遺構から，区分が可能となっている。この分析成果をもとに，藤原宮の瓦の年代や造営過程が明らかになりつつある（石田2012）。

造営運河SD1901A下層からは軒瓦は出土していないものの，一定量の瓦（牧代瓦窯）が出土することから，天武末年には藤原宮の瓦が生産されていた可能性が高いとした。一方，「先々行条坊」からは瓦の出土はなく，先行条坊には瓦が含まれている。このことから，「先々行条坊」時にはまだ瓦生産は始まっておらず，造営運河と一時併存する先行条坊時には瓦が搬入されていたことになる。藤原宮所用6647C（牧代瓦窯）はその後，本薬師寺所用瓦となり，その背景には天武の崩御があったと推定されている。

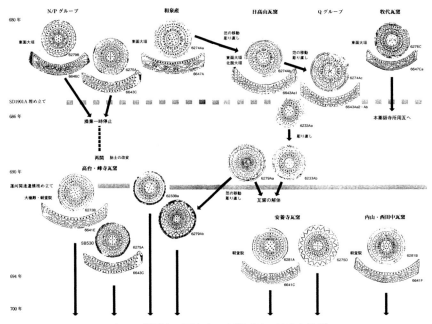

図20　藤原宮の瓦生産の変遷（石田 2012 を転載）

一方，SD1901A 中層・運河関連遺構・上層から出土した瓦から造営前半段階の瓦生産が窺える。まず，中層は SD1901A を埋め立てた層であるが，ここでは日高山瓦窯，N/P グループ，Q グループがあり，下層と共通点が多いことから，運河が機能していた時期から埋め立てまでは連続性が高いとする。

SD1901A は埋め戻し後に，SD10801B を掘削して，方位を変更している。これは大極殿院南門や回廊の造営にあたる迂回処置でもある。これらの遺構の埋土から瓦が出土している。運河関連遺構を埋める段階では瓦のバリエーションが増加し，宮内への瓦の搬入が本格化していることがわかる。ただし，この段階では，大極殿・朝堂院所用瓦は含まれていないので，所用瓦はまだ搬入されていないと考えられる。

SD1901A 上層は，最終整地を示す埋め立て土である。ここでは，大極殿および朝堂院所用瓦が含まれており，中枢部の建物の瓦が本格的に搬入されていたとみられる。

造営後半段階の瓦生産として，朝堂院東面回廊所用瓦の瓦窯である安養寺瓦

3　新益京造営試論　　97

窯，内山・田中瓦窯，高台・峰寺瓦窯は，少なくとも大宝3年（703）当時に操業していた瓦窯であると推定される。

　これらの瓦から大きく3段階の瓦編年が可能となり，これらの瓦の年代観を基に宮内の所用瓦をみると，東面大垣から始まり，北面大垣もほぼ同時期と推定される。これはSD1901A下層や運河関連遺構と併行する時期である。大垣はその後，西に向かって整備が進み，大垣西南隅周辺での大垣の整備は，宮中枢部の造営と同時進行であったと推定される。

(3)　調査成果と史料の整合性

　発掘調査によって確認された成果と，出土遺物の分析により，藤原宮・京の造営過程が明らかとなってきた。これらを史料による造営過程と比較検証することによって，整合性をはかりたい。そこで史料にみる藤原京の造営過程をみると，大きく5時期に区分できる（中断期を含む）。第Ⅰ期：新城造営期（676～681年），第Ⅱ期：藤原宮造営期（682～689年），第Ⅲ期：新益京造営期（690～700年），第Ⅳ期：藤原京改作期（701～707年），Ⅴ期：藤原京廃都期（708～710年）となる。以下，各時期の段階を整理する。

第Ⅰ期：新城造営期（676～681年）

　新城の造営は，まず凹凸をならす第1次整地を行い，方形街区を施工する。朝堂院北東隅部の調査では，第1次整地を施した後に，先行条坊に重複して，さらに古い「先々行条坊」を確認した。前者が天武11年（682），後者は天武5年（676）の記事に該当すると考えられている。ただし，先々行条坊は一部でしか確認されておらず，施工範囲が限られているとも考えられている（深澤2012）。しかし，本薬師寺の先行条坊は創建時期や条坊に伴う塀・建物（少なくとも2時期）の存在は，天武5年の可能性を示唆しており，西南官衙下層・西方官衙下層・東方官衙下層・大官大寺下層では飛鳥Ⅲ新，つまり天武朝前半まで遡ることも示唆されている（林部2001）。さらに先行条坊はSD1901Aに施工が先行することも，天武5年を示唆する。つまり，「先々行条坊」と先行条坊を識別できるのは，両者が位置的にずれているときだけであり，さらに先行条

坊と認識できるのは，それを埋めて，上層に藤原宮期の遺構をつくるときだけである。これらの条件が整わなければ「先々行条坊」と先行条坊・条坊の区別ができない。その意味では，条坊は天武5年まで造営開始が遡ると考えられる。⁽⁴⁾ただし，天武5年は造営中止の記事も併記されているが，同年に中止されたのではなく，その後，ある段階で中断したことを意味する。しかし，厳密にどこまでの範囲で第Ⅰ期段階の条坊が施工されたかは明らかではないが，天武5年に「限りの内」とあることから，一定の範囲を示していると考えられる。

第Ⅱ期：藤原宮造営期（682〜689年）

藤原宮の造営がはじまるのは，天武11年からである。この年，天武5年条坊に加え，造営運河SD1901Aが宮の中軸線に開削される。出土木簡と史料から，天武11年から天武14年頃まで存続したと考えられる。この運河は藤原宮造営資材を宮内に搬入させるための人工運河であるが，SD1901A下層からの出土瓦は，東面・北面大垣所用のもので，この頃すでに東面および北面大垣の建築が始まっていたことを示している。天武13年3月9日の記事は，すでに造営が始まっていた地を天皇が視察し，ここに宮をおくことを最終的に宣言した記事と解釈できる。この運河を埋めることは，中軸線上の中心建物群の建設を示唆する。大極殿等の建築は別に検討するが，王宮でまず最初に建築されるのは，掘立柱建築の天皇の居住空間である内裏であると考える。大極殿院南門のすぐ南から北方のSD1901Aを埋め（SD1901A中層），6mほど東に迂回させる措置は，まず内裏正殿の造営をさす。よって，内裏の建築はこの頃から始まったといえる。「内裏」が史料ではじめて記されるのは持統9年であるが，その前年の遷都時には，少なくとも居住できるまでに完成していたと考えられる。この間約10年あり，内裏の建築年数にしては長すぎる。途中に造営中断の期間があったことは確かであろう。その原因は天武の崩御であった。朱鳥元年（686）9月9日，天武天皇が崩御すると，藤原宮の造営は中断する。これを受けて，藤原宮所用瓦が本薬師寺所用瓦になったと考えられる。その金堂の完成は持統2年（688）のことである。西方官衙南地区にある条坊に伴う区画と建物群は，井戸の年輪年代から，天武11年頃と推定される。すでに宮の大垣は建築が始まっており，造営運河が掘削されるなど，実質上，宮の造営が着工さ

れていることから，一般の集落ではなく，造営に伴う施設と考えられる。

第Ⅲ期：新益京造営期（690〜700年）

藤原宮造営を再開するのは，史料上は持統天皇即位直後の持統4年（690）である。10月29日に高市皇子が，そして12月19日には天皇が藤原宮地を視察している。これをもって造営が再開され，造営運河関連遺構が展開する。ここで内裏・大極殿院などの中心建物群の造営が始まる。まず，着手するのは，すでに記したように内裏である。これに続き大極殿および朝堂院の建築が始まる。造営運河関連遺構の埋土には，中心施設群所用瓦は含まれていないので，まだ中心建物群の所用瓦の搬入は始まっていないが，基壇造成などが始まっている。そして，持統5年には新益京の地鎮祭を行い，宅地班給を行う。すでに条坊が形成されていたのを，この時期に地鎮するのは，その直後の宅地班給のためであろう。翌持統6年には天皇が新益京の道路を視察している。一方，宮の地鎮も同年5月26日に行われており，3日後には，伊勢神宮などに報告している。これは中心施設建設につながり，大極殿などの建築を意味する。そして再三の宮地の視察を経て，藤原宮へ遷都する。

藤原宮へ遷都するのは持統8年12月1日である。実際に大極殿や朝堂院などの建築開始年代は明確ではないが，Ⅲ期造営が持統4年からとすると，この頃から中枢施設群の建築が始まるとみる。これら施設群の建築順序は，大極殿→東楼・大極殿院南門→大極殿院回廊・朝堂院北面回廊と建築がなされる。これらは礎石基壇瓦葺建物で，それぞれの建物の完成までには長い時間が必要であり，実際には建物の完成順序ではなく，建築開始の順番と理解したほうがよい。大極殿の史料上の初出は文武2年（698），朝堂の初出は大宝元年（701）であることから，この年には各建物が完成していたと考えられる。ただし，朝堂建物は，第一・二堂が大極殿院とほぼ同時で，第三堂以下よりも先行して建築されたことがわかっており，大宝元年段階において，すべての朝堂建物が完成していたかは特定できない。ここで注目するのは，朝堂院東面回廊の建築が，大宝3年以降に降ることは確実で，出土状況からこの年に建築が始まったと推定できる。大宝元年の朝堂記事から朝堂院東面回廊建築開始まで3年あり，この間，建築が中断していたとは考えがたいので，大宝元年に完成していた朝堂

は，朝堂第一・二堂までで，三堂以下は建築中であった可能性が高い。なお，東面大垣から始まった宮城垣の建築は，この頃に西南隅大垣を建築して完成している。

一方，官衙地区では，大きく2時期の官衙建物群がある。古いほうを前期官衙，新しいほうを後期官衙と呼ぶことにする。東方官衙北地区では，建て替えの痕跡はみられないが，その建築年代は，墨書土器「加之伎手官」という大宝律令以前の建築と考えられる。一方，西方官衙北地区では，ほぼ同位置で建て替えられている。そして，内裏東官衙地区も大規模に建物配置を変更している。これら前期官衙の年代は特定できないが，先行条坊を埋めて建てられていること，後期官衙の石敷下層に郡制木簡が出土する土坑があり，後期官衙は大宝律令以降であることから，前期から後期への転換は，大宝律令の施行を契機としていると考えられる。そして建築年代は先行条坊より新しいことから，持統4年まで遡る可能性がある。

京域に関しては，四条遺跡の古墳群がこの頃に削平され，整地される事例がみられるが，この地域の条坊施行は第Ⅳ期まで下る事例がある。

第Ⅳ期：藤原京改作期（701～707年）

大宝元年「文物の儀，是に備れり」とあるように，極めて重要な年である。この年の元旦朝賀には四神旗が立てられるが，これを大極殿院南門前の7基の大型柱穴に当てると，この時点ですでに朝堂院朝庭の北半にはバラス敷が施されていたことになる。

大宝3年に，朝堂院東面回廊の建築と同時に，朝集堂院東回廊の建築も始まったが，朝集堂院東回廊は，その後に礎石に変更している。その時期については明確ではないが，慶雲4年（707）には遷都のことが議論され，翌和銅元年には，平城京への遷都が決定している。これ以降，藤原宮の大規模な改作は考えられないことから，朝集堂院東回廊の改作は慶雲4年までに行われたことになる。

また，第Ⅲ期に建てられた前期官衙群は，大宝律令施行に伴い，組織改編がなされる。これを受けて，大規模な改作（後期官衙）が行われる。特に，内裏東官衙地区は大幅な改変がなされており，西方官衙北地区は，ほぼ同位置での

建て替えがみられる。

この時期に四条遺跡では古墳を削平・整地し，その後に条坊道路・宅地遺構が形成される。つまり，この地域の造営は飛鳥Ⅴ段階まで下がる事例がある。同様の事例は，西十坊大路を確認した土橋遺跡でもみられるが，これらが京周縁部であることから，造営が遅れただけか，京域の拡大を示すものかは，さらなる調査事例の増加が必要である。慶雲元年（704）11 月の記事は，これら藤原京周縁部での形成の完了を示すものであろう。⁽⁵⁾

第Ⅴ期：藤原京廃都期（708〜710 年）

慶雲 4 年，平城京遷都の議が図られ，そして翌年には遷都が決定した。これ以降，基本的に藤原宮の造営・改作の記事はみられない。むしろ平城京の造営記事が多くなる。そのなかでも和銅 3 年（710）正月の「大極殿」の記事は，藤原宮大極殿か平城宮大極殿かは議論があった。遷都のわずか 70 日前のことであるからである。しかし，近年の平城宮の調査において，第一次大極殿院南面回廊基壇の下の整地土から「和銅三年」の木簡が出土していることから，平城宮大極殿は遷都当時には，まだ建設されていなかったことが判明した（渡辺 2003）。よって，この「大極殿」は藤原宮のこととみられる。そして，平城宮大極殿が史料に現れるのは和銅 8 年（715）のことで，藤原宮大極殿の移築（小澤 1993）には 5 年の期間が必要であったと考えられる。このほかにも藤原宮の建物や建築資材は平城京へと遷された。それは藤原宮の柱穴に抜取穴がみられ，建築部材が解体されていることや条坊遺構や井戸などが飛鳥Ⅴで埋められていることからもわかる。さらに平城宮からは，藤原宮大垣に使用されていた柱が転用されていたり，藤原宮瓦が大量に再利用されていることからも判明する。

（4） 総 括──「新益京」の誕生

このように「藤原京」の造営過程は，天武 5 年（676）の「新城」に始まり，数度の中断期間をおいて，完成したことがこれまでの発掘調査と文献史料との対比によって判明する。藤原京遷都の持統 8 年（694）段階において，まだ宮

中心部も完成していなかった。しかし，藤原京の造営・改作も和銅元年の平城京遷都決議によって，造営を終える。これ以降，平城京造営へと向かう。このような造営過程を他都城と比較することによって，藤原京の造営の特殊性も明らかとなろう。より詳細な造営過程・年代の解明が望まれる。

註
（1） 史料には「藤原京」とは記されておらず，「新城」「新益京」と記されている。これについては橋本 2000 において，詳細な検討がなされているが，ここではこれまでの研究史にならい「藤原京」とし，歴史的な名称としては「新城」「新益京」とする。
（2） 花谷浩はこの部材を東塔のものとみて，西塔の造営を平城京以降とみている（花谷1997）。
（3） 持統 7 年 2 月の改葬記事は，日高山横穴墓でみられる。ただし，日高山横穴墓の改葬時期は，出土遺物や朱雀大路造営からみて，飛鳥Ⅳと考えられる（奈文研 1986）。また，四条古墳群内で削平を免れたのは，当時，陵墓に比定されたものに限られると推定されている（今尾 2008）。
（4） 方形街区の施工は，天武 5 年に始まると考えられるが，本薬師寺の事例を考えると，宮内だけでなく，比較的広く施行していたことが窺われる。ただし，その厳密な範囲は確定できず，天武 11 年の造営再開後にさらに再施工や施行範囲の拡大，四条遺跡などにみられる飛鳥Ⅴ段階での条坊施工など，今後その経過と範囲を確定していく必要がある。
（5） 筆者は第Ⅰ部第 1 章で検討したように，「倭京」内の一画に施工された「新城」の方形街区から条坊制都城としての「新益京」への拡大整備を考えている。

参考・引用文献
石田由紀子 2010 「藤原宮の出土瓦」『古代瓦研究　Ⅴ』奈良文化財研究所
石田由紀子 2012 「藤原宮における瓦生産とその年代」『文化財論叢　Ⅳ』奈良文化財研究所
市　大樹 2010 「藤原宮の構造・展開と木簡」『飛鳥藤原木簡の研究』塙書房
今尾文昭 2008 「京と横穴―都市におけるケガレ観念形成の考古学的検討―」『律令期陵墓の成立と都城』青木書店
大脇　潔 1878 「屋瓦の製作地」『飛鳥・藤原宮発掘調査報告　Ⅱ』奈良国立文化財研究所
小澤　毅 1993 「平城宮中央区大極殿地域の建築平面について」『潮見浩先生退官記念論文集』潮見浩先生退官記念事業会（のちに小澤 2003 所収）
小澤　毅 1997 「古代都市藤原京の成立」『考古学研究　第 44 巻第 3 号』考古学研究会（のちに小澤 2003 所収）
小澤　毅 2003 『日本古代宮都構造の研究』青木書店

川越俊一 2000 「藤原京条坊年代考―出土土器から見たその存続期間―」『研究論集　11』奈良国立文化財研究所

岸　俊男 1969 「京域の想定と藤原京条坊制」『藤原宮』奈良県教育委員会（のちに岸1988所収）

岸　俊男 1988 『日本古代宮都の研究』岩波書店

高田貫太 2010 「本薬師寺の創建軒瓦」『古代瓦研究　V』奈良文化財研究所

奈良県立橿原考古学研究所 1988 「橿原市四条遺跡発掘調査概報」『奈良県遺跡調査概報1987年度』

奈良県立橿原考古学研究所 2010 『四条遺跡Ⅱ』

奈良国立文化財研究所 1978a 『飛鳥・藤原宮発掘調査報告　Ⅱ』

奈良国立文化財研究所 1978b 「藤原宮第20次（大極殿北方）の調査」『飛鳥・藤原宮発掘調査概報8』

奈良国立文化財研究所 1986 「朱雀大路・七条一坊（日高山）の調査（第45-2・9次）」『飛鳥・藤原宮発掘調査概報16』

奈良国立文化財研究所 1987 「藤原宮東方官衙地区の調査（第48-3次）」『飛鳥・藤原宮発掘調査概報17』

奈良国立文化財研究所 1996a 「内裏東官衙地区・東方官衙北地区の調査（第78次調査・第48-7次調査)」『飛鳥・藤原宮発掘調査概報26』

奈良国立文化財研究所 1996b 「本薬師寺の調査」『飛鳥・藤原宮発掘調査概報26』

奈良国立文化財研究所 2000 「内裏地区の調査―第100次」『奈良国立文化財研究所年報2000-Ⅱ』

奈良文化財研究所 2001 「朝堂院の調査―第107次」『奈良文化財研究所紀要　2001』

奈良文化財研究所 2003a 「大極殿院の調査―第117次」『奈良文化財研究所紀要　2003』

奈良文化財研究所 2003b 「朝堂院東第二堂・東面回廊の調査―第120次」『奈良文化財研究所紀要　2003』

奈良文化財研究所 2004a 「朝堂院東第二堂・東門・東面回廊の調査―第125次」『奈良文化財研究所紀要　2004』

奈良文化財研究所 2004b 「朝堂院東南隅・朝集殿院東北隅の調査―第128次」『奈良文化財研究所紀要　2004』

奈良文化財研究所 2005 「朝堂院東第三堂・東面回廊の調査―第132次」『奈良文化財研究所紀要　2005』

奈良文化財研究所 2006 「朝堂院東第六堂の調査―第136次」『奈良文化財研究所紀要　2006』

奈良文化財研究所 2007 「朝堂院東第四堂・東面回廊の調査―第142・144次」『奈良文化財研究所紀要　2007』

奈良文化財研究所 2008 「大極殿院南門の調査―第148次」『奈良文化財研究所紀要

2008』

奈良文化財研究所 2010 「朝堂院回廊・大極殿院回廊の調査―第 160 次」『奈良文化財研究所紀要　2010』

日本古文化研究所 1936 『藤原宮阯伝説地の調査 1』

橋本義則 2000 「藤原京造営試考―藤原京造営史料とその京号に関する再検討―」『研究論集 11』奈良国立文化財研究所

花谷　浩 1993 「寺の瓦作りと宮の瓦作り」『考古学研究　40-2』考古学研究会

花谷　浩 1997 「本薬師寺の発掘調査」『佛教芸術　235 号』毎日新聞社

林部　均 2001 「藤原京の条坊施工年代」『古代宮都形成過程の研究』青木書店

林部　均 2010 「藤原京の条坊施工年代再論」『国立歴史民俗博物館研究報告　第 160 集』

深澤芳樹 2012 「『藤原京の成立』遺構解釈の一例」『史林　95 巻 1 号』史学研究会

渡辺晃宏 2003 「平城宮第一次大極殿の成立」『奈良文化財研究所紀要　2003』

表1　新益京造営関連史料

	和暦	西暦	月　日	史　料（『日本書紀』等による）	発掘成果	備　考
	天武元年	672	9月12日	倭京に詣りて，嶋宮に御す。		
			9月15日	嶋宮より岡本宮に移りたまふ。		
		是歳		宮室を岡本宮の南に営る。その冬に，遷りて居します。是を飛鳥浄御原宮と謂ふ。		
	天武2年	673	2月1日	天皇，有司に命せて壇場を設けて，飛鳥浄御原宮に即帝位す。正妃を立てて皇后とす。后，草壁皇子尊を生れます。		
			12月17日	小紫美濃王・小錦下紀臣訶多麻呂を以て，高市大寺造る司に拝す。今の大官大寺，是なり。		高市大寺造営
	天武3年	674				
	天武4年	675				
I期	天武5年	676		新城に都つくらむとす。限の内の田園は，公私を問はず，皆耕さずして悉に荒れぬ。然れども遂に都つくらず。	1次整地，方形街区	新城造営開始その後中止
	天武6年	677	9月1日	高市大寺を改め，大官大寺と号す。（大安寺資材帳）		大官大寺に改名
	天武7年	678				
	天武8年	679				
	天武9年	680	11月12日	皇后，体不予したまふ。則ち皇后の為に誓願ひて，初めて薬師寺を興つ。	本薬師寺	本薬師寺発願（造営開始）
	天武10年	681	2月25日	天皇・皇后，共に大極殿に居しまして，親王・諸王及び諸臣を喚して，詔して曰はく，「朕，今より更律令を定め，法式を改めむと欲ふ。故，倶に是の事を脩めよ。然も頓に是のみを務に就さば，公事闕くこと有らむ。人を分けて行ふべし」とのたまふ。是の日に，草壁皇子尊を立てて，皇太子とす。		飛鳥浄御原令制定
			3月17日	帝紀及び上古の諸事を記し定めしめたまふ。大嶋・子首，親ら筆を執りて以て録す。		
II期	天武11年	682	3月1日	小紫三野王及び宮内官大夫等に命して，新城に遣して，其の地形を見しむ。仍りて都つくらむとす。	造営運河下層東面大垣西方官衙南地区	造営再開宮造営開始
			3月16日	新城に幸す。		
			8月29日	百四十余人，大官大寺に出家せしむ。		大官大寺で出家
	天武12年	683	4月15日	今より以後，必ず銅銭を用ゐよ。銀銭を用ゐること莫れ。	富本銭・無文銀銭（飛鳥池工房）	銭貨鋳造
			4月18日	銀用ゐること止むること莫れ。		
			7月18日	天皇，京師に巡行します。		

	和暦	西暦	月　日	史　料（『日本書紀』等による）	発掘成果	備　考
			12月17日	又詔して曰はく、「凡そ都城・宮室、一処に非ず、必ず両参造らむ。故、先づ難波に都つくらむと欲ふ。是を以て、百寮の者、各往りて家地を請はれ」とのたまふ。	前期難波宮跡	副都制
	天武13年	684	2月28日	浄廣肆廣瀬王・小錦中大伴連安麻呂、及び判官・録事・陰陽師・工匠等を畿内に遣して、都つくるべき地を視占しめたまふ。是の日に、三野王・小錦下采女臣筑羅等を信濃に遣して、地形を看しめたまふ。是の地に都つくらむとするか。		
			3月 9日	天皇、京師に巡行きたまひて、宮室之地を定めたまふ。		宮の正式決定（内裏の造営開始）
	天武14年	685			造営運河中層	
	朱鳥元年	686	7月20日	元を改めて朱鳥元年と曰ふ。朱鳥、これをば阿訶美苔利といふ。仍りて宮を名けて飛鳥浄御原宮と曰ふ。		
			9月 9日	天皇の病、遂に差えずして、正宮に崩りましぬ。	藤原宮所用瓦を薬師寺所用瓦へ	天武天皇　崩御造営中断
	持統元年	687				
	持統 2年	688	1月 8日	無遮大会を薬師寺に設く。	本薬師寺金堂	
			11月11日	畢りて大内陵に葬りまつる。	野口王墓	
	持統 3年	689	4月13日	皇太子草壁皇子尊薨りましぬ。	束明神古墳	
Ⅲ期	持統 4年	690	1月 1日	皇后、即天皇位す。		造営再開
			10月29日	高市皇子、藤原の宮地を観す。公卿百寮従なり。		
			12月19日	天皇、藤原に幸して宮地を観す。公卿百寮、皆従なり。	運河関連遺構	
	持統 5年	691	10月27日	使者を遣して新益京を鎮め祭らしむ。	横大路地鎮遺構	京の地鎮祭
			12月 8日	詔して曰はく、「右大臣に賜う宅地四町。直廣貮より以上には二町。大参より以下には一町。勤より以下、無位に至るまでは、其の戸口に随はむ。其の上戸には一町。中戸には半町。下戸には四分之一。王等も此に准へよ」とのたまふ。		宅地班給
	持統 6年	692	1月12日	天皇、新益京の路を観す。		
			4月12日	講堂本尊阿弥陀大繍仏を造顕。（薬師寺縁起）	本薬師寺講堂	本薬師寺講堂はすでに完成
			5月23日	浄廣肆難波王等を遣して、藤原の宮地を鎮め祭らしむ。		宮の地鎮祭中心建物（大極殿）の建築開始
			5月26日	使者を遣して、幣を四所の、伊勢・大倭・住吉・紀伊の大神に奉らし		

3　新益京造営試論　　107

	和暦	西暦	月　日	史　料（『日本書紀』等による）	発掘成果	備　考
				む。告すに新宮のことを以てす。		
			6月30日	天皇，藤原の宮地を観す。		
	持統7年	693	2月10日	造京司衣縫王等に詔して，掘せる尸を収めしむ。	日高山横穴墓・四条古墳群	
			8月1日	藤原の宮地に幸す。		
	持統8年	694	1月21日	藤原宮に幸す。	富本銭（大極殿院南門）？	
			3月2日	直廣肆大宅朝臣麻呂・勤大貳臺忌寸八嶋・黄書連本實等を以て，鋳銭司に拝す。		
			12月1日	藤原宮に遷り居します。		遷宮
			12月9日	百官拝朝す。		
	持統9年	695	1月7日	公卿大夫に内裏に饗たまふ。	本薬師寺で695年伐採の部材	「内裏」初出本薬師寺西塔造営開始
	持統10年	696	1月18日	公卿百寮，南門に射す。	朱雀門	この頃には朱雀門完成している
	持統11年	697	2月	軽太子を以て皇太子に立つ。（扶桑略記）		
			3月8日	無遮大会を春宮に設く。		
			7月29日	公卿百寮，開仏眼会を薬師寺に設く。		
	文武元年	697	8月1日	天皇，軽太子に譲位し，太上天皇と号す。（扶桑略記）		
	文武2年	698	1月1日	天皇，大極殿に御しまして朝を受けたまふ。文武百寮と新羅朝貢使と拝賀す。その儀常の如し。		「大極殿」初出
			6月	大官寺に塔を起こし，五百人を度す。（元享釈書）		大官大寺塔造営
			10月3日	薬師寺の構作略了りたるを以て，詔して衆の僧に詔してその寺に住はしめたまふ。		本薬師寺完成
			11月23日	大嘗す。		文武天皇大嘗祭
	文武3年	699	1月26日	京職言さく，「林坊の新羅が女牟久売，一たびに二男二女を産みつ」とまうす。絁五疋，錦五屯，布十端，稲五百束，乳母一人を賜ふ。		
			6月	天皇は大官大寺内に九重塔を起こし，七宝を施入し，また同寺内において五百人を度す。（扶桑略記）		大官大寺塔造営
			12月20日	始めて鋳銭司を置く。		
	文武4年	700	6月17日	勅して，律令を撰び定めしめたまふ。		
IV期	文武5年	701	1月1日	天皇，大極殿に御しまして朝を受けたまふ。その儀，正門に烏形の幢を樹つ。左は日像・青龍・朱雀の幡，右は月像・玄武・白虎の幡なり。蕃夷の使者，左右に陳列す。文物の儀，是に備れり。	大極殿院南門前の大型柱穴	四神旗

和暦	西暦	月　日	史　料（『日本書紀』等による）	発掘成果	備　考
		1月 4日	天皇，大安殿に御しまして祥瑞を受けたまふこと，告朔の儀の如し。		
		1月16日	皇親と百寮とを朝堂に宴す。直広弐已上の者には，特に御器膳并せて衣・裳を賜ふ。楽しびを極めて罷む。		「朝堂」初出 第一・二堂のみ 完成？
		1月23日	守民部尚書直大弐粟田朝臣真人を遣唐執節使とす。		遣唐使派遣
		3月 3日	宴を王親と群臣とに東安殿に賜ふ。		
大宝元年	701	3月21日	対馬嶋，金を貢く。元を建てて大宝元年としたまふ。		
		4月 7日	右大弁従四位下下毛朝臣古麻呂ら三人を遣して，始めて新令を講かしむ。親王・諸臣・百官人ら，就きて習ふ。		大宝律令
		6月16日	王親と侍臣とを引きゐて西高殿に宴す。御器膳，并せて帛を賜ふこと各差有り。		
		7月27日	太政官処分すらく，「造営官は職に准へ，造大安・薬師二寺官は寮に准へ，造塔・丈六二官は司に准へよ」といふ。		大官大寺の金堂 丈六仏・塔建設
		8月 3日	三品刑部親王，正三位藤原朝臣不比等，従四位下下毛野朝臣古麻呂，従五位下伊吉連博徳・伊余部連馬養らをして律令を撰び定めしむること，是に始めて成る。大略，浄御原朝廷を以て准正とす。仍て禄賜ふこと差有り。		大宝律令
大宝2年	702	1月 1日	天皇，大極殿に御しまして朝を受けたまふ。親王と大納言已上とは，始めて礼服を着る。諸王臣已下は朝服を着る。		
		1月15日	群臣を西閣に宴す。五常・太平の楽を奏り，歓を極めて罷む。物賜ふこと差有り。		
		1月17日	正五位下美努王を左京大夫。		
		2月 1日	始めて新律を天下に頒つ。	後期官衙	官衙改作はこの頃か
		3月12日	大安殿を鎮めて大祓す。天皇，新宮の正殿に御しまして，齋戒したまふ。惣べて幣帛を畿内と七道との諸社に頒つ。		
		6月28日	海犬養門に震す。		
		7月10日	詔して，内外の文武の官をして新令を読み習はしめたまふ。		

和暦	西暦	月　日	史　料（『日本書紀』等による）	発掘成果	備　考
		7月30日	始めて律を講く。是の日，天下の罪人を赦す。		
		8月4日	正五位上高橋朝臣笠間を造大安寺司とす。		
		10月14日	律令を天下の諸国に頒ち下す。		
		12月22日	太上天皇崩りましぬ。		持統太上天皇崩御
		12月29日	西殿に殯す。		
大宝3年	703	1月5日	太上天皇の奉為に，大安・薬師・元興・弘福の四寺に設斎す。		
		6月5日	従四位上大神朝臣高市麻呂を左京大夫とす。従五位下大伴宿禰男人を大倭守。従五位上引田朝臣廣目を斎宮頭兼伊勢守。		
		10月25日	天皇，大安殿に御しまして，詔して遣新羅使波多朝臣廣足・額田人足に，各衾一領，衣一襲を賜ふ。また，新羅王に錦二匹，絁卌匹を賜ふ。		
		12月26日	大内山陵に合せ葬りまつる。	野口王墓	
	是歳		東西市を立つ。（扶桑略記）	朝堂院東回廊	朝堂院東回廊は703年以降
大宝4年	704	1月1日	天皇，大極殿に御しまして，朝を受けたまふ。五位已上の坐に始めて榻を設く。		
慶雲元年	704	5月10日	西楼の上に慶雲見る。詔して天下に大赦し，元を改めて慶雲元年としたまふ。高年と老疾とに並に賑恤を加ふ。		
		7月1日	正四位下粟田朝臣真人，唐国より至る。		遣唐使帰国
		7月3日	左京職，白鷰を献る。下総国，白鳥を献る。		
		11月20日	始めて藤原宮の地を定む。宅の宮中に入れる百姓一千五百五烟に布賜ふこと差有り。	四条・土橋遺跡	
慶雲2年	705	4月22日	天皇，大極殿に御しまして，（後略）		
		12月9日	都の下の諸寺に，権に食封を施すこと各差有り。		
慶雲3年	706	1月1日	天皇，大極殿に御しまして朝を受けたまふ。		
		3月13日	右京の人日置須太売，一たびに三男を産みつ。衣粮，并せて乳母を賜ふ。		
慶雲4年	707	2月19日	諸王臣の五位已上に詔して，遷都の事を議らしめたまふ。		遷都を検討
		6月15日	天皇崩りましぬ。		文武天皇　崩御
		6月24日	天皇，東楼に御しまして，詔して八		

	和暦	西暦	月　日	史　料（『日本書紀』等による）	発掘成果	備　考
				省の卿と五衛の督率らとを召して，告るに遺詔に依りて万機を摂る状を以てしたまふ。		
			7月17日	天皇，大極殿に即位きたまふ。		
			11月20日	檜隈安古山陵に葬りまつる。	中尾山古墳	
Ⅴ期	和銅元年	708	2月11日	始めて催鋳銭司を置く。		
			2月15日	詔して曰はく，「（前略）方に今，平城の地，四禽図に叶ひ，三山鎮を作し，亀筮並に従ふ。都邑を建つべし。その営構の資，事に随ひて条に奏すべし。亦，秋収を待ちて後，路橋を造るべし。子来の義に労擾を致すこと勿れ。制度の宜，後に加へざるべし」とのたまふ。		平城京遷都決定
			5月11日	始めて銀銭を行ふ。	和同銀銭	
			8月10日	始めて銅銭を行ふ。	和同開珎	
			8月21日	兵部省に更に史生六員を加ふ。前に通して十六人。左右の京職に各六員。主計寮に四員。前に通へて十人。		
			9月14日	菅原に行幸したまふ。		
			9月20日	平城に巡幸して，その地形を観たまふ。		
			9月30日	正四位上阿倍朝臣宿奈麻呂，従四位下多治比真人池守を造平城京司長官とす。従五位下中臣朝臣人足・小野朝臣広人・小野朝臣馬養等を次官。従五位下坂上忌寸忍熊を大匠。判官七人，主典四人。		
			11月7日	菅原の地の民九十餘家を遷す。布と穀とを給ふ。		
			11月21日	大嘗す。		元明天皇大嘗祭
			11月23日	五位以上を内殿に宴す。諸方の楽を庭に奏る。		
			12月5日	平城宮の地を鎮め祭る。		
	和銅2年	709	5月27日	金信福らを朝堂に宴す。禄賜ふこと各差有り。		
	和銅3年	710	1月1日	天皇，大極殿に御しまして朝を受けたまふ。隼人・蝦夷ら，亦，列に在り。左将軍正五位上大伴宿禰旅人，副将軍従五位下穂積朝臣老，右将軍正五位下佐伯宿禰石湯，副将軍従五位下小野朝臣馬養ら，皇城門の外，朱雀の路の東西に分頭して，騎兵を陳列し，隼人・蝦夷らを引きて進む。		
			3月10日	始めて都を平城に遷す。左大臣正二位石上朝臣麻呂を以て留守とす。		平城京遷都

和暦 西暦 月 日	史　料（『日本書紀』等による）	発 掘 成 果	備　　考
―	大官大寺を平城京に移し立つ。（扶桑略記）		
―	大官等寺並びに藤原宮焼亡す。（扶桑略記）		
和銅 4 年　711	大官等寺併に藤原宮焼亡す。（扶桑略記）	大官大寺	大官大寺焼失

II　古代王宮の位置と構造の研究

1 飛鳥の諸宮とその展開
──史料からみる王宮造営の画期──

は じ め に

　飛鳥時代最初の天皇である推古天皇は，崇峻5年（592）11月3日に崇峻天皇が暗殺されたことから，同年12月8日に豊浦宮で即位した。この後，藤原宮まで10代11人の天皇が即位し，王宮を造営した。王宮の規模や構造は，発掘調査によらないと明確とはならないが，王宮中枢部の構造変化や官衙の整備状況については，次章以降に検討するとして，ここでは，その基礎的検討として，史料から造営期間と造営体制について検討して，その画期と展開を整理する。

(1)　飛鳥時代王宮の造営期間と体制

　ここでの検討対象としては，飛鳥時代王宮の造営期間とその造営体制を『日本書紀』の記録から検討することにする。しかし，王宮造営の開始と完成を明確に記す史料は少ない。そこで，造営開始を史料上確認できない王宮については，歴史的状況を検討したうえで，天皇の即位時を造営開始とする。また，王宮の完成時は，同じく史料上確認できないものについては，遷宮時をもって完成とみる。ただし，のちにみるように，遷宮時に王宮が完成されていたとはいえず，少なくとも天皇が居住できる状況にはなっていたものと考える。これらを踏まえて，各王宮の造営期間と体制についてみていく。

豊 浦 宮

　崇峻5年（592）11月3日に崇峻天皇が暗殺され，同年12月8日に，推古天皇は豊浦宮で即位した。この間わずか1カ月で即位したことになることから，豊浦宮は新造の王宮ではなく，既存施設を利用・改修した王宮であったと考え

114　Ⅱ　古代王宮の位置と構造の研究

られる。豊浦の地は「向原」とも呼ばれており，蘇我稲目の「向原の家」（欽明13年（552）10月条）があった。推古天皇は蘇我氏の血筋の天皇であり，蘇我馬子によって即位した背景もあることから，蘇我氏の施設「向原の家」を改修して王宮とした可能性が高い（小澤2003）。

発掘調査では豊浦寺下層で石敷を伴う掘立柱建物が確認されている（奈文研1986）。この建物は出土土器からみて，6世紀後半から7世紀初頭の建物とみられ，飛鳥の王宮の特色のひとつでもある石敷を建物周囲に施していることから，これが豊浦宮の一部であった可能性が高い。その造営方位は，北に対して19度西偏しており，その範囲は周辺の地形から復元して，最大でも南北約150m×東西約80m程度までと推定できる。

小墾田宮

推古天皇は，推古11年（603）10月4日に小墾田宮へ遷宮した。しかし，小墾田宮の造営開始を記す史料はなく，造営期間については明確にはできない。この小墾田宮造営の背景には推古8年（600）の第1回遣隋使があったことは容易に推測される。はじめての遣隋使派遣によって，隋の王都や政治システムを目の当たりにした。『隋書』倭国伝によると，文帝が遣隋使に倭国の風俗を問うたところ，「倭王は天を以って兄と為し，日を以って弟と為す。天未だ明けざる時，出でて政を聴き，跏趺して坐す。日出ずれば，便ち理務を停め，我が弟に委ねんと云々」と使者が答えたのに対して，「此れ大だ義理無し」と改めさせたと記される[1]。このような国際的な要因により，政治体制の変更を余儀なくされる。推古11年には冠位十二階を制定し，中下級役人に対する身分制度を確立した。

翌推古12年（604）には憲法十七条の制定を発布，推古28年（620）には『天皇記』『国記』などの史書編纂など，身分制度による階級制や法治国家としての法律制定，国家の正当性を示す歴史書の編纂などのソフト面の整備を行った。さらに推古15年（607）には灌漑用水のための池を多数掘削した。推古21年（613）には「難波より京に至るまでに大道を置く」と官道整備などのハード整備を行っている。これらはいずれも小墾田宮遷宮以降の政策であり，新しい王宮の造営も，この一環と理解できよう。

このように推古8年（600）の遣隋使がもたらした内容が小墾田宮造営に関連したことは間違いない。ここで注目されるのは，翌年の推古9年（601）2月に，厩戸皇子が斑鳩宮の造営をはじめた記事「皇太子，初めて宮室を斑鳩に興てたまふ」である。時期的にみて，遣隋使が帰国した頃に一致し，斑鳩宮造営もこの情報に影響を受けた可能性が高い。この頃に小墾田宮造営の計画がもちあがったものと推定する。推古9年5月の耳梨行宮行幸が小墾田宮造営の準備と関係するとすれば，遷宮（推古11年10月4日）まで最長で2年5カ月かかっていることになるが，この行幸と小墾田宮の造営との関係は必ずしも明確ではない。いずれにしてもその頃から造営を開始したとみてよいであろう。小墾田宮は，豊浦宮とは比べものにならない構造で，東アジアを意識した王宮であったことは間違いない。

　では小墾田宮の位置と規模はどのようなものであったのだろうか。従来，小墾田宮は飛鳥川左岸の豊浦にある古宮遺跡がその推定地とされていた（奈文研1976）。しかし，昭和62年（1987）になって，飛鳥川右岸の雷丘東方遺跡の奈良時代の井戸から「小治田宮」墨書土器が出土したことにより，奈良時代の小治田宮が雷丘周辺にあったことが確定した（明日香村1988・相原1999）。あわせて，7世紀代の小墾田宮も同地にあったことが有力視されている。しかし，筆者は7世紀の小墾田宮は，飛鳥寺に北接する石神遺跡の東方微高地にあったと推定している（相原2013）。その根拠としては，7世紀前半の山田道（古山田道）が，雷丘を通過する現県道の位置ではなく，飛鳥寺北面大垣に沿った場所であること，石神遺跡が「小墾田」地域に含まれること，石神遺跡の東隣接地で7世紀前半の正方位を向く瓦葺建物を含む重要施設の一部が確認されていること，「須彌山の形及び呉橋を南庭に構けと令す」（推古紀20年条）に該当する須弥山石が石神遺跡の南辺で出土していること，石神遺跡B期から鉄鏃などが大量に出土しており，「小墾田兵庫」（壬申紀）と推定できることなどがあげられる。そして，東アジアを意識した王宮の場合，豊浦宮とは異なり，北を意識した造営方位の王宮と推定され，石神遺跡東隣接地の下層遺構が正方位を向いていることからも裏づけられる（奈文研2009）。その範囲は明確ではないが，現地形と遺構の状況から100m四方程度で，古山田道に面した王宮と考えられる。

飛鳥岡本宮

　舒明天皇は，舒明元年（629）1月4日に即位をした。しかし，飛鳥岡本宮に遷宮したのは舒明2年（630）10月12日で，この間，舒明天皇がどこに居住していたのかは明確ではなく，造営の開始時期も記されていない。即位直後から造営が開始されたとすると，最長で1年9ヵ月間が飛鳥岡本宮の造営期間と理解できる。岡本宮の造営体制については『日本書紀』には明記されていないが，舒明天皇即位の背景には，蘇我蝦夷の後盾があったことが記されているので，王宮造営にも蘇我本宗家が関与したことが予想される。これは，飛鳥寺南方の飛鳥中心部にはじめて造営された王宮であることも，これを裏づけている。

　この飛鳥岡本宮は，飛鳥宮跡下層のI期遺構と推定するのが有力である。これまでの調査では，上層遺構の保存のために十分な調査ができていないが，20度西偏する掘立柱遺構や石列などの一部が確認されている。後続するⅢ期遺構が後飛鳥岡本宮・飛鳥浄御原宮であることが確認されていることやI期遺構の時期がその根拠となっている。

　飛鳥地域の王宮については，これまでの研究では，飛鳥板蓋宮以降の王宮は南北方位を重視した正方位の王宮と考えられている。これに対して7世紀前半の遺構群の多くが，地形に合わせた斜方位をとることから，岡本宮も西偏する王宮と考えられていた。発掘調査でも，飛鳥宮跡I期遺構も西偏する方位をとることが確認されている（橿考研2008・林部2001・小澤2003）。

　しかし，これらの遺構が飛鳥岡本宮の中心施設の一部であるかは疑問である。石神遺跡の東方に推定する小墾田宮が正方位をしていることから，飛鳥岡本宮も正方位をしている可能性を推定するべきであろう。さらに，造営体制や期間からみて，小墾田宮規模の王宮と考えられる。そして飛鳥宮跡I期遺構群が展開する範囲は，Ⅲ期の内郭からエビノコ郭の範囲にまで広がっているが，掘立柱遺構が確認されているのはⅢ期内郭と重複する地域だけである。飛鳥宮跡でもっとも立地の良いのは山側，つまりⅢ期内郭の東側である。Ⅱ期遺構がⅢ期遺構よりも山側に寄っていることからも裏づけられる。このことからみてもI期遺構の中心は山側のⅢ期内郭東方地区にあった可能性を考えている。しかし，内郭の東側は調査が少ないこともあり，I期遺構は確認されていない。あるい

1　飛鳥の諸宮とその展開　　*117*

はⅡ期遺構造営にあたり，完全に削平されてしまった可能性も考えられる[(2)]。このあたりに正方位をもつ王宮中枢部を想定することも可能かと思われる。

百 済 宮

舒明8年（636）6月，飛鳥岡本宮が焼失。このため舒明天皇は，田中宮に遷った。この田中宮の位置は不明であるが，現在の橿原市田中町付近に推定され，田中氏の邸宅を一時的な仮宮としたものと考えられる。その後，百済宮がはじめて史料に現れるのは，舒明11年（639）7月の「今年，大宮及び大寺を造作らしむ」「則ち百済川の側を以て宮処とす。是を以て，西の民は宮を造り，東の民は寺を作る。便に書直縣を以て大匠とす」の記事である。この史料から，舒明11年に百済大宮と百済大寺の造営を開始したことがわかる。その後，舒明天皇は伊予へ行幸するが，戻ってきたときには，厩坂宮に入ったことから，まだ百済大宮は完成していなかったと考えられる。実際に，百済宮に遷宮したのは舒明12年（640）10月であるので，造営期間は1年4カ月となる。

この百済大宮については，史料からいくつかの点を指摘できる。一般的に，王宮の名称に「大宮」と付けることはない。しかし，舒明11年7月の記事に「宮」ではなく，「大宮」と記されていることは，この宮が従来の王宮に比べて，大規模であったことを推定させる。この「大宮」の表現については，百済大寺と対で表現されているためとも考えられるが，吉備池廃寺（奈文研2003）の規模を考えると，やはり百済宮も，それまでの王宮とは異なる規模であろうと思われる。さらに「西の民は宮を造り，東の民は寺を作る」の記事から，西国の労働力が王宮造営に，東国の労働力が大寺の造営に動員されたことがわかる。これはのちの仕丁に通じる労働力にあたる。この当時，舒明天皇は蘇我蝦夷とは距離をおき，飛鳥を離れた香具山北方に造営したことからも，労働力を氏族にたよるのではなく，国民に求めたことが窺える[(3)]。その意味でも，百済宮造営が大規模であったことを裏づけ，造営期間が1年4カ月に及ぶことから，「大宮」にふさわしい規模であったと考える。

では，百済宮はどこに造営されたのであろうか。「則ち百済川の側を以て宮処とす。是を以て，西の民は宮を造り，東の民は寺を作る」（舒明11年7月条）とあり，百済川の側に王宮があったことは間違いない。吉備池廃寺の発見を受

表2　飛鳥諸宮の変遷

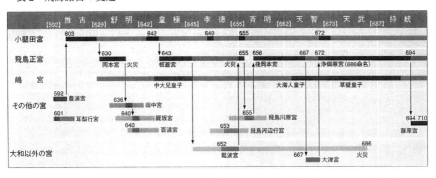

王宮名	造営開始	遷宮（完成）	期間	備考
豊浦宮	592年11月3日（崩御）	592年12月8日（即位）	約1ヵ月	
小墾田宮	不明	603年10月4日（遷宮）	2年5ヵ月？	
飛鳥岡本宮	629年1月4日（即位）	630年10月12日（遷宮）	約1年9ヵ月（以内）	
百済大宮	639年7月（造営詔）	640年10月（遷宮）	約1年4ヵ月	西国の民を動員
飛鳥板蓋宮	642年9月19日（造営詔）	643年4月28日（遷宮）	約7ヵ月	遠江〜安芸まで動員
難波長柄豊碕宮	645年12月9日（難波遷都）	652年9月（完成）	6年10ヵ月	悉く論ずべからず
後飛鳥岡本宮	655年冬（火災）	656年是歳	約1年3ヵ月（以内）	
近江大津宮	666年冬（鼠）	667年3月19日（遷宮）	約3〜6ヵ月以上	
飛鳥浄御原宮	672年9月15日（遷宮）	672年冬（南に増築）	—	後飛鳥岡本宮
藤原宮	682年3月1日	694年12月1日（遷都）	8年10ヵ月	造営中断あり

けて，「百済川」は，現在の「米川」であったことがわかる。この近くに百済大宮があったことになる。先の「西の民，東の民」の記事が，王宮と大寺の位置関係も表しているとすれば，吉備池廃寺の西方に百済大宮があったことになる。百済川（米川）を挟んで，西に百済宮，東に百済寺が配置されたとの考えもあるが，百済川（米川）の西には膳夫寺があり，ここは「膳夫」地域であったと考えられる（相原2016a）。やはり大宮は「百済」地域内に求めるべきであろう。そこで当時王宮が立地していた微高地を周辺に求めると，吉備池から北西へ延びる丘陵地がその候補地となる。現在の吉備の集落は，この微高地上にあり，東西にのびる微高地上にある吉備集落は，東地区，中央地区，西地区と連なっている。東地区の地形をみると，東西100m，南北150mの方形の範囲が平坦面ととらえることができ，この微高地のなかではもっともまとまった平坦地で，百済宮の第一候補地と考えられる。一方，中央地区は北半の薬師寺の境内が周囲よりも一段高く，平坦面としてはこの薬師寺の高台よりも南側の東

西130 m，南北80 m がある。ただし，王宮を建設するには，少し狭いと考えられる。西地区は明高寺のある地区で，現在もその西半は旧地形が残されている。東西180 m，南北150 m の範囲だが，西に向かって狭くなる歪な形をしており，王宮建設地としてはやや難がある。また，すぐ南側に米川が流れており，河川に近すぎることも考慮すべき点である。このように考えれば，微高地東地区がもっとも王宮建設地としてふさわしい立地・地形といえる。

　このように，百済宮は，それまでの王宮とは異なる規模であった可能性が高く，吉備集落と重なるようにあったと考えられ，その造営方位も百済大寺と同じ正方位と考える。今後の発掘調査で，王宮の遺構が確認されることが望まれる。

飛鳥板蓋宮

　皇極天皇は，皇極元年（642）1 月 15 日に即位した。その後，飛鳥板蓋宮の造営は皇極元年9 月 19 日に「天皇，大臣に詔して曰はく，『是の月に起して十二月より以来を限りて，宮室を営らむと欲ふ。國國に殿屋材を取らしむべし。然も東は遠江を限り，西は安芸を限りて，宮造る丁を發せ』とのたまふ」とあり，王宮造営を開始する。その造営にあたっては，遠江から安芸国までの広範囲の仕丁を動員することがわかる。同年12 月には「是の日に，天皇，小墾田宮に遷移りたまふ」とあり，板蓋宮が完成しなかったので，小墾田宮に入った。そして，皇極2 年（643）4 月 28 日「權宮より移りて飛鳥の板蓋の新宮に幸す」とあり，約7 カ月の造営期間で完成させている。わずか半年余りで王宮を造営しているが，造営体制は百済宮よりも広範囲から仕丁を動員していることからみて，少なくとも百済宮と同程度か，それ以上の大規模な王宮であったことが推測される[4]。これは現在，飛鳥宮跡II期遺構と考えられており，建物配置などは不明だが，その推定されている南北198 m 以上，東西190 m の規模からも頷ける（橿考研2008）。

難波長柄豊碕宮

　乙巳の変の後，孝徳天皇は大化元年（645）12 月に難波へ遷都する。難波ではいくつかの宮殿を転々としながら，最終的に難波長柄豊碕宮に入るが，この

王宮が完成に至るまでの経過は，複雑である。そこでまず，時系列的に，天皇の宮殿の動きについて概観し，難波の諸宮について整理する。

大化元年12月9日「天皇，都を難波長柄豊碕に遷す」とあり，史料上，難波への遷都が行われる。そして大化2年（646）正月「天皇，子代離宮に御す」とあり補注として「子代屯倉を壊ちて，行宮を起つといふ」とあることから，子代離宮は子代屯倉の地に造営された離宮であることがわかる。この年の元旦正月朝賀のあと改新の詔が発せられるのだが，これが子代離宮で発せられたかは，明確ではない。文脈からは，正月1日の改新の詔の次に，「春正月，是月条」として子代離宮と記載されることから，詔を発した後に子代離宮に向かったと考えられ，詔は別の場所（某宮）で発したとすべきであろう。そして翌2月22日に「天皇，子代離宮より還りたまふ」とあることから1カ月余りで某宮に帰還する。この某宮については，明確ではないが，大和飛鳥に戻った可能性がある(5)。

大化2年（646）3月19日条には，「農の月にして，民を使ふ合からざれども，新しき宮を造るに縁りて，固に已むこと獲ず」と記している。この「新宮」造営をどの宮とみるかは課題である。同年8月には「天皇，蝦蟇行宮に御す」とあるが，帰還の記事はみられない。大化3年（647）是歳条「小郡を壊ちて宮営る。天皇，小郡宮に處して，禮法を定めたまふ」とあり，小郡宮が小郡の地に造営した宮であることがわかる。そして，ここでの礼法の様子から，王宮中枢部の基本構造が比較的整っていたことが窺われる。大化4年（648）正月1日「賀正す。是の夕に，天皇，難波碕宮に幸す」とあることから，賀正は難波碕宮ではなく，小郡宮での朝賀の後に出向いたと理解できる。

史料上このような変遷がみられるが，その天皇の移動の変遷を整理すると，某宮→子代離宮→某宮→蝦蟇行宮→小郡宮→難波碕宮と移動している。ここで問題となるのは，これらの施設の関係である。すでに，このなかには同一宮殿の別称を示すものがあることが指摘されている。大化3年条の小郡宮は，小郡の地に造営された施設であることは記されている。これと小郡宮の前身にあたる難波小郡は子代屯倉と同一のものであることが「摂津国家地売買公験案」の内容から窺うことができ，また，ある本に子代屯倉を壊して子代離宮を造ったと記されている。つまり，小郡・小郡宮・子代屯倉・子代離宮は同一施設（敷

地）にあったと考えられている。さらに蝦蟇行宮の「蝦蟇」とは河津の意味であり，難波堀江に面する場所と推定され，小郡宮と同一か，その一部とみられている。さらに難波碕宮は上町台地の地形的特徴を示す碕に所在する宮殿であることから，立地的にみて小郡宮と同一の可能性も残される。一方，大郡宮は，難波大郡を改修したものとみられる。このように理解すると，難波遷都時には小郡宮（子代離宮・蝦蟇行宮・難波碕宮も同一か）を拠点としていたと考えられている（吉川 1997）。

　白雉元年（650）正月 1 日，「車駕，味経宮に幸して，賀正禮観す。是の日に，車駕宮に還りたまふ」とあり，天皇はこの日，朝賀のためだけに味経宮に行幸した。同 10 月には「宮の地に入れむが為に，丘墓を壊られたるひと及び，遷されたる人には，物賜ふこと，各差有り。即ち将作大匠荒田井直比羅夫を遣して，宮の堺標を立つ」とあり，宮の範囲の確定が行われていた。白雉 2 年（651）12 月晦日「味経宮に，二千一百餘の僧尼を請せて，一切経讀ましむ。是の夕に，二千七百餘の燈を朝の庭内に燃して，安宅・土側等の経を讀ましむ。是に，天皇，大郡より，遷りて新宮に居す。號けて難波長柄豊碕宮と曰ふ」とあることから天皇は当時大郡に居しており，そこから新しい味経宮に遷ったことになる。そしてその味経宮を「難波長柄豊碕宮」と命名したと理解できる。味経宮が難波長柄豊碕宮の別称と考えられる理由は，ほかの点からも指摘されている。白雉 3 年（652）に正月に造営途中の難波長柄豊碕宮で朝賀を行うが，前年 12 月に 2100 人もの僧尼を収容して一切経の読経を行い，夕方には朝庭内で 2700 余りの燃燈，安宅・土側経を読経していることから，大人数を収容する宮殿がほぼ同じ時期にふたつも存在していたとは考えられないことや，『万葉集』には奈良時代の難波宮を「長柄の宮」と呼び，「味経の原」にあったことが記されていることからも窺われる。白雉 3 年正月 1 日，「元旦禮訖りて，車駕，大郡宮に幸す」とあり，朝賀の後，大郡宮に行幸し，白雉 3 年 3 月 9 日「車駕宮に還りたまふ」と 2 カ月余りで王宮に帰還した。そして白雉 3 年 9 月「宮造ること已に訖りぬ。其の宮殿の状，殫に論ふべからず」と記されている。

　このことから，白雉元年（650）正月 1 日の味経宮への行幸時には，王宮中枢部の造成が終わっていたとみて，少なくともその前年の大化 5 年（649）には造営が開始されたものと考えられる。そして，白雉 3 年 9 月に完成し，「宮

殿の様子は，悉く論ずべからず」と荘厳であったと記された。実際，発掘調査で確認されている前期難波宮跡は藤原宮に匹敵する規模・構造を有していることがわかっており，その造営期間は，2年9カ月以上に及ぶことになる（吉川1997）。

しかし，大化2年（646）3月19日条の「新宮造営」を難波長柄豊碕宮とする見解もある（中尾ほか2003）。このように理解すると，大化元年（645）12月9日「都を難波長柄豊碕に遷す」の記事は，難波長柄豊碕宮遷都予定地が決定したことを意味することになり，その後，土地造成が始まったことになる。難波宮の規模と立地から考えると，かなり大規模な土地造成が必要となり，大化元年12月から難波長柄豊碕宮の造営計画が始まっていたことになる。その間，子代離宮や蝦蟇行宮など既存施設を改修した行宮を造営し，「難波朝廷の立礼」と呼ばれる礼法制定のために，それに合う宮殿が必要となった。しかし，いまだ難波長柄豊碕宮の完成は遠く，王宮基本構造を構築するべく，小郡の地に小郡宮を造営した。そして，白雉3年9月に完成したことになり，実に6年10カ月の年月を経て，完成したことになる（相原2016b）。

この難波長柄豊碕宮の造営体制については，白雉元年10月には「将作大匠荒田井直比羅夫を遣して，宮の堺標を立つ」とある程度で，明確ではないが，大化2年に評制が成立していたと考えられることから，役丁の徴発が可能となる（市2006・2014・古内2012）。すでに蘇我本宗家は滅亡しており，難波という新天地での王宮建設，6年10カ月の造営期間を考えると，これまでにない規模と思想を持った王宮であることが推定でき，実際に前期難波宮跡という遺跡として確認されている。

後飛鳥岡本宮

中大兄皇子らは，孝徳天皇を難波に置いて，飛鳥に戻る。そして孝徳天皇崩[7]御後，皇極太上天皇は斉明元年（655）1月3日に，旧宮である飛鳥板蓋宮で即位し，斉明天皇となった。しかし，同年冬に「飛鳥板蓋宮に災けり。故，飛鳥川原宮に遷り居します」とあり，飛鳥板蓋宮から出火し，飛鳥川原宮に遷る。斉明2年には「是歳，飛鳥の岡本に，更に宮地を定む。（中略）遂に宮室を起つ。天皇，乃ち遷りたまふ。號けて後飛鳥岡本宮と曰ふ」とあり，この頃には

造営が開始されたと考えられる。しかし，実際に完成あるいは遷宮したのは，この記事からは時期（月日）を明確にはできず，この年のことであったかも疑問である。仮に，板蓋宮火災直後から造営を開始したとすれば，最大で1年3カ月の造営期間が見込まれる。王宮の造営体制については，記されていないが，この時期には吉野宮や宮東山の石垣，両槻宮などの造営が相次いでおり，王宮の造営にあたっても，かなりの動員があったことが予測され，多くの役丁が徴発されたと推測される。

後飛鳥岡本宮は飛鳥宮跡Ⅲ—A期遺構と推定されており，南北197m，東西152〜158mの内郭があたり，この南地区が公的空間，北地区が私的空間となる（橿考研2008）。

近江大津宮

天智6年（667）3月19日「都を近江に遷す」とあり，都は飛鳥を離れ，近江大津宮に遷った。しかし，大津宮の造営を開始する記録は残されていない。そこで興味深いのは，天智5年（666）冬「京都の鼠，近江に向きて移る」という記事である。少なくともこの頃には遷都の動きがあり，大津宮の造営が始まっていた可能性がある。すると，造営期間は少なくとも3カ月から6カ月と考えられる。また，その造営には近江に居住した渡来人の力が大きく働いていたことが考えられる。

大津宮に比定されている遺跡は，大津市にある錦織遺跡とされており，これまで内裏と考えられる区画（南北230m以上，東西185m）があり，内裏南門の北に正殿がある（滋賀県1992・林2001）。

飛鳥浄御原宮

天武天皇は，壬申の乱に勝利した後，天武元年（672）9月12日に嶋宮に入り，3日後の9月15日に後飛鳥岡本宮に遷宮した。そして，その冬に「宮室を岡本宮の南に営る」と記される。つまり，天武天皇は母である斉明天皇の後飛鳥岡本宮に入り，そこを改造したことになる。そして，天武2年（673）2月27日に「壇場を設けて，飛鳥浄御原宮に即帝位す」と記す。基本的に，遷宮にあたっては，すでに既存の王宮・後飛鳥岡本宮が存在しており，ここに遷っ

てから増改築を行っていたと考えられる。よって，新しい王宮を造営しておらず，その改築の体制についても明確でない。

飛鳥浄御原宮は飛鳥宮跡Ⅲ—B期遺構と推定されている。Ⅲ—A期の内郭をそのまま利用し，南東にエビノコ郭を付け加え，外郭の官衙地区を整備したものである。宮域は南北約800m，東西100〜450mの範囲となる（橿考研2008）。

藤 原 宮

藤原宮は持統8年（694）12月6日に遷都した王宮および王都である。しかし，その造営は，すでに天武末年には始まっており，方形街区の造営はさらに天武5年まで遡ることが確実視されている。詳細については第Ⅰ部第3章で検討しているが，王宮と王都が一体的に造営された最初の都城である。天武11年（682）3月1日「新城に遣して，その地形を見しむ。仍りて都つくらむとす」とあり，この頃から藤原宮の本格的な造営が始まったと考えられる。それは発掘調査の成果からも，造営運河がこの頃に機能していたことからも窺える。そして，藤原宮への遷都は持統8年（694）12月6日であるが，このときは，まだ大極殿・朝堂院すら完成していない。おそらく内裏が居住できる程度に完成していたのであろう。すると12年10カ月となるが，この間，天武崩御（朱鳥元年（686）9月9日）により造営は一時中断し，再開するのは持統4年（690）10月29日である。よって実質，遷都までの藤原宮の造営期間は8年10カ月程度となる（相原2015）。

(2)　王宮造営の画期

ここまで飛鳥時代の王宮の造営期間と体制，そして位置と構造について検討してきた。しかし，藤原宮や平城宮の例をみるまでもなく，新しい王宮に遷宮したからといって，王宮全体が完成したとは言い切れない。少なくとも天皇の居住に支障のない程度までは完成したとみて，遷宮後も造営は続いていたと考えられる。しかし，飛鳥時代の王宮の多くは，天皇の居住空間が中心で，公的空間はまだ小さかったと考えられ，官衙地区が充実するのは，難波長柄豊碕宮あるいは飛鳥浄御原宮以降である。藤原宮においても，遷都時には内裏はある

1　飛鳥の諸宮とその展開　*125*

程度まで完成していたが，大極殿・朝堂院は完成していない。このことから難波宮と藤原宮を除いては，おおよそ王宮は造営期間内に完成していたとみても問題はないと考える。

　これらを踏まえながら，王宮の造営期間を概観してきたが，造営期間の大小だけが，王宮の構造・規模を表せるとはいえず，造営の動員体制や王宮の質的変化など，考慮すべき点は数多くある。王宮の造営期間をみると，造営の開始から遷宮までの時期が明確なものは少ないが，ほぼ1年以上かかっている。これに対して，短いのは豊浦宮と飛鳥板蓋宮・大津宮である。豊浦宮はすでにみたように，既存施設を改修した可能性が高いと思われる。一方，板蓋宮はわずか7ヵ月ではあるが，造営体制は極めて大規模なもので，その造営期間を縮めたのであろう。大津宮は造営開始をどこまで遡るかによって，期間は延びるが，白村江の敗戦後の緊急時なだけに，近江遷都には特殊な状況があったと考えられる。一方，造営期間が長いのは難波宮である。これは王宮中枢部だけでなく，新天地における王宮全体の造営が必要となり，官衙群も充実していることから，規模の大きなものと考えられる。

　このような検討を踏まえて，王宮造営変遷の画期を読み取ると，まず，小墾田宮に最初の画期を見いだせる。おそらく豊浦宮までは前時代（古墳時代）的な王宮であったものが，東アジアを意識した正方位の王宮へと変化した。次の飛鳥岡本宮も同様で，この岡本宮までは蘇我一族の力によって王宮の造営もなされたとみて問題はない。

　次の画期は百済宮である。その造営にあたっては，有力氏族ではなく，広く畿内周辺に仕丁を求めている点である。飛鳥板蓋宮では，その労働力の徴発範囲をより広範囲にひろげている。

　そして，難波長柄豊碕宮である。その造営期間は非常に長期にわたる。その理由は，新天地における大規模な造成と，宮殿だけでなく官衙，さらには京も視野に入れたことにあるといえる。これは前期難波宮の発掘成果から傍証され，大化改新を象徴する王宮といえる。しかし，王宮の発展は，ここで停滞する。王宮構造からみても，前期難波宮の構造は藤原宮にちかく，発展系列からみると突出していた。つづく後飛鳥岡本宮の王宮は，その流れからは，やや後退をしている。筆者はこれを「振り子現象」と呼んでいる。そして，最後の画期は

藤原宮である。条坊制を伴う王宮・王都を一体として造営した。

このように王宮の造営期間や造営体制は，王宮の規模・構造や質的な変化の一端を現していると考えられる。そして，それは発掘調査によって確認された王宮の構造からも窺うことができる。

註
（1）　藤堂明保ほか訳注『倭国伝―中国正史に描かれた日本―全訳注』講談社学術文庫2010年。
（2）　これまでⅡ期遺構とされていた遺構のなかに，Ⅰ期まで遡る遺構が含まれている可能性もある。今後，再検討が必要である。
（3）　王宮の造営体制について検討したものには，古内2012がある。
（4）　飛鳥板蓋宮が約7カ月で造営されていることは，造営体制の違いがあるにせよ，これまで指摘されていた大規模な造成を伴う最初の正方位の王宮造営ではなく，すでにⅠ期段階で，部分的に，大規模な造営がなされて正方位の王宮が造営されていた可能性が考えられる。
（5）　某宮については，当時子代離宮や蝦蟇行宮に滞在していることから，飛鳥にあった可能性が高いと考える。当時，飛鳥の王宮は飛鳥板蓋宮であるが，ここは皇極皇祖母の宮であることから，孝徳天皇がここに居住したとは考えがたい。おそらく孝徳天皇の皇子時代の宮の可能性がある。孝徳天皇の皇子時代の宮の場所については明確ではないが，「軽皇子」と呼ばれていたことから，下ツ道と阿倍山田道の交差点付近と推定できる。このことは大化元年の槻樹の誓約が軽の衢にあった大槻の可能性もある。
（6）　小郡宮と子代離宮が同一場所（同一施設）の指摘もあるが，筆者は別の地とみる。
（7）　白雉4年（653）是歳条「太子，奏請して曰さく，『冀はくは倭の京に遷らむ』とまうす。天皇，許したまはず。皇太子，乃ち皇祖母尊・間人皇后を奉り，并て皇弟等を率て，往きて倭飛鳥河邊行宮に居します」。そして，白雉5年（654）12月8日条に「皇太子，皇祖母尊を奉りて，倭飛鳥河邊行宮に遷り居したまふ」とある「飛鳥河邊行宮」は，明日香村稲淵にある「飛鳥稲淵宮殿跡」が有力な候補地となっているが，ここは「飛鳥」ではなく，飛鳥川の邊にあった行宮との理解である。しかし，「飛鳥」地域で「川邊」と呼べる場所で宮殿を求めると，水落遺跡下層（漏刻建設以前）の遺構群が有力な候補地と考える（相原2014ab）。

参考・引用文献
相原嘉之1999　「小治田宮の土器―雷丘東方遺跡出土土器の再検討―」『瓦衣千年　森郁夫先生還暦記念論文集』森郁夫先生還暦記念論文集刊行会
相原嘉之2013　「飛鳥寺北方域の開発―7世紀前半の小墾田を中心に―」『橿原考古学研究所論集　第16』八木書店

相原嘉之 2014a 「飛鳥寺西の歴史的変遷―飛鳥における『天下の中心』の創造―」『万葉古代学研究年報　第 12 号』奈良県立万葉文化館

相原嘉之 2014b 「ふたつの飛鳥川原宮」『明日香―明日香村文化協会々誌　第 36 号』明日香村文化協会

相原嘉之 2015 「新益京造営試論―藤原宮・京の造営過程に関する覚書―」『河上邦彦先生古稀記念献呈論文集』河上邦彦先生古稀記念献呈論文集刊行会（本書第 I 部第 3 章に収録）

相原嘉之 2016a 「磐余の諸宮と磐余池―古代磐余をめぐる諸問題―」『魂の考古学　豆谷和之さん追悼論文編』豆谷和之さん追悼事業会

相原嘉之 2016b 「大化改新の真実」『明日香―明日香村文化協会々誌　第 37 号』明日香村文化協会

明日香村教育委員会 1988 『雷丘東方遺跡　第 3 次発掘調査概報』

市　大樹 2006 「総説」『評制下荷札木簡集成』奈良文化財研究所

市　大樹 2014 「難波長柄豊碕宮の造営過程」『交錯する知―衣装・信仰・女性―』思文閣出版

小澤　毅 2003 「飛鳥の宮都空間」『日本古代宮都構造の研究』青木書店

滋賀県教育委員会・滋賀県文化財保護協会 1992 『錦織遺跡―近江大津宮関連遺跡―』

中尾芳治ほか 2003 「前期難波宮・京をめぐって（上）」『シンポジウム　古代の難波と難波宮』学生社

奈良県立橿原考古学研究所 2008 『飛鳥京跡 III―内郭中枢の調査（1）―』

奈良国立文化財研究所 1976 「小墾田宮推定地の調査」『飛鳥・藤原宮発掘調査報告 I』

奈良国立文化財研究所 1986 「豊浦寺第 3 次調査」『飛鳥・藤原宮発掘調査概報 16』

奈良文化財研究所 2003 『吉備池廃寺発掘調査報告―百済大寺跡の調査―』

奈良文化財研究所 2009 「石神遺跡（第 21 次）の調査―第 156 次」『奈良文化財研究所紀要　2009』

林　博通 2001 『大津京跡の調査』思文閣出版

林部　均 2001 『古代宮都形成過程の研究』青木書店

古内絵里子 2012 「7 世紀における大王宮周辺空間の形成と評制」『日本歴史　2012 年 7 月号』吉川弘文館

吉川真司 1997 「難波長柄豊碕宮の歴史的位置」『日本国家の史的特質　古代・中世』思文閣出版

2　宮中枢部の成立過程
―― 内裏・大極殿・朝堂院の成立 ――

はじめに

　7世紀の100年間は，我が国の国家形成において極めて重要な時代である。
それまでの古墳文化から，東アジア文化圏の一員としての律令国家への変換点
であり，それは飛鳥時代を通じて形成されていった。このような過程やいくつ
かの変換点を経て成立した律令国家は，それまでの「倭国」とは次元の異なる
国家となり，現代社会の根幹となっている。その意味で，7世紀は「日本国誕
生」の時代といえ，このことを高らかに宣言したのが『続日本紀』大宝元年
(701) 正月朝賀における文武天皇の「文物の儀，是に備れり」の詔である。

　この国家を目に見える形で具現化したのが「都城」である。中国条坊制を採
用した都城は「新益京（藤原京）」ではじめて成立したとされるが，その中心
に位置するのが天皇の王宮である。特に天皇の居所である「内裏」の変遷，儀
式の場である「大極殿」の成立，政治の中心である「朝堂院」の構造を解明す
ることは，国家形成の根幹を示す重要な過程を窺うものである。

　これまで王宮中枢部の施設のなかでも「大極殿」の成立とその展開の解明は，
国家形成において最も重要な視点のひとつであり，多くの議論がなされてきた
（奈良女子大学 2009）。その中心は文献史料によるものであり，藤原宮において
「大極殿」が成立したと考えられてきた。しかし，各地の宮都遺跡の発掘調査
が進展するとともに，「大極殿」の成立を飛鳥浄御原宮あるいは前期難波宮に
その祖型を求める研究も浮上してきている。「大極殿」の成立は，その南に位
置する「朝堂院」の位置づけにも大きな影響を及ぼし，さらには居所である
「内裏」の構造とも無関係ではいられない。[1]

　本章では，これら内裏・大極殿・朝堂院を中心とした宮中枢部の成立と変遷
について，これまでの研究を整理し，課題を抽出することによって，今後の研
究の基礎とする。[2]

2　宮中枢部の成立過程　　*129*

(1) 古代宮都中枢部の構造

7世紀の王宮については推古朝以降，藤原宮に至るまでの王宮が営まれてきた。このなかで宮殿構造が，史料や遺跡によってある程度解明されているのは，小墾田宮・飛鳥板蓋宮・難波長柄豊碕宮・後飛鳥岡本宮・大津宮・飛鳥浄御原宮・藤原宮である。ここではまず各宮殿中枢部の構造について，整理しておく。

小 墾 田 宮

推古11年（603）から推古36年（628）までの，推古天皇の王宮である。その後，史料や発掘成果によって，奈良時代まで離宮として存続していたことが知られる。奈良時代の小治田宮は雷丘東方遺跡にあったことが確実視されているが，飛鳥時代の小墾田宮については，考古学的にはまだその位置や構造は確定されていない（相原1999・相原ほか2002・明日香村1988）。さらに他所にも有力な候補地が推定できる（相原2013）。しかし，『日本書紀』の記事から，小墾田宮の構造については，ある程度の復元は可能である。

〔史料1〕　推古16年（608）8月12日条には，隋の裴世清が小墾田宮で国書を捧呈した次第が記されている。

　　「唐の客を朝庭に召して，使の旨を奏さしむ。時に阿倍鳥臣・物部依網連抱，二人を，客の導者とす。是に，大唐の國の信物を庭中に置く。時に使主裴世清，親ら書を持ちて，両度再拝みて，使の旨を言上して立つ。（中略）時に阿倍臣，出で進みて，其の書を受けて進み行く。大伴囓連，迎へ出でて書を承けて，大門の前の机の上に置きて奏す。事畢りて退づ。是の時に，皇子・諸王・諸臣，悉に金の髻花を以て頭に着せり。亦衣服に皆錦・紫・繡・織，及び五色の綾羅に用ゐる。」

〔史料2〕　推古18年（610）10月9日条には，新羅・任那の使が小墾田宮で勅旨を奏上したした次第が記されている。

　　「客等，朝庭拝む。是に，秦造河勝・土部連菟に命せて，新羅の導者とす。間人連鹽蓋・阿閉臣大籠を以て，任那の導者とす。共に引きて南の門より入りて，庭中に立てり。時に大伴咋連・蘇我豊浦蝦夷臣・坂本糠手臣・阿

130　Ⅱ　古代王宮の位置と構造の研究

倍鳥子臣，共に位より起ちて，進みて庭に伏せり。是に，両つの國の客等，各再拝みて，使の旨を奏す。乃ち四の大夫，起ち進みて大臣に啓す。時に大臣，位より起ちて，廳の前に立ちて聽く。」

〔史料3〕 舒明即位前紀には，山背大兄王が病の推古天皇を小墾田宮に訪ねた記事がある。

「吾，天皇，臥病したまふと聞りて，馳上りて門下に侍りき。時に中臣連彌氣，禁省より出でて曰さく，『天皇の命を以て喚す』とまうす。則ち參進みて閣門に向づ。亦栗隈采女黑女，庭中に迎へて，大殿に引て入る。」

史料1の記事からは，朝庭の北寄りに大門が開かれ，その奥に天皇がいたことが推測される。史料2の記事からは南門を入ると庭があり，そこに大臣や大夫の坐のある庁があったことがわかり，史料3の記事は，閣門を入ると天皇の居住している大殿があることがわかる。これら一連の記事を受けて，岸俊男氏は小墾田宮の構造を，南門の北に朝庭があり，ここに東西対称に大臣・大夫の庁（朝堂の前身）が存在するとした。さらに北に門（閣門）があり，この北が禁省で天皇の正寝である大殿があると復元した（岸1975a）。しかし，この復元案に対しては異論もあり，特に，庁の配置を左右対称とせず，東西棟と復元するものや，禁省にも庁を想定するもの，さらには史料2の記事と史料1・3の記事は異なる場所とみて，史料2を東宮の南にある太政官曹司の前身施設とみる説などがある。いずれも，史料の記事だけでは正確な復元は難しい。

飛鳥板蓋宮

皇極2年（643）から斉明元年（655）の火災まで利用された皇極・斉明天皇の王宮である。飛鳥宮跡II期遺構は，上層宮殿の遺構保存のため，十分な調査がなされておらず，未確認の部分も多いが，東辺は単廊，西も単廊で一部柱列が3列並ぶ部分がある。南辺は石組溝を伴う一条の柱列と，各辺の構造が異なっている。北辺については確認されていない。この区画の規模は南北198m以上，東西約190mで，III期の内郭よりも大きい。区画内部では石組溝によってさらに区画されており，内郭・外郭を形成していることが推定される。内部では明確な建物遺構は確認されておらず，建物配置等については明らかではない（小澤1988・橿考研2008）。

難波長柄豊碕宮

　白雉3年（652）9月に難波に完成した孝徳天皇の王宮で，朱鳥元年（686）に焼失するまで存続していた。発掘調査では，2時期の宮殿跡が確認されているが，このうち前期難波宮が該当する。宮殿中枢部は北に内裏，南に「朝堂院」が配置されるが，両者は分離せず接続している。内裏地区の南北規模は不明であるが，東西184.9mで，南に凸形に突出する。この突出した空間（東西114.6m，南北84m）に，桁行9間（36.3m），梁行5間（18.8m）の四面廂東西棟の内裏前殿がある。内裏前殿の斜め前方には東西対称に南北棟の長殿がある。内裏前殿の背後左右に東西棟のとりつく一本柱塀があり，その北側に四面廂東西棟の桁行9間（34.3m），梁行5間（14.6m）の内裏後殿がある。前殿と後殿は軒廊によって連結されている。後殿の両側にも四面廂南北棟の脇殿がある。後殿背後は長廊状施設によって閉塞されており，その北側は調査が少なく，建物配置は明らかではない。しかし，内裏後殿の東脇殿と柱筋を揃える柱穴が長廊状施設の北側で見つかっており，これを東脇殿とする正殿級の建物が，中軸線上に想定される。内裏前殿・後殿建物の周囲には小柱穴が見つかっており，木製基壇の痕跡と考えられ，基壇上に建つ掘立柱建物であったことがわかる。内裏の南辺には正門である内裏南門がある。桁行7間（32.6m），梁行2間（12.3m）で，諸宮のなかでも最大の門である。この南門の両側には回廊で囲まれた区画があり，なかに八角形楼閣状建物（八角殿）がある。

　内裏の南には東西233.4m，南北263.1mの範囲を複廊で囲んだ「朝堂院」区画がある。南辺中央に桁行5間（23.3m），梁行2間（8.7m）の南門があるが，先の内裏南門よりも小規模である。「朝堂院」内には東西対称に，南北棟朝堂が5棟，東西棟朝堂が2棟の計14堂が規則正しく配置されている（建物配置計画からは16堂の可能性がある）。建物構造からは第一堂＞第二堂＞第三堂以下と建物の格にランクがみられる。「朝堂院」の南には南北棟の長堂が東西対称に，2棟ずつあり，「朝集堂」の可能性がある（大阪市1981・1995・2005・難波宮址顕彰会1964・1970・1976）。

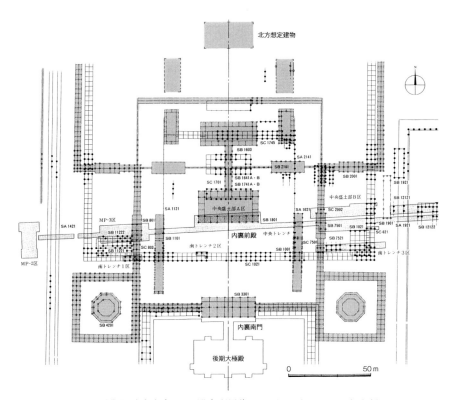

図21　前期難波宮内裏地区　殿舎配置復元図（大阪市1981を一部改変）

後飛鳥岡本宮

　斉明2年（656）から持統8年（694）まで利用された斉明天皇の王宮で，天武・持統朝まで，改修されながらも存続する。斉明朝は飛鳥宮跡Ⅲ—A期の段階で，内郭のみで成立する。内郭は一本柱塀によって南北約197m，東西152～158mの区画である。内部は南1/4と北半3/4とでは，掘立柱塀を境に，砂利敷と石敷の舗装形態が異なり，性格が異なる。内郭南辺の中央には桁行5間（14.8m），梁行2間（5.4m）の内郭南門がある。この南門の北には砂利敷舗装された内郭南区画があり，桁行7間（20m），梁行4間（11.2m）の四面廂東西棟の内郭前殿がある。建物からは幅約3mの石敷通路が北に延びるが，東西塀には少なくとも構造門はない。内郭前殿の東西には，掘立柱塀によって区

2　宮中枢部の成立過程　　133

画された空間があり，10間×2間の南北棟の長殿が各2棟ずつある。

　一方，北区画には内郭前殿の北に「南の正殿」「北の正殿」と呼ばれる同規
模の大型建物がある。いずれも，桁行8間（23.5 m），梁行4間（12.2 m）の南
北廂付きの東西棟建物である。その東西には廊下で繋がった桁行4間（12.2 m），
梁行3間（9 m）の小殿がつく。正殿の南には石敷広場が広がっているが，南
の正殿広場は，内郭前殿と同じ南北約12 mであるのに対して北の正殿の広場
は約22 mと広い。これら正殿の北には桁行24間（64 m），梁行2間（6 m）の
東西棟長殿がある。これより北側には廂付き東西棟建物が規則正しく建てられ
ており，特に，北東部には石敷を伴う井戸があり，内郭内でも重要な地域と考
えられる。一方，正殿地区の東西には廂付き南北棟建物が配置されており，北
辺とはやや様相が異なる（奈良県1971・橿考研1980・2008）。

近江大津宮

　天智6年（667）から天武元年（672）まで利用された天智・弘文天皇（大友
皇子）の王宮である。琵琶湖南湖の西岸に位置する錦織遺跡で，宮殿クラスの
柱穴群が見つかっており，王宮中心部と考えられている。

　北に内裏地区，南に朝堂院地区がある。内裏地区の区画規模については明確
ではないが，南辺の中央には桁行7間（21.2 m），梁行2間（6.4 m）の南門があ
り，両側に複廊が取りついている。内裏全体は複廊で囲まれていると考えられ
る。内裏南門の北東・北西に掘立柱塀によって囲まれた一辺約37 mの区画が
ある。飛鳥宮の内郭前殿の東西区画や前期難波宮八角殿院の位置関係と共通す
る。南門の北側はこの2つの区画に挟まれた東西50.8 mの狭い空間があり，
さらに北では東西約71 m，南北約79.1 mの空間となる。この区画の中央に桁
行7間（21.3 m），梁行4間（10.4 m）の四面廂東西棟の内裏正殿がある。内裏
南門から89 mと距離があることから，この正殿の南に大型建物が存在する可
能性がある。さらに北には長殿状の建物があるが，飛鳥宮のような中軸線をま
たぐ長殿になるか，前期難波宮のような門状建物になるかは不明である。この
さらに北方にも，少なくとも南北に廂のつく建物がある（大津市1988・滋賀県
1988・1989・1990・1992・1994）。

　内裏の南方では，朝堂西第一堂とも考えられる梁行2間（5.5 m）の南北棟建

物を確認している（大津市1977）が，朝堂院を区画する施設は未確認である。周辺地形から東西240mの空間が朝堂院に想定されている（林2001）。ただし，これについては飛鳥宮の成果から，朝堂院区画を推定しない意見もある（林部1998a・細川2011・吉水2011）。

飛鳥浄御原宮

　天武元年（672）から持統8年（694）まで利用された天武・持統天皇の王宮（飛鳥宮跡Ⅲ－B期）で，内郭は斉明朝の後飛鳥岡本宮を継承したものである。飛鳥宮跡Ⅲ－A期の南東にエビノコ郭を増設し，外郭を整備したものである。

　内郭については大きな改変はみられない。しかし，南の正殿の西脇小殿は撤去し，左右対称の配置が崩れる。この部分には小規模な池が造営される。エビノコ郭正殿の建設によって，内郭前殿の公的要素が薄まり，南の正殿が担っていた公私の性格のうち，公的要素が弱まり，私的な施設となったことが要因であろう。

　内郭の南東には，一本柱塀によって南北約55m，東西約94mの区画がある。南面には少なくとも構造門はなく，西辺に桁行5間，梁行2間の西門がある。内郭の南方とエビノコ郭西方の飛鳥川に挟まれた空間に対して門が開くことになり，エビノコ郭西門が正門となる。この区画内には，桁行9間（29.2m），梁行5間（15.3m）の四面廂東西棟のエビノコ郭正殿があり，飛鳥宮跡内では最大規模の建物である。郭内の舗装状況は砂利敷で，内郭南区画と共通する。また，この南東には小規模な南北棟建物の柱穴が確認されており，東西に対になった脇殿の可能性もある。エビノコ郭南方にはまだ平坦な空間が続いており，柱穴も一部で確認されているが，建物配置等は明確でない（橿考研2008）。

藤　原　宮

　持統8年（694）から和銅3年（710）まで，持統・文武・元明天皇の三代にわたる王宮である。藤原宮の周囲には，我が国はじめての条坊制都城が広がっていた。藤原宮を東西に三分する中央に北から内裏・大極殿院・朝堂院と配置されている。内裏は内郭と外郭からなるが，内裏内郭は調査がなされていないので，その規模・建物配置については不明である。内裏内郭の南には大極殿院

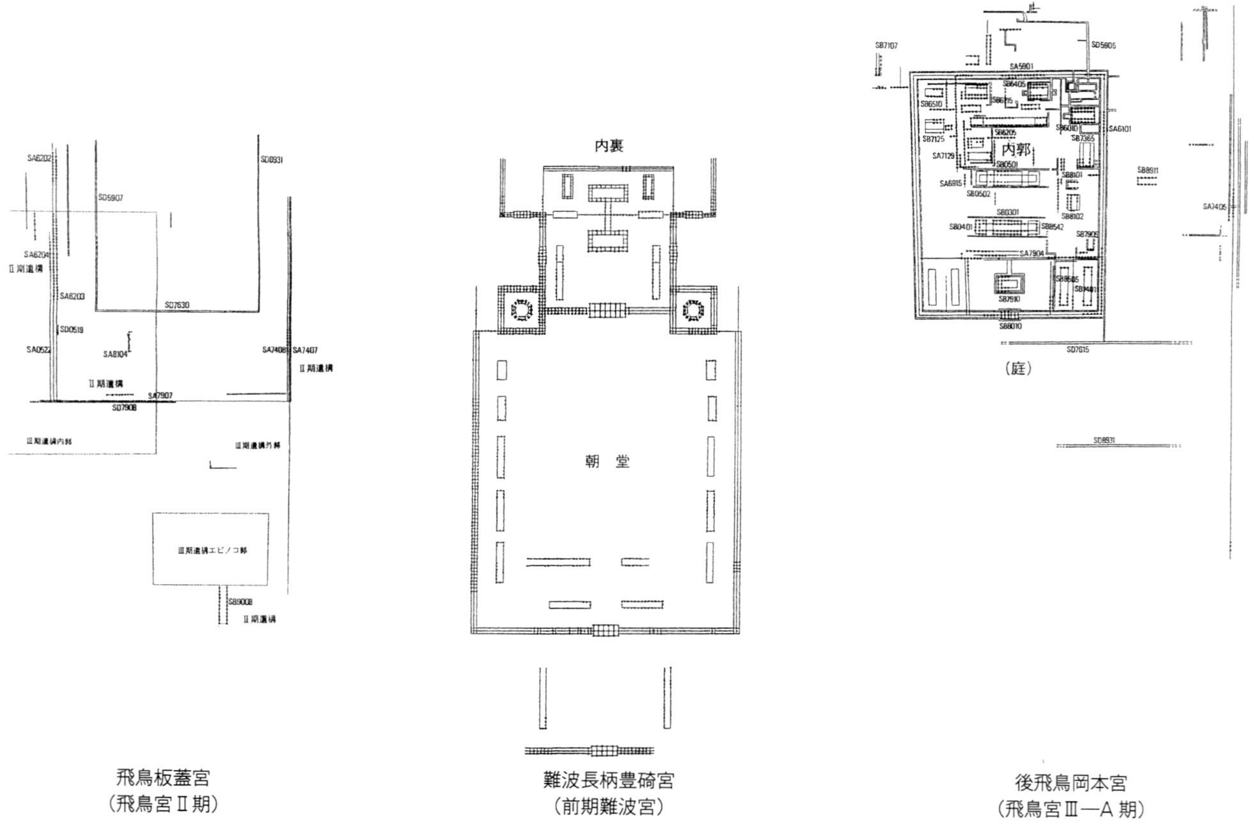

内郭

（庭）

後飛鳥岡本宮
（飛鳥宮Ⅲ—A 期）

内裏

朝　堂

難波長柄豊碕宮
（前期難波宮）

飛鳥板蓋宮
（飛鳥宮Ⅱ期）

図 22-1　7世紀宮中枢部の変遷図 1（橿考研 2008 および林 2001 を一部改変）

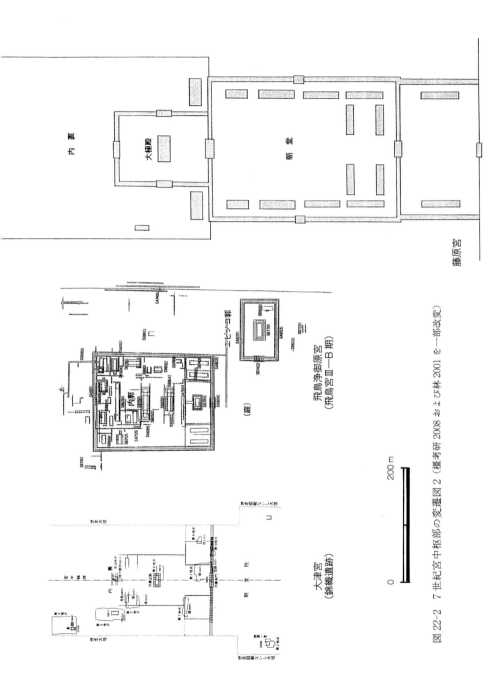

図22-2 7世紀宮中枢部の変遷図2（橿考研2008および林2001を一部改変）

2 宮中枢部の成立過程

があるが，内裏外郭はこの大極殿院も包み込むように区画されており，大極殿院が内裏の一部であることを示している。

　大極殿院は東西 118 m，南北 159 m の単廊によって囲まれている。この回廊の南辺には，桁行 7 間（35 m），梁行 2 間（10 m）の大極殿院閤門があり，東西北辺にも門が取りつく。この空間の中央に桁行 9 間（44 m），梁行 4 間（19 m）の四面廂東西棟の基壇をもつ礎石瓦葺建物の大極殿がある。大極殿の背後には建物遺構は確認されていないが，後世の削平や建築計画の有無については検討の余地が残る。大極殿の造営時期については明確ではないが，遷都当時まだ完成しておらず，史料上の「大極殿」の初出は文武 2 年（698）正月「天皇，大極殿に御しまして朝を受けたまふ」で，この前年 8 月の文武即位時には「大極殿」の記載がないことは注目される（奈文研 1978・2003・2008・2009）。

　大極殿院の南に接続する朝堂院は，東西 235.8 m，南北 321.3 m の範囲を礎石瓦葺の複廊で囲まれている。南辺中央に桁行 5 間，梁行 2 間の南門がある。朝堂院内には東西対称に，南北棟朝堂が 4 棟，東西棟朝堂が 2 棟の計 12 の朝堂が規則正しく，配置されている。建物構造からは第一堂＞第二堂＞第三堂以下とランク付けがあったことがわかる。朝堂院の南には南北棟の建物が東西対称にあり，2 棟の朝集堂と推定されており，これを区画する朝集堂院は東西を区画されているが，南辺は宮城垣である南面大垣が兼ねている（奈文研 2001・2003〜2007）。これら朝堂院のうち，少なくとも東面回廊の造営年代は発掘調査によって出土した木簡から，大宝 3 年（703）以降であることが判明しており（奈文研 2004），史料上の「朝堂」の初出は大宝元年（701）正月「皇親と百寮とを朝堂に宴す」の記事まで下る。よって，大宝元年の朝賀のときには朝堂院区画施設は完成していなかったことになる。

(2)　「大極殿」の成立についての研究史と課題

　我が国における「大極殿」の成立については，藤原宮であることが長らく定説となっていた。これは文献史料を中心としながらも，各王宮の発掘成果を基にしたものであった。しかし近年，飛鳥宮跡内郭中枢部の調査が進み，殿舎配

置が解明されるに伴って,「大極殿」は飛鳥宮跡エビノコ郭正殿であるとする説が強くなってきている。これに対して前期難波宮の内裏前殿が「大極殿」の直接的な系譜にあたる建物という説も説かれる。ここではまず,大極殿の成立にかかわる研究を紹介する。

「大極殿」の起源について最初に検討したのは福山敏男氏で,昭和32年(1957) に刊行した『大極殿の研究』に記されている。福山氏の研究は各宮都遺跡の発掘調査が始まった頃で,まだ考古学的に宮殿の構造や殿舎配置などは解明されていなかった段階であった。そこで福山氏は史料から「大極殿」について検討した。『日本書紀』などの史料にはじめて「大極殿」が記載されるのは,皇極朝の飛鳥板蓋宮である。この記事については乙巳の変にかかわる内容で潤色が濃いとみて,その実在を否定した。さらに孝徳朝の難波宮では,味経宮のこととされるが朝賀や一切経の読経などの記載から,大人数を収納できる朝庭の存在が知られ,「大極殿」の記載はないが,これに相当する建物の存在が推定されるとする。そして天武朝の飛鳥浄御原宮には「大極殿」の記事がみられることと正月朝賀の記録から,「大極殿」が存在していたと理解した。つまり我が国における「大極殿」の成立は天武朝の飛鳥浄御原宮では確実に存在し,それ以前については史料がないので明確ではないとされた (福山 1957)。

その後,難波宮跡の発掘調査が進むにつれて,前期難波宮の特異な構造が明らかとなってきた。それは藤原宮の「大極殿」に相当する内裏前殿・後殿が確認されたが,それは内裏から突出する形で,内裏区画に組み込まれていたのである。さらにその南には「朝堂院」区画がみられる。これらの発掘成果を藤原宮と比較検討したのが中尾芳治氏である。中尾氏は,両宮殿の中枢部に関して,朝堂院の東西幅,内裏前殿を囲む区画の東西幅やその構造など,内裏前殿と藤原宮大極殿の規模の類似点を指摘し,当時の名称はともかく,内裏前殿を大極殿相当建物,これに連なる内裏後殿を内裏正殿,その南の内裏南門が大極殿門に相当するとした。ただし,これらの類似点と同時に内裏が朝堂院と接続することや内裏前殿と内裏後殿が軒廊で繋がっていることに最大の特徴があり,藤原宮以降の殿舎配置の原型は前期難波宮にあるとした (中尾 1972)。

中尾氏と同様の見解は直木孝次郎氏も提示している。直木氏は「大極殿の門」において「大極殿」は内裏とは関係なく出現し,これを徐々に内裏に取り

込んだと考えており、このことを大極殿門の形態や変遷から推定した（直木 1967）。これは難波宮の発掘によって、後期大極殿の下層に前期大極殿が推定されるとする当時の発掘成果を踏まえてのことであった。しかし、後期難波宮大極殿下層における建物の存在が否定されたことにより、内裏前殿が大極殿相当建物とされると訂正した。直木氏はまず、史料から飛鳥浄御原宮に「大極殿」を推定し、同時期の天武朝難波宮でこれに対応するのは内裏前殿とする。その宮殿における配置や区画の規模を藤原宮と比較すると、内裏前殿を内裏から切り離して、発展させたものが藤原宮大極殿とした。さらに天武紀にある安殿系殿舎については、内裏前殿が大安殿・外安殿、内裏後殿が内安殿とする（直木 1973）。

　このような前期難波宮の成果も踏まえ、これを中国の都城と比較して、その系譜を検討したのは岸俊男氏である。岸氏はまず中国における太極殿の成立と変遷について検討をしている。そして、太極殿の呼称は魏の明帝のときにはじまり、この時期の太極殿には前殿・東西両堂を伴っていることを指摘した。さらに隋の大興城に至るまで、このような東西両堂を伴う太極殿は続くが、唐長安城の太極宮には東西両堂はすでに配置されなくなっている。岸氏は前期難波宮の内裏前殿の両側に配置される長殿を東西両堂に対応するとし、前期難波宮の構造は、岸説藤原京同様に北魏洛陽城や東魏鄴城のような隋唐長安城以前の古い都城の伝統を受け継いでいると理解した（岸 1977ab）。

　鬼頭清明氏は岸氏の研究を踏まえ、中国における殿舎配置の変遷を確認したうえで、太極殿東西両堂の機能について整理している。それによると、魏晋南北朝における東西両堂の使用例は、皇帝の崩御、皇帝・皇后による挙哀などで、単なる儀式の場でなく居住空間としての使用も推察される。これに対して太極殿や前殿は、皇帝の即位、詔の発布、群臣の引見、朝賀、宴などに使用されている。このことから、太極殿の一画は皇帝の居住空間であり、かつ公的儀式の中心であるという2つの要素を統合した空間とみる。これに対して、唐長安城では付属殿舎がなくなり、太極殿は公式儀礼の場という性格を純化させたものと推定した。そして、我が国の確実な大極殿である藤原宮以降の使用例を検討し、それが即位、朝賀、叙位などであることから、唐長安城太極殿の機能を取り入れたものと推定し、飛鳥浄御原宮の「大極殿」は藤原宮以降の大極殿とは

性格が異なることを指摘している。よって，機能・構造・名称からみて，唐長安城を倣った大極殿は藤原宮からで，前期難波宮の中心殿舎配置は魏晋南北朝の太極殿の影響を受けたもので，当時は「大安殿」「外安殿」などの安殿系の名称が使用されていたと推定した（鬼頭1978）。

　一方，「大極殿」の変遷過程を踏まえて検討したのは，今泉隆雄氏である。今泉氏は国家的な政務や儀式の変化を反映する内裏・大極殿・朝堂院の変遷に注目をした。まず，小墾田宮の構造から7世紀初頭には内裏と内庭を南北に対置する構造が成立していたとし，前期難波宮においては正殿と前殿が軒廊で結ばれ，機能によって二分されたとする。そしてその南には広大な朝堂院を配置する。この構造は孝徳朝の冠位制の拡大，有位者参加の朝参，口頭伝達による執務形態などが理由と考えている。飛鳥浄御原宮には「朝堂」「大極殿」の名称は記録に見られるが，これを文飾として，「大極殿」の成立を藤原宮とみる。藤原宮では内裏前殿区が後方に退いて大安殿の一画となり，そこに即位壇場がわりこんで「大極殿」となり，内裏前殿の朝堂正殿としての機能を吸収したとする。平城宮では中央区と東区2つの大極殿・朝堂院が併置された。中央区が儀式・饗宴の空間で，東区は朝政の空間であったとする（今泉1984）。

　これまで，前期難波宮・藤原宮，さらに平城宮の宮殿構造と文献史料からの検討であったが，飛鳥宮跡の発掘成果をもとに「大極殿」の成立を検討したのは，亀田博氏である。亀田氏は発掘調査で確認した飛鳥宮跡の遺構を整理して，飛鳥浄御原宮に比定した。そして，飛鳥宮跡Ⅲ—B期の内郭とエビノコ郭正殿と前期難波宮の内裏と内裏前殿の規模を比較し，前者の1.2倍の比率であると整理した。そして，飛鳥宮跡Ⅲ—B期の内郭とエビノコ郭とを統合したのが，前期難波宮の内裏地区となり，のちに藤原宮大極殿院・内裏に繋がるとする⁽³⁾（亀田1984）。

　また，小澤毅氏は，飛鳥宮跡の遺構と史料にみえる飛鳥の諸宮とを整理することによって，飛鳥○○宮はすべて，飛鳥宮跡にあたるとした。つまり，飛鳥宮跡Ⅰ期を飛鳥岡本宮，Ⅱ期を飛鳥板蓋宮，Ⅲ—A期を後飛鳥岡本宮，Ⅲ—B期を飛鳥浄御原宮に比定した。そして，内郭前殿と東南郭（エビノコ郭）正殿は公的な儀礼空間としての性格が濃厚な部分で，最大規模を有する東南郭正殿が『日本書紀』の「大極殿」とした（小澤1988）。また，飛鳥浄御原宮の「大

極殿」の信憑性について，それまで指摘されている藤原宮「大極殿」のように天皇独占の空間となっていないことから，文飾とする見解が多かったが，天武紀「大極殿」の記事は，律令制定の詔や国史記定の詔のような「国制の大事の執行」と親王以下群卿に対する賜宴の2種類に分けられ，このうち後者は「大安殿」における賜宴記事とほとんど変わらない。しかし，重要なのは詔の発布であり，藤原宮以降の「大極殿」とは異なる点はあるが，「大極殿」を否定するものではないとする。これは「大極殿」「大安殿」が同じ天武紀のなかに記載されることから，これらは別の建物と推定でき，「大極殿」を天武朝に増設された東南郭正殿に比定した（小澤1997）。

　同様の指摘をしたのは林部均氏である。林部氏は飛鳥宮跡の遺跡を遺構と遺物からその構造と年代を追求し，飛鳥宮跡I期を飛鳥岡本宮，II期を飛鳥板蓋宮，III—A期を後飛鳥岡本宮，III—B期を飛鳥浄御原宮であることを追認した。この成果を基に，宮殿中枢部の変遷について提示し，エビノコ郭正殿において「大極殿」が成立したとした。その後，飛鳥宮跡内郭中枢の調査が進み，殿舎配置が確定するに及び，林部氏はさらにこの説を補強していった。エビノコ郭正殿を「大極殿」とみる大きな根拠は，前期難波宮，飛鳥岡本宮，大津宮はいずれも前殿と正殿（後殿）で構成されており，飛鳥浄御原宮において内郭の前殿・正殿の外にエビノコ郭正殿が新たに造営されたことによる。内郭前殿とエビノコ郭正殿の周辺は砂利舗装で，内郭北半が石敷舗装に対して，いずれも公的空間と考えられることと，エビノコ郭正殿は飛鳥宮跡内で内郭前殿をしのぐ，宮内最大の建物で，飛鳥宮の全体の正殿にふさわしい。さらに『日本書紀』天武朝に「大極殿」が現れ，「大安殿」とは異なる殿舎の存在が記されており，これらのことから，エビノコ郭正殿を「大極殿」とみた（林部1998a）。

　これら小澤・林部氏の「大極殿」飛鳥浄御原宮成立説を検証し，前期難波宮の意義を強調したのは，積山洋氏である。積山氏は藤原宮以降の事例から，大極殿の基本的性格を朝堂院に北接し，独自の大極殿院のなかに位置し，一定の高さの基壇上に建った四面廂建物とする。そして，前期難波宮内裏前殿や飛鳥宮エビノコ郭正殿はこの条件を備えているが，まだ藤原宮大極殿以降の「大極殿」とはなっていない。前期難波宮内裏前殿区は南に突出しており，朝堂院を強く意識したものである。隋唐長安城の宮城プランを詳細にみると，太極宮は

北に両儀殿を中心とする広大な区画の南に太極殿の一画が南に突出する。また，太極殿区画の各面には門があり，東には門下省，西には中書省の官衙が配置されている。このプランと前期難波宮の内裏前殿区が類似する。つまり難波宮は隋唐長安城太極宮に範を採っていると考えられ，長安城太極殿に該当するのは前期難波宮内裏前殿とする。藤原宮の大極殿院は，内裏内郭からは独立しているが，内裏外郭のなかに位置し，南の朝堂院の正殿としての位置は共通する。さらに大極殿院回廊の四面には難波宮同様の門が位置しており，これも共通する。内裏前殿区の東西幅や南門の位置も藤原宮と共通点が多い。よって日本の大極殿は，内裏のなかで，その正殿として成立し，これを祖型として，飛鳥宮エビノコ郭正殿および藤原宮大極殿が成立したとする（積山 2002・2009・2013）。

　積山氏同様に前期難波宮の意義を重視するのは植木久氏である。植木氏は前期難波宮の殿舎配置や建築的特徴を指摘したうえで，内裏前殿が大極殿に，内裏後殿が内裏正殿に受け継がれていくとする従来の理解に対して，内裏後殿は軒廊でつながり南に庭を持たないことから，内裏正殿に対応する建物とはいえないとする。両建物を含めた空間そのものが長安城太極宮の一画を倣って新たに設置されたとした。また，巨大な内裏南門の東西に聳える楼閣の八角殿院は，南の朝堂院からみた景観を意識したもので，次の藤原宮の東西楼とも通じる。一方，御在所の正殿である内裏正殿はこれらの北側に推定されるとする。また，これらの建物の柱径は建物によって異なり，70〜75 cm クラスが内裏前殿・内裏南門・八角殿・朝堂院南門・朱雀門，50〜60 cm クラスが内裏後殿，40〜45 cm クラスが朝堂院第一堂であるように，建物のランクや形態や柱間寸法を意図的に差をつける手法は，中国の「営造法式」にみられるという（植木 2009）。

　渡辺晃宏氏は平城宮の中央区と東区の性格を解明するために，藤原宮でいったん成立した中国風の礎石建ちの大極殿・朝堂を，平城宮において中国風の儀礼空間である中央区礎石建ち大極殿・朝堂院と，日本古来の政治空間である東区掘立柱の天皇出御空間と朝堂に機能分割したとする。これを政務空間の自立と大極殿院の自立という観点から理解できるとした。これによって平城宮中央区の第一次大極殿に古代律令国家が求めた大極殿の理想型が見いだせるとする。つまり大極殿の本質を読み取ることができるとするのである。それは天皇と臣

下の身分秩序を，壇上の大極殿（天皇の場）と階下の庭（臣下の場）に具現化した。そして東区を朝政の場として内裏内の一部としての出御空間であり，朝堂の正殿としての空間であったとする。さらに前者が飛鳥宮エビノコ郭正殿，後者が飛鳥宮内郭前殿からの系譜であるとする（渡辺2006）。

(3) 「大極殿」の成立をめぐる課題の整理

これまで見たように，大極殿の成立にかかわっては，長い研究の歴史がある。当初は文献史料をもとに大極殿の成立について考察してきたが，前期難波宮の構造が発掘調査によって明らかになるにつれ，考古学的な成果，さらに中国都城の構造・性格との比較からの研究が進んだ。近年は飛鳥宮跡の宮名比定が確定するとともに，中枢部の殿舎配置が発掘調査で明らかになると，これらの成果を踏まえた検討が進んでいる。ここでは，これまでの研究を踏まえて，いくつかについて整理しておきたい。

「大極殿」史料の語義の成立

藤原宮大極殿以前において「大極殿」と記載される建物が数回記されている。まず皇極4年（645）6月に「天皇大極殿に御す」とある。三韓の調を装い，蘇我入鹿が暗殺された記事である。記事の内容から，正殿と脇殿が推定され，蘇我入鹿や中大兄皇子など限られた人しか入れない空間で，三韓の調が奏されている。しかし，この記事は文飾された部分が強いとされており，特に，ここで現れる正殿が「大極殿」と呼ばれていたことに対しては，多くの研究者によって疑問視されている。次に現れるのは天武紀の飛鳥浄御原宮である。ここで注目されるのは「大極殿」が5回現れることである[4]。ただし，この読みについては大安殿同様に「オオアンドノ」と記されており，「大極殿」と「大安殿」の類似性が注目される。天武紀の「大極殿」の使用例をみると，のちの大極殿同様に律令制定の詔や国史記定の詔のような「国政の大事の執行」として利用されている点が記されると同時に，大安殿やほかの殿舎でも利用される親王・諸王への賜宴としても利用されていることが異なる。しかし，記事の内容を素直にみると，「大極殿」と「大安殿」は一連の記事のなかで別々の建物として記

されており，発掘調査においても，内郭前殿と類似の機能を備えたエビノコ郭正殿が新たに創出されることと符合する。よって，この段階で「大極殿」と呼ばれた建物が存在していたことは間違いなく，それは飛鳥宮跡エビノコ郭正殿であった可能性が高い。ただし，その性格は天皇の独占的空間ではなかった。そして，藤原宮段階の文武2年（698）正月の朝賀の記事によって，名実ともに「大極殿」が成立したと理解できる。

「大極殿」の機能的検討

「大極殿」の機能を，平安宮以前の史料にみると，即位・朝賀・叙位・賜宴などがあるが，王宮の変遷を踏まえると，宮によって変遷がある。それが端的になるのが平城宮中央区と考えられる。

史料に「大極殿」が現れる飛鳥浄御原宮での利用は，律令制定や国史記定の詔と親王以下との賜宴である。次の藤原宮では即位・朝賀・叙位，奈良時代前半の平城宮中央区では，即位・朝賀・叙位が行われている。このことから，「大極殿」の基本的使用例は，即位・朝賀・叙位ということになる。そこで，「大極殿」の名称はみられないが，孝徳朝難波宮について見ていきたい。前期難波宮においては，即位は行われていない。これは，ほかの施設を利用したのではなく，孝徳天皇は即位後に前期難波宮を造営したからである。しかし朝賀が行われていたことが，すでに西本昌弘氏の研究によって指摘されており（西本 1998），孝徳朝難波宮において朝賀が行われていたと考えられている。その天皇出御の殿舎としては，配置上，内裏前殿しか考えられない。少なくとも，「大極殿」の機能のうち朝賀については，孝徳朝の前期難波宮内裏前殿ですでに実践されていたと理解できる。この機能は飛鳥宮跡内郭前殿に受け継がれるが，エビノコ郭正殿が内郭から独立した正殿として造られることは，公的建物として機能純化させる意図があったと理解できよう。

大極殿の建築的特性

「大極殿」は王宮の正殿であるが，その殿舎の建築的特性をみてみよう。確実な大極殿である藤原宮大極殿以降の建物がこれまでも基準とされてきた。それによると「大極殿」は7×2間の身舎に四面廂がつく，基壇上礎石建物の正

殿である。藤原宮よりも古い王宮でこれに該当するものは前期難波宮の内裏前殿と飛鳥宮跡のエビノコ郭正殿だけである。いずれも7×3間の身舎に四面廂がつき，基壇上あるいは高床建物である。ただし，この時期の宮殿はいずれも瓦葺ではなく，掘立柱建築であるが，この点は時代性を考慮して問題はなかろう。この場合，問題となるのは建物構造は類似するが，規模の点では前期難波宮が36.3×18.8mとはるかに大きい。つまり前期難波宮における巨大な前殿とエビノコ郭正殿の規模の違いが，正殿の変遷の上から課題となる。積山氏は前期難波宮内裏前殿と飛鳥宮跡内郭前殿，エビノコ郭正殿はいずれも規模は異なるものの相似形をしており，同じ系譜上に位置づけられるとする。ただし，のちに検討するように，前期難波宮の内裏前殿の規模が突出する点は，課題として残る。

殿舎配置の変遷

「大極殿」の成立は殿舎配置の変遷から窺うことができる。すでに林部氏が積極的に検討をしているが，王宮構造については，まだ不明な宮も多い。ただし，飛鳥宮跡の宮名比定がほぼ確立された現段階では，王宮の変遷史のなかで位置づけるのも有効である。この場合，正殿の変遷では，前期難波宮では3つ[5]→飛鳥宮跡Ⅲ―A期でも3つ→錦織遺跡でも3つ→飛鳥宮跡Ⅲ―B期では4つとなる。ここで飛鳥宮跡Ⅲ―B期におけるエビノコ郭正殿が内裏的空間である内郭の外に新たに出現した正殿として重要である。「内裏」から独立した正殿の創出は「大極殿」の出現を窺わせる。その意味で，前期難波宮内裏前殿は内裏の南に突出する区画にあるが，まだ，内裏区画のなかにあり，内裏のなかの建物という性格を脱し得ない。この建物は変遷上，内郭前殿に受け継がれ，それはⅢ―B期まで変わらない。しかし，この段階でエビノコ郭正殿が増加し，内郭前殿の機能の一部はそちらに受け継がれていく。このことは，積山氏の指摘した相似形の理解，すなわち同じ機能をもった建物の系譜としても一致する。

「朝堂院」の正殿としての「大極殿」

藤原宮以降，基本的に朝堂院の北端に大極殿は院を形成しながら存在する。このことから大極殿は朝堂院とは別の院を形成するが，朝堂院の正殿としての

性格ももつ。厳密に大極殿が朝堂院の正殿となるのは内裏が独立する長岡宮，あるいは大極殿が独自の院を形成しなくなった平安宮の段階といえる。同時に「大極殿院」は藤原宮段階では内裏外郭に含まれており，それは平城宮東区でも同様で，内裏が移動する長岡宮以降には確実に内裏から分離していた。この変遷をみると，「大極殿」は内裏のなかから変遷の過程で独立していったことがわかる。

　この意味で前期難波宮段階で内裏内にありながら「朝堂院」の正殿としての機能をもつ内裏前殿は「大極殿」の要素を多分にもつ。これに対して，藤原宮までの宮殿は少なくとも大規模な朝堂院を形成していない。飛鳥宮跡Ⅲ―A期では「庭」と考えられる広場は，内郭の南に比定できるが，そこに十二朝堂はない。内郭前殿の東西にある南北棟4棟が朝堂とも考えられる。一方，飛鳥宮跡Ⅲ―B期のエビノコ郭内およびその南にも数棟の建物は想定可能であるが，やはり巨大な朝堂は想定できず，西門の存在から「庭」部分への指向が高い。その意味で，内裏から独立したエビノコ郭正殿は，まだ朝堂の正殿ではない。しかし，のちに検討するように「朝堂院」は「朝庭」と「朝堂」を統合したものとすれば，「朝庭」の正殿，「朝堂」の正殿としての「大極殿」も考えられる。

中国の太極殿との関係

　中国都城の太極殿の成立は魏朝にはじまり，この段階では太極前殿と東西両堂が配置され，公的儀式空間と私的居住空間が共存していた。しかし，唐長安城に至っては東西両堂がなくなり，太極殿は公的空間としての性格に特化されていく。この中国都城と密接にかかわるのは，前期難波宮である。岸氏は内裏前殿東西の長殿を太極東西両堂に対応するとし，唐以前の古い伝統を受けているとした。しかし，中尾・積山氏が指摘するように難波宮の形態は唐長安城と共通する点が多く，朝賀の成立時期を含め，唐長安城の影響が強いと考えられる。前期難波宮をこのように考えてよければ，次の飛鳥宮や大津宮に中国都城の影響があるかが課題となる。少なくとも錦織遺跡では，宮殿の中心部が明確ではないが，飛鳥宮跡では，中国都城の影響が前期難波宮に比べると薄い。この時期，白村江の戦いで敗れ，唐との国交はしばらく断絶していたのである。その後，周礼に基づく都づくりを行ったのが藤原宮である。ここにおいて中国

の影響が再び色濃くなると理解できる。

小　　　結

　ここまで「大極殿」について，さまざまな側面から整理をしてきた。「大極殿」の祖型が内裏のなかの正殿にあることは間違いない。内裏のなかの正殿が公的要素を強くしていき，内裏のなかの公的正殿へと変化する。次に内裏内郭から独立した正殿として位置づけられることになる。同時に朝堂院の正殿としての位置づけもあり，それは朝庭・朝堂の正殿としての機能も兼ねていた。当然中国宮室の影響は，それぞれの段階で受けていた。小墾田宮は遣隋使の帰国後に造営され，中国制度を反映していると考えられる。次なる画期は遣唐使を派遣した難波長柄豊碕宮で，唐長安城の形態を導入している。しかし，これも長続きはせず，天文・太極思想を受け入れた飛鳥浄御原宮，条坊都城制を受け入れた藤原宮，再び遣唐使を派遣し，中国の最新の都城情報を得た平城宮など，画期は多くみられる。結局「大極殿」の成立は，どこに視点を置くかによって，その成立時期の理解が異なる。内裏のなかの正殿を重視すれば難波長柄豊碕宮，「大極殿」の名称や内裏から独立した正殿を重視すれば飛鳥浄御原宮，朝堂院の正殿でのちの「大極殿」と同じ機能を重視すれば藤原宮となる。いずれにしても，何に注目するか，さらに朝堂院や内裏との関係をあわせて考える必要があろう。

(4)　「朝堂院」の成立と展開

　このように「大極殿」は，いくつかの段階を経て成立・展開していることがわかる。ここでもうひとつ重要な視点として，その南に広がる「朝堂院」の存在がある。「大極殿」の成立と，「朝堂院」の成立については必ずしも一致するとはいいがたいが，無関係ではない。そこで「朝堂院」の成立とその展開にかかわる研究をみてみたい。

　まず，関野貞氏は朝堂院を「天子即位の大礼を行ひ，元朝の拝賀を受くる等，国家の大礼を挙げらるる所の式場なり」と記し，朝堂院は儀式の場であるとした（関野1907）。この理解は長い間，朝堂院の性格を表していた。そして，八

木充氏は前期難波宮跡で「朝堂院」遺構を検出したことをうけて，天皇の家政機関である内廷と外交や国政部門の外廷の統合という視点から，内裏の南に朝堂を配置したとする（八木 1968）。

　これに対して岸俊男氏は「朝堂院」の本来的性格について新たな見解を示した。従来「朝堂院」といえば，大極殿を正殿とする儀式の場で，そこで行われる朝儀は即位や饗宴，外国使節や隼人の謁見，正月節会，授位，読経，宣詔などをしたと考えられてきた。しかし，推古朝の小墾田宮にかかわる記録から，宮の基本構造（南門・朝庭・大門・大殿）を復元するとともに，この段階において「朝堂」がすでに推定でき，さらに朝参・朝政が平安宮まで存続していたことを指摘した。つまり朝堂院は本来，朝政の場であったことを明確に論じたのである。さらに朝堂での朝座の配置と各官司の宮内での位置との共通点をも指摘している（岸 1975b・1977a）。なお，この岸氏が復元した小墾田宮の殿舎配置に対して，やや異なる復元案もある。特に，庁の配置や形態について，庭に1棟だけ東西棟の庁を推定したり（直木 1967），禁省内にも「庁」を推定する案が提示されている（前田 2005）。いずれにしても，のちの朝堂とは異なるものと考えている（井上 1995・林部 2001a・山元 2006）。さらに西本昌弘氏は，庭には庁はなく，代わりに併存してある東宮の南庭に庁を推定する復元案を提示した。その庁を含む庭は，のちの太政官曹司の施設と考えている（西本 2008）。

　このような日本の「朝堂」についての整理がなされるなか，中国の「朝堂」について整理したのは秋山日出雄氏である。秋山氏は中国漢代以降の朝堂を検討した結果，大寝門外の左右に建てられた治朝の建物と考証した。しかし，隋唐の朝堂は承天門外，含元殿前に移り，変化がみられるという。時代とともに太極殿の前面への進出に伴う中朝化によって，朝堂も前面への進出がみられる。つまり，中国の朝堂が宮門外に進出して尚書省と一体となったのが，我が国の朝堂院の祖型になったとする（秋山 1981）。

　鬼頭清明氏は岸氏の朝堂院は本来朝庭の場であったという指摘をうけて，まず朝堂院の使用例を整理し，告朔・朝政，外交使節の宴，百官の上表・詔，百官・五位以上の宴，大般若経の転読，大射であるとした。平安宮では豊楽院との間に機能分化が行われ，奈良・平安時代の朝堂院の基本は告朔・朝政，百官の上表・詔とした。このような性格をもった朝堂院の用語の成立について，皇

極2年（643），持統4年（690）の記事については信憑性に問題があるとし，確実に信頼できる記事は大宝元年（701）正月の記事とする。そして御在所の前におかれた庭を朝堂の先駆的施設とした。

一方，朝堂院遺構を整理し，藤原宮・平城宮第二次朝堂院・後期難波宮を8世紀の朝堂院の基本的構造として，藤原宮の朝堂院が最古の例とする。これは文献史料の検討とも一致する。ただし前期難波宮については藤原宮との類似点・相違点を指摘し，前期難波宮を直接的な影響のもと計画されていたとするが，朝堂建物が小さいことから，空間（庭）としての性格が強かったとみる。さらに中国・朝鮮半島の朝堂について整理，日本の朝堂院とは殿舎数や規模に大きな違いがみられること，中国の大極殿の前面に朝堂があるということから，日本の公的政治の場である庭に12の殿舎が配置される独特な形態になったとする（鬼頭1984）。

岸氏の研究をさらに進めて，朝堂院について詳細に検討したのは橋本義則氏である。まず朝堂院の構造を発掘成果から整理し，これをうけて具体的に朝堂政治の変遷を跡づけている。まず，岸氏の研究を参考に，朝堂院遺構の概説を行っている。このなかでも注目されるのは，前期難波宮や藤原宮などでは第一堂の規模が第二堂以下の建物と比較して，規模構造が異なる点である。これは第一堂が太政大臣や親王などが着座することと関連し，この違いは時代が下るとともに一般化しており，朝堂院における朝政の衰退ともかかわっている。

さらに，大化前代には天皇宮を中心に，大臣・大連など中央有力豪族の居宅に分散していたのが，国政機関を統一して再編成し天皇権力を確立しようとした意図のもと行われたのが，朝参による朝政強化である。これが朝堂院の成立にかかわるひとつの要因とする。朝参は推古12年（604）4月の憲法十七条や，舒明8年（636）7月，大化3年（647）にもみえ，すべての冠位を有するものは原則的に毎日朝参し，庁で執務したことがわかる。律令制下においては毎日の朝政が朝堂院で行われ，その口頭政治の実態が『延喜式』『儀式』から推定できる。また，朝堂院は朝政と同時に朝儀の場でもあった。奈良時代の朝堂院の儀式には，天皇が大極殿に出御して行われる即位儀・元旦朝賀・任官・叙位・改元などの「大極殿出御型」と，天皇が大極殿門に出御して行われる節会・大射・豊明節会・外国使節との賜饗などの「閤門出御型」に分かれる。こ

の類型は平安宮では，前者が朝堂院で，後者が豊楽院での儀式に対応することから，儀式の分化があったとする（橋本1986）。

　平城宮には中央区・東区の2つの大極殿・朝堂院地区がある。さらに東区の下層にはこれに対応する正殿と朝堂院があり，その性格や機能，変遷が注目されていた。この平城宮の朝堂院について検討したのが寺崎保広氏である。寺崎氏は平城宮第二次朝堂院下層の第一堂と第二堂に差があることに注目した。第二次朝堂院下層には上層十二堂に対応する十二堂の朝堂がある。上層の基壇建物とは違い掘立柱建築で，第一堂のみ四面廂建物である点が異なる。さらに第一堂は第二堂以下と異なり，格の高い建物であり，これは前代の藤原宮・前期難波宮にもみられる特徴で，平城宮第二次朝堂院上層以降のものとは異なる。この第一堂だけが格上の理由については，朝政の形態に起因するとする。つまり，第一堂には大臣が座し，第二堂以下には，大・中納言および各省庁が座す。朝政が始まると，大納言以下の議政官は第一堂に集まり，そこで弁官・諸司が報告することが本質であるとする。この点は，奈良時代前半において，中央区が主に儀式・宴会に使われ，東区が政務の場ということを示すものという。そして，奈良時代後半には，太政官の議政官会議は太政官曹司で行われており，第一堂・第二堂格差の解消に対応しているとする（寺崎1988）。

　一方，今泉隆雄氏も平城宮前半の2つの朝堂院を検討するにあたり，橋本氏の研究も踏まえて，その構造と使用形態を検討した。つまり，天皇の出御の場と臣下の朝堂着座と朝庭の使用形態を組み合わせた。それによると，中央区大極殿院は大極殿―朝庭型で即位・朝賀などを実施，中央区朝堂院は閤門―四朝堂型で饗宴を実施，東区大極殿院・朝堂院は大極殿―朝庭型で告朔・選叙などを実施，東区大極殿院・朝堂院は大極殿―十二朝堂型で朝政を実施していると区分した。このような機能分化が平城宮で行われたことを指摘し，四朝堂と十二朝堂の違いが儀礼と政務の使い分けを反映していることを論じた（今泉1989）。

　このようななか，中尾芳治氏は前期難波宮と唐長安城との比較を行った。前期難波宮が内裏南門によって内裏と朝堂院に区分でき，唐長安城との対比では内裏地区が承天門北側の宮城，朝堂院が皇城にあたるとする。岸氏が隋唐長安城以前の都城を参考にしたことに対して，前期難波宮は唐長安城の構造と制度

が反映されているとした。内裏南門・内裏前殿・内裏後殿が太極宮の承天門（外朝）・太極殿（中朝）・両儀殿（内朝）の唐の三朝制を倣ったものとした。そして内裏南門の広大な朝庭は承天門前方の東西に広がる横街を意識したものとし，前期難波宮の朝堂院は藤原宮以降に儀式化する以前の国政執務のための「庁」段階のものとする。さらに朝堂院東西第一堂の特異性に注目し，これが本来の朝堂で，第二堂以下は日常的な政務のための「庁」である可能性を指摘している（中尾 1995）。

　井上亘氏は孝徳期の朝政の復元を検討している。前期難波宮の内裏地区の構造を，それまでの大化前代の朝政の構造とは規模の問題は別にして，基本的には変わらないとする。ただし，最も大きな違いは，内裏南門の南に展開する「朝堂院」の構造である。ここに広大な庭と 16 堂にも及ぶ朝堂が整然と配置されている。この朝堂の成立を大化 5 年（649）の八省・百官の解釈とともに，大夫を中心とした伴造の編成と，政務を朝政に集約した結果とした。また，第一堂・第二堂が第三堂以下の朝堂と格が異なる点については，儀式や延喜式にあるように第一堂が議政官が集まり国家の最も重要な案件を審議する堂とし，第二堂はそれに準ずる人の堂とした。天武朝には大臣を置かなかったので，その点で天武官制と遺構の対応関係が難しく，前期難波宮は孝徳朝の官制の未成熟な段階の宮殿に対応するとみる（井上 1998）。

　植木久氏は前期難波宮の朝堂院の殿舎配置および計画寸法の検討から，これまで 14 堂の朝堂が確認されているが，さらに 2 堂増えて，16 堂の朝堂が配置されていた可能性が高いとした。このなかでも第一堂＞第二堂＞第三堂以下と，建物規模・寸法・基壇の有無でランク分けがある。しかし，朝堂院規模は藤原宮朝堂院に匹敵するのに対して，朝堂数は多いものの，個々の建物規模としては小規模で，朝庭の空間が広い。つまり前期難波宮の場合，朝堂数は増加するものの，重視されていたのは朝庭部分であったとする。このことは前期難波宮の朝堂院の利用形態と密接にかかわるものと理解されている。さらに朝集堂についても東西に 2 棟ずつの計 4 棟があったとした（植木 2009）。

　金子裕之氏は朝堂院の形態に注目し，この違いについて整理をした。まず，「朝堂」の語について清寧紀が最も古く記載されるが，これは後世の潤色の可能性が高く，斉明紀の記事は百済の朝堂について記したもので，持統紀の飛鳥

浄御原宮「朝堂」が始まりとする。そして，隋唐朝堂の用例と日本の朝堂を比較し，賜宴・賜物などは共通するものの，法律実務にかかわる訴訟や審査，弾劾，処罰などは日本の史料にあまりみられないとする。また，朝堂の成立については天武・持統朝の飛鳥浄御原宮に大きな転換期を見いだし，藤原宮を経て平城宮の朝堂の制度が確立したとする。そして，その始まりは史料にみえる推古朝の小墾田宮で，隋の影響があったとし，外交を行ったり，殯宮を南庭に作ることなど，中国皇帝の葬儀を太極殿で行うことと共通するとみる。さらに平城宮にみる2つの朝堂型式は，太極宮と大明宮を祖型として，儀礼の違いが反映されたとする（金子1996）。

これに対して亀田博氏は飛鳥宮跡の朝堂について検討した。亀田氏はまず史料にみえる「庁」「朝堂」「朝庭」「庭」などの記録から，飛鳥浄御原宮に朝堂や広大な庭があったことを推定した。一般的には，前期難波宮や藤原宮の朝堂院のような規模・施設を想定するが，飛鳥宮跡では内郭の南にこのような朝堂院を確認できない。この宮殿で親王・大臣以下の着座のある建物があったことは間違いないと考えられ，王宮の南側に政治を集議する空間があったことは中国や新羅などでもみられる。その形態はさまざまで，中国では東西二堂，新羅・百済は南堂あるいは政治堂と呼ばれていた。エビノコ郭正殿を考えるのも一案であるとする（亀田1996）。

同様に小澤毅氏は飛鳥宮跡Ⅲ—B期の主要殿舎の建物上部構造を復元したうえで，史料にみる殿舎名を比定した。それによると「南門」「西門」はいずれも射礼にかかわる記事で，奈良時代の例では天皇が大極殿門に出御し行われることから，内郭南門・エビノコ郭西門とし，その場所は内郭の南・エビノコ郭の西の空間とした。また，「朝堂」については，内郭前殿の東西にある南北棟建物とエビノコ郭南方の南北棟建物が候補としてあがる。このうち「新宮西庁」とあることから東にも対応する東庁が推定でき，新宮であることからエビノコ郭南に比定する。そのほかの「庁」については，いずれかは決しがたいとする（小澤1997）。

同じく林部均氏も『日本書紀』にある飛鳥浄御原宮段階の史料を検討し，遺構との対応を検討している。特に「西門」「南門」前の「庭」については内郭の南で，エビノコ郭の西の広場に該当するとみる。ここでは射礼が行われてお

り，平城宮では大極殿門の前で，ほぼ対応するとする。また賜宴・射礼・相撲などの儀礼を行う「朝庭」「朝堂」はエビノコ郭南に推定している。ここでは「朝堂」に対応する建物は確認されていないが，砂利敷の広場が確認されており，周囲に建物がある可能性を推定している（林部1998b）。また，前期難波宮の朝堂については，飛鳥宮跡や大津宮段階では明確な朝堂院をもたず，難波宮においてのみみられる。これは，飛鳥で分散していた官衙機能を大化改新政権が内裏の南方に集約したものとした（林部2001b）。

吉川真司氏は朝堂の起源と変遷を検討するなかで，小墾田宮では大殿の南，大門を隔てたところに庁があり，この律令体制以前には大臣・大夫の役割が，後の五位以上の官人に継承されるという。それが前期難波宮では14堂以上の朝堂と広大な朝庭は，大化5年の八省百官と十九階冠位制の発足によって中央政治機構に対応したものとする。飛鳥宮では内郭前殿の東西に朝堂が設けられていたが，エビノコ大殿（大極殿）が設営されると朝堂もこちらに移る。さらに藤原宮では内裏・大極殿・朝堂院が成立し，平城宮では儀礼と政務の空間が分離，2つの朝堂院として表現される。そして，長岡宮においては内裏が完全に分離した。また，本来朝堂院は官人秩序を支える空間であって，曹司は実務空間であり，朝堂から曹司が分離していたものではないとする（吉川1996・1997・2005）。

(5)　「朝堂院」の成立をめぐる課題の整理

大極殿同様に朝堂院に関しても，これまでにさまざまな研究がある。朝堂院の本質と機能変化について検討することにより，その特質が明確となるとともに，小墾田宮の庁の意味や前期難波宮の朝堂院出現の意味，飛鳥宮における朝堂院の喪失など，史料や遺構に基づいた議論が必要となっている。そこでこれらの項目について整理しておきたい。

「朝堂院」「朝堂」「朝庭」の語義の成立

史料によると「朝堂院」の名称が現れるのは，『日本紀略』延暦14年（795）8月癸未条である。同様に「八省院」の名称は『日本紀略』天長3年（826）9

月乙亥条である。一方，淳仁天皇の大嘗宮は「太政官院」に設けられたと記されるように，奈良時代後半および長岡宮においては「朝堂院」は「太政官院」[6]「乾政官院」[7]などと呼ばれていた。この名称から，少なくとも奈良時代後半までは太政官の管轄である政務空間が第一義であったことが窺われる。しかし，この名称がどこまで遡るのかは明確ではない。よって奈良時代前半，さらには飛鳥時代に，「朝堂院」区画が何と呼ばれていたのかは明らかにできない。

これに対して，「朝堂」の語の初出は清寧天皇4年正月丙辰に記されるが，この記事については後世の潤色の可能性が高いとされる。また，斉明6年（660）にも「朝堂に奉進る」とみられるが，これは百済の朝堂である。皇極2年（643）10月3日には「群臣・伴造に朝堂の庭に饗たまひ賜ふ」とあり，朝堂の庭が記されている。持統4年（690）にも「詔して曰はく，『凡そ朝堂の座の上にして，親王を見むときには常の如くせよ。大臣と王とには，起ちて堂の前に立て。二の王より以上には，座より下りて跪け』とのたまふ」とあり，朝堂の坐に関する所作の史料である。この持統朝以降，史料が増加する。よって飛鳥浄御原宮の後半には少なくとも「朝堂」の語が存在していたと考えられ，天武・持統朝以降，制度や名称的にも確立したと考えられる。

この「朝堂」に対して「庁」という言葉がある。小墾田宮では推古18年10月9日〔史料2〕に「廳」がある。岸俊男氏は，これを後の「朝堂」とし，大臣・大夫・皇太子・諸親王が座位する建物とする。つまり「朝堂」の前身とする表現に「庁」があるとするが，「庁」が「朝堂」と同義語であるか，さらには12堂を有する後の「朝堂院」に繋がるかは，さらなる検討が必要であると考える。

そこで朝堂や庁にかかわる「庭」「朝庭」についてもみてみよう。飛鳥浄御原宮では史料上「庭」は7例（南門・西門によって推定できるものを含む）あるが，いずれも射礼である。これに対して，「朝庭」では賜宴・相撲・射礼の儀式が行われている。つまり飛鳥浄御原宮においては，「庭」と「朝庭」は異なる空間と考えられ，遺構上もそれぞれに対応する空間（内郭の南とエビノコ郭の南）が推定されている。

小墾田宮の構造復元

　「朝堂院」の初期の構造について重要な位置にあるのは，小墾田宮の構造である。この小墾田宮の構造については，岸氏の検討によって，南門の北に朝庭があり，ここに東西対称に大臣・大夫の庁（朝堂）が存在するとした。さらに北に門（閤門）があり，その北が禁省で天皇の正寝である大殿があると復元した。史料1〜3の記事がすべて小墾田宮の中心部の構造を示しているとすると，岸氏の復元のように理解するのが自然である。ただし，「庁」を東西対称に配する配置は，のちの朝堂院を参考にしており，最も有力な案であることは間違いないものの，朝堂の配置や棟数については，これらの記事からだけでは明確にはならず，まだいろいろなパターンが推定可能であろう。そこで改めて各記事からわかる建物配置を考えてみたい。

　史料1（推古16年8月12日条）から判明するのは，「庭」空間とその奥に「大門」があることである。この「庭」で拝んでから「書」を奏し，「大門」の前の机にその「書」を置くことからみて，「大門」の奥に天皇が座していることが推測でき，使者もこの大門の内側に入れない空間が広がっていたと考えられる。これに対して，「大門」の南側の「庭」が公的空間であったことがわかる。この「庭」に「庁（朝堂）」があったかは，この記事からだけでは明確ではない。さらに「庭」空間が区画された空間であったのかもわからない。飛鳥宮跡Ⅲ期を参考にするならば，オープンスペースで，建物はなかった（あったとしても，いわゆる「十二朝堂」のような建物ではない）。つまり儀礼の空間が広がっていた可能性がある。

　一方，史料2（推古18年10月9日条）の記事から判明するのは，「南門」を入ると「庭」があり，この「庭」には大夫の位のある建物と，大臣の位のある「廳」があることがわかるが，建物の配置が問題となる。岸氏は大夫の「庁」と大臣の「庁」を庭の東西に対に復元し，朝堂院の原型とみた。一方，直木氏は大臣の「庁」を庭の正面に東西棟として復元，西本氏は太政官曹司を参考に大臣の「庁」を正殿に，大夫の「庁」を脇殿という配置を推定する。しかし，この史料からだけでは，建物が複数あったことは推定できるが，配置までは明確にできない。問題はこの「庁」のある「庭」空間が史料1にみる「庭」と同

156　　Ⅱ　古代王宮の位置と構造の研究

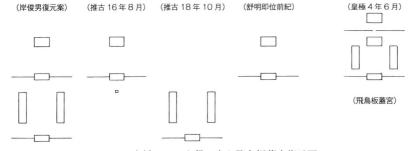

図23　史料にみる小墾田宮と飛鳥板蓋宮復元図

一空間を指しているのかである。史料1と史料2の違いは，遣使が直接は見えないが推古天皇に国書を奏するものと，大臣蘇我馬子に奏するものである。史料2では配置はどうであれ，儀礼の主宰は大臣，史料1は庁はみられず，朝庭で門の奥の天皇に対して行っている。さらにこの庭には皇子や諸臣らも参列をしているのである。西本氏が指摘するように，両者の空間が別の場所であった可能性もある。

　史料3（舒明即位前紀）から判明するのは，「閤門」の奥は「禁省」と呼ばれ，門を入ると，天皇の寝起きしている「大殿」があり，その前には「庭」がある。「閤門」を境に，奥が「禁省」という私的空間，手前が「朝廷」という公的空間であろう。この「閤門」と史料1の「大門」とは同一であろう。「禁省」のなかにある「大殿」は，手前に庭があることから公的要素も少しはあろうが，天皇の寝起きする建物であることから私的建物と考えられる。脇殿やその他の施設については知るすべがない。『日本書紀』皇極4年6月条からは，「大極殿」と同じ空間に，蘇我入鹿の座があることから，脇殿があった可能性がある。私的空間における公的建物である「大極殿」に脇殿があったことになる。この配置は前期難波宮の内裏前殿区画と類似の配置であろう。その意味で，小墾田宮段階においては「大殿」の脇殿は存在しなかったと考えたい。さらに，飛鳥宮跡Ⅱ期の遺構からみて，内郭の南方に朝堂院区画はなく，朝庭空間だけがあったと考えたい。

　このように考えると，史料2の記事が必ずしも小墾田宮の中枢構造を表しているとはいえず，史料1・3の記事から，門を入ると庭空間があり，この庭には建物はないか，あってもいわゆる朝堂ではない。その奥には「大門」とも

「閤門」とも呼ばれる門があり，この奥が私的空間である「禁省」である。ここには庭を伴い，天皇の私的正殿である「大殿」がある構造を復元できる。

「朝堂院」の本来的機能

「朝堂院」の機能を考えるとき，時代によりその性格が変化していくことが予想される。そこで，まず確実な朝堂院である『続日本紀』に記される「朝堂院」の使用例をみると，①告朔・朝政，②外交使節の宴，③百官の上表・百官への詔，④百官への宴，⑤大般若経の転読，⑥大射などがみられる。このうち朝堂院の特色を反映しているのは，①②③⑥であり，さらに平安宮で豊楽院ができると②④⑥などは，そちらに移る。よって，朝堂院機能の特色としては①と③ということになる。これらのことから，「朝堂院」の本質とは，奈良・平安時代の朝堂院を参考に，儀式（朝儀）空間と理解されてきたが，岸俊男・橋本義則氏の研究によって，少なくとも小墾田宮段階からは朝政の場であったことが論じられた。これらの研究によって，朝堂院の本質は朝儀・朝参・朝政にあり，特に，朝政にかかわって朝堂の座の配置も各官司の位置と深い関係をもつとする。しかし，時代が下るとともに，朝政の場よりも朝儀の要素が強くなり，儀礼空間として特化されていく。「朝堂院」に朝儀と朝参・朝政の大きく2つの要素が存在していたことは，平城宮前半期において中央区の大極殿・朝堂院と東区の正殿と朝堂院に機能分化したことに端的に表れていると思われる。儀式の空間と朝政の空間である。8世紀後半以降，政務の空間が太政官曹司で行われるようになるとともに，朝堂院は儀礼空間の要素を一層強めていくことになり，同時に平城宮東区の朝堂院に集約され，中央区は饗宴の空間としての機能が強まってきた。このことが，従来朝堂院の儀礼空間とされてきた所以であった。ただし，7世紀段階において，いつどの段階でこれが成立したかは検討が必要であろう。ここで注目する視点は「朝堂院」機能のうち朝儀と朝参・朝政が当初より同じ空間で行われていたのかということである。むしろ朝儀と朝参・朝政は空間や施設の利用形態に違いがあり，「朝堂院」成立過程においては，両者を別の系譜で検討し，ある段階で統合されたと考える必要があるのではないだろうか。つまり儀式の空間である「朝庭」と，政治の施設である「朝堂」である。

朝庭の系譜と構造

　史料１からみて，天皇の居所である「内裏」の南門を隔てて南側に庭があり，ここで外交使節を迎えている。この庭に「庁」があったかは明確ではないが，先にも検討したように，ここで重要なのは天皇の居所の南に広がる庭が，儀礼空間となっている点である。この「庭」は飛鳥板蓋宮（飛鳥宮跡Ⅱ期）にも内郭の南の外郭の間に南北70ｍの空間が復元でき，ここに想定できる。しかし，前期難波宮には，この「庭」は区画を伴い，14以上の建物が配置される。一般に「朝堂院」と呼ばれている空間である。ただし，前期難波宮の「朝堂院」では区画の空間規模に対して，「朝堂」建物は藤原宮よりも小さく，かつその配置・配列は，朝政の執務よりも，中央の「庭」の空間を重視したものと考えられる。大津宮では「内裏」の南に朝堂院区画を推定する案もあるが，「庭」空間が広がっているとみたほうが良く，少なくとも「朝堂」とみられる建物も梁行２間の建物で，前期難波宮と同様に「朝堂」建物としては小さい。そして次の飛鳥宮跡Ⅲ期において内郭南方にいわゆる「朝堂院」区画や朝堂が存在せず，朝庭部分のみが広がることと共通する。このように「朝庭」の系譜が繋がるのである。そしてここで行われた行事は，建物のなかで行われるものではなく，庭という空間を利用した行事であり，それは外国使節や詔，大射などの儀式・儀礼という公的行事，つまり朝儀の空間といえる。飛鳥浄御原宮（飛鳥宮跡Ⅲ—Ｂ期）にはこの「庭」空間とともに，エビノコ郭南方に朝堂を復元し，そこにも「朝庭」が存在することになる。藤原宮ではこの「庭」空間は朝堂院の区画内に朝堂に囲まれた朝庭として反映される。

朝堂の系譜と構造

　朝堂院の変遷を考えるとき，史料から復元される小墾田宮と前期難波宮跡，飛鳥宮跡，藤原宮が基準となる。まず小墾田宮の構造を岸氏は復元しているが，それによると南門を入ると，庭があり，そのなかに庁が配されている。さらに北に門があり，天皇の大殿があるとする。しかし，先に検討したように「閣門」「大門」の南には朝堂はなく，「庭」空間だけがあった可能性がある。一方，「閣門」「大門」の北は私的空間で，私的建物である「大殿」だけで，脇殿はな

2　宮中枢部の成立過程　　**159**

かったと思う。この時期，合議集会の施設である「朝堂」は史料2にみるように別にあったと思われる。

　これに対して，飛鳥板蓋宮（飛鳥宮跡Ⅱ期）では「大極殿」と呼ばれる同じ空間に脇殿が推定される。これは前期難波宮の内裏前殿区画の東西の長殿に該当するもので，私的空間における公的建物の脇殿が「朝堂」の機能をもつ。しかも内裏南門の南に，広大な「朝堂院」区画と14「朝堂」が配置されている。これまでになかったものである。前期難波宮におけるこの「朝堂院」をどう位置づけるかが課題であるが，大化改新後の孝徳朝には朝参や朝政が小郡宮段階において義務づけられており，これに対応するものであろう。さらに朝堂第一堂と第二堂がほかの朝堂建物よりも格上の建物であることは，のちの時代のように親王や大臣の座があったことを示唆している。しかし，孝徳朝の新政権はわずか8年だけ（前期難波宮完成から1年）で，都は飛鳥に戻ってくる。次の後飛鳥岡本宮（飛鳥宮跡Ⅲ―A期）にはこのような大規模な朝堂院はみられず，多人数の朝参・朝政は継続されなかった。前期難波宮内裏前殿区画にあった長殿は，飛鳥宮跡内郭前殿区画からは独立し，東西に別区画として存在する。大津宮でも同様に，大規模な朝堂院は形成されていない。飛鳥浄御原宮（飛鳥宮跡Ⅲ―B期）になると，エビノコ郭の南に朝堂を想定するが，前期難波宮のような大規模なものではない。藤原宮になると大極殿院の南に12の朝堂をもつ大規模な朝堂院が成立する。これらは区画の規模や配置状況から，明らかに前期難波宮の「朝堂院」を祖型としているが，大極殿などは，基壇上の瓦葺礎石建物である。その完成は藤原宮遷都時には完成しておらず，「朝堂」の初見は大宝元年であり，発掘成果によると東面回廊の建築はさらに遅れて，大宝3年以降まで下る。

中国の朝堂と庭

　中国の朝堂は史料からみると，前漢長安城からその存在が窺える。それによると未央宮の庭の東西に朝堂があったとされる。この朝堂の性格は，皇帝が群臣を集めて集議を行う政治堂であった。つづく後漢の洛陽の朝堂は，集議の場であるとともに，儀礼の場ともなっている。魏晋南北朝にも軍礼・賓礼などの儀礼が行われ，同時に集議の場でもある。この重要度はほぼ同じ割合になって

いる。その場所は太極殿の門外南東の尚書省に隣接してある。唐長安城になると，太極殿の南の門である承天門前の，東西にあり，さらに広場があった。その機能は，これまでのように集議の機能が史料にはみられず，多くの儀礼が行われている空間となっている（佐藤1977・山崎1996）。これらの位置と構造，性格を我が国の朝堂院と比較する必要がある。この朝堂の位置が承天門の南にある点は，内裏南門（大極殿門）の南に朝堂院があることと共通する。ただし，中国の朝堂が東西に各1棟ずつであるのに対して，我が国では12の朝堂を配置することは，日本独自の点であろう。一方，承天門前の広場は儀式・儀礼の場でもあった。「朝堂院」の系譜のひとつに儀礼空間である「朝庭」がある。これと共通するのである。

小　　結

　ここまで整理したように，「朝堂院」とは「朝庭」と「朝堂」によって構成されており，これをひとつの空間として回廊が囲んで院をなしている。この「朝堂院」の機能には，以下の2点が重要であると考える。朝儀と朝参・朝政，つまり儀式と朝政である。これに対応する施設として，儀礼空間が「朝庭」，朝政が「朝堂」である。内裏の南に儀礼空間である「庭」を設けることは小墾田宮段階からみられ，この規模が徐々に大きくなり，藤原宮朝堂院への系譜をたどることができる。一方，「朝堂」は当初，天皇と親しくまみえ，集議を行う場であった。小墾田宮段階では，まだ明確ではないが，飛鳥板蓋宮では正殿の脇に「朝堂」がおかれている。これは難波長柄豊碕宮でも，同様である。ただし，小郡宮での詔もあるように八省百官の朝参が示されており，これに対応するように，前期難波宮では内裏の南に広大な朝堂院を建設した。しかし，この朝堂院に対応する政治体制はまだ，未成熟なもので，次の飛鳥の王宮には反映されなかった。これが成立するのは藤原宮である。つまり藤原宮朝堂院において，「朝庭」と「朝堂」を統合した朝堂院が確立されると考えられる。そして平城宮前期には中央区と東区に再び分離するが，奈良時代後半に再び統合される。

(6) 「内裏」の構造と展開

「内裏」とは天皇の居所である。古代王宮の展開にあたっては，基本的に天皇の居所である空間に，政治・儀式を行う公の空間が創設され，この公部分の空間が大きくなるという方向性がみられる。「内裏」といっても内裏内には天皇の公空間や私空間，さらにそれを支える空間が必要であり，これまでの「大極殿」「朝堂院」よりも複雑である。しかし，「内裏」にかかわるこれまでの研究は意外と少ない。

寺崎保広氏は，平城宮の第二次大極殿院下層の正殿の性格を検討するにあたり，まず奈良・平安時代の大極殿の使用例を整理した。最も重要なものは即位と朝賀であり，つづいて蕃客辞見・朝政・告朔・授位などである。そして，大極殿下層の正殿については，「大安殿」とした。その理由は，『日本書紀』の古訓には「大極殿」「大安殿」が「オホアンドノ」と読み，同一殿舎であったことが窺えること，「大安殿」の用例が大極殿と類似すること，建物が掘立柱建築で内裏内郭のなかの建物と同構造であること，古代における「内」「外」の用例から，「内安殿」が内裏正殿，「大安殿」は内裏内郭の外にある建物となるなどの理由による（寺崎 1984・2006）。

小澤毅氏は飛鳥浄御原宮（飛鳥宮跡Ⅲ—B期）の「大極殿」をエビノコ郭正殿に比定したことを踏まえて，「大安殿」を内郭内部の公的殿舎である内郭前殿 SB7901 に比定する。さらに「向小殿」「内安殿」「外安殿」についても考察した。ただし，小澤論文の刊行時にはまだ，内郭中枢の調査が実施されていないので，この段階ではあくまでも推定である。「向小殿」は天皇が御した建物で，王郷は大殿の庭で宴をした記事に現れる。大殿を内郭前殿とした場合，北院内の北側中軸線上の建物と推定した。さらに「外安殿」は諸臣が侍る形態から，内郭北院の建物ではなく，賜宴の形態からみて「内安殿」と遠からぬ位置にある建物とする。また公的なものに「大」「外」をつける例があることから，「大安殿」と「外安殿」は同一建物で，内郭前殿に比定する。そして「内安殿」は「親王・諸王を内安殿に引入る」とあることから，内郭北院の建物とする。よって，小澤氏は内郭南院に「大安殿」，北院中央区南半に「向小殿」「内安

162　Ⅱ　古代王宮の位置と構造の研究

殿」が並ぶ殿舎配置を復元した（小澤1997）。

　林部均氏は内郭前殿の北に，正殿・脇殿が２セット並ぶことを発掘調査で明らかにした。基本的に小澤氏と同様に，飛鳥浄御原宮（飛鳥宮跡Ⅲ－Ｂ期）の「大極殿」をエビノコ郭正殿に，「大安殿」「外安殿」を内郭前殿に比定し，「内安殿」は中枢にある２つの正殿級建物いずれかに推定，「向小殿」は中軸線にある建物ではなく，正殿と廊下で繋がった脇殿に比定した。「大極殿」が新たにできたことにより，内郭にあった公的空間が弱まり，これがのちの「内裏」区画に繋がっていくとする（林部2008）。

　これら内裏の中枢施設にかかわる研究に対して，平城宮内裏全体を対象としたのは橋本義則氏である。橋本氏は平城宮内裏の位置づけを行うにあたって，まず，平安宮内裏の空間構造について整理した。平安宮内裏は，天皇の公的空間・天皇の私的空間・皇后の空間「皇后宮」・皇后以外の后妃たちの居所「後宮」・内裏を支える空間によって構成されているとする。この空間構成を平城宮内裏の変遷に対応させた結果，いくつかの特徴と画期を読み取ることができるとする。まず，第Ⅰ期（元明朝）では正殿が南北に２棟並列することである。脇殿は付随しないが，天皇の公的空間と私的空間がすでにこの段階でできあがっていることは注目される。そして，第Ⅱ期（元正朝～聖武朝前半）になると先の２つの正殿に脇殿が伴うコ字型配置をとる。さらに内裏の北東部には正殿と同規模の建物が配置されており，太上天皇の空間と考えられる。第Ⅴ期（光仁朝）になると，天皇の私的空間に皇后の空間が成立する。それまでの皇后宮が天皇宮とは別に営まれていたものが，この段階に至って，内裏に組み込まれる。さらに第Ⅵ期（桓武朝）になると内裏北東部にある太上天皇の空間を後宮として整備し，平安宮内裏の骨格が完成したとみる（橋本2001）。

　吉川真司氏はまず，橋本氏の研究を基に，平安宮の内裏の空間構成を整理した。これを踏まえて，律令体制以前の内裏は，大王と大王を支える采女などだけが生活していた。日常出入りする男子は食膳などに携わる舎人だけだったと考える。大臣たちは門を隔てた庁に侍候した。このような形態は基本的に平安時代まで継続したが，この頃にはかなり形骸化していたようである。ただし，８世紀における内裏は別の意味で大きな変革がみられる。それは橋本氏の研究による皇后宮の設置，後宮の設置であった（吉川2005）。

2　宮中枢部の成立過程　　*163*

これらのなかで，天皇の皇后や妃，そしてこれらの生活を支える官司である
後宮十二司について検討したのは三崎裕子氏である。三崎氏は妃の宮が大化前
代においては，基本的に天皇宮とは別所に存在し，その経営基盤も別であった
ことを史料から考察した。天武朝においても「皇后宮」の記事が朱鳥元年
（686）4月にみられ，史料上「皇后宮」の初見であるが，「後宮」とは書き分
けられていることから，別の宮であったと考えられる。さらに『万葉集』には
天武の妃の一人である藤原五百重娘の居所が，飛鳥浄御原宮から離れた大原に
推定されるとする。そして，これは令制度下においても同様で，令規定に皇后
と他の妃とは区別されており，光明子の皇后宮が著名であり，奈良時代後半に
おける皇后宮や妃宮の内裏への侵入は，先の橋本論文で詳細に検討をされてい
る（三崎 1988）。

(7) 「内裏」の構造をめぐる課題の整理

　内裏は天皇の居住空間であり，合わせて私的空間のなかでも最も南には公的
儀式などを行う正殿をも合わせもっている。さらに内裏には皇后や太上天皇，
妃たちが同居する場合もあり，それに付属する施設が建ち並ぶ，しかし，その
本質は天皇の居住空間であることは間違いない。これも時代とともに変化をし
ており，本来天皇の宮は居住空間のなかに公的空間の占める割合が徐々に大き
くなる。
　これまで，内裏に焦点をあてた研究は多くはない。そのなかでもいくつかの
テーマがあげられる。まず，内裏における公的空間である。内裏正殿にかかわ
る研究，内裏全体の空間構成の変遷にかかわる研究，そして，組織としての後
宮にかかわる研究である。ここではそのいくつかのテーマに即して，7世紀代
の内裏について整理しておきたい。

7世紀代「内裏」の本質

　内裏の本質は天皇の居所であることは間違いない。しかし，このなかにおい
ても公的空間や皇后や妃の居住空間も合わせもつ空間であった。ここでは7世
紀代の内裏の本質について，整理しておく。

まず，内裏のなかに公的空間が共存することは，すでに「大極殿」が内裏の
なかに祖型を求めることができ，さらに朝堂も内裏のなかに存在していたこと
から明らかである。飛鳥宮跡内郭の場合，全体的にはのちの内裏的な性格が強
いとされているが，内郭の南1/4はそのなかでも公的要素の強い空間で，北
3/4が私的要素の強い空間とされている。このなかで，内郭前殿は公的殿舎で
あり，その東西に掘立柱塀によって区画されているが，南北の長殿が2棟ずつ
あり，「朝堂」と理解できる。このことから，内郭の南に天皇の公的空間を推
定できるのである。一方，皇后宮は，朱鳥元年（686）4月の記事によると，
「皇后宮の私稲五千束を以て，川原寺に納む」とあり，皇后であった鸕野皇女
も飛鳥浄御原宮とは独立した皇后宮を経営していたことがわかる。そして妃で
ある藤原五百重娘が『万葉集』の歌から，大原に居住していたことがわかる。[10]
また，皇子についても，『日本書紀』や『万葉集』の記録から飛鳥周辺部に推
定し，[11]その候補地となる遺跡も見つかりつつある（相原2000）。さらに飛鳥
池工房遺跡からは「大伯皇子宮」と記された木簡も出土しており，皇子・皇女
たちの宮も，飛鳥浄御原宮とは別に設けられたと考えられる。

　このように理解してよければ，飛鳥宮跡内郭には，皇后や妃，皇子たちは居
住しておらず，内郭は天皇の居住とそれを支える官司（後宮官司）の空間と公
的空間で構成されていたことになる。皇后や妃たちが内裏に居住するようにな
るのは，橋本氏の指摘のとおり，奈良時代も後半になってからである。

飛鳥宮跡内郭と前期難波宮の中枢部の性格

　飛鳥宮の内郭には，中軸線上に3つの正殿クラスの建物が並んでいる。南区
画に内郭前殿，北区画に「南の正殿」「北の正殿」がある。これらの建物の性
格や史料との対比はすでに，幾人かの研究者によって比定されており，大方の
一致をみている。つまりエビノコ郭正殿は「大極殿」と呼ばれる儀式の正殿，
内郭前殿は「大安殿」あるいは「外安殿」と呼ばれる，内郭内の公的正殿。南
の正殿は「内安殿」と呼ばれ，内郭のなかでは前殿に次いで公的要素の強い正
殿である。北の正殿は「内安殿」あるいは名称不明建物とされるが，天皇の私
的正殿である御在所正殿である。このように飛鳥浄御原宮段階では，『日本書
紀』の記事も信頼性が高く，発掘調査で確認された建物との関係がよくみられ

る。

　ここで飛鳥宮跡内郭と前期難波宮の内裏地区とを対比すると，ともに中軸線上に大型建物が３棟ならんでいる。両者の対比から内郭前殿が内裏前殿に，南の正殿が内裏後殿に，北の正殿が北方建物に該当する。ここで少し検討しなければいけないのは，南の正殿と内裏後殿の相違である。まず，南の正殿はその前に中庭をもつのに対して，内裏後殿は前殿と軒廊で繋がり，中庭を伴わない。このことは，ここが儀式を行う空間ではないが，前殿の控えの間としての機能と，建物内での利用が考えられる。また，脇殿として四面廂建物があり，南正殿と同様の機能をもつ。その意味で，内裏内の公私の中間的な正殿としての共通点を窺えよう。

飛鳥宮跡内郭の空間構成

　７世紀代の内裏の空間構成を考えるにあたって，飛鳥宮跡内郭（Ⅲ－Ａ期）での空間構成はどうであろうか。先にみたように皇后や皇妃たちは，飛鳥宮跡内郭には居住しない。これは平城宮内裏の歴史的変遷からも裏づけられている。つまり，飛鳥宮跡内郭の空間構成は，天皇の公的空間，朝堂ともされる公的集議の空間，天皇の私的空間，これらを支える施設群の大きく４つの空間から構成されていたと考えられる。

　そこで飛鳥宮跡内郭の殿舎配置から，その空間構成をみたい（図24）。まず空間の区画割についてみたい。これまでに指摘されているように内郭は南区画と北区画に大別される。このうち南区画は掘立柱塀によって三分され，中央部を空間Ａ，その東西を空間Ｂとする。一方，北区画では掘立柱塀や石組溝等によって東西に三分される。このうち中央部には２棟の正殿と称される中心区画があるが，この２つの大型建物の地域を空間Ｃとする。さらに北の東西長殿までを空間Ｄ，さらに北を空間Ｅとする。北区画の東西は南北に長い空間となるが，ここは南半（空間Ｆ）と北半（空間Ｇ）に区分が可能と思われるが，SB7365から北を空間Ｇとしておきたい。

　このように区分すると，空間Ａには砂利敷広場を伴う「内郭前殿」があり，内郭内における天皇の公的空間と考えられる。空間Ｂには南北棟長堂が２棟ずつ配置されており，集議の空間である。これに対して，北区画の中央区の空

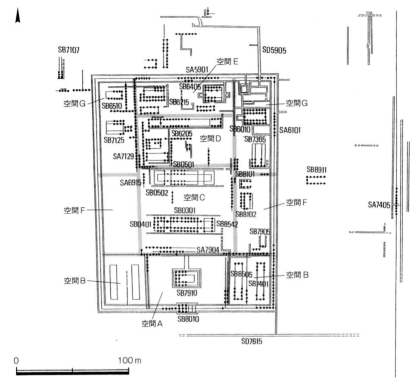

図 24　飛鳥宮内部の空間構成（橿考研 2008 を一部改変）

間Cには「南の正殿」「北の正殿」そして，それぞれの脇殿が配置され，この
うち南正殿の前と北正殿の前に石敷の庭が広がっている。南正殿の南に広がる
広場が，「南正殿」に伴うものであることは間違いないが，「北正殿」の南に広
がる広場が北正殿だけの広場かが問題となる。南の正殿では建物の南と北に階
段がついてあると考えられている。つまり南正殿は北に向いても指向している
ことになる。ただ，北正殿については，階段の有無については確認されていな
い。ここでは両者を合わせて空間Cとし，さらに南のC―1と北のC―2に細
分されるとしたい。そして，内郭のなかにおける天皇の私的な空間と推定する。
さらに北の空間Dには東西に24間にも及ぶ長大な建物がある。この建物とさ
らに北の空間Eとの関係は課題として残る。北区画の東および西部の南半
（空間F）にはやや規模の小さい建物が並ぶ。これに対して，空間Gには井戸

2　宮中枢部の成立過程　　167

を含む廂付き高床建物がある。ただ空間 E の東半にある SB6405 は東西に階段があり，建物の東西との関連が強い。つまり空間 G の井戸とも一体となっている可能性がある。西部空間 G と空間 E は掘立柱塀によって明瞭に区画されているのに対して，東部空間 G と空間 E では明確な区画施設はなく，逆に密接な関係がみられるので，一体利用されている可能性がある。これらの空間の性格を特定はできないが，天皇の生活を支える後宮官司の空間とみて間違いない。

小　　結

　ここまでみたように飛鳥宮跡の内郭の基本は，A 天皇の公的空間，B 公的集議の空間，C 天皇の私的空間，D〜G 天皇の生活を支える空間の 4 つの性格をもつ空間が存在する。しかし，これらも時間の経過とともに，その比率が変化をしている。まず，小墾田宮段階においては，A と C 空間が分離されておらず，一体となっている。また，B 空間が存在しないか，あっても極めて小さい。よってこの時期は C 空間と D 空間に代表される構成であったと考えられる。これが，飛鳥板蓋宮段階になると，A 空間と C 空間が分離，さらに A 空間に B 空間が併設される。そして C 空間を支える D 空間が存在する。つまり，C・D 空間に，新たに AB 空間が増えたのである。この構成は難波長柄豊碕宮（前期難波宮）でも同様であるが，AB 空間の要素が強くなっている。そして，後飛鳥岡本宮（飛鳥宮跡Ⅲ—A 期）でも同様であるが，B 空間が A 空間から分離して存在する。これは次の大津宮（錦織遺跡）においても同じであろう。飛鳥浄御原宮（飛鳥宮跡Ⅲ—B 期）では，内郭から独立した正殿が新たに創設されたのをうけ，基本的に AB 空間は内裏からなくなる。ただし，内裏という私的空間における正殿の必要性から，A 空間はその機能を薄めながらも存在することになる。これは未確認ではあるが藤原宮にみられる構成だと考えられ，平城宮第 1・2 期にみられる。

(8)　総　　括——宮中枢部の成立過程

　これまで宮中枢部に位置する「内裏」「大極殿」「朝堂院」の成立とその展開

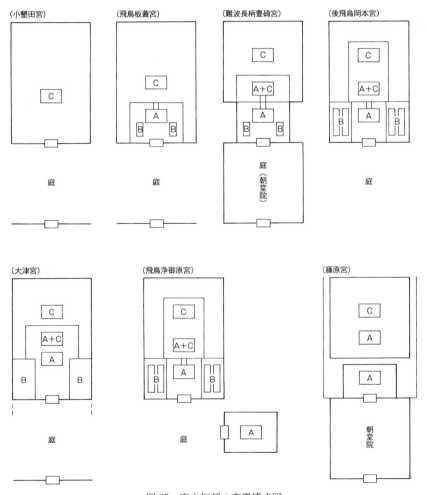

図25　宮中枢部の変遷模式図

についてみてきた。このなかにはまだまだ課題点も多くあるが，現在の研究段階と展望についての整理を試みた。ここではこれらの成果を宮中枢部の変遷として位置づけ，まとめにかえたい。

　すでにみたように，史料および考古学的成果からみて，王宮中心部の構造がある程度復元されるものは，推古朝の小墾田宮，孝徳〜天武朝の難波長柄豊碕宮（前期難波宮跡），斉明朝の後飛鳥岡本宮（飛鳥宮跡Ⅲ－A期），天智朝の大津

2　宮中枢部の成立過程　　169

宮（錦織遺跡），天武・持統朝の飛鳥浄御原宮（飛鳥宮跡Ⅲ－B期），持統・文武・元明朝の藤原宮である。このうち小墾田宮は文献史料からだけの復元であるが，ほかは考古学的な成果を基にしている。ただし，各遺跡において発掘成果はまちまちで，必ずしも共通の条件で比較できてはいない。

　本来，王宮の中枢部は天皇の居住空間であるのちの「内裏」と呼ばれる部分のみで成立していた。ここに儀式や政治を行う公的部分が誕生したと考えられる。小墾田宮段階における「大殿」は史料だけからでは判断がつきにくいが，内裏のなかの私的建物であった可能性が高い。これは推古天皇が臥していた正寝と呼ばれていたことから窺われる。この正殿の南には門（内裏南門）があり，その南には儀礼空間である庭が広がっていた。この庭に「庁」が配置されていたという理解もあるが，この段階においては庭にも大殿の前にも「庁」はなかったと推定する。正殿の前に庁（脇殿）が配置されるのは，飛鳥板蓋宮（飛鳥宮跡Ⅱ期）段階である。ここでは天皇の居住する私的正殿と儀礼や合議を行う公的正殿に分化しており，庁（脇殿）は公的正殿に付属していた。そして，庭はその南の門を隔てた外に展開する。

　このような配置は次の難波長柄豊碕宮（前期難波宮跡）にも引き継がれる。内裏地区が南に凸形に突出する形態をもち，ここに公的正殿である内裏前殿がある。前殿と後殿とは軒廊で結ばれており，後殿には前面に中庭を有しないことから，両者が一体となって機能していたと考えられる。つまり公的正殿はさらに2つに分化しており，後殿は公私両用の正殿であり，前殿の前には庁が配置する。そして内裏での私的正殿，つまり天皇の居住空間は長廊状建物の北方に正殿がありここに広がっていた。

　一方，巨大な内裏南門の外には16堂にも及ぶ「朝堂」が整然と並んでおり，中央に広大な「朝庭」が広がっている。この段階の「朝堂院」は，藤原宮の朝堂院と異なり，庭を中心とした空間で，朝儀と朝参・朝政を実践しようと試みたのである。この「朝堂院」の正殿として，先の内裏前殿があるが，内裏前殿も内裏のなかの正殿であることは間違いない。ただし，ここで朝賀儀式などが行われていたと考えられていることは，のちの「大極殿」機能の一部をすでに有していたことがわかり重要である。

　このような内裏・朝堂院を併置した大規模で整然とした構造は，藤原宮に直

接つながるものであるが，実際には後飛鳥岡本宮（飛鳥宮跡Ⅲ―Ａ期）には同構造の「朝堂院」は引き継がれない。内郭前殿にいたっては，前期難波宮内裏前殿よりも建物規模は縮小するものの，その配置関係や建物比率などからみて，前期難波宮内裏前殿は飛鳥宮跡内郭前殿に引き継がれていることは間違いない。さらに３棟並ぶ正殿群の配置関係は変わらない。内裏前殿区画にあった脇殿は，内郭前殿の東西の別区画にある４棟の建物に受け継がれ，基本的にこれが「庁」となる。最も大きな違いは，内郭南方に朝堂院区画が存在しないことである。つまり「庭」の空間はあるが，そこには「朝堂」はないのである。このことも前段階における「朝堂院」が，藤原宮以降とは異なることを意味しており，朝政空間は内郭前殿の東西にあり，朝儀空間は内郭の南の「庭」であったことを意味している。前期難波宮は，大化新政権が新天地において新しい政治思想を具現化するために，壮大な王宮を造営した。「其の宮殿の状，殫に論ふべからず」（白雉３年９月条）と記されている。しかし，この王宮を放棄し飛鳥にもどった政権は，振り子現象ともいうべきやや後退気味な点がみられる。孝徳朝の政策が唐指向の王宮を造営したにもかかわらず，斉明朝には再び百済指向へと転換したことも一因と考えられるが，前期難波宮の先進性には政権そのものがまだ未熟であった。この王宮に見合う政権が成熟するまでには，まだ30年の年月が必要であったのである。

　このような後飛鳥岡本宮（飛鳥宮跡Ⅲ―Ａ期）の構造は大津宮（錦織遺跡）でも推測できる。錦織遺跡では内裏区画が断片的に確認されているが，「朝堂院」区画は未確認である。わずかに西朝堂とも推測される建物が確認されているが，前期難波宮のような朝堂院区画を想定する案と飛鳥宮跡のような区画を伴わない「庭」を想定する案があるが，いずれとも決しがたい。しかし，系譜上この段階では「庭」を重視していたことは間違いなく，朝堂建物規模としては前期難波宮同様に小さい。一方，内裏内の配置は飛鳥宮跡に近く，内裏の系譜上にある。

　飛鳥浄御原宮（飛鳥宮跡Ⅲ―Ｂ期）では，内郭の東南にエビノコ郭と呼ばれる区画と大型建物が出現する。エビノコ大殿については，内郭（内裏）の外に出現した飛鳥宮最大の建物である点，前期難波宮内裏前殿・飛鳥宮跡内郭前殿の系譜上にある点，史料にこの頃から「大極殿」が現れることから，「大極殿」

と呼ばれた建物とみてよい。このエビノコ郭の南方には数棟の南北棟建物が想定され，砂利敷が広がる。エビノコ郭に接続する区画はないが，「朝堂」と「朝庭」と考えられる。エビノコ大殿の創出によって，内郭前殿の公的要素の一部はそちらに移り，内郭前殿は内裏のなかにおける公的建物，つまり，のちの内裏正殿になる。これに付随して，南の正殿の西脇殿が撤去され小池が造られる。南正殿がより私的性格を強めた結果であろう。

　儀式空間である朝庭と朝政空間である朝堂を統合したものが，藤原宮の朝堂院となる。これは前期難波宮で創出された形態を祖型としている。さらにこの朝堂院の正殿として，そして王宮全体の公的儀礼空間としての大極殿が，藤原宮大極殿院につながる。ここにおいて名実ともに内裏・大極殿・朝堂院が成立するのである。[14]

　このように理解してよければ，大極殿や朝堂院の成立については藤原宮において成立したとするのが最も妥当な見解であろう。ただし，前期難波宮や飛鳥宮における構造についても重要で，段階的な画期がみられる。

　「大極殿」とは内裏中の正殿がより公的要素を強め，内裏内で機能（建物）分化を経て，内裏内の公的正殿へと変化していく。さらにこれが，庭や朝堂の正殿としての機能ももち，最終的には内裏から独立した天皇独占の空間となって成立する。この意味では藤原宮では確実に「大極殿」として確立しているが，内裏から独立した正殿という意味では飛鳥宮跡エビノコ郭正殿がすでに「大極殿」としての独立性をもっている。同様に史料にみる「大極殿」の名称もこれを補強する。ただし，この建物の使用例では宴などのちの「大極殿」にはみられない使用形態も窺われ，藤原宮大極殿と同じではない。さらに前期難波宮内裏前殿は内裏内の正殿ではあるが，朝賀が行われており，内裏内の公的正殿として，大極殿機能の一部はすでに有しており，同時に朝堂院の正殿でもある。[15]

　一方，朝堂院の成立をみてみると，本来は儀式空間である朝庭と朝政空間である朝堂が統合されたものと考えられる。前期難波宮においては朝堂院がみられるが，朝庭としての要素が強く，朝堂としての機能は未熟であった。しかもこの形態は飛鳥宮には引き継がれず，藤原宮まで遅れる。やはり確実な朝堂院も藤原宮とみるべきである。しかし，飛鳥宮跡Ⅲ—B期にはエビノコ郭の南に朝堂と小規模な庭がみられるが，区画施設はなく，庭については内郭の南にも

ある。この意味で，飛鳥宮段階においてもその祖型はみられる。

　本来，天皇の宮（内裏）は居住空間とこれを支える人々によってのみ構成されていた。このなかで公的要素や集議の場である庁が設けられ，これは大極殿・朝堂院に発展していく。この意味で内裏の典型は藤原宮であり，その前段階に飛鳥宮跡Ⅲ—Ｂ期がある。飛鳥宮跡Ⅲ—Ａ期の段階ではまだ，公的要素が強く残されていた。

　このように大極殿・朝堂院・内裏の成立については，時代とともに変遷があり，いくつもの画期を経て藤原宮で完成する。その画期のどの要素に重点を置くかによって，その成立時期の見解が分かれるのである。しかし，いずれにしても藤原宮において確立されていることは間違いないようである。

　註
　（１）　７世紀段階においては大極殿や朝堂院の名称が確立しておらず，ここではのちの大極殿や朝堂院という意味で「大極殿」「朝堂院」などとかっこ付きで表記する。
　（２）　大極殿の成立過程を含む宮中枢部の変遷については平成２年（1990）に奈良大学考古学研究室交流会において発表したことがある。発表にあたっては当時，水野正好先生，岡田英男先生から多くのご教示・ご指導をいただいた。本章はそのときの検討内容に，その後の発掘・研究成果を踏まえて，新たに検討を加えたものである。
　（３）　亀田博氏は，この段階において前期難波宮の造営時期を天武朝とみて，飛鳥宮Ⅲ—Ｂ期→前期難波宮の変遷を推定している。
　（４）　天武10年２月25日条，天武10年３月17日条，天武12年正月７日条，朱鳥元年正月２日条。
　（５）　前期難波宮の内裏前殿・後殿の北に，御在所の正殿が推定される（難波宮址顕彰会1976）。
　（６）　『続日本紀』天応元年11月丁卯条。
　（７）　『続日本紀』天平宝字２年11月辛卯条。
　（８）　飛鳥板蓋宮における正殿を当時「大極殿」と呼んでいたかは明らかではない。
　（９）　皇后宮は天皇宮とは別にあると考えるが，天皇宮を内裏と考えると，飛鳥浄御原宮の内郭を天皇宮と理解できる。当時の皇后宮は内郭の外にあったと考える。この場合，その候補地としては内郭に北接するSB0934が考えられる。
　（10）　『万葉集』巻2-103。
　（11）　天武天皇の皇子については高市皇子が香具山山麓，草壁皇子が嶋宮，忍壁皇子が雷丘周辺，舎人皇子が細川周辺，弓削皇子が南淵周辺，新田部皇子が八釣周辺に邸宅を構えていたことがわかっている。
　（12）　菅谷文則氏は東西24間に及ぶSB6205を舎人の宿営的施設とみている（菅谷2008）。

(13)　菅谷文則氏はSB6301の建物を縮小して，石敷の井戸を造営したとしている（菅谷 2008）。

(14)　平城宮において，大極殿・朝堂院が中央区と東区に分離される。この理由については渡辺 2006 に詳しい。

(15)　前期難波宮の内裏南門の前の朝庭部分には，基壇状の高まりがある。これが前期の基壇建物であったとするならば，前期難波宮における天武朝「大極殿」の可能性も否定できない。今後詳細に検討していきたい。

参考・引用文献

相原嘉之 1999　「小治田宮の土器─雷丘東方遺跡出土土器の再検討─」『瓦衣千年　森郁夫先生還暦記念論文集』森郁夫先生還暦記念論文集刊行会

相原嘉之 2000　「飛鳥地域における空間利用形態についての一試論─掘立柱建物の統計的分析を通して─」『明日香村文化財調査研究紀要　創刊号』明日香村教育委員会（本書第Ⅱ部第 1 章に収録）

相原嘉之・光谷拓実 2002　「小治田宮の井戸─井戸枠の年輪年代と出土土器─」『明日香村文化財調査研究紀要　第 2 号』明日香村教育委員会

相原嘉之 2013　「飛鳥寺北方域の開発─7 世紀前半の小墾田を中心に─」『橿原考古学研究所論集　第 16』八木書店

秋山日出雄 1981　「八省院＝朝堂院の祖型」『難波宮址の研究　第七　論考編』大阪市文化財協会

明日香村教育委員会 1988　『雷丘東方遺跡　第 3 次発掘調査概報』

井上　亘 1995　「推古朝の朝政」『学習院史学　第 33 号』（のちに『日本古代朝政の研究』吉川弘文館 1998 所収）

井上　亘 1998　「大化の朝政」『日本古代朝政の研究』吉川弘文館

今泉隆雄 1984　「律令制都城の成立と展開」『講座 日本歴史 2　古代 2』東京大学出版会（のちに今泉 1993 所収）

今泉隆雄 1989　「再び平城宮の大極殿・朝堂について」『律令国家の構造』吉川弘文館（のちに今泉 1993 所収）

今泉隆雄 1993　『古代宮都の研究』吉川弘文館

植木　久 2009　『難波宮跡』同成社

大阪市文化財協会 1981　『難波宮址の研究　第 7』

大阪市文化財協会 1995　『難波宮址の研究　第 10─後期難波宮大極殿院地域の調査─』

大阪市文化財協会 2005　『難波宮址の研究　第 11─前期・後期朝堂院の調査─』

大津市教育委員会 1977　『大津宮関連遺跡─皇子が丘地域　その 2─』

大津市教育委員会 1988　『錦織遺跡発掘調査報告Ⅲ』

小澤　毅 1988　「伝承板蓋宮跡の発掘と飛鳥の諸宮」『橿原考古学研究所論集　第 9』吉川

弘文館（のちに小澤 2003 に所収）

小澤　毅 1997　「飛鳥浄御原宮の構造」『堅田直先生古希記念論文集』岩波書店（のちに小澤 2003 に所収）

小澤　毅 2003　『日本古代宮都構造の研究』青木書店

金子裕之 1996　「朝堂院の変遷に関する諸問題」『古代都城の儀礼空間と構造』奈良国立文化財研究所

亀田　博 1984　「飛鳥京跡小考」『橿原考古学研究所論集　第 6』吉川弘文館（のちに亀田 2000 に所収）

亀田　博 1996　「飛鳥浄御原宮」『古代都城の儀礼空間と構造』奈良国立文化財研究所（のちに亀田 2000 に所収）

亀田　博 2000　『日韓古代宮都の研究』学生社

岸　俊男 1975a　「朝堂の初歩的考察」『橿原考古学研究所論集　創立 35 周年記念』吉川弘文館（のちに岸 1988 に所収）

岸　俊男 1975b　「都城と律令国家」『岩波講座　日本歴史　古代二』岩波書店（のちに岸 1988 所収）

岸　俊男 1977a　「難波の都城・宮室」『難波宮と日本古代国家』（のちに岸 1988 所収）

岸　俊男 1977b　「難波宮の系譜」『京都大学文学部紀要　17』塙書房（のちに岸 1988 所収）

岸　俊男 1988　『日本古代宮都の研究』岩波書店

鬼頭清明 1978　「日本におけ大極殿の成立」『井上光貞博士還暦記念　古代史論叢（中）』

鬼頭清明 1984　「日本におけ朝堂院の成立」『日本古代の都城と国家』塙書房

佐藤　武 1977　「唐の朝堂」『難波宮と日本古代国家』難波宮址を守る会

滋賀県教育委員会・滋賀県文化財保護協会 1988　『錦織・南滋賀遺跡発掘調査概要 II』

滋賀県教育委員会・滋賀県文化財保護協会 1989　『錦織・南滋賀遺跡発掘調査概要 III』

滋賀県教育委員会・滋賀県文化財保護協会 1990　『錦織・南滋賀遺跡・近江国庁跡発掘調査概要 IV』

滋賀県教育委員会・滋賀県文化財保護協会 1992　『錦織遺跡―近江大津宮関連遺跡―』

滋賀県教育委員会・滋賀県文化財保護協会 1994　『錦織・南滋賀遺跡発掘調査概要 VII』

菅谷文則 2008　「飛鳥京跡内郭の跡地処理と発掘技術の進展」『飛鳥京跡 III―内郭中枢の調査 1―』橿原考古学研究所

関野　貞 1907　『平城京及大内裏考』東京帝国大学

積山　洋 2002　「難波長柄豊碕宮と飛鳥浄御原宮―大極殿の成立をめぐって―」『市大日本史　第 5 号』大阪市立大学日本史学会

積山　洋 2009　「大極殿の成立と前期難波宮内裏前殿」『都城制研究　2』奈良女子大学 COE 研究室

積山　洋 2013　『古代の都城と東アジア―大極殿と難波京―』清文堂

寺崎保広 1984 「平城宮大極殿」『仏教芸術　154号』毎日新聞社（のちに寺崎 2006 所収）

寺崎保広 1988 「朝堂院と朝政に関する覚書」『川内古代史論集　第 4 号』東北大学古代史研究会（のちに寺崎 2006 所収）

寺崎保広 2006 『古代日本の都城と木簡』吉川弘文館

直木孝次郎 1967 「大極殿の門」『末永先生古稀記念　古代学論叢』（のちに直木 1975 所収）

直木孝次郎 1973 「大極殿の起源についての一考察―前期難波宮をめぐって―」『人文研究　25 巻 1 分冊』（のちに直木 1975 所収）

直木孝次郎 1975 『飛鳥奈良時代の研究』塙書房

中尾芳治 1972 「前期難波宮をめぐる諸問題」『考古学雑誌　第 58 巻第 1 号』（のちに中尾 1995 所収）

中尾芳治 1995 『難波宮の研究』吉川弘文館

難波宮址顕彰会・難波宮址研究会 1964 『難波宮址の研究　第 5』

難波宮址顕彰会・難波宮址研究会 1970 『難波宮址の研究　第 6』

難波宮址顕彰会 1976 『難波宮跡研究調査年報 1974』

奈良県教育委員会 1971 『飛鳥京跡 I』

奈良県立橿原考古学研究所 1980 『飛鳥京跡 II』

奈良県立橿原考古学研究所 2008 『飛鳥京跡 III―内郭中枢の調査 1―』

奈良国立文化財研究所 1978 『飛鳥・藤原宮発掘調査概報 8』

奈良文化財研究所 2001 『奈良文化財研究所紀要　2001』

奈良文化財研究所 2003 『奈良文化財研究所紀要　2003』

奈良文化財研究所 2004 『奈良文化財研究所紀要　2004』

奈良文化財研究所 2005 『奈良文化財研究所紀要　2005』

奈良文化財研究所 2006 『奈良文化財研究所紀要　2006』

奈良文化財研究所 2007 『奈良文化財研究所紀要　2007』

奈良文化財研究所 2008 『奈良文化財研究所紀要　2008』

奈良文化財研究所 2009 『奈良文化財研究所紀要　2009』

奈良女子大学 COE 研究室編 2009 『都城制研究 2―宮中枢部の形成と展開　大極殿の成立をめぐって―』

西本昌弘 1998 「元日朝賀の成立と孝徳朝難波宮」『古代中世の社会と国家』清文堂（のちに西本 2008 所収）

西本昌弘 2008 『日本の古代の王宮と儀礼』塙書房

橋本義則 1986 「朝堂院の構造」『日本の古代　七　まつりごとの展開』中央公論社（のちに橋本 1995 所収）

橋本義則 1995 『平安宮成立史の研究』塙書房

橋本義則 2001 「内裏地区空間構造の歴史的変遷」『平城宮発掘調査報告 XIII』奈良国立文

化財研究所（のちに橋本 2011 所収）

橋本義則 2011 『古代宮都の内裏構造』吉川弘文館

林　博通 2001 『大津京跡の研究』思文閣出版

林部　均 1998a 「飛鳥浄御原宮の成立―古代宮都変遷と伝承飛鳥板蓋宮跡―」『日本史研究　434 号』日本史研究会（のちに林部 2001c 所収）

林部　均 1998b 「飛鳥浄御原宮の庭と朝庭・朝堂―伝承飛鳥板蓋宮跡の空間構造―」『ヒストリア　162 号』大阪歴史学会（のちに林部 2001c 所収）

林部　均 2001a 「小墾田宮の復原」『古代宮都形成過程の研究』青木書店

林部　均 2001b 「前期難波宮の成立」『古代宮都形成過程の研究』青木書店

林部　均 2001c 『古代宮都形成過程の研究』青木書店

林部　均 2008 『飛鳥の宮と藤原京―よみがえる王宮―』吉川弘文館

福山敏男 1957 『大極殿の研究―日本に於ける朝堂院の歴史―』平安神宮

細川修平 2011 「近江大津宮の研究課題」『琵琶湖と地域文化　林博通先生退任記念論集』林博通先生退任記念論集刊行会

前田晴人 2005 「七世紀の宮室と大臣の庁」『飛鳥時代の政治と王権』清文堂出版

三崎裕子 1988 「キサキの宮の存在形態について」『史論　第 41 集』東京女子大学読史会

八木　充 1968 『律令国家成立過程の研究』塙書房

山崎道治 1996 「漢唐間の朝堂について」『古代都城の儀礼空間と構造』奈良国立文化財研究所

山元章代 2006 「庁の成立と大夫」『寧楽史苑　51』奈良女子大学史学会

吉川真司 1996 「宮廷儀式と大極殿・朝堂院―朝堂の機能を中心に―」『古代都城の儀礼空間と構造』奈良国立文化財研究所

吉川真司 1997 「難波長柄豊碕宮の歴史的位置」『日本国家の史的特質』思文閣出版

吉川真司 2005 「王宮と官人社会」『列島の古代史 ひと・もの・こと 3　社会集団と政治組織』岩波書店

吉水眞彦 2011 「近江大津宮『朝堂西第一堂』の検討」『琵琶湖と地域文化　林博通先生退任記念論集』林博通先生退任記念論集刊行会

渡辺晃宏 2006 「平城宮中枢部の構造―その変遷と史的意義―」『古代中世の政治と権力』吉川弘文館

3　飛鳥浄御原宮の宮城
―― 官衙配置の構造とその展開 ――

は じ め に

　「大宝元年，律令初めて定まる」と威奈大村の骨蔵器に刻まれている。我が
国の律令国家の確立は，官僚機構や統治体制として「大宝律令」の編纂・施行
されたことによって実を結ぶ。

　大宝律令の編纂過程は，まず令 11 巻 28 編が文武 4 年（700）に完成し，大
宝元年（701）6 月に施行，律 6 巻 12 編は同年 8 月に完成，大宝 2 年（702）に
施行された。この大宝律令以前の天武朝には六官の制がしかれており，のちの
二官八省の前身となる官制があったことが窺われる。天武天皇の王宮である飛
鳥浄御原宮は，ここ 50 年以上の調査・研究によって飛鳥宮跡の上層遺構が有
力視されている。その中枢部については，徐々に解明されてきているが，官衙
地域についてはいまだ明確ではない。しかし，近年の調査によって，苑池遺構
や飛鳥池工房，さらには東外郭の東側の様相が徐々にではあるが判明してきて
おり，本章では，これらを含めて天武朝の飛鳥浄御原宮の官衙群について若干
の整理をしておきたい。

　飛鳥浄御原宮の官衙については，すでに亀田博氏が一定の整理を行っており，
これまでに見つかっている官衙遺構や地名・文献史料をもとに，官司のいくつ
かの位置を比定した。総体的に宮内官やのちの中務省にあたる天皇の内廷機関
の施設は，宮中枢部の周囲に配置しており，六官は飛鳥寺の北側などに広く点
在していた可能性を指摘している（亀田 1997）。一方，林部均氏は飛鳥地域の
遺跡を A〜E の類型に分類した結果，明確な官衙遺跡は少なく，皇子の邸宅や
豪族の邸宅とされる遺跡が多数を占めることから，飛鳥浄御原宮段階では，皇
子宮や豪族の邸宅がのちの官衙が果たした役割のある部分を担っていたと指摘
する（林部 2001）。

　筆者も飛鳥地域の宅地遺構の整理をするなかで，林部氏の C 類型にあたる

宮殿・官衙遺構については検討から除外し，宅地と考えられる遺構を整理したことがある。しかし，宅地と推定される遺構のランク分けとその分布から，飛鳥浄御原宮の官衙は宮内およびその周辺に推定できる見通しをもった。つまり，飛鳥盆地中心部には，宮殿・官衙と寺院などの公共施設以外は存在しないのである（相原 2000）。

　しかし，その後の発掘調査で，飛鳥池工房遺跡・飛鳥京跡苑池・酒船石遺跡の調査が進み，飛鳥宮跡周辺の官衙関連遺構の様相が判明してきた。さらに，飛鳥宮跡の東側の官衙について，まとまった調査がなされ，この地域にも宮に関連する官衙が推定されるに至った。

　そこで本章では，これらの成果を検討し，飛鳥浄御原宮の官衙の実態についての一端を明確にしていきたい。また，藤原宮の官衙と比較することによって，その変遷についても若干の言及を試みたい。

(1)　文献にみえる天武・持統朝の官衙

　古代官僚制については数段階の過程を経て，大宝律令で集大成となる。官僚制がより明瞭になってくるのは大化改新の孝徳朝からである。天武朝は近江令を基本としており，その後，持統 3 年（689）の飛鳥浄御原令の施行，そして，大宝元年（701）の大宝律令の施行となる。その大宝律令の中央官制については断片的にしか残っていないが，次の養老律令と大きく変わらないことが指摘されている。その内容は表 3 に記した通りであるが，天武朝の官僚制度および飛鳥浄御原令の官僚制度については明確ではない。ただし，天武末年の『日本書紀』の記事から天武朝には近江令に基づいた「六官制」とも呼称できる構造であったことを窺うことができる。以下，その史料をみてみよう。

　天武天皇朱鳥元年（686）9 月 27 日条。

　　「甲子の平旦に，諸の僧尼，殯庭に發哭りて乃ち退でぬ。是の日に，肇めて奠進りて即ち誄る。第一に大海宿禰蒭蒲，壬生の事を誄る。次に淨大肆伊勢王，諸王の事を誄る。次に直大参縣犬養宿禰大伴，總べて宮内の事を誄る。次に淨廣肆河内王，左右大舍人の事を誄る。次に直大参當麻眞人國見，左右兵衛の事を誄る。次に直大肆采女朝臣竺羅，内命婦の事を誄る。

表3　中央官僚制構造①

大宝律令の中央官僚制　　大宝元年（701）以降

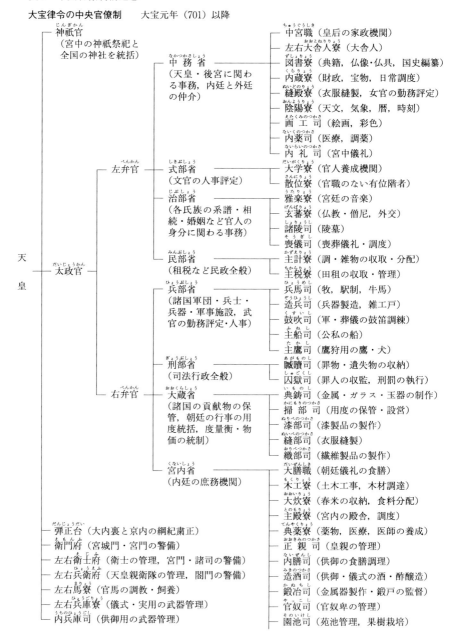

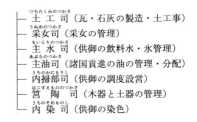

次に直廣肆紀朝臣眞人，膳職の事を誄る。乙丑に，諸の僧尼，亦殯庭に哭る。是の日に，直大参布勢朝臣御主人，大政官の事を誄る。次に直廣参石上朝臣麻呂，法官の事を誄る。次に直大肆大三輪朝臣高市麻呂，理官の事を誄る。次に直廣参大伴宿禰安麻呂，大藏の事を誄る。次に直大肆藤原朝臣大嶋，兵政官の事を誄る。丙寅に，僧尼，亦發哀る。是の日に，直廣肆阿倍久努朝臣麻呂，刑官の事を誄る。次に直廣肆紀朝臣弓張，民官の事を誄る。次に直廣肆穂積朝臣蟲麻呂，諸國司の事を誄る。次に大隅・阿多の隼人，及び倭・河内の馬飼部造，各誄る。丁卯に，僧尼，發哀る。是の日に，百済王良虞，百済王善光に代りて誄る。次に國國の造等，参赴るに随ひて，各誄る。仍りて種種の歌儛を奏る。」

　この史料から法官（後の式部省）・理官（治部省）・大蔵（大蔵省）・兵政官（兵部省）・刑官（刑部省）・民官（民部省）の六官があったことがわかる。これらの六官は隋の六部制度を基本としたものとされている。宮内省の前身官司である宮内官はこの史料ではみられないが，天武11年（682）には「宮内官」の名称が記されていることからその存在は確実視されるものの，膳職などは宮内官の所管官司ではなく独立しており，のちの宮内省のようにまとまった官司ではなかったと推定されている（青木1954）。また，中務省の前身官司も，いまだ存在していなかった可能性が高い。また，大学寮や楽官などが断片的に知られるが，全体構成については明確ではなく，各官司は従属関係とはなっていない。各官司は天皇直属の官司であったことが，天武朝の特徴である（表4）。

　次の飛鳥浄御原令制下の中央官制は，天武朝よりも史料が少なく，さらに不明瞭である。基本的に太政官の下に弁官があり，この下に官司が所管されていたと推定されている。しかし，表4に2案記したように，弁官が大弁官ひとつ

3　飛鳥浄御原宮の宮城　　181

表4　中央官僚制構造②

・天武朝（近江令）の中央官僚制　　天武～持統3年（689）

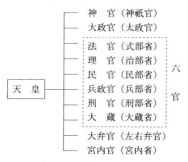

大舎人（中務省左右大舎人寮）　　膳　職（宮内省大膳職・内膳司）　　陰陽寮（中務省陰陽寮）
大学寮（式部省大学寮）　　　　　楽　官（治部省雅楽寮）　　　　　　外薬寮（宮内省典薬寮）
糺　寮（弾正台）　　　　　　　　兵庫職（左右兵庫寮・内兵庫司）　　兵　衛（左右兵衛府）

＊これらの官司については先の六官と同列に扱われていたと推定されるが，
　すべてが天皇の直属であったかは明らかではない。

・飛鳥浄御原令の中央官僚制　　持統3年（689）～大宝元年（701）

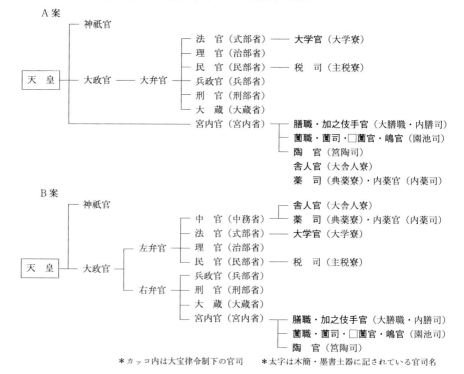

182　Ⅱ　古代王宮の位置と構造の研究

であったか，左右弁官に分離していたのかと，中務省の前身官司の存否，宮内官が弁官の下部組織になっていたのかによって，見解が分かれている[2]。A案は大弁官がひとつで，中務省の前身官司が未成立の段階で天武朝の官制に近い。一方，B案は左右弁官に分離しており，中官（中務省の前身）が成立しており，のちの大宝律令の二官八省に近いとする説である。筆者は大宝律令の存在意義やのちに述べる藤原宮の官衙変遷からみて，A案を支持しておきたい。特に大宝元年元旦の記事にある「文物の儀，是に備れり」と高らかに宣言しているのは，大宝律令がそれまでの制度を大きく変え，のちの律令制の基礎となることを端的に表していると考える。

　このほかに史料に現れない，木簡や墨書土器によって判明する官司には「薗職」「薗司」「□薗官」「塞職」「薬司」「宮守官」「陶官」「舎人官」「御史官」「菜採司」「膳職」「加之伎手官」「留守省」「蔵職」「外薬□」「造木画処」「大
学」などがある。これらのうち「薗職」「薗司」「□薗官」からもわかるように，いまだ職・司・官の区別がなく，いずれも「つかさ」と呼称し，あえていえば「○官」のほうが古くに成立した官司で「○職」のほうが比較的新しく成立した官司程度の違いであったと考えられる（直木1996b・荊木1994b）。

(2)　飛鳥宮跡の構造

　飛鳥宮跡は明日香村岡に所在する王宮遺跡である。昭和34年（1959）の調査開始から50数年・160次を超える調査が実施されており，その実態が解明されてきた。その結果，ここには大きく3時期の宮殿遺構が重複していることが判明している。I期は飛鳥岡本宮，II期は飛鳥板蓋宮，III期は2小期に分れ，III—A期は後飛鳥岡本宮で，これを増築・整備したIII—B期は飛鳥浄御原宮と推定される（小澤1988・亀田1984・1987・菅谷1987・林部1998a）。このうち本章の対象となる飛鳥浄御原宮に相当するIII—B期の遺構には，内郭・エビノコ郭・東外郭の遺構が判明している。

内郭の構造

　内郭は南北197 m，東西152〜158 mの範囲を掘立柱塀で囲まれた空間であ

る。西辺は未検出であるが，中軸線との関係から東西幅は北側が僅かに広がっている。南から 1/4 の位置に北と南に分割する東西塀があり，両者が区分される。これらの地域は北側が石敷，南側が砂利敷と舗装仕様も異なっており，性格が異なっていたと考えられる。内郭の南辺の中央には南門が取りついており，門を入ると，南区画の中央には 7 間×4 間の四面廂の内郭前殿がある。この区画の東西には南北塀によって区切られた方形区画があるが，ここに南北棟建物が 2 棟ずつ配置されている。内郭前殿からは石敷通路が東西塀まで北区画へと延びており，北区画の中央南辺には石敷の中庭をもつ 8×4 間の南北廂をもつ東西棟の正殿と，その両脇に廊で繋がった脇殿がある。西脇殿はⅢ—A 期に建築されるが，Ⅲ—B 期には池に変更される。この正殿の北側には同規模の正殿と脇殿が配置されている。[3] さらに北側には東西に長い廊状建物があり，内郭の北東地区には石敷をもつ立派な井戸がある。この井戸の周辺には妻側に階段をもつ，高床の建物がみられる（橿考研 1980・2008）。

　内郭の遺構群は平城宮・平安宮内裏との比較や南区画の前殿の存在，北区画の井戸の存在，東西棟建物の関係から，のちの内裏に繋がる空間と推定でき，南区画が天皇の公式な空間，北区画が私的な空間と理解できる。

エビノコ郭の構造

　エビノコ郭は内郭の南東に設置された東西 92～94 m，南北 55.2 m の範囲を掘立柱塀で囲まれた空間である。内郭との配置計画や出土土器などによって，内郭よりも新しく増設されたものと推定されるが，最終的に両者は併存する。この区画の南辺には門はなく，現在のところ西辺にしか確認されていない。区画の中央にエビノコ大殿と呼ばれる 9 間×5 間の四面廂建物がある（橿考研 1978）。この建物は内郭前殿の規模を上回る飛鳥宮跡内で最大の建物である。その東西両側には南北棟の小規模な脇殿が存在する。この脇殿と柱筋を揃えて，エビノコ郭の南側にも柱穴がいくつか確認されているが，建物配置等はまだ確定できていない。

　これらエビノコ郭と正殿については『日本書紀』との比較や宮殿における位置，建物の規模から大極殿に相当する施設と推定される（小澤 1997・林部 1998b・1998c）。

外郭の構造

　外郭は内郭の北および東に広がる空間である。その外郭を限る施設は，現在のところ内郭東方100mで検出した掘立柱塀しかない（橿考研1975）。内郭の東側での調査は少なく，現在のところ東西棟建物が1棟だけ確認されている（橿考研1990）。一方，内郭の北側270mの地点では建物・石組溝等が検出され，木簡も出土しており（橿考研1993・1996a）。このあたりまでは宮城の範囲にはいるものと考えられる。さらに西北には巨大な苑池が確認されており（橿考研2012），やはり宮内と推定できる。

　これらの空間は内郭・エビノコ郭が天皇の居住空間であり，政治・儀式空間であるのに対して，実務を行う官衙空間と位置づけることができる。

宮域の範囲の推定

　飛鳥宮跡の宮域の範囲については明確ではない。唯一確認されているのは東面大垣である。これは一本柱塀とその両側の石組溝によって構成されている。その位置は内郭から東100mの宮東山（岡寺山）の裾近くにあたる。この塀の東には東面大垣に併走するように南北道路が設置されており，その外側に幅2〜2.5mの石組溝がある。では，ほかの面はどこに設定されているのであろうか。残念ながらほかの面の大垣遺構は発掘調査ではみつかっていない。しかし，北限については，推定する成果がある。飛鳥寺南大門から南へ110mの位置で，幅1.7〜1.8mの東西石組溝とその南のバラス敷が確認されている（橿考研2011）。これが飛鳥宮の北限にかかわる遺構と推定されているが，北面大垣は検出されていない。この東西石組溝は規模や位置からみて，東面大垣の東で確認した南北石組溝の延長の基幹水路と推定できる。東面の調査成果を参照すれば，東西溝の南のバラス敷は道路面と考えられ，北面大垣はその南に推定できる。また，西面大垣の位置は内郭との関係から推測することができる。内郭の西北には広大な苑池の敷地が広がっている。しかし，苑池は内郭と至近距離にあり，宮内に位置することは間違いない。するとその西側に西面大垣が推定できる。ここには飛鳥川が南東から北西へと斜めに流れており，これにあわせて西面大垣が設けられていたと推定できよう。同様に南面大垣はエビノコ郭の南

に推定できる。エビノコ郭の南には柱穴等の遺構が展開しており，唯称寺川までは平坦面が広がっていることから，唯称寺川までと推定することができる。

このように宮域の範囲を想定すると，飛鳥宮の宮域はのちの藤原宮のように整然とした矩形の宮城ではなく，南北 800 m，東西 100〜450 m 程度の逆台形にちかい形態をとっていることがわかり，地形に左右された宮城であったといえよう。

(3)　飛鳥宮関連官衙群の構造と特色

飛鳥宮跡の官衙区画の想定

飛鳥宮跡における官衙地域の配置空間は明確ではなく，その区画割についても確定できる段階ではない。これは内郭やエビノコ郭という王宮中心部の調査に対して，官衙地域と推定される内郭東方，内郭北方の調査が進んでいないことによる。そこで，藤原宮や平城宮の官衙区画配置を参考にしながら，飛鳥宮の官衙区画について推定復元しておきたい（図26）。

飛鳥宮跡内の大まかな区画割を想定するのには，内郭区画が重要であると考える。つまり，内郭北塀を東へ延長する，東塀を北へと延長する，西塀を北へと延長する。これによって内郭の北側に北西・北・北東と東側の 4 地区に官衙区画の区分が可能である。内郭の西側は飛鳥川との関係で官衙区画を配置する空間はない。また，エビノコ郭の南側については，朝庭的な性格が考えられ，官衙域とはいいがたい。よって飛鳥宮跡の宮城内には大きく 4 地域に官衙地区が想定できる。

この配置は，いくつかの点で追認できる。内郭の北西にある飛鳥京跡苑池では少なくとも南辺と東辺については掘立柱塀によって区画されていることが判明している（橿考研 2015）。南辺については後世における飛鳥川の氾濫によって延長部が削平されているが，内郭の北塀の西延長にちかい場所にある。一方，苑池東面塀は内郭西塀の北への延長のわずか西にあたる。宮内道路を想定すると妥当な場所である。また同位置には，現在でも大字岡から大字飛鳥へ通じる南北道路があり，現在の地割や微地形も官衙配置を推定する根拠になりうると考える。苑池については南と東辺は確認されているが，北辺については未確認

186　Ⅱ　古代王宮の位置と構造の研究

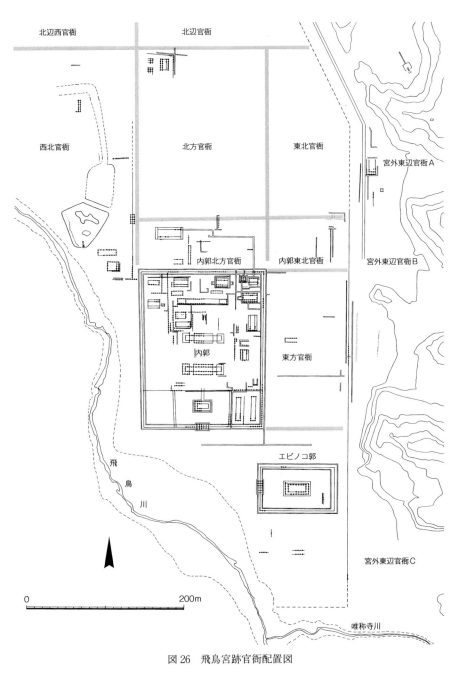

図 26　飛鳥宮跡官衙配置図

である。しかし，現地形によると，南面塀から北 280 m に東西道路があり，このあたりを北限と推定する（「西北官衙地区」と呼称する）。しかもここを境に，南側には南北に長い水田が広がるのに対して，北側には東西方向の細かな水田が集中する。このことも，このあたりで官衙区画が変化する根拠となる。よって，ここから宮北面大垣までをひとつの官衙区画（「北辺西官衙地区」と呼称する）とする。同様に内郭北方についても，129 次・131 次調査地で建物や東西塀が確認されていることや，ここから北には東西方向の細かな水田が集中することから，北を「北辺官衙地区」，南を「北方官衙地区」とする。ここで苑池東面塀に取りつく 4×2 間の門の位置は注目される（橿考研 2015）。この門の位置を真東へと延長すると，146・148 次調査で検出した東西方向の石敷 SH6835 がある（橿考研 2002）。その構造から東西方向の通路と推定でき，このライン上に宮内道路が推定できる。そして，これに交差する宮東面大垣に宮城東門が想定できる。この通路を北方官衙地区の南限と推定でき，この南を「内郭北方官衙地区」とする。同様に「東北官衙地区」と「内郭東北官衙地区」を配置する。また，内郭の東方，東面大垣までの間を「東方官衙地区」と呼ぶ。

　一方，大垣の外側にも官衙の存在が指摘できる。東面大垣の東側に建物や木簡が確認されており，官衙が推定されており，小規模な谷ごとに配置されていた可能性が高い。ここでは「宮外東辺官衙地区」と呼称する。

　このほかには飛鳥池工房遺跡や石神遺跡なども官衙的性格の可能性が指摘できる。これらについては遺跡名で呼称したい。

内郭北方官衙地区

　内郭北方官衙は内郭の北側に接する地区で，北辺を東西に宮内道路が推定される。東西 160 m，南北 70 m である。この地区の東半については，石組溝が確認されているだけで，あまり調査が及んでいない。これに対して，西半には 9×5 間の南北廂建物あるいは 11×5 間の四面廂に復元できる大型建物とその南東に 4 間以上×1 間の南北棟があり，南に中庭がある。大型建物は，内郭正殿やエビノコ大殿にも匹敵する規模をもつことから，重要な施設と推定できる（橿考研 2014）。

内郭東北官衙地区

　内郭東北官衙は内郭の北東に接する地区にある。東西100m，南北70mである。この地区では官衙建物については現在のところ見つかっていない。これはこの地域の調査が少ないことによる。ここではこの地域で比較的広い範囲を調査し，先の官衙地域区分と関連する遺構もあるので，飛鳥京跡第15・16・146・148次調査の概要について記しておく（橿考研1980・2002）。

　この一連の調査地は東面大垣のすぐ西側にあたる。ここでは数時期の変遷がみられるが，今回対象となるのは天武・持統朝とされる遺構群である。まず，調査区の中央に大形の石材を用いた幅7mの東西方向の石敷がみられる。この石敷の南北には平行して掘立柱塀が並んでおり，また，石敷に交差するように幅4m南北方向のバラス敷の通路がある。出土遺物では第15次調査で海老錠が特記できる。この石敷の性格については報告では明言されていないが，東西方向の宮内道路と理解できる。この石敷を境に北側と南側に官衙区画が想定できるのであろう。また，調査地のすぐ東側には東面大垣が推定されており，ここに東門のひとつがあった可能性が高い。

西北官衙地区

　飛鳥京跡苑池は内郭の北西に位置する苑池である。東西160m，南北300mである。遺構は渡堤によって南北2つの池に分かれており，南池はやや不正形な5角形をしており，護岸は直線と曲線を多用した石積みを施し，池底にも石敷を敷いている。池の中には突出部をいくつももつ中島と石積みが作られている。また，池の南端には2つの石造物が樹立しており，大正5年（1916）に出土していた通称「出水酒船石」とあわせて，南岸からの水を石造物で順に流し，池中に落とす噴水施設となる。一方，渡堤を隔てた北池は水深が2m以上と深く，南池とは対照的である。さらにここから北へと水路が延びており，最終的に飛鳥川に排水すると考えられる。両池を含めて，全体の苑池の範囲は南北230m以上の規模を有する。これらのことから，南池は宴遊用の池であり，北池は貯水池としての機能を持っていたと考えられ，「白錦後苑」（天武14年11月6日条）に該当する苑池と考えられる。また，この苑池を見下ろす南東の高

台には廂付建物が検出されており，苑池にかかわる建物の可能性がある。北池から延びる水路内および池から172点以上の木簡が出土しており，このなかには「井手五十戸刑ア赤井白米」「西州統命湯方」「嶋官」「造酒司解伴造廿六人」などが含まれている。これらの木簡は長期間にわたって堆積したと推定されているが，内容的にまとまっていることから，近くに木簡にかかわる施設が推定される（橿考研2012）。

北方官衙地区

飛鳥宮北方官衙は東西160ｍ，南北230ｍで，この地区に属する遺構群は，内郭の北方270ｍの遺構群がある。飛鳥京跡第129次・131次調査地は内郭と飛鳥寺との中間に位置している（橿考研1993・1996a）。地形的には王宮中心部である内郭よりも低位の段丘上にあたる。ここでは2回にわたる調査で4時期の遺構の変遷がみられ，ここでの対象である天武・持統朝の遺構には石組溝と掘立柱塀によって北辺と東辺を区画されたなかに建物群が存在する。掘立柱塀は8尺等間で石組溝に沿って北辺と東辺を画する。敷地東側に東西に廂をもつ南北棟建物と，その西に柱筋を揃えるように建てられた総柱建物が2棟見つかっている。建物群は柱筋を揃えていることから計画的に配置されたものと推定でき，これらのことから調査地は塀によって区画された敷地の北東隅にあたり，総柱建物は倉庫，廂付き建物はその管理棟的な性格が推定される。また，石組溝の埋土からは89点の木簡が出土する。この中には「无耶志国仲評中里布奈大贄一斗五升」「丁丑年四月生六日…□等　□」などがある（橿考研1996b）。

東北官衙地区

東北官衙に関連する建物については現在のところ見つかっていない。東西100ｍ，南北230ｍである。これはこの地域の調査が少ないことによる。

東方官衙地区

内郭の東方地域ではこれまでにまとまった調査が実施されておらず，明確な建物は少ない。東西100ｍ，南北200ｍである。唯一，第115次調査で7間以上×2間の東西棟建物が1棟確認されているだけでほかは調査区外となる（橿

考研1990)。それでもこの調査によってこの地域にも建物が建てられていたことが明確となり，この地域に官衙建物が推定できる。このほかには飛鳥京跡第104次調査地は内郭の東方にあたる東面大垣付近にある（橿考研1985）。検出遺構には，外郭塀とその東の石組溝がある。さらにこれらに隣接して木簡を含んだ土坑がある。層位的には先の遺構よりも下層にあたる。この土坑から1082点の木簡が出土した。このなかには「辛巳年」と記されているものがあり，天武10年（681）と推定されており，この土坑が天武10年か，その直後に一括投棄された可能性が高い。また，「□小乙下」は大化5年（649）2月から天武14年正月までの間に使用されていた冠位である。このほかには「大津皇」「大来」「大友」と記す木簡も数点あり，「伊勢国」「近淡□」がある。このことから東面大垣に接した宮内の周辺に木簡の帰属する施設が想定される（亀田博ほか1990・岸俊男1987）。

北辺西官衙地区

西北官衙の北側の，北面大垣までの官衙区画である。東西160m，南北50mである。この地区では調査が少ないこともあり，石組溝を除いて，顕著な遺構は確認されていない。

北辺官衙地区

北方官衙の北側の，北面大垣までの官衙区画である。東西160m，南北50mである。この地区では調査が少ないこともあり，顕著な遺構は確認されていない。

宮外東辺官衙A地区

飛鳥宮跡の東面大垣の外側には，塀に沿って南北道路が推定されている。この道路の東に沿って，この地域の基幹排水路である石組大溝が設置されている。この東に官衙群が南北に並んでいる。これは東から延びるいくつかの尾根によって挟まれた谷地形ごとに設置されていると考えられる。ここではこれを北から官衙A・官衙B・官衙Cと呼称することにする。

宮外東辺官衙Aは，酒船石遺跡第9・10・15次調査として調査されており，

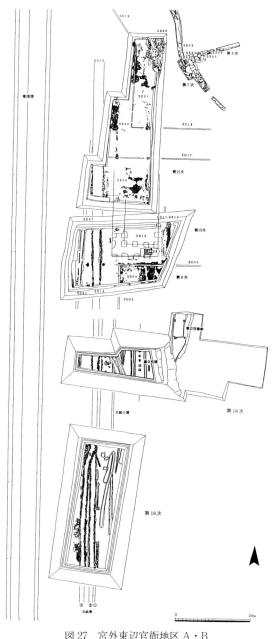

図 27　宮外東辺官衙地区 A・B
（明日香村 2006 を転載）

酒船石のある丘陵の西側にあたる（明日香村 2006）。検出した遺構には，調査区西端の南北石組大溝と掘立柱建物・石敷・石組小溝がある。南北石組大溝は当初幅 2.5 m で，その後改修されながらも奈良時代まで存続する。さらに北への延長部分の飛鳥寺南方遺跡（奈文研 1993a）や飛鳥京跡第 150 次調査地（橿考研 2003）でも確認されており，少なくとも延長 300 m にも及ぶことが判明している。このことから，石組大溝は東の丘陵地域からの水を北へと流す，飛鳥最大規模の基幹排水路であることがわかる。この溝の東には梁行 3 間で，西と南に廂をもつ南北棟掘立柱建物がある。桁行については明確ではないが，8 間程度と推定される。さらに建物の周囲は石敷舗装がなされている。建物は柱間寸法が 10 尺等間で，柱掘形が 1.5 m もある，飛鳥地域でも最大級の建物である。

この官衙の敷地は西を先の石組大溝によって画されており，これに平行する塀などはみられない。さらに北から東側は丘陵の裾が迫っており，そこには酒船石遺跡の石垣がめぐっている。南は明確ではないが，やはり，尾根が東から西に延びており，この尾根裾までと考えられる。よって南北80m，東西40m程度の北が狭まった敷地と推定される。特に明確な区画遮蔽施設はみられず，石敷を伴う大形建物の存在がこの地域の特徴である。

宮外東辺官衙B地区

　酒船石遺跡第18・19次調査区は飛鳥宮外東辺官衙Aの南の谷筋にあたる（明日香村2006）。調査では石組溝や掘立柱塀・掘立柱建物がある。このうち石組溝は飛鳥宮の東辺に造られた基幹排水路で，宮外東辺官衙Aまで続く。これらは3時期あり，7世紀中頃の幅2.5mの石組溝を7世紀後半に1.3mの石組溝に改修し，8世紀になると西側に同規模で付け替える。この溝の東側に沿うように南北掘立柱塀がある。柱穴は一辺40cmで，柱間寸法1.8m（6尺）等間である。おそらく官衙Bの西（道路側）を区画する塀であろう。北辺および南辺については明らかではないが，官衙Bの特徴のひとつに官衙Aとは異なり，掘立柱塀によって区画されていたことがある。掘立柱建物は尾根の先端の石組溝よりも高い位置にあり，その南には砂岩切石列が取りつく。さらに石組溝のうち7世紀後半の溝からは200点にも及ぶ木簡が出土しており，「刀支県主」や「牟義君」など美濃国に関する木簡が目立つ。また，すべて文書木簡であり，荷札木簡がみられないという特徴があり，出土状況からみて，石組溝の東側から投棄されたことが推定されている。

宮外東辺官衙C地区

　飛鳥京跡1998-20次調査地はエビノコ郭の東側にあたり，推定される東面大垣のさらに外側にあたる（明日香村2000）。地形的には飛鳥宮の東では最大の谷筋にあたり，岡寺へ登る参道もこの谷から延びている。この調査では長径2m，短径1mの円形の土坑が5基2列並ぶ。調査区の関係で周辺の状況は確認できないが，さらに土坑群は調査区外に広がるものと考えられる。これらの土坑からは，400点にも及ぶ漆の付着した土器が大量にみつかっており，ベッ

コウや砥石も出土している。特に，漆付着土器は壺などの貯蔵具が大半を占め，パレットに使用する杯類がないことから，当地は漆を使用した工房ではなく，漆を貯蔵・管理・分配する流通センター的機能であったことが推定されている（清岡2002）。官衙Cでは区画施設等は未調査であり，その有無は不明であるが，文書を扱う官衙Bとは性格を異にすることは明らかである。

雷丘東方遺跡

　雷丘東方遺跡は雷丘の東方にひろがる遺跡である。これまでに断片的な調査しか行われていないが，7世紀前半から9世紀までの遺構が確認された。これらは大きく4時期に区分され，Ⅰ期の7世紀前半の遺構には部分的な調査しかできていないが，池跡・斜行溝などがある。Ⅱ期には7世紀後半の建物と南北溝がある。Ⅲ期は奈良時代である。建物群は造営方位に共通点があり，建物配置が規格的であること，平城宮と同形式・難波宮と同笵の瓦が出土していることから，宮殿・官衙の可能性を指摘されていた（奈文研1980・1994a）。さらに，昭和62年（1987）に至って，奈良時代の井戸から「小治田宮」と記された墨書土器が出土し，当遺跡が奈良時代の小治田宮であることがほぼ確定した（明日香村1988・相原1999・相原ほか2002）。

　本章の対象となる飛鳥浄御原宮の時期はⅡ期にあたり，掘立柱建物が3棟検出されている。これらはいずれも南北棟の建物で梁行2間で桁行9間以上ある。南北に長い建物であるが，建物が散在的に配置され，掘立柱塀によって区画されているようであるが，明確な計画性がみられない。

石 神 遺 跡

　石神遺跡は飛鳥寺の北西に位置する遺跡である。南限は水落遺跡との間に掘立柱の大垣によって隔てられているが，一部には通路状の開口部があり，両者は密接な関係が推定される（奈文研1992a）。遺跡はA～C期の3時期に大別され，それぞれ整地によって，建物配置などが変化する。A期は斉明朝を中心とする時期で，この遺跡では最もまとまった建物配置をとる。特に，大型建物を廊状遺構によって取り囲むという特殊な配置をしており，また，噴水石造物である須弥山石や石人像も出土している。さらに，新羅土器や東国産黒色土器

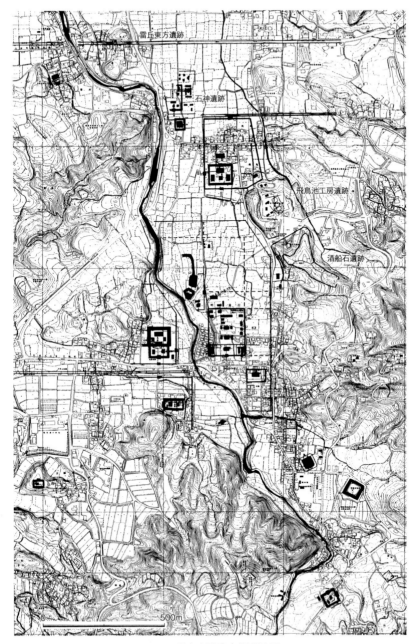

図 28　飛鳥宮関連官衙配置図

も出土していることから，『日本書紀』にも記載される服属儀礼に伴う迎賓館と推定されている。本章の対象となる天武朝は次のB期で，A期の建物を全面的に撤去し，整地を施した後に，建物群を建てる。南限は前段階とほぼ同じ場所に東西掘立柱大垣を建て，その北側に南北棟建物を建てる。建物の多くは南北棟で，東西棟建物は少ない。このなかには倉庫状の総柱建物がみられるが，配置計画がみられない。この時期の北限はA期とほぼ同じで，南の大垣から180mの所に推定されている。また，東限塀を撤去し，さらに東へと敷地を拡大させている。C期の藤原京期になると，B期の建物群をすべて廃し，新たに建物群を建てる。前段階とは異なり，一辺70mの掘立柱塀に区画されたなかに，建物が建つ。藤原京の官衙のひとつと考えられる。藤原宮期の遺構および整地層からは鉄鏃や斧・刀子などの金属製品が大量に出土しており，B期の周辺に工房あるいは保管庫があった可能性が指摘されている（奈文研1985a）。また，第15次調査からは1000点以上の木簡が出土している。このなかでも持統3年（689）の具注暦木簡や「御垣守」「大学官」などの木簡は注目される（飛鳥資料館2003）。

飛鳥池工房遺跡

飛鳥池工房遺跡は飛鳥寺の東南の丘陵谷間にある飛鳥時代最大の工房跡である（奈文研1992b・1998・1999・2000・2001a）。遺跡は北を飛鳥寺東南禅院と道路を隔てて接した位置にある。一方，南側の上流には酒船石遺跡の亀形石造物がある。亀形石槽の空間との遮蔽施設は確認されていないが，現在の吉野川分水路のあたりで，わずかに両側の丘陵が張り出しており，石垣や掘立柱塀等の遮蔽施設が想定される。これによって南北250m，東西100mの谷筋のなかに工房が作られる。ただしこの谷筋は漢字の「人」の字のように西の谷と東の谷が途中で合流して北流する。この谷の東西が最も狭くなる場所に，南北を二分する掘立柱塀がある。この塀を境に南地区と北地区に区分できる。

南地区は工房の現業部門で数多くの種類の品物が生産されていた。金・銀・銅・鉄・ガラス・玉・漆・瓦そして富本銭。また，出土遺物の詳細な検討によって，工房の業種配置が判明してきた（花谷1999）。まず，2つの谷の合流地点西岸の北半部には「銅工房」，南半部には「鉄工房」が配置されている。一

196　　Ⅱ　古代王宮の位置と構造の研究

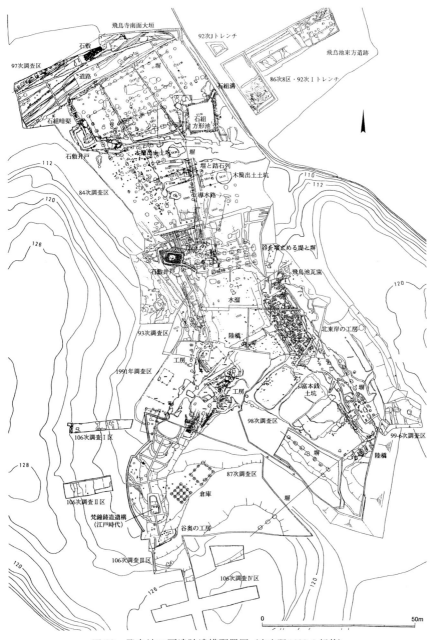

図 29　飛鳥池工房遺跡遺構配置図（奈文研 1999 を転載）

3　飛鳥浄御原宮の宮城　　197

方，東岸では当初「銅工房」であったのが「鉄工房」へと変化している。富本銭にかかわる失敗品や鋳型等はその南西の谷に一括投棄されていた。そして，「銅工房」のすぐ北に飛鳥寺東南禅院に葺かれた瓦の瓦窯もみられる。西の谷の奥では金・銀・玉類を生産する「貴金属・玉類工房」がある。また，2つの谷に挟まれた張り出し斜面には倉庫と推定される掘立柱建物も確認されている。これらの工房から廃棄される炭や廃棄物は基本的には谷に流されるが，この谷には幾筋かの土橋を造り，汚水処理施設で沈殿させ，その上澄みだけを流すシステムを構築している。

　北地区は工房の管理部門で掘立柱建物や石組井戸，そして，排水の最終沈殿槽である方形池が配置される。この地区では8000点にも及ぶ木簡が出土しており，飛鳥寺に関するもの，工房に関するもの，天皇および宮廷儀礼に関するものがある。

　これらのことから，この場所は7世紀後半から8世紀初頭にかけての各種貴金属の生産をしていた総合工房であり，富本銭の生産に端的に示されるように，官営工房と推定されている。[7]

酒船石遺跡

　飛鳥宮跡の東方の丘陵の酒船石の座している遺跡である。この中腹には石英閃緑岩（飛鳥石）を基礎石として，その上に天理近郊で採取される凝灰岩質細粒砂岩を積み上げた石垣がめぐっている。その総延長は700m以上続くことが明らかとなっている。さらにこの石垣を造営するにあたって，版築によって大規模な土地造成を行っていることも判明した。第1次調査時には遺物の出土がなく，時期の特定ができなかったが，遺跡の位置や構造，天理砂岩の使用からみて，「宮の東の山に石を累ねて垣とす」（斉明2年条）に該当する遺跡であることが有力視された。その後，丘陵西斜面ではさらに下方にも石列・石垣があることが判明し，丘陵部には石垣が幾重にもめぐっていることが判明した。また，北側裾の谷部では亀形石槽を中心とする導水施設や石敷・石垣が確認され，遺跡は7世紀中頃に造られ，改修を繰り返しながら9世紀までの250年間は見えていたことが確認されている。導水施設の構造は湧水施設から流れ出した水を船形石造物で濾過し，さらに亀形石槽の背中の水槽に溜める構造となっ

ている。この水を使った行為がここで行われたことがわかる。さらに，この空間は周囲から閉鎖され，石垣や石敷によって構成されていることから，この性格については亀形石槽の空間が非公開の空間で天皇祭祀を行っていた遺跡であると推定される（明日香村 2006）。

(4) 掌握官司の推定と配置状況

では，これまでみてきた官衙地区の構造と特色から，各地区を掌握していた官司を推定してみたい。しかし，すべての官衙地区において，その掌握官司を確認できるほどのデータが揃っているわけではなく，現段階においては掌握官司の可能性を推定するのみである。また，推定する材料がまったくない官衙地区もある。いずれにしても，ここでは可能な限り掌握官司の推定を行い，飛鳥宮跡の官衙配置の傾向を明らかにしておきたい。

まず，内郭北方官衙地区については，正殿をしのぐ規模の建物が復元されている。これは平城宮の内裏正殿の建築形態に共通することもあり，天皇あるいはそれに準ずる人物にかかわる施設と推定されている。報告書では御窟殿の可能性を指摘する（橿考研 2014）が，天皇に準じる人物とすれば，皇后以外にない。当時，皇后宮は内裏（天皇宮）とは別に設けられていたことが指摘されているが（橋本 2011），天皇宮を内郭とみれば，飛鳥宮内ではあるが，内郭（天皇宮）外にある正殿級の建物は，皇后宮の可能性がある。内郭東北官衙地区については，掌握官司を推定するデータがない。しかし，15 次調査で出土した海老錠の存在は興味深く，重要施設が周辺に推定される。

一方，西北官衙地区では，ほぼ敷地全域に苑池遺構がひろがっている。ここでは純粋に苑池の池といえるのは南池のみであるが，北池および水路も一連の敷地にあり，これらを一体として，管理していたことが想定される。大宝律令以降，庭園を管理する役所は宮内省園池司があたり，当遺構からも「嶋官」と記された木簡が出土している。当地を掌握していたのは「嶋官」あるいは「薗官」「薗司」「薗職」などと呼ばれた官司であったと推定できる。

北方官衙地区では北辺にちかい第 129・131 次調査の建物群の調査で「大贄」と記された木簡が出土している。「贄」木簡の出土は藤原宮や平城宮などの内

裏やその周辺からの出土に限られており，天皇の居住区や付属施設の存在と関係し，食膳にかかわる官司が推定される。これらを掌握するのはのちの宮内省内膳司あるいは大膳職であり，前者は天皇の食事を，後者は宮廷一般の食事を担当していたが，天武朝においては「膳職」と記されており，その区別がない。よって当地には「膳職」があった可能性が高い。一方，西北官衙である苑池の水路からは先の木簡のほかに薬に関する木簡や米に関する木簡があり，のちの宮内省典薬寮・大炊寮・造酒司にあたる「外薬寮」，のちの「大炊寮」も隣接する北方官衙地区にあったとするべきであろう。「造酒司」については大宝令以降の木簡だが，その前身官司が当地にあった可能性もある（橿考研2012）。

　これらに対して，東北官衙地区においては官衙の構造も明らかではなく，その掌握官司については推定するすべがない。東方官衙地区ではすでにみたように第104次調査で皇子・地名・人名の木簡が出土している。これらは「辛巳年」（天武10年）の木簡と共伴していることから，いずれもこの年代にちかい時期が推定される。天武10年2月には飛鳥浄御原令の編纂が開始され，3月には「帝紀」「旧辞」記定作業が始められた年である。「大津」「大来」「大友」や「伊勢」「近淡」などはいずれも壬申の乱と関係深い内容であることから，先の国史編纂にかかわる可能性が指摘されている（岸1987）。国史の編纂にかかわる官司には，中務省図書寮があたっており，この一画にその前身となる官司があったと推定できる。北辺西官衙地区および北辺官衙地区については，推定するデータがない。

　一方，宮外東辺官衙地区は調査が進んではいるもののその実態については不明である。ただし，すでに見たように官衙A〜Cはそれぞれに構造が異なっており，ここにはそれぞれ異なる官衙があったと推定できる。官衙Aは大形建物と石敷の存在から，格上の重要な施設であったと推定される。官衙Bでは建物は未確認だが，石敷は施されていない。さらに文書木簡の大量出土から，文書を扱う官衙が推定できる。これらに対して，官衙Cについてはその掌握官司を推定できるデータがある。この官衙の最大の特色は漆を運んできた土器の大量出土にある。従来，漆壺の大量出土がみられる遺跡は紀寺（奈文研1988）や飛鳥池遺跡のような工房と捉えがちであるが，ここでは漆工房にみられる漆製品・未製品が出土せず，また，パレットとなる漆が付着した杯類もみ

られない。このことから漆の貯蔵施設あるいは流通センター的機能を推定できる。漆自体は各地から税として飛鳥に運び込まれる。おそらく，ここでいったん集められたものが各工房などに分配されていくのであろう。漆製品を製作する部署には大宝律令の規定によると，大蔵省漆部司がある。よって，ここは大蔵省漆部司の前身官司の掌握していた官衙と推定することができよう。

雷丘東方遺跡は現在のところ検出遺構から掌握官司を確定しがたい。ここは奈良時代の小治田宮と推定されており，遡って飛鳥時代の小墾田宮も当地にあった可能性も指摘されている。よって，7世紀後半においても小墾田宮にかかわる施設であった可能性もあるが，7世紀代の小墾田宮については，石神遺跡の東隣接地の可能性が高いと考える（相原2013）。そこで考えられるのが，民官の収納施設の可能性である。『日本書紀』には「民部省の蔵庸舎屋に天災けり。或いは曰はく，『忍壁皇子の宮の失火延りて，民部省を焼けり』といふ」（朱鳥元年（686）7月10日条）とある。「民部省」とは当然「民官」であるが，この蔵庸舎屋，つまり仕丁・采女の庸布・庸米を収める倉庫が火災にあったとする。また，忍壁皇子の宮からの火災が延焼したともある。『万葉集』などでは忍壁皇子宮は雷丘周辺に推定されており，民官の倉庫も雷丘周辺にあったこととなる。当遺跡が，民官の倉庫に関連する施設であった可能性がある。[8]

石神遺跡では大きくA〜Cの3時期に区分される。A期は迎賓館施設と推定されており，B期にはこれらの施設を解体・整地し，まったく新しい区画となる。よって，施設の使用形態や性格は前段階とは異なっていたと推定される。そこで出土遺物に注目してみると，まず具注暦木簡がある。暦は陰陽寮で作成され，各官司に配布される。南に隣接する漏刻の存在とともに，陰陽寮との関連も興味深いが，暦は各官司で使用され，出土した具注暦木簡も諸官司で使用された複製であり，さらに，木簡が木製品として転用されていることから，ここが陰陽寮に関連する施設とは一概にはいえない。次に「大学官」木簡もあるが，ほかの木簡とともに，当地との関係が不明瞭である[9]（市2010a）。そこで，ここでは大量に出土した鉄鏃に注目して，B期を壬申紀にある「小墾田兵庫」と推定したい。すでに報告でも周辺に工房あるいは保管庫が推定されており，B期の建物群に南北棟が多いことから，事務的な建物ではなく，収蔵施設の可能性がある。[10]

ここで問題となるのは，当地が「小墾田」地域内にある施設かということと，B期の始まりが天武元年（672）まで遡るかという2点である。「飛鳥」「小墾田」の境界は，古山田道と推定でき，その有力な候補地は飛鳥寺北面大垣に面した道路である。このことから，石神遺跡が「小墾田」内にあることは間違いない。また，石神遺跡B期の始まりについては，水落遺跡A期の廃絶が大津遷都の天智6年（667）あるいは，大津に新しい漏刻を設置した天智10年（671）に遡る可能性があることから，石神B期は天武元年段階にB期になっている可能性はある。このことから当遺跡を「小墾田兵庫」とみる。しかし，鉄鏃の出土は遺跡南半に集中することから，兵庫は南半の可能性があり，黒色土器の出土もあることから，北半は武器以外のものを収納していた施設と理解したい（相原2011）。

　飛鳥池工房遺跡の特色は富本銭をはじめ各種貴金属・漆製品そして瓦を一カ所で，生産していたことにある。当然工房内での各業種ごとの配置はみられるものの，奈良時代以降の生産体制とは異なる。よって，単純にその掌握官司を割り振っていくのには躊躇されるが，富本銭の生産には『日本書紀』の記録にもある鋳銭司がかかわっており，金属・ガラス・玉類の生産には大蔵省典鋳司，あるいは宮内省鍛冶司，漆製品の生産には大蔵省漆部司，土器の制作には宮内省筥陶司，瓦の生産には宮内省土工司がかかわる。このように飛鳥池工房遺跡は官司を超えた遺跡であり，単純に掌握官司を特定できない。このことは当時の生産体制を如実に示していよう。

　酒船石遺跡はすでにみたように天皇のかかわる祭祀・儀式を行っていた遺跡と推定できる。その祭祀の内容については明らかではないが，遺跡の規模や構造から，天皇祭祀のなかでも最も重要な祭祀であったと考えられる。宮内において祭祀・神祇を取り扱う官司はのちの神祇官である。当遺跡での祭祀の内容[11]にもよるが，このことから「神官」あるいは「神祇官」と呼ばれる官司が酒船石遺跡を掌握していた可能性がある。

　以上のように各官衙の掌握官司を推定してみた。ただし官衙とは官衙儀礼の空間や実務空間，その保管空間，さらには厨家まで，少なくとも奈良時代以降にはひとつの官司でも多くの役割がみられる。今回推定したのも各官司の一部

の内容を推定したにすぎず，推定した場所がその官司のすべてを表しているものではない。しかし，これまでに推定してきた官司についてみると，宮内に位置する官衙群を掌握していたのはのちの宮内省・中務省の掌握していた官司であることがわかる。これに対して，宮周辺に位置する官衙は宮外東辺官衙Cが大蔵の管轄，酒船石遺跡は神祇官の掌握していたこと以外には明確ではないが，宮城の外にはのちの宮内省・中務省以外の諸官衙が配されていた可能性が考えられる。『日本書紀』の記事にある民官については従来，雷丘周辺に推定されていたことから，飛鳥浄御原宮の主要官衙の一部が飛鳥寺の北方にまで広がると理解されている。ここは民官の倉庫であり，のちに小治田宮へ系譜を引くものと理解できる。倉庫群が宮外北方に存在することは，のちの大蔵との関係で興味深い（岸1981）。いずれにしても，宮城内には天皇にかかわる内廷施設があり，宮城外には外廷である六官があった可能性は指摘できよう。

(5)　藤原宮の官衙

　これまでの検討に対して，次の藤原宮の官衙はどのような構造をしていたのであろうか[(12)]。藤原宮の官衙地区は，これまでの調査によって，おおまかな区画配置が推定できるようになってきた（奈文研1996a）。基本的に条坊大路区画によって区分されており，各面に3カ所ずつある宮城門から延びる先行条坊が宮内道路として踏襲されている。宮内の中央部には北から内裏・大極殿院・朝堂院が配置されており，その両側に官衙ブロックが配置されている（図30）。これらのなかで官衙ブロックの建物配置がある程度調査されている地区は内裏東官衙地区・東方官衙北地区・西方官衙南地区の3地区である。

　内裏東官衙地区では，先行四条大路と先行三条大路の間に掘立柱塀によって画された数区画の官衙区画が，内裏外郭と先行東一坊大路に挟まれた細長い空間に南北に並んでいる（奈文研1985b・1993b・1994b・1996b）。このうち北の区画（官衙A）は南半のみ，南の区画（官衙C）は北辺のみの検出であるが，中央の区画（官衙B）は条坊地割900小尺の1/4に相当する東西65.6 m（225尺），南北は71.7 m（240尺）の方形であることが判明している。北区画・南区画も同規模だとすると，先行四条大路と先行三条大路の間に3ブロックが整然と並

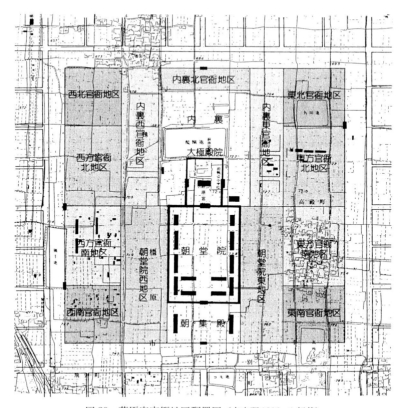

図30　藤原宮官衙地区配置図（奈文研1996aを転載）

ぶことになる。中央の区画では藤原宮期に2時期があり、途中で建物配置が変化している。前半期には掘立柱塀によって南北に二分し、北に7×3間の大型の建物とその背後にもう1棟建物がある。南半には東西棟建物が3棟建てられているが、中央から東半に偏っている。入口は明瞭ではないが、西辺の塀の中央に柱間の広い部分があり、門と推定できる。一方、後半期になるとこれらの建物は一掃され、全体をひとつの区画として使用される。区画の南端中央に門が開き、建物は中央に広場を保ちながら互いに柱筋を揃えながら整然と庭を囲むように建てられている。このなかでも南辺に建つ建物は間仕切りを多くもつ特異な建物である。建物周辺には本来、石敷が施されていたようである。

　これら官衙Bに対して官衙Aでも、藤原宮期に2時期があり、前半は総柱の倉庫を含む2棟だけが検出されている。しかし、後半期になると区画を東西

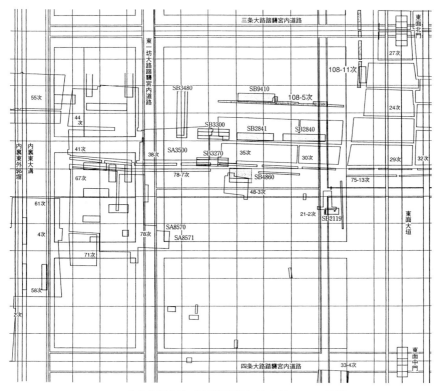

図 31　東方官衙北地区遺構配置図（奈文研 2001b を転載）

に二分し，東の区画内には中央の広場を取り囲むように建物を配置している。

　東方官衙北地区は内裏東官衙の東側に位置する（奈文研 1981・1983・1985b・2001b）。西側と南側を掘立柱塀によって区画されており，南辺は内裏東官衙 B の南辺と一致する。北辺については未調査のため区画塀の存在は明らかではないが，先行三条大路の位置と内裏東官衙 A の推定北辺との位置関係から，先行三条大路に面して北辺塀があると推定できる。これに対して，東側には明瞭な区画施設が検出されていない。宮東面大垣が兼ねていた可能性もあろうが，27 次調査で交点部分が確認されていないことから，むしろ 29 次と 30 次調査区の未調査地に推定できよう。とすれば区画の規模は南北 156 m，東西 148 m となる。これらは内裏東官衙のほぼ 4 倍の面積になる。調査は区画内のほぼ中央部を東西に行われており，北辺および南辺は未調査である。よって区画の中

3　飛鳥浄御原宮の宮城　　205

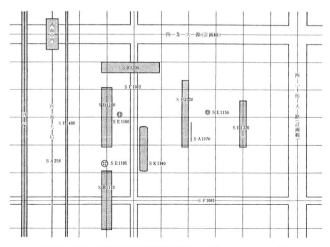

図32　西方官衙南地区遺構配置図（奈文研1978を転載）

央部のみの確認だが，3棟の長大な東西棟掘立柱建物が南の柱筋を揃えて並んでいる。この西には南側柱列を揃えて南北棟建物が建てられている。また，SB3300の南にも東西棟建物，SB2841の北にも東西棟建物が柱筋を揃えるように建てられている。これらのことから東方官衙北地区は長大な建物が並列する配置をとる。

　西方官衙南地区は先行四条大路・先行五条大路・先行西一坊大路と宮西面大垣に囲まれた官衙地区である（奈文研1978）。この地区の北半には長大な建物で構成された官衙が存在する。この官衙を区画する明瞭な施設はみられないが，宮内道路がこれに相当するのであろう。ここに5棟の長大な建物が確認されている。このうち南北棟のSB1100・SB1110はともに桁行18間，梁行3間の柱筋を揃えた同規模の建物で，東方にあるSB1020・SB1320とは南の柱筋を揃えている。また，SB1200とSB1100は西側の柱筋を揃えている。これら4棟の建物に囲まれた内には広場と南北に長い土坑が存在する。東方官衙北地区と共通する建物構成だが，東西棟と南北棟建物の違いがある。また，内裏東官衙のように，大規模な建て替えはみられないが，SB1100・SB1110は2時期に区分でき，前半は側柱のみの土間仕様の建物であったのが，後半には床束をもつ床張仕様の建物に変化する。

　一方，この地区の南東には掘立柱塀によって区画された2つの施設がある。

その造営時期は宮遷都以前の飛鳥Ⅳであることが判明しているが，藤原宮の時期にまで存続したか，その性格が官衙施設であったかなど不明確である。

(6)　掌握官司の推定と配置状況の特色

　藤原宮では３地域の官衙地区の建物配置の一端が判明してきた。ここで官衙配置の特色と掌握官司の推定，建物の変遷についてまとめておきたい。

　わずか３地区の官衙ではあるが，建物配置や区画の大きさによって，内裏東官衙と東方官衙北地区・西方官衙南地区に区分が可能である。官衙区画の大きさは，条坊地割が大きく影響しており，宮内では各面に３カ所ずつ配置されている門から延びる先行条坊（大路）は，宮内道路として踏襲されている。このなかを二分あるいは三分して区画を造っている。このうち内裏東官衙は小規模な区画であり，東方官衙北地区・西方官衙南地区は大規模区画となる。また，建物配置については前者が比較的コンパクトにまとまっているのに対して，後者は長大な建物を並列させることによって構成されている。この違いは官衙の機能・性格・掌握官司に起因するものと考えられる。

　ではこれらを掌握していた官司はいかなるものであったのであろうか。内裏東方官衙の３つの官衙では，今のところ直接的に掌握官司を推定する材料がない。ただし，平安宮ではこのあたりに宮内省・太政官があり，平城宮でも太政官が想定されていることから，藤原宮においても宮内省・太政官が周辺に想定できようか。また，内裏東側の溝から「宇尼女ツ伎」と記した墨書土器が出土しており（奈良県1969），周辺に采女司があったことが推定される。

　東方官衙北地区については東面北門周辺を含めた内濠・外濠から大量の木簡と墨書土器が出土している。木簡には「官奴寮」や「官奴司」をはじめ奴婢に関するものが目立つ。また，墨書土器には「水」「麦」「醬」「噌」などの物品名の記されたものがあり，盛るべき食品を記したと推定できる。これらを扱った「大膳職」「官奴司」が周辺に推定できるが，また，官衙建物の柱掘形からは浄御原令制下の官名である「加之伎手官」の墨書土器が出土しており（奈文研1987），「大炊寮」の可能性も考えられる（西口1993）。また，西方官衙南地区では文字史料の出土はなく，掌握官司を確定しがたいが，宮内における位置

3　飛鳥浄御原宮の宮城　*207*

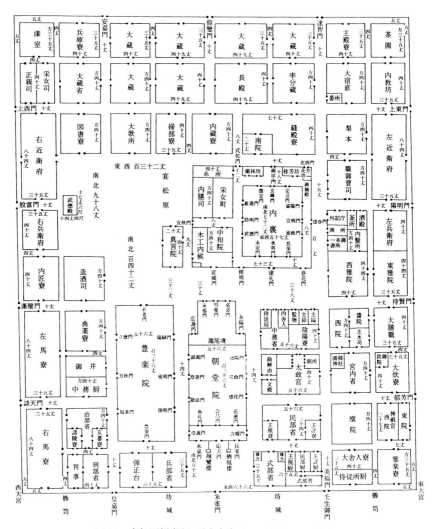

図33 裏松固禅考証 平安宮復元図（寺升1995を転載）

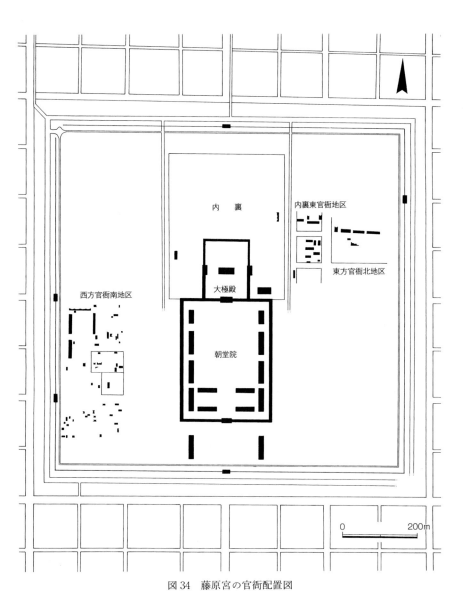

図34　藤原宮の官衙配置図

や遺構の配置が平城宮・平安宮の馬寮に共通する点が多いことから馬寮であったことが推定される。

　また，藤原宮では薬物医療関係木簡が集中的に出土した地点が2カ所ある。ひとつは内裏東外郭の東を北へと流れるSD105と，この溝が流れ込む外濠SD145の合流付近である（奈良県1969）。もうひとつは西面南門に面する内濠SD1400（奈文研1989）からである。これらの調査では医療関係木簡のほかにも鉱物性薬物とも考えられる硫黄・白雲母・白石英・磁鉄鉱などが出土している。『養老令』では薬物・医療にかかわる主たる官司には宮内省典薬寮と中務省内薬司がある。立木修氏は平城宮および平安宮との比較から，前者の出土木簡を中務省内薬司に，後者の出土木簡を宮内省典薬寮に関する遺物と理解している（立木1989）。これらの木簡群が帰属する官衙の位置は明確ではないが，宮内省典薬寮は木簡の出土位置からみて藤原宮の西南隅周辺にあたり西南官衙地区がその候補にあがる。西南官衙地区の調査はかなりの面積が進められているが，いまだ官衙的な建物配置がみられない。藤原宮期直前の時期の建物群との考古学的な識別が難しいこともあって明確ではない。しかし，この一画に宮内省典薬寮の前身にあたる外薬寮が想定できようか。一方，中務省内薬司はその性格上，内裏に近接する位置に存在するべきであり，溝の上流にあたる内裏東外郭周辺に求められよう。とすればその候補のひとつとして先の内裏東官衙地区があげられよう。ただし，現在確認されている官衙A〜Cが中務省内薬司そのものであるのかは明らかではない。

　これらの官衙に変遷は認められるのであろうか。藤原宮は持統8年（694）から和銅3年（710）までの16年間存続した宮殿である。しかし，遷都当初は浄御原令制下に造られ，大宝元年（701）に大宝律令が施行され，この段階において大幅な改変が官衙配置においても想定される。このことを反映しているかのように，内裏東官衙では前半期と後半期に区分でき，建物配置が一新される。ただし官衙Aでは内部区画が設けられ，東西に細分されるが，官衙Bにおいては逆に内部区画が廃され，ひとつの空間として使用される。つまり単純に官衙施設の拡大・細分では解決できない変遷を遂げるが，ともに後半期になると建物数が多くなり，柱筋を揃えた整然とした配置をとり，建物に囲まれたなかに広場を設ける構造となる点は，実務よりも官衙儀礼に重点が移されてい

くことを反映しており，官衙の成熟度を示していよう。その意味では官衙がよ
り機能的になったと評価できようか。では，その改変時期であるが，これについ
いては明確ではないが，内裏東官衙の後半期の石敷の下層の土坑から郡里表記
の木簡が出土しており，改変時期が大宝元年以降であることはまちがいなく，
この官衙の改変が大宝律令を期に起こった可能性は極めて高い。このことから
大宝律令施行に伴う官衙の改変があったことがわかる。しかし，これに対して，
東方官衙北地区や西方官衙南地区においては建物配置の変更は認められない。
僅かに，一部の建て替えや改造は見られるものの，一貫して存続したとみられ
る。このことは官衙の掌握等に変更・改変が加わらなかったとみることも可能
であるが，すべてにおいて変化したのではないということは重要であろう。[15]

(7) 総 括——飛鳥宮から藤原宮へ

本章では飛鳥浄御原宮に関連する官衙について発掘された遺構と出土遺物か
ら整理を試みた。推定に推定を重ねた部分も多いが，大垣に囲まれた宮城内と，
大垣に隣接する周辺部分に中央官衙群が推定された。このうち宮内には宮内官
およびのちの中務省に属する官衙があり，宮外にはそのほかの六官に属する官
衙が並んでいたと推定した。平城宮以降の宮城では二官八省の官衙群が基本的
に宮内に設けられていることとは，大きく異なる点である。ではこの違いは何
を表しているのであろうか。平安宮でも中務省の天皇・後宮にかかわる内廷に
関する官衙は内裏に隣接して設けられている。飛鳥宮跡の内郭がのちの内裏の
性格と共通することを考えると，飛鳥浄御原宮段階では，天皇の生活や内廷に
かかわる官司のみが，宮城の内に設置され，そのほかの官司は宮城に隣接する
位置に配置されていたと考えられよう。また，飛鳥寺の北側の雷丘周辺に民官
の倉庫が存在することについては，この地が奈良時代の小治田宮に繋がること
が考えられ，石神遺跡が小墾田兵庫を含む収納施設とみる。これらのことは，
平城宮の大蔵や兵庫寮などの収納施設が，平安宮までは宮外にあったこととも
矛盾しない（岸1981）。

これらのことが次の浄御原令制下の藤原宮では宮内官などの内廷機関と，外
廷機関にあたる六官が宮城内に配置されており，前段階における官衙群が宮城

内に集約されたことがわかる。また，大宝律令の施行に伴って省庁再編がなされたが，内裏東官衙地区以外には大規模な建て替えなどはみられない。このことからも大宝律令の施行は藤原宮において一部では大きな変更を余儀なくされたが，それは官衙すべてに及んだのではないと考える。

　これら藤原宮の官衙の構造については2パターンに分類でき，比較的小規模な区画のなかにコンパクトにまとまった官衙と，長大な建物数棟を直列・並列しながら並べるものがある。前者は飛鳥宮北方官衙での遺構に共通しており，後者は石神遺跡・雷丘東方遺跡に共通するとみることもできる。

　では，飛鳥浄御原宮以前の官衙空間の実態はどのようなものだったのであろうか。しかし，斉明朝の後飛鳥岡本宮段階の官衙についてはよくわかっていない。この時期の遺構は飛鳥宮跡のうち外郭およびエビノコ郭が未整備な状況が考えられており，北方官衙で行った129・131次調査でも斉明朝の確実な遺構は確認されていない。また，宮外東辺官衙も同様に，斉明朝の遺構は石組溝を除いて確認できず，その溝のなかからの出土遺物も斉明朝のものは皆無にちかい。発掘遺構からは官衙群の存在は否定的な状況にある。ただし，西北官衙である苑池はこの頃にはすでに造られていたと考えられており，石神遺跡では迎賓館施設が，水落遺跡では漏刻が設置されており，飛鳥池工房遺跡ではこの頃すでに工房が細々と操業を開始し，酒船石遺跡では石垣や亀形石槽が設置されている。これらのことから，飛鳥地域では斉明朝において都市整備が進められつつあるが（相原1993），いまだ，中央官僚制に伴う官衙群は未成立であったと考えておきたい。

　これと関連して問題となるのは前期難波宮における官衙である。前期難波宮では中枢部である内裏・朝堂院の西に西方官衙，東に東方官衙と称している官衙がある（大阪市1992・2000・2008）。このうち西方官衙は並倉を含む倉庫群であり，難波大蔵の可能性が指摘されている（積山1989）。これらを含めて前期難波宮の宮城には官衙群が一部で成立していたことがわかる。近年の調査では倉庫群は西方官衙の北1/2を占める可能性が指摘されており（黒田2001・佐藤2001），このようにみると，大蔵だけでなく各官司の倉庫群を宮殿の西北に配置する（山中1991）ことによって，難波の表玄関としての威厳を示そうとしたとも考えられる。これは遡って5世紀の倉庫群にもいえることである（大阪市

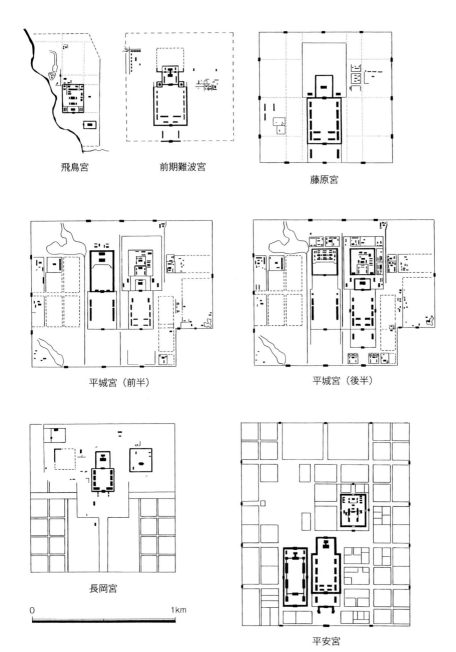

図 35　古代宮城の変遷図

3　飛鳥浄御原宮の宮城

表5　古代宮城面積比較表

宮 殿	東 西	南 北	宮城面積	官衙配置空間	備　　考
飛鳥宮	約450 m	約800 m	約255000 m²	約174000 m²	宮外官衙を除く
難波宮	約650 m	約750 m	約487500 m²	約314000 m²	前期難波宮跡
藤原宮	925 m	906 m	約838000 m²	約562000 m²	
平城宮	1016 m	1021 m	約1238000 m²	約975000 m²	東に266 m分の張出しあり
平安宮	1146 m	1392 m	約1595000 m²	約1276000 m²	

1992)。また，宮城の範囲は明確ではないが，南北約750 m，東西650 m程度と推定されており，面積にして約48万7500 m²である（李2015）。このうち内裏・朝堂院の中枢部を除く官衙配置可能空間は約31万4000 m²となる。一方，飛鳥宮跡の宮城の推定面積約25万5000 m²のうち，内郭・エビノコ郭および南庭を除いた官衙配置空間は17万4000 m²となる。これに宮外にある宮外東辺官衙ABCと酒船石遺跡（祭祀施設）・石神遺跡（収蔵施設）・雷丘東方遺跡（収蔵施設）を合わせると，推定約28万3000 m²ほどになる。これは前期難波宮の官衙配置空間よりもやや狭いものの，難波宮の官衙配置は西方官衙・東方官衙以外明確ではなく，宮城内における官衙密度も明確ではない。その意味では，前期難波宮の官衙は，飛鳥宮の宮内および宮外官衙を集約したものといえる。[17]しかし，斉明朝における官衙構造については，その有無を含めて，飛鳥浄御原宮にもまして不明瞭であり，今後の調査において解明していかなければならない重要課題である。

註
（1）　各官司の読みについては和田1983に従った。
（2）　大宝令以前の官僚制については，青木1954・板橋1990・井上1986・荊木1994a・押部1981・佐藤1975・直木1996a・野村1972・早川1986・福原1977・森田1986・八木1968などを参考にした。
（3）　内郭には中軸線上に内郭前殿と内郭後殿の2棟が並ぶ配置が推定されている（林部1998b）が，厳密に前期難波宮の内裏前殿・後殿の配置をトレースするならば，後殿の脇殿はやや後ろに位置することになる。とすれば，後殿の背後にも，もう1棟の東西棟建物が入る空間ができ，中軸線上に正殿級の建物が3棟並ぶ可能性も否定できない。前期難波宮では内裏後殿の背後には廊状建物があり，その後方にコ字形配置を呈した東西棟と脇殿の存在が推定されている（難波宮址顕彰会1976）。このことは平成2年（1990）の奈良大学考古学研究室研究交流会で発表したことがある。また，これらの検討にあたり，水野正好氏をはじめ，故岡田英男・故亀田博氏より多くのご教

示・ご指導を得ていた。その後の調査で，内郭中枢部の建物配置が確定し，中軸線上に 3 棟並ぶことが確認された（橿考研 2008）。

（4）　飛鳥宮の外郭施設については「一本柱塀」「東限塀」「東外郭塀」などの呼称で呼ばれているが，ここでは宮城垣との関係から「大垣」と呼び，さらに方角を付けて「東面大垣」などと呼称することにする。

（5）　SH6835 を宮内道路とすると，その東側の東面大垣には「門」が存在していた可能性が高い。このことはさらに東に位置する酒船石遺跡第 19 次調査区の石組溝に接して砂岩切石の区画が検出されており（明日香村 2006），これが橋脚の基礎部である可能性が考えられる。

（6）　このほかに，飛鳥地域では官衙的性格の強い遺跡として，檜前上山遺跡・佐田遺跡群・森カシ谷遺跡などがある。これらはともに飛鳥南西の紀路に面した位置にあり，飛鳥の防御に関する遺跡と評価できる。また，藤原京の先行条坊に伴う建物群のなかにも官衙的な施設を想定できるが，官衙と邸宅を発掘調査から識別することは難しい。なお，飛鳥地域の邸宅については以前に検討したことがある（相原 2000）。

（7）　飛鳥池遺跡の工房群の性格については国家が大きく関与したとみる官営工房説（寺崎 2001・花谷 1999）と寺院とのかかわりが大きいとみる説（吉川 2001・杉山 2002）とがある。この時期の飛鳥池工房群について筆者は，酒船石遺跡とのかかわりや宮廷儀礼に関する木簡の出土から検討して，国家とのかかわりが強いとみている（相原 2003）。

（8）　奈良時代には 3000 斛の糒を収める倉庫があったことが『続日本紀』天平宝字 4 年（760）8 月 14 日の記事から推定でき，民官の倉庫の延長上に理解できる。

（9）　木簡とその出土地の関係については，1 点の木簡だけでは明確にしがたい。特に，荷札木簡の場合，その移動が考えられ，記載内容やほかの木簡や遺構との関係などを総合的に検討する必要がある。これに対して墨書土器は，出土地で使用されていた可能性が高く，出土地の性格をより反映していたと考えられる。

（10）　収納施設には，総柱・高床仕様の倉庫と，側柱・土間仕様の建物の 2 者があるが，後者の建物は発掘遺構では識別が難しい。

（11）　酒船石遺跡の祭祀の内容については明確ではなく諸説あるが，筆者は飛鳥池遺跡から出土した「次米」木簡との関係で，天皇祭祀のなかでも最重要の祭祀である新嘗祭・大嘗祭などを行っていた可能性を考えている（相原 2003）。

（12）　藤原宮の官衙についてまとめたものには川越 1988・島田 1997 がある。また，藤原宮の官衙掌握を推定したものに木下 2003・市 2010b がある。

（13）　市大樹氏は，この木簡群の帰属について，藤原宮北方に「テンヤク」「天役」の小字が残ることから，典薬寮付属の薬園が置かれたとみている（市 2010b）。

（14）　市大樹氏によると，中務省は出土木簡や内裏との位置から，内裏東官衙あるいは内裏東外郭内の東部にあったとみている（市 2010b）。

3　飛鳥浄御原宮の宮城　　215

(15)　官衙の大規模な改変は宮内省・中務省で，改変が少ないのはそのほかの官衙であった可能性を考えている。このことは浄御原令制下での官僚制とのあり方とも関連して，B案であるなら，このような改変は考えられず，表4（182ページ参照）のA案においてみられると考えられる。よって，筆者はA案を支持したい。

(16)　酒船石遺跡東方の丘陵上には，尾根の稜線に沿って掘立柱塀が見つかっている（明日香村2001・2006）。この塀の性格については，飛鳥中心部を囲む可能性も考えている。掘立柱塀と狂心渠や飛鳥川などの河川によって囲まれた範囲には宮殿と官衙が含まれており，次の藤原宮の大垣と外濠に対応させると興味深い（相原2004）。

(17)　このことは難波宮における14堂以上の朝堂と広大な朝堂院の成立とも大きくかかわる問題であるが，今後の課題としたい。また，前期難波宮の官衙と飛鳥宮跡Ⅲ—B期における宮内外の官衙は，孝徳朝と天武朝の官僚機構の充実度とも大きくかかわる問題である。その意味で，難波宮における孝徳朝と天武朝の官衙の変遷と充実度の解明が比較検討の材料として重要となる。また，難波宮域に入る谷の造成状況ともかかわり，これまで官衙と推定される建物は谷を避け，立地の良い場所でしか確認されていない。

参考・引用文献

相原嘉之1993　「倭京の実像──飛鳥地域における京の成立過程──」『紀要　第6号』滋賀県文化財保護協会（本書第Ⅰ部第1章に収録）

相原嘉之1999　「小治田宮の土器─雷丘東方遺跡出土土器の再検討─」『瓦衣千年　森郁夫先生還暦記念論文集』森郁夫先生還暦記念論文集刊行会

相原嘉之2000　「飛鳥地域における空間利用形態についての一試論─掘立柱建物の統計的分析を通して─」『明日香村文化財調査研究紀要　創刊号』（本書第Ⅲ部第1章に収録）

相原嘉之・光谷拓実2002　「小治田宮の井戸─井戸枠の年輪年代と出土土器─」『明日香村文化財調査研究紀要　第2号』

相原嘉之2003　「飛鳥大嘗宮論─初期大嘗宮と酒船石遺跡─」『続・文化財学論集』文化財学論集刊行会

相原嘉之2004　「飛鳥の守り─古代都市　飛鳥の防衛システム構想─」『明日香村文化財調査研究紀要　第4号』（本書第Ⅲ部第4章に収録）

相原嘉之2011　「飛鳥古京の攻防─壬申紀にみる小墾田兵庫と留守司─」『琵琶湖と地域文化　林博通先生退任記念論集』林博通先生退任記念論集刊行会

相原嘉之2013　「飛鳥寺北方域の開発─7世紀前半の小墾田を中心として─」『橿原考古学研究所論集　第16』八木書店

青木和夫1954　「浄御原令と古代官僚制」『古代学　3-2』古代学協会

飛鳥資料館2003　『石神遺跡出土木簡の展示』

明日香村教育委員会1988　『雷丘東方遺跡　第3次発掘調査概報』

明日香村教育委員会 2000 「1998-20 次　飛鳥京跡の調査」『明日香村遺跡調査概報　平成10 年度』

明日香村教育委員会 2001 「1999-3 次　八釣・東山古墳群の調査」『明日香村遺跡調査概報　平成 11 年度』

明日香村教育委員会 2006 『酒船石遺跡発掘調査報告書―付，飛鳥東垣内遺跡・飛鳥宮ノ下遺跡―』

板橋美香子 1990 「律令制成立期の弁官について」『古代史研究　10 号』立教大学

市　大樹 2010a 「石神遺跡北方域の性格と木簡」『飛鳥藤原木簡の研究』塙書房

市　大樹 2010b 「藤原宮の構造・展開と木簡」『飛鳥藤原木簡の研究』塙書房

井上光貞 1986 「太政官成立過程における唐制と固有法との交渉」『井上光貞著作集　第 2巻』岩波書店

荊木美行 1994a 「浄御原令官制から大宝令官制へ―弁官局の成立を中心として―」『律令官制成立史の研究』国書刊行会

荊木美行 1994b 「飛鳥浄御原令官制の一考察―官司の呼称とその序列を中心に―」『律令官制成立史の研究』国書刊行会

大阪市文化財協会 1992 『難波宮址の研究　第 9』

大阪市文化財協会 2000 『難波宮址の研究　第 11』

大阪市文化財協会 2008 『難波宮址の研究　第 15』

小澤　毅 1988 「伝承板蓋宮跡の発掘と飛鳥の諸宮」『橿原考古学研究所論集　第 9』吉川弘文館（のちに小澤 2003 所収）

小澤　毅 1997 「飛鳥浄御原宮の構造」『堅田直先生古希記念論文集』堅田直先生古希記念論文集刊行会（のちに小澤 2003 所収）

小澤　毅 2003 『日本古代宮都構造の研究』青木書店

押部佳周 1981 「天武・持統朝の官制」『日本律令成立の研究』塙書房

亀田　博 1984 「飛鳥京跡小考」『橿原考古学研究所論集　第 6』吉川弘文館（のちに亀田2000 所収）

亀田　博 1987 「七世紀後半における宮殿の形態」『文化史論叢』横田健一先生古希記念論集刊行会（のちに亀田 2000 所収）

亀田　博 1997 「飛鳥浄御原宮」『都城における行政機構の成立と展』奈良国立文化財研究所（のちに亀田 2000 所収）

亀田　博 2000 『日韓古代宮都の研究』学生社

亀田博・和田萃 1990 「奈良・飛鳥京跡」『木簡研究　12 号』木簡学会

川越俊一 1988 「官庁街のパターン」『季刊考古学　第 22 号』雄山閣

岸　俊男 1981 「難波の大蔵」『難波宮址の研究　第 7』大阪市文化財協会（のちに岸1988 所収）

岸　俊男 1987 「最近発見の飛鳥木簡について」『日本と東アジアの考古学（1）』橿原考

古学研究所友史会

岸　俊男 1988　『日本古代宮都の研究』岩波書店

木下正史 2003　『藤原京―よみがえる日本最初の都城―』中央公論社

清岡廣子 2002　「飛鳥地域の漆工と漆の流通―飛鳥京跡の漆容器から漆の運搬と貯蔵を考える―」『明日香村文化財調査研究紀要　第 2 号』

黒田慶一 2001　「前期難波宮西方官衙について」『郵政考古紀要　第 30 号』大阪郵政考古学会

佐藤宗諄 1975　「律令太政官制と天皇」『大系　日本国家史　第 1 巻』東京大学出版会

佐藤　隆 2001　「難波宮東方官衙の再検討」『大阪市文化財協会研究紀要　第 4 号』

島田敏男 1997　「藤原宮」『都城における行政機構の成立と展開』奈良国立文化財研究所

菅谷文則 1987　「飛鳥京跡第Ⅲ期遺構と掘立柱建築の諸条件」『文化史論叢』横田健一先生古希記念論集刊行会

杉山　洋 2002　「飛鳥池遺跡の性格をめぐって」『文化財論叢Ⅲ』奈良文化財研究所

積山　洋 1989　「前期難波宮内裏西方官衙の検討」『ヒストリア　第 124 号』大阪歴史学会

立木　修 1989　「藤原宮出土の薬物木簡と古代医療の一側面」『古代文化　41』古代學協會

寺崎保広 2001　「律令国家成立期と飛鳥池遺跡出土木簡」『国史学　173』国史学会

寺升初代 1995　「平安宮の復元」『平安京提要』角川書店

直木孝次郎 1996a　「大蔵省と宮内省の成立」『飛鳥奈良時代の考察』髙科書店

直木孝次郎 1996b　「大宝令前官制についての二，三の考察」『飛鳥奈良時代の考察』髙科書店

難波宮址顕彰会 1976　「第 68 次発掘調査概報」『難波宮跡研究調査年報 1974』

奈良県教育委員会 1969　『藤原宮』

奈良県立橿原考古学研究所 1975　「第 47 次調査」『飛鳥京跡―昭和 49 年度発掘調査概要―』

奈良県立橿原考古学研究所 1978　「飛鳥京跡　昭和 52 年度発掘調査概報」『奈良県遺跡調査概報　1977 年度』

奈良県立橿原考古学研究所 1980　『飛鳥京跡Ⅱ』奈良県教育委員会

奈良県立橿原考古学研究所 1985　「飛鳥京跡第 104 次調査概要」『奈良県遺跡調査概報 1984 年度』

奈良県立橿原考古学研究所 1990　「飛鳥京跡第 115 次調査」『奈良県遺跡調査概報 1989 年度』

奈良県立橿原考古学研究所 1993　「飛鳥京跡第 129 次調査」『奈良県遺跡調査概報 1992 年度』

奈良県立橿原考古学研究所 1996a　「飛鳥京跡 131 次調査」『奈良県遺跡調査概報 1995 年度』

奈良県立橿原考古学研究所 1996b　「飛鳥京跡第 131 次調査出土木簡概報」『奈良県遺跡調査概報 1995 年度』

奈良県立橿原考古学研究所 2002 「飛鳥京跡 146・148 次調査」『奈良県遺跡調査概報 2001 年度』

奈良県立橿原考古学研究所 2003 「飛鳥京跡―2002 年度発掘調査概報―」『奈良県遺跡調査概報 2002 年度』

奈良県立橿原考古学研究所 2008 『飛鳥京跡Ⅲ―内郭中枢の調査（1）―』

奈良県立橿原考古学研究所 2011 『飛鳥京跡Ⅳ―外郭北部地域の調査―』

奈良県立橿原考古学研究所 2012 『史跡・名勝　飛鳥京跡苑池（1）―飛鳥京跡Ⅴ―』

奈良県立橿原考古学研究所 2014 『飛鳥京跡Ⅵ―吉野川分水の発掘調査―』

奈良県立橿原考古学研究所 2015 『史跡・名勝　飛鳥京跡苑池　第 10 次調査現地説明会資料』

奈良国立文化財研究所 1978 『飛鳥藤原宮発掘調査報告Ⅱ』

奈良国立文化財研究所 1980 「雷丘東方遺跡の調査」『飛鳥藤原宮発掘調査報告Ⅲ』

奈良国立文化財研究所 1981 「藤原宮東方官衙地域の調査Ⅰ（第 30 次）」『飛鳥藤原宮発掘調査概報 11』

奈良国立文化財研究所 1983 「藤原宮東方官衙地域の調査（第 35 次）」『飛鳥藤原宮発掘調査概報 13』

奈良国立文化財研究所 1985a 「石神遺跡第 4 次調査」『飛鳥藤原宮発掘調査概報 15』

奈良国立文化財研究所 1985b 「藤原宮東方官衙地域の調査（第 38・41・44 次）」『飛鳥藤原宮発掘調査概報 15』

奈良国立文化財研究所 1987 「藤原宮東方官衙地域の調査（第 48-3 次）」『飛鳥藤原宮発掘調査概報 17』

奈良国立文化財研究所 1988 「紀寺跡寺域東南部の調査（1987-1 次）」『飛鳥藤原宮発掘調査概報 18』

奈良国立文化財研究所 1989 「藤原宮西面南門地域の調査（第 58-1 次等）」『飛鳥藤原宮発掘調査概報 19』

奈良国立文化財研究所 1992a 「石神遺跡第 10 次調査」『飛鳥藤原宮発掘調査概報 22』

奈良国立文化財研究所 1992b 「飛鳥池遺跡の調査」『飛鳥藤原宮発掘調査概報 22』

奈良国立文化財研究所 1993a 「飛鳥寺南方遺跡の調査（第 1・2・3 次）」『飛鳥藤原宮発掘調査概報 23』

奈良国立文化財研究所 1993b 「東方官衙地区の調査（第 67 次）」『飛鳥藤原宮発掘調査概報 23』

奈良国立文化財研究所 1994a 「左京十一・十二条三坊（雷丘東方遺跡）の調査」『飛鳥藤原宮発掘調査概報 24』

奈良国立文化財研究所 1994b 「東方官衙地区の調査（第 71 次）」『飛鳥藤原宮発掘調査概報 24』

奈良国立文化財研究所 1996a 「藤原宮の地区区分について」『飛鳥藤原宮発掘調査概報 26』

奈良国立文化財研究所 1996b 「内裏東官衙地区・東方官衙北地区の調査（第78次調査・第78-7次調査）」『飛鳥藤原宮発掘調査概報26』

奈良国立文化財研究所 1998 「飛鳥池遺跡の調査―第84次・87次」『奈良国立文化財研究所年報 1998-Ⅱ』

奈良国立文化財研究所 1999 「飛鳥池遺跡の調査―第87次・第93次」『奈良国立文化財研究所年報 1999-Ⅱ』

奈良国立文化財研究所 2000 「飛鳥池遺跡の調査―第98次・第99-6次・第106次」『奈良国立文化財研究所年報 2000-Ⅱ』

奈良文化財研究所 2001a 「飛鳥池遺跡の調査―第112次」『奈良文化財研究所紀要 2001』

奈良文化財研究所 2001b 「東方官衙北地区の調査―第108-5次」『奈良文化財研究所紀要 2001』

西口壽生 1993 「飛鳥・藤原宮跡の墨書土器」『月刊文化財 362号』第一法規出版

野村忠夫 1972 「大弁官の成立と展開」『日本歴史 290号』日本歴史学会

橋本義則 2011 『古代宮都の内裏空間』吉川弘文館

花谷 浩 1999 「飛鳥池工房の発掘調査成果とその意義」『日本考古学 第8号』日本考古学協会

早川庄八 1986 「律令太政官制の成立」『日本古代官僚制の研究』岩波書店

林部 均 1998a 「伝承飛鳥板蓋宮跡出土土器の再検討」『橿原考古学研究所論集 第13』吉川弘文館（のちに林部 2001 所収）

林部 均 1998b 「飛鳥浄御原宮の成立―古代宮都変遷と伝承飛鳥板蓋宮跡―」『日本史研究 434号』日本史研究会（のちに林部 2001 所収）

林部 均 1998c 「飛鳥浄御原宮の庭と朝庭・朝堂―伝承飛鳥板蓋宮跡の構造―」『ヒストリア 162号』大阪歴史学会（のちに林部 2001 所収）

林部 均 2001 『古代宮都形成過程の研究』青木書房

福原栄太郎 1977 「中務省の成立をめぐって」『ヒストリア 77号』大阪歴史学会

森田 悌 1986 「太政官制成立の考察」『日本古代律令法史の研究』文献出版

八木 充 1968 「太政官制の成立」『律令国家成立過程の研究』塙書房

山中敏史 1991 「古代の倉庫群の特徴と性格―前期難波宮の倉庫群をめぐって―」『クラと古代王権』ミネルヴァ書房

吉川真司 2001 「飛鳥池木簡の再検討」『木簡研究 第22号』木簡学会

李 陽浩 2015 「前期難波宮の内裏規模をめぐる一考察」『建築史学 第65号』建築史学会

和田英松 1983 『新訂 官職要解』講談社

Ⅲ 飛鳥地域における都市構造の研究

1 宅地空間の利用形態

──掘立柱建物の統計的分析を通して──

はじめに

　「詔して曰はく，『右大臣に賜ふ宅地四町。直廣貳より以上には二町。大参より以下には一町。勤より以下，無位に至るまでは，其の戸口に随はむ。其の上戸には一町。中戸には半町。下戸には四分之一。王等も此に准へよ』とのたまふ。」(持統5年(691)12月8日条)

　これは我が国ではじめて条坊制を備えた「新益京[(1)]」の宅地班給の記事である。この記事からも知られるように，新益京では最大4町から1/4町までの宅地が官人に班給されていたことがわかる。次の奈良時代の平城京では宅地班給の記事は知られていないが，その副都である後期難波京では「難波京に宅地を班ち給ふ。三位以上には一町以下，五位以上には半町以下，六位以下には一町を四分せるが一以下」(天平6年(734)9月13日条)とある。新益京に比べて半分ほどの面積の班給しかない。しかし，これを遡る天武朝の副都・前期難波京での宅地班給の記事は『日本書紀』に「詔して曰はく，『凡そ都城・宮室，一處に非ず，必ず両参造らむ。故，先づ難波に都つくらむと欲ふ。是を以て，百寮の者，各往りて家地を請はれ』とのたまふ」(天武12年(683)12月17日条)と記され，宅地規模については記していない[(2)]。では新益京以前の飛鳥地域での宅地の位置・構造とはいかなるものであろうか。これまで発掘調査が実施されている飛鳥中心部には，小墾田宮・飛鳥宮・嶋宮などの宮殿・離宮，石神遺跡・水落遺跡・苑池などの官衙施設，そして飛鳥寺・川原寺・橘寺の寺院しか存在しない。つまり，飛鳥の中心部では宅地の存在する空間的余地がないのである。飛鳥地域の宅地の位置については，飛鳥の周辺地域に存在するという見通しをもっている。残念ながら飛鳥周辺地域では広範囲な調査が行われてはおらず，条坊制が施工されていない飛鳥では，宅地の構造までは明らかではなかった。しかし，近年の調査において宅地と考えられる遺構の一部が確認されつ

つある。ただし，これらは建物の一部あるいは数棟が検出されただけで，建物の配置や宅地規模は依然として不明のままである。

　飛鳥地域の宅地について論じたものには岸俊男・木下正史氏の研究がある。岸氏は主に天武天皇の皇子宮について，『日本書紀』『万葉集』などの記載からその位置について比定した（岸1981）。一方，木下氏は文献史料とともに発掘調査資料を用いて宅地の位置について検討を加えている（木下1991・1994）。ともに宅地の位置や立地について検討し，飛鳥地域の宅地利用の一端を明らかにした。また，筆者も宮殿・宅地遺構を含めた，飛鳥地域の開発の推移を時期ごとに検討したことがあり，その分布の変遷を通して倭京の実像にせまった。その結果，時期によってその範囲が異なり，京としては7世紀後半以降に形成され，7世紀前半にはその母胎が芽生えはじめていたと結論づけた（相原1993）。しかし，これまでの検討では飛鳥地域の宅地利用実態までは明らかとはなっていない。本章では飛鳥地域における宅地空間の利用形態についての検討を試みる。しかし，いまだ宅地の全貌を調査できた地点は乏しく，資料不足の感は否めない。また，飛鳥の宅地を考えるにあたっては，次の新益京の宅地との比較検討なしには成立し得ない。そこで，本章では建物そのものがもつ属性を比較することによって，7世紀後半の飛鳥地域における空間利用形態についての考察を行うとともに，新益京における宅地班給状況との比較を試みることにする。

(1)　飛鳥地域の宅地遺構

　ここでは発掘調査で確認された新益京以前の宅地遺構について概観する。これらのなかには宅地の一画だけが判明した例が多く，遺跡の性格についても宅地ではなく，官衙的性格が強いとされるものも含まれる。これらについては個々の概要で注記しておきたい。

藤原宮内裏東官衙下層遺跡　　のちの藤原宮が造営される平坦地に位置する。遺跡は掘立柱塀によって方形の区画が形成されていると考えられるが，北辺は調査区外であり南北規模は不明である。東西規模については西辺塀が確認できないが，検出状況からみて平安時代の遺構に破壊されている可能性が高い。と

すれば東西約41〜45mとなる。この区画の南辺西寄りに11間（7尺）×2間（7尺）の東西棟建物があり，その北東には3間以上（6尺）×2間（8.5尺）の南北棟がある。飛鳥浄御原宮時代の官衙か藤原宮造営に関連する施設の可能性が指摘されている（奈文研1985・1988a）。

藤原宮西方官衙下層遺跡　のちの藤原宮西方官衙が造営される平坦地に位置する。遺跡は方形街区に規制された区画のなかにあり，2〜3棟の小規模建物で一単位を形成している。柱穴規模や柱間間隔が狭く，ばらつきも大きい（奈文研1978a）。ただし現在の調査成果からは，西方官衙との識別が難しい。

藤原宮東南隅下層遺跡　遺跡はのちに藤原宮の造営される平坦地に位置する。検出したのは掘立柱塀で形成される区画の東南隅と推定される。掘立柱塀は9尺等間で東西6間分，南北2間分を確認しており，その外側には溝がめぐる。7世紀後半の土器が出土している。藤原宮期になると門と東西の塀がつくられているが，大垣と外濠は確認できなかった（奈文研1975）。

藤原京左京六条三坊下層遺跡　香具山西裾に流れる中の川の西の平坦地に位置し，のちの藤原京左京六条三坊にあたる。遺跡は北辺を検出していないが，東西幅66.1mの掘立柱塀に囲まれている。南辺の中央には3間×1間の門が取りつき，その北側に4間分の目隠し塀がある。区画内には3棟の南北棟建物があるが，正殿は北方の未調査地に推定される。これらの遺構からは飛鳥Ⅳ〜Ⅴの土器が出土する（奈文研1986・1987a）。

興善寺跡　香具山南麓の南へ延びる尾根上に位置する。検出した遺構には桁行7間，梁行4間の10尺等間の東西棟の正殿とその前面を区画する掘立柱塀，入口に相当する切通しがある。7世紀末〜8世紀初頭の遺跡と推定される（橿原市1992）。

雷丘北方遺跡　雷丘北方の飛鳥川までの東から西へ下がる緩い平坦面に位置し，のちの左京十一条三坊西南・西北坪にあたる。検出した遺構には四面廂の正殿と脇殿・前殿がある。これらを東西78mの掘立柱塀が囲む。遺跡の中軸は坪の中軸線に一致し，敷地は南北二町分にまたがる（奈文研1992・1994・1995a）。

奥山リウゲ遺跡　山田道の北側で，奥山廃寺の南東にあたり，東から西への傾斜地にあたる。検出した遺構は南北棟掘立柱建物が1棟だけだが，6間

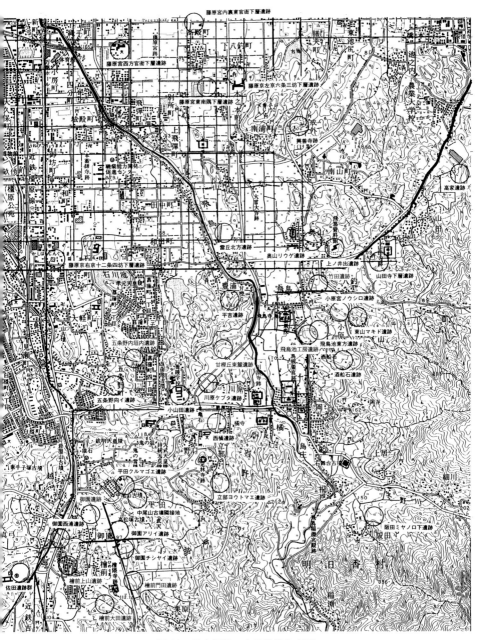

図 36　飛鳥地域の宅地遺構分布図

1　宅地空間の利用形態　　225

（7.5 尺）×2 間（10 尺）で，柱穴も一辺 100〜140 cm の大型である。地形からみて東方に正殿と東脇殿が推定され，この建物は西脇殿になる可能性がある。7 世紀後半の遺跡である（明日香村 1990）。

上ノ井出遺跡　飛鳥資料館建設に伴って発見された遺跡で山田道の北側にあたり，丘陵のやや奥まった南斜面に位置する。ここでは大規模に整地されたなかに掘立柱建物や井戸・石組暗渠がある。7 世紀後半を中心とした遺跡である（奈文研 1973）。

平 吉 遺 跡　甘樫丘北麓にあたり，北西へ緩傾斜する平坦地に位置する。検出した 7 世紀後半の遺構には掘立柱建物・塀・池状遺構・炉などがある。特に，建物とこれに取りつく塀がこの遺構群の中心になっており，遺構方位もこれに合う。また，L 形の塀に囲まれた内側に炉が 3 基検出されている。工房関連の施設と推定されている。なお，7 世紀前半の遺物には豊浦寺関連瓦が大量に出土している（奈文研 1978b）。

藤原京右京十二条四坊下層遺跡　石川池の北西 300 m の台地上にあたる。飛鳥時代の遺構は整地層上につくられた石組の暗渠だけである。幅 70 cm で延長 24.5 m を検出した。途中木樋を使用している箇所もある（橿原市 1994）。

竹 田 遺 跡　飛鳥寺の東北の丘陵南斜面を造成して建てられている。南辺は古山田道と推定する古道に面している。建物は散在した配置で統一性がない。大型建物としては，6 間（8 尺）以上×2 間（8 尺）のものがあるほかは小規模なものが多い（明日香村 2012a）。北側丘陵上に，方形の造成地割がみられることから，中心は丘陵上にあり，調査地はその関連施設と推定できる。

小原宮ノウシロ遺跡　大伴夫人之墓の東方 100 m にあたり，東西に延びる尾根上に位置する。検出した遺構には掘立柱建物 3 棟と掘立柱塀 1 条がある。調査区の関係で建物規模は確定できないが，数時期の変遷がみられる（明日香村 1991）。

東山マキド遺跡　飛鳥坐神社の東 400 m にあたり，南東から北西へ延びる尾根上の平坦面に位置する。この平坦面は地形図をみるかぎり東西 200 m にわたって削平されている状況がみられ，飛鳥時代の造成の可能性がある。[3] 検出した遺構には掘立柱建物 8 棟，掘立柱塀 2 条があり，数時期の変遷が窺われるが，調査区の関係で規模の確定できるものはない。しかし，このなかには廂

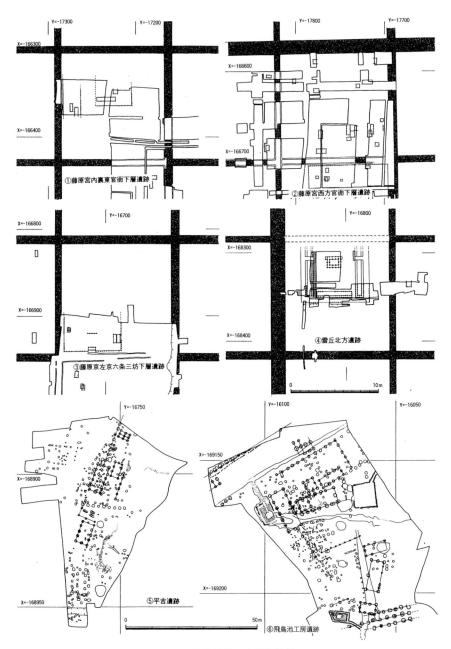

図37　飛鳥地域の宅地遺構①

1　宅地空間の利用形態

付の建物も含まれる。7世紀代の遺跡で，周辺地域は中臣鎌足の誕生地にあたることから，中臣氏に関係する遺跡である可能性もある（明日香村1992）。

飛鳥池工房遺跡　飛鳥寺の東南に位置する谷部にあたる。遺跡は飛鳥寺の東南辺の道路の南にひろがり，ほぼ中央にある掘立柱塀を境に，北側に管理施設，南側に工房施設が分かれる。出土遺物から，金・銀・銅・鉄製品・ガラス・玉・漆製品・瓦，そして富本銭を作っていた総合工房であることが判明している（奈文研1998・1999a・2000・2001）。

酒船石遺跡　酒船石遺跡の北東にあたり，南東から北西への斜面に位置する。検出した遺構は南北棟掘立柱建物1棟だけであるが，桁行4間以上，梁間2間以上で柱間10尺・9尺で，柱穴の一辺も100〜110cmと大型である。酒船石遺跡関連か邸宅遺構のいずれかの性格が考えられている（明日香村2006）。

川原ケブタ遺跡　甘橿丘東南麓の谷筋にあたり，北東から南西へ傾斜地に位置する。検出した遺構は長辺90cm，短辺60cmの柱穴2基だけだが，位置・埋土・形態からみて，掘立柱建物の柱穴と推定される。柱間は6mで，梁間2間（10尺）の南北棟建物と推定できる（明日香村1994）。

甘樫丘東麓遺跡　甘樫丘の東麓の三方を尾根に囲まれた平坦地に位置する遺跡である。大きく3時期に区分され，7世紀前半には中央の谷を石垣により護岸し，5×2間と5×3間のほぼ同規模の総柱倉庫が建てられている。7世紀後半になると，一辺30〜35mの掘立柱による区画が造られ，建物が建つ。中心建物が確認されていないが，4×2間の同規模の建物が建てられる（奈文研1995b・2006・2007・2009〜2011・2013・2014）。

五条野向イ遺跡　五条野丸山古墳の南東にあたり，南東から北西へ延びる尾根上の平坦面に位置する。検出した遺構には掘立柱塀に囲まれた正殿・後殿・東脇殿・南門がある。区画塀は南辺・東辺の一部を確認しただけだが，東西60mの区画が推定される。この南辺には八脚門が取りつき，門の南には通路が推定される。[4]南門を入ると7間（9尺）×2間（10尺）の正殿があり，さらに後方に6間（9尺）×2間（10.5尺）の後殿がある。正殿の斜め前方には脇殿があり，コ字形の配置が推測される。7世紀後半〜末の時期である（橿原市1999）。

五条野内垣内遺跡　植山古墳と同一尾根上を削平して造られている。四面

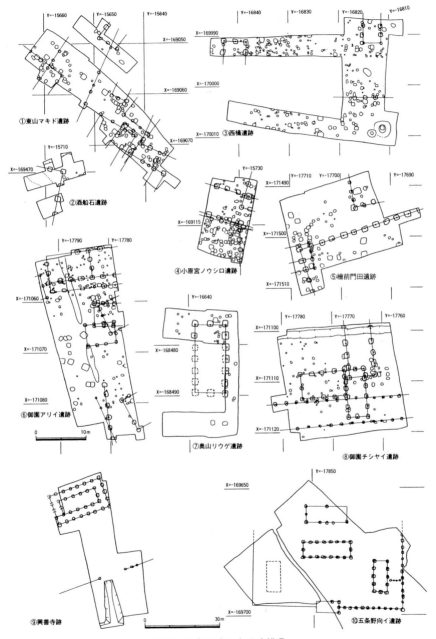

図38 飛鳥地域の宅地遺構②

1 宅地空間の利用形態 229

廂建物を正殿7間（7尺）×2間（8尺）とし，前殿6間（9尺）×2間（10尺）・前々殿12間（8尺）×2間（9尺），さらに非対称ながら両脇殿6間（9尺）×2間（10尺）がある。これらを塀で囲み，地形の関係上，東南隅に総柱の門を設ける（橿原市2001）。

小山田遺跡　甘樫丘南麓の南へと延びる尾根を削平して，約80m四方の平坦面が形成されている。現地にはすでに学校が建設されており，遺構の検出は難しいが，「旦波國多貴評草上」と記された木簡が出土している（和田1991）。また，南の谷では東西道路と交差する南北道路が検出されており，小山田遺跡への進入路と考えられる（明日香村1998）。

西橘遺跡　西橘遺跡は橘寺西方の尾根上に位置し，尾根の最も高い場所に幅12mの東西道路が通過する。検出した遺構には掘立柱建物2棟と掘立柱塀1条がある。ともに，調査区の関係で規模は確定できないが，一辺1mの柱穴掘形をもつものもある。この南の谷には大量の土器とともに木簡・木製品も出土しており，7世紀中頃のものと推定している（明日香村1993）。また，遺跡南半には桁行5間以上，梁間2間の身舎に南廂が付く東西棟掘立柱建物がある。柱間寸法は6.5尺等間で，飛鳥Vの溝よりも古いことから，7世紀後半の建物であろうか。⁽⁵⁾

立部ヨウトマエ遺跡　定林寺の南東300mにあたり，北西に緩傾斜するやや奥まった位置にあたる。検出した遺構は掘立柱建物1棟だけだが，桁行5間，梁間2間で，柱間寸法は8尺等間である。柱穴掘形は一辺1mとやや大きい。7世紀代の建物と推定している。⁽⁶⁾

阪田ミヤノロ下遺跡　都塚古墳の南東150mの南から北への傾斜地に位置する。検出した遺構は7世紀後半の幅50cmの石組溝1条だけだが，この南に宅地が存在する可能性が高い（明日香村2000）。

平田クルマゴエ遺跡　中尾山古墳の北側の尾根にあたり，尾根頂部からやや東に下った平坦面に位置する。検出した遺構は掘立柱建物2棟である。うち1棟は一辺1mの掘形をもつ。7世紀後半の土器が出土している（橿考研1983a）。

御園アリイ遺跡　檜前盆地の中心部に位置する。方位によって4時期の変遷がみられる。このうちⅢ期は桁行7間以上の南廂付大型建物を中心に計画的

な建物配置がみられる。御園チシヤイ遺跡とは東西道路を挟んだ位置にある（明日香村 1997a）。

御園チシヤイ遺跡　檜前盆地の中心部に位置する。重複関係から4時期の変遷がみられる。特に，北端で検出した東西溝は道路南側溝の可能性もある（橿考研 1984a）。

檜前門田遺跡　檜隈寺の東 130 m の位置にある。検出した遺構は東西塀と西端で南へ折れる南北塀で，区画施設の北西隅である。これらの柱穴規模は一辺 80～140 cm の大型のものである。周辺地形からみて，50 m 四方の区画が推定される。その位置から檜隈寺の造営・管理に関与した有力渡来系氏族の宅地と推定されている（明日香村 1997b）。

檜前大田遺跡　檜隈寺の南西隣の尾根上を造成して造られている建物群である。地形に即して，3地区に分かれるが，東地区には四面廂と復元できる建物を中心に，尾根筋に合わせた建物が配置されている。これら掘立柱建物の下層には，大壁建物も確認されており，大壁建物から掘立柱建物への変化がみられる。一方，中央区は尾根の最も狭い地区であるが，ここでも建物が並列して建てられる。西地区は古代の建物は確認できなかったが，大規模な平坦地が造成されていること，中世の建物が建ち並ぶことから，飛鳥時代の遺構はすでに削平され，ここに中心建物があった可能性が高い（明日香村 2011・2012b・2013）。いずれにしても，檜隈寺に隣接する立地と規模，大壁建物の存在から，東漢氏の居宅と考えられる。

檜前上山遺跡　紀路の東にあたる尾根の上部に位置する。検出した遺構には掘立柱建物・塀・土塁状遺構がある。建物は尾根頂部（土塁状遺構）から東に下りた場所に位置し，3間×2間の南北棟で，ほかにも多数の柱穴群がある。2トレンチでは3間×3間の総柱建物がある。出土遺物には磚・榛原石がある。7世紀後半を中心とする（橿考研 1983b）。2次調査でも4間×2間の掘立柱建物や塀がみつかっている。その性格については官衙的性格が指摘されている（橿考研 1985）。

佐田遺跡群　紀路の西にあたる丘陵上に位置する。検出した遺構には，掘立柱建物・塀・竪穴建物がある。紀路を挟んで東に位置する檜前上山遺跡とともに飛鳥外城の防御施設と推定されている（橿考研 1984b）。

このほかにも遺物が出土しただけのものもある。**高家遺跡**では尾根上から投棄されたと考えられる土器が大量に出土している（橿考研 1996）。**山田寺下層遺跡**では，山田寺造営時の整地層や以前の遺構から 7 世紀前半の土器が出土しており，蘇我倉山田石川麻呂の邸宅が近辺にあったことが推定されている（奈文研 2002b）。**中尾山古墳隣接地**では掘割状遺構が検出され，7 世紀中頃〜後半の土器が大量に出土している（橿考研 1983c）。**飛鳥池東方遺跡**では L 形に折れる掘立柱塀があり，方形区画を形成している可能性がある（奈文研 1999b）。**御園遺跡**は平坦な丘陵上にある。建物規模は確定できないが，桁行 6〜8 尺，梁間 7〜9 尺で柱穴規模は 70 cm のものが確認され，削平が多いが，飛鳥時代の造成痕跡とみられる（明日香村 2015）。**御園西浦遺跡**でも掘立柱塀が検出されている（明日香村 1999）。

(2)　新益京の宅地利用形態

　新益京の宅地については，一部の地域を除いて明らかではなかった。それは平城京・長岡京等の都城遺跡に比べて，京内における調査面積が少ないことによる。さらに新益京の京域については従来より広い「大藤原京」が提示され，その実態が徐々に明確になりつつある。その大藤原京域については，近年はじめて遺跡として周知され（奈良県 1998），ようやく行政的にこの地域を調査できる体制が整いつつある。ここでは竹田政敬氏がまとめている新益京の宅地利用についての考察（竹田 1998・2003・橿原市 1998）を基に，新益京の宅地利用について整理しておきたい。

　新益京の宅地のうち，これまでの調査で占地の状況がある程度判明するものには，四町宅地が 3 例，二町宅地が 2 例，一町宅地が 16 例，二分の一町宅地が 1 例，四分の一町宅地が 19 例，八分の一町宅地が 4 例ある。

　四町宅地については，左京六条三坊の藤原京後半期がある。坊中軸線上に正殿・前殿があり，その東および南東に 4 棟の脇殿がある。西半部については未調査であるが，左右対称の建物配置が推定されている。右大臣の宅地，あるいは左京職の可能性が指摘されている（奈文研 1986・1987a・1988b）。左京七条一坊では，衛門府にかかわる大量の木簡群が出土しており，大型建物の配置状況

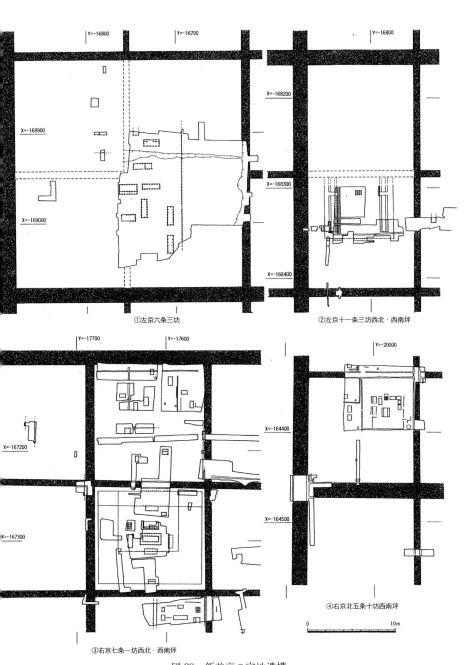

図 39　新益京の宅地遺構

1　宅地空間の利用形態

からみて，四町占地の京内官衙とみられる（奈文研 2002a）。右京十一条二坊では，東北・西北坪にまたがる 16×2 間の長大な東西棟がある。また，十一条条間路が確認できず，横断する位置に石組暗渠が造られていることから，四町占地とみられる（橿考研 2015）。

　二町宅地については，左京六条三坊東北・東南坪の藤原京期前半，右京七条二坊東北・東南坪，左京七条一坊東北・東南坪，左京十一条三坊西北・西南坪がある。右京七条二坊東北・東南坪は宅地内の様子は不明だが，宅地の東外郭塀が七条条間路を越えて両坪に延びることから，二町占地（あるいは四町占地）であることがわかる。左京七条一坊東北・東南坪では「皇子宮」「帳内」と記された木簡が出土したことや坪内に大型建物がみられることから，皇子クラスの宅地と推定されている（橿原市 1995）。左京十一条三坊西北・西南坪の藤原京期は坪中軸線上に総柱建物の正殿とその南東・南西に長廊状の脇殿，その後方にも脇殿があり西南坪を越え，西北坪にまたがる（奈文研 1992・1994・1995a）。

　一町宅地については，左京一条四坊西南坪・左京二条三坊西南坪・右京二条三坊東北坪・東南坪・西南坪・右京三条三坊東北坪・西北坪・東南坪・左京四条三坊 B 期・右京六条四坊西南坪・左京七条二坊東南坪・左京七条三坊西南坪・右京七条一坊西南坪・右京八条一坊東北坪・右京十一条四坊西北坪がある。しかしながら建物配置の判明する調査例は少ない。[8] このなかで右京七条一坊西南坪では坪内を内郭と外郭の二重に囲み，それぞれ南辺中央に門を置く。内郭には四面廂の正殿の背後に後殿，東西に脇殿を配し，左右対称の配置をとる。その配置からみて，官衙ではなく宅地の可能性が高い（奈文研 1987b）。また，左京四条三坊東南・西南坪（B 期）では両坪の南北二分する位置に塀をたて，両坪南半を一体として使用している例もある（奈文研 1991a）。

　二分の一町宅地については，右京七条一坊西北坪が推定されている。坪の南北二分線に塀を設け，坪を二分している。北半ではさらに溝によって東西に 3 区画をつくる（奈文研 1991b）。

　四分の一町宅地については，右京北五条十坊西南坪・東南坪・西北坪・左京四条三坊東北坪・西北坪・右京八条一坊西北坪・右京十条四坊西北坪・右京十条五坊西南坪などがある。これらの多くは坪を二分する位置に道路・溝等の区

画施設があるだけであるが，建物配置の判明する右京北五条十坊西南坪には，同坪の北西部に，二面廂の主殿を中心に両側に付属建物がある（橿原市 1997）。右京八条一坊西北坪でも中心に 6×2 間の建物をおき，左右に脇殿風建物がある（奈文研 1999c）。

八分の一町宅地については，右京北五条十坊西南坪・左京北三条四坊西南坪・右京八条四坊西南坪・右京八条五坊西南坪がある。

新益京の宅地は，藤原宮同様に，二町以上の宅地は先行条坊を埋め立てて占地する。また二分の一町以下の宅地は 1 町を道路・塀・溝によって等分割し占地することが判明している。その立地は，大規模宅地が藤原宮の周辺に多くみられる傾向があり，一方，東西四坊よりも遠方に四分の一町以下の宅地がみられる傾向がある。また，これまでの調査では宮内・京内において藤原京時代でも 2 時期の変遷がみられる調査例があるが，先行条坊施工の 7 世紀後半〜8 世紀初頭に限っても，①先行条坊の施工期（宮造営以前の遺構），②藤原宮造営期（宮造営に関する遺構），③官衙造営期（藤原宮前半），④官衙改修期（藤原宮後半）と複雑な変遷が指摘されている（奈文研 1996a）。このことからみても，7 世紀後半の遺構の性格についてもにわかに確定しがたい。さらに，宮内よりも京内については条坊施工後の遺構について，それが藤原京遷都以前か遷都後の遺構なのかの確定が難しい。

(3)　藤原京の掘立柱建物

前節では藤原京の宅地利用例について概観してきたが，現状では飛鳥地域の宅地と直接比較することができない。そこで本節では掘立柱建物そのものがもつ属性についての比較を試みてみたい[9]（表6〜15 参照）。その分析項目は，建物の桁行間数・桁行寸法・梁行間数・梁行寸法・柱穴掘形径である。データの抽出にあたっては，平成 28 年（2016）6 月末までに各調査機関から公表されている報告書を基にして，寺院付属建物を除いた宮殿・官衙・宅地の掘立柱建物を集成した。しかし，柱間寸法や柱穴径などは報告文章に記載のないものも多く，この場合小縮尺の図面から読みとったものもある。よって，その誤差は否定できない。なお，柱穴径については，各建物のなかでも柱穴掘形径が異なるので，

最も平均的なものを抽出して算出した。また，桁行・梁行間数については，桁行・梁行間数が確定している建物だけをデータとし，規模の確定しない例えば「桁行5間以上」というものについては除外している。データの空間・時間的範囲としては山田道以北の大藤原京域の藤原京期（飛鳥V）とし，時期については報告文による。また，山田道以南については，石神遺跡・飛鳥池工房遺跡および山間部でしか建物は確認されておらず，ともに官衙・（官営）工房とされているので，ここでは除外した。次節の飛鳥地域で検討をする。

藤原宮・藤原京における各属性の平均

藤原宮内の掘立柱建物の各属性の平均は，桁行6.59間・桁行7.80尺・梁行2.13間・梁行7.69尺・柱穴掘形94.8cmである。これに対して，藤原宮を除く藤原京内の掘立柱建物の各属性の平均は，桁行4.30間・桁行6.97尺・梁行2.10間・梁行6.75尺・柱穴掘形72.7cmである。

宅地規模による属性平均の変化

藤原京内にある宅地遺構については，前節でみたように四町〜八分の一町までの宅地が発掘調査で確認されている。これは占地の規模だけでなく，建物それぞれがもつ属性についても，宅地規模に応じて異なることが予想される。そこで各宅地規模に応じて建物の属性にどのような差異があるのかをみてみたい。なお，京内における官衙については左京六条三坊が左京職の可能性も指摘されているが，現段階においては確定できない。よって，ここでは京内すべての遺構を宅地とみなして論を進める。

四町宅地における掘立柱建物の各属性の平均値は，桁行6.62間・桁行8.73尺・梁行2.16間・梁行8.83尺・柱穴掘形106.3cmである。

二町宅地における掘立柱建物の各属性の平均値は，桁行6.27間・桁行7.36尺・梁行2.33間・梁行6.83尺・柱穴掘形91.0cmである。

一町宅地における掘立柱建物の各属性の平均値は，桁行4.25間・桁行6.88尺・梁行2.14間・梁行6.67尺・柱穴掘形78.3cmである。

二分の一町宅地の掘立柱建物の各属性の平均値は，桁行3.12間・桁行6.95尺・梁行2.09間・梁行6.68尺・柱穴掘形60.0cmである。

四分の一町宅地の掘立柱建物の各属性の平均値は，桁行3.45間・桁行6.54尺・梁行2.02間・梁行6.17尺・柱穴掘形58.4cmである。

八分の一町宅地の掘立柱建物の各属性の平均値は，桁行3.20間・桁行5.88尺・梁行2.00間・梁行5.82尺・柱穴掘形55.0cmである。

以上のデータからわかるように，平均値でみると，宅地規模に応じて掘立柱建物の各属性が変化している。つまり宅地の規模の大きさとほぼ比例して建物規模も大きいということが指摘できよう。

このような傾向が指摘できるものの，例えば宅地のなかでも正殿などの中心建物とそれを支える雑舎では当然建物の規模は異なるであろう。実際のところ，平均値では中心建物が平均値以上の建物クラスとなり，雑舎が平均以下のクラスとなる。そこで，次に各属性のデータ分布をみてみることにする。

宅地規模による属性のデータ分布の変化

平均値よりも，より実際のデータに即した属性のデータ分布の変化についてみていきたい。そのデータについては表6～10に記した通りである。

桁行間数については，藤原宮で2～20間までの建物があり，3間の建物が22.0%と最も多い。次いで多いのが6～7間の建物で合わせて23.6%ある。10間以上の建物は8棟あるが，東方官衙・西方官衙の長殿状建物である。四町宅地では8間までの建物があるが，7間が37.5%であり，4～5間が合わせて37.6%でこれにつづく。また，1棟だけだが，桁行16間の長舎建物があり，京内官衙と推定される。次の二町宅地では3間が40.0%と5間が30.0%と最も多く，4間も一定量ある。ただし，17間の長殿状建物が1棟（10.0%）例外的にあるが，これは左京十一条三坊（雷丘北方遺跡）中心施設の脇殿である。一町宅地では8間までの建物があるが，3間の建物が36.8%あり，これにつづいて4～5間の建物もそれぞれ15.7%の比率である。二分の一町宅地では，4間までの建物があり，このうち3・4間の建物がともに37.5%あり，両者で7割以上を占めることになる。四分の一町宅地では2～6間までの建物があるが，3間の建物が50.0%と半数を占め，4間の建物が30.6%でつづく。八分の一町宅地では2～4間までの建物で，うち3・4間の建物がともに40.0%で8割を占める。

1　宅地空間の利用形態　　*237*

表6　藤原京内掘立柱建物桁行間数（％）

桁行（間）	1	2	3	4	5	6	7	8	9	10
藤 原 宮	00.0	08.5	22.0	08.5	08.5	11.8	11.8	08.5	05.1	01.7
4 町 宅 地	00.0	06.2	00.0	18.8	18.8	00.0	37.5	12.5	00.0	00.0
2 町 宅 地	00.0	00.0	40.0	20.0	30.0	00.0	00.0	00.0	00.0	00.0
1 町 宅 地	00.0	05.2	36.8	15.7	15.7	10.5	13.1	03.0	00.0	00.0
1/2 町 宅 地	00.0	25.0	37.5	37.5	00.0	00.0	00.0	00.0	00.0	00.0
1/4 町 宅 地	00.0	13.0	50.0	30.6	01.6	04.8	00.0	00.0	00.0	00.0
1/8 町 宅 地	00.0	20.0	40.0	40.0	00.0	00.0	00.0	00.0	00.0	00.0

桁行（間）	11	12	13	14	15	16	17	18	19	20
藤 原 宮	01.7	01.7	00.0	03.4	00.0	00.0	00.0	05.1	00.0	01.7
4 町 宅 地	00.0	00.0	00.0	00.0	00.0	06.2	00.0	00.0	00.0	00.0
2 町 宅 地	00.0	00.0	00.0	00.0	00.0	00.0	10.0	00.0	00.0	00.0
1 町 宅 地	00.0	00.0	00.0	00.0	00.0	00.0	00.0	00.0	00.0	00.0
1/2 町 宅 地	00.0	00.0	00.0	00.0	00.0	00.0	00.0	00.0	00.0	00.0
1/4 町 宅 地	00.0	00.0	00.0	00.0	00.0	00.0	00.0	00.0	00.0	00.0
1/8 町 宅 地	00.0	00.0	00.0	00.0	00.0	00.0	00.0	00.0	00.0	00.0

表7　藤原京内掘立柱建物桁行寸法（％）

桁行（尺）	3	4	5	6	7	8	9	10	11	12	13	14
藤 原 宮	00.0	08.4	08.4	07.3	13.2	16.9	26.5	18.1	00.0	00.0	00.0	01.2
4 町 宅 地	00.0	00.0	05.9	05.9	05.9	29.4	35.3	05.9	11.7	00.0	00.0	00.0
2 町 宅 地	00.0	15.4	07.7	07.7	23.1	38.4	07.7	00.0	00.0	00.0	00.0	00.0
1 町 宅 地	00.0	03.3	16.4	18.0	27.9	16.4	14.7	03.3	00.0	00.0	00.0	00.0
1/2 町 宅 地	00.0	09.0	09.1	09.1	36.4	36.4	00.0	00.0	00.0	00.0	00.0	00.0
1/4 町 宅 地	00.0	04.1	18.9	36.5	29.7	09.5	00.0	01.3	00.0	00.0	00.0	00.0
1/8 町 宅 地	07.7	07.7	00.0	76.9	07.7	00.0	00.0	00.0	00.0	00.0	00.0	00.0

表8　藤原京内掘立柱建物梁行間数（％）

桁行（間）	1	2	3	4
藤 原 宮	06.3	72.2	21.5	00.0
4 町 宅 地	00.0	78.9	21.1	00.0
2 町 宅 地	00.0	71.4	28.6	00.0
1 町 宅 地	03.6	78.2	18.2	00.0
1/2 町 宅 地	00.0	90.9	09.1	00.0
1/4 町 宅 地	05.0	88.8	06.2	00.0
1/8 町 宅 地	00.0	100.0	00.0	00.0

表9　藤原京内掘立柱建物梁行寸法（％）

梁行（尺）	1	2	3	4	5	6	7	8	9	10	11	12
藤　原　宮	00.0	00.0	00.0	03.5	13.1	14.3	11.9	17.8	20.2	13.1	04.9	01.2
4 町 宅 地	00.0	00.0	00.0	00.0	11.1	00.0	11.1	05.5	27.8	38.9	05.6	00.0
2 町 宅 地	00.0	00.0	00.0	07.1	21.5	21.5	28.6	14.2	07.1	00.0	00.0	00.0
1 町 宅 地	00.0	00.0	00.0	01.7	20.3	27.1	28.8	10.2	06.8	05.1	00.0	00.0
1/2 町宅地	00.0	00.0	00.0	09.1	09.1	27.3	18.1	36.4	00.0	00.0	00.0	00.0
1/4 町宅地	00.0	00.0	02.7	12.3	26.0	27.4	20.6	09.6	01.4	00.0	00.0	00.0
1/8 町宅地	00.0	00.0	00.0	14.2	28.6	28.6	28.6	00.0	00.0	00.0	00.0	00.0

表10　藤原京内掘立柱建物掘形径（％）

柱穴径（cm）	10	20	30	40	50	60	70	80	90	100
藤　原　宮	00.0	00.0	00.0	03.2	05.3	12.6	07.4	06.3	07.4	21.0
4 町 宅 地	00.0	00.0	00.0	00.0	00.0	00.0	18.1	00.0	00.0	36.4
2 町 宅 地	00.0	00.0	00.0	00.0	16.6	08.3	00.0	25.1	08.3	25.1
1 町 宅 地	00.0	00.0	00.0	01.8	12.5	23.2	12.5	10.7	12.5	14.3
1/2 町宅地	00.0	00.0	09.1	00.0	09.1	63.6	00.0	18.2	00.0	00.0
1/4 町宅地	00.0	00.0	08.8	15.8	21.0	26.3	12.3	05.3	01.7	05.3
1/8 町宅地	00.0	00.0	14.3	42.9	14.3	00.0	28.5	00.0	00.0	00.0

柱穴径（cm）	110	120	130	140	150	160	170	180	190	200
藤　原　宮	08.4	17.9	03.2	03.2	01.0	02.1	01.0	00.0	00.0	00.0
4 町 宅 地	00.0	36.4	00.0	00.0	09.1	00.0	00.0	00.0	00.0	00.0
2 町 宅 地	00.0	08.3	08.3	00.0	00.0	00.0	00.0	00.0	00.0	00.0
1 町 宅 地	03.6	03.6	03.6	00.0	01.7	00.0	00.0	00.0	00.0	00.0
1/2 町宅地	00.0	00.0	00.0	00.0	00.0	00.0	00.0	00.0	00.0	00.0
1/4 町宅地	03.5	00.0	00.0	00.0	00.0	00.0	00.0	00.0	00.0	00.0
1/8 町宅地	00.0	00.0	00.0	00.0	00.0	00.0	00.0	00.0	00.0	00.0

　桁行寸法については，藤原宮で4～10尺と14尺の建物があるが，14尺の建物は1棟だけで例外と考えられる。9尺の建物が26.5％あり，8尺・10尺の建物が17～18％でつづく。四町宅地では5～11尺までの建物があるが，9尺が35.3％と最も多く，8尺が29.4％とつづく。二町宅地では4～9尺までの建物があるが，8尺が38.4％と最も多く，7尺が23.1％でつづく。一町宅地では4～10尺までの建物があるが，7尺が27.9％と最も多く，6尺（18.0％）および5・8・9尺がつづく。二分の一町宅地は8尺までの建物があるが，7・8尺の建物がともに36.4％を占める。四分の一町宅地には8尺までの建物があるが，6

尺が 36.5% で最も多く，7 尺が 29.7% でつづく。八分の一町宅地では 7 尺までの建物があるが，6 尺が 76.9% で過半数を超える。

梁行間数については藤原宮・宅地に限らず，2 間のものが最も多い。3 間のものは藤原宮および一町以上の宅地では約 20% を超え，二分の一町から四分の一町の宅地では 10% 未満となる。さらに八分の一町の宅地では梁間 3 間の建物は確認されていない。なお，梁間 1 間の建物のなかには，妻柱が確認できず，1 間としたものがあるが，このなかには，柱間寸法から 2 間と想定されるものも含まれる。

梁行寸法では，藤原宮で 12 尺までの建物があるが，9 尺が 20.2% で最も多い。しかし，つづく 5〜8・10 尺の建物も 10% 以上の比率で存在する。一方，宅地では四町宅地では 5〜11 尺までの建物があるが，10 尺の建物が 38.9% を占め，9 尺が 27.8% でこれにつづく。二町宅地では 4〜9 尺までの建物があるが，7 尺の建物が 28.6% を占め最も多く，5・6 尺がともに 21.5% でつづく。一町宅地では 10 尺までの建物があるが，7・6 尺の建物が 28.8・27.1% を占める。二分の一町宅地では 8 尺までの建物があるが，8 尺が 36.4% を占め，6 尺が 27.3% でこれにつづく。四分の一町宅地では 9 尺までの建物があるが，6 尺が 27.4% を占め，次に 5 尺が 26.0%，7 尺が 20.6% とつづく。八分の一町宅地では 7 尺までの建物があるが，5〜7 尺の建物がともに 28.6% を占める。

柱穴掘形規模でみると，藤原宮内では 40〜170 cm の規模の柱穴があるが，100〜120 cm の柱穴が多い。四町宅地では 70〜150 cm の柱穴があり，100 cm と 120 cm の柱穴が 36.4% で多い。二町宅地では 50〜130 cm の柱穴があるが，80 cm と 100 cm の柱穴がともに 25.1% で最も多い。一町宅地では 40〜150 cm の柱穴があるが，60 cm の柱穴が 23.2% で最も多く，100 cm の柱穴が 14.3% でつづく。二分の一町宅地では 30〜80 cm の柱穴があるが，60 cm の柱穴が 63.6% あり，大勢を占め，80 cm が 18.2% とつづく。四分の一町宅地では 30〜110 cm の柱穴があるが，60 cm か 26.3% あり，つづいて 50 cm の柱穴が 21.0% でつづく。しかし，100〜110 cm の柱穴も少数存在する。八分の一町宅地では 30〜70 cm の柱穴があり，40 cm の柱穴が 42.9% で最も多く，70 cm の柱穴が 28.6% でこれにつづく。

廂の有無による宅地の利用状況

　建物の大きさは廂の有無によって大きく変わる。藤原京域内の廂付きの建物は45棟確認しているが，廂付きの建物の比率は，藤原宮内では掘立柱建物のうち12.9%，藤原京内では6.39%となっている。四町宅地では18.00%，二町宅地では41.66%，一町宅地では12.60%，二分の一町宅地では9.09%，四分の一町宅地では7.95%で，八分の一町宅地では現在のところ確認されていない。宅地規模が小さくなるにつれてに廂付きの建物が少なくなる。二町宅地の廂付き建物の比率が高いのは，左京十一条三坊の中心建物群のみが確認されているからで，付属建物の確認が少ないことによると考える。そして，八分の一町規模の宅地に廂付きの建物がないことは重要である。特に，四面廂の建物は京内では2棟だけ確認されており，1棟は一町宅地である右京七条一坊西南坪の正殿である。もう1棟は右京六条五坊東北坪にある。また，興善寺跡では四面廂建物ではないが特殊な建物がある。二面廂の建物は京内で6棟確認されており，一町宅地（右京二条三坊東南坪）の正殿，四分の一町宅地（右京北五条三坊西南坪）の正殿，二町宅地（左京十一条三坊西北・西南坪）の脇殿群に存在する。

宅地規模による掘立柱建物の属性

　これまでの分析による新益京の宅地規模による掘立柱建物の各属性の違いについてまとめてみると，以下のようにまとめることができる。しかし，二町と一町宅地については建物の属性だけでは明確な分離は難しく，両者をまとめて扱うほうが妥当であろう。同様に二分の一町と四分の一町も一括に扱うほうが良いと考える。よって，4段階に区別して掘立柱建物の属性について記す。

　Aクラス……桁行間数：7間が主で，4〜5間も一定量ある。9間以上は基本的にはない。例外的に16間の長舎建物がある。

　　　　　　桁行寸法：8〜9尺が主で，12尺以上はない。

　　　　　　梁間間数：2間が主で，20%程度の3間がある。

　　　　　　梁間寸法：9〜10尺が主で，12尺以上はない。

　　　　　　柱穴掘形：100〜120cmほどである。

　　　　　　備　　考：いずれも京内官衙と推定される。

Bクラス……桁行間数：3〜5間が主で，6・7間も一定量あるが，9間以上
はない。17間の長舎建物があるが，正殿に対する
脇殿群である。

桁行寸法：7〜8尺が主で，5〜9尺までは一定量あるが，11尺
以上はない。

梁間間数：2間が主で，3間は20〜30%ある。

梁間寸法：5〜7尺が主。11尺以上はない。

柱穴掘形：60〜80cmが主だが130cmまで一定量あり，
150cmほどのものもある。

備　　考：正殿に四面廂・二面廂が存在する。

Cクラス……桁行間数：3〜4間が主で，2間も一定量ある。7間以上はない。

桁行寸法：6〜8尺が主で，9尺以上はない。

梁間間数：2間が主で，3間は10%以下である。

梁間寸法：5〜8尺が主で，4尺も一定量ある。

柱穴掘形：60cmが主だが，100cmのものも稀にある。

備　　考：二面廂は正殿，廂付きは脇殿にのみ少数ある。

Dクラス……桁行間数：2〜4間で，5間以上はない。

桁行寸法：6尺が80%を占め，8尺以上はない。

梁間間数：2間で，3間はない。

梁間寸法：5〜7尺が主で，8尺以上はない。

柱穴掘形：40cmほどで，80cm以上はない。

備　　考：廂付き建物はない。

以上のように，藤原京の宅地を掘立柱建物の属性によって4段階に区分した。それぞれ，Aクラスが四町宅地，Bクラスが二〜一町宅地，Cクラスが二分の一〜四分の一町宅地，Dクラスが八分の一町宅地の建物規模にあたる。しかし，これらの分析はあくまでも現状の数的データに基づいたもので，絶対条件ではない。現状での傾向を示していると考えている。

（4）　飛鳥地域における空間利用形態

飛鳥地域における各属性の平均

飛鳥地域の宮殿・離宮・官衙の掘立柱建物の各属性の平均は，桁行5.80間・桁行7.61尺・梁行2.22間・梁行7.43尺・柱穴掘形105.2cmである。これに対して，宮殿・離宮・官衙を除く飛鳥地域の宅地の掘立柱建物の各属性の平均は，桁行3.69間・桁行6.95尺・梁行2.13間・梁行6.15尺・柱穴掘形68.2cmである。

掘立柱建物の属性からみた宅地クラス

藤原京では掘立柱建物の属性比較から4つのクラスに分けることができたが，飛鳥地域の宅地について属性から検討すると以下のようになる。

まずAクラスとみられるのは以下の遺跡である。興善寺跡は柱が二重に巡る10尺等間の7×4間の建物（四面廂建物かは検討を要する）であり，柱穴掘形も120cmもあることから，Aクラスと推定できる。雷丘北方遺跡は，3間（12尺）×2間（11尺）の四面廂正殿に桁行17間（8尺）の脇殿群が整然と配置されていることから，Aクラスに推定される。酒船石遺跡のSB0408は，建物規模は不明なものの，桁行10尺・梁間9尺で柱穴掘形110cmであることから，やはりAクラスとみられる。五条野向イ遺跡は，正殿・後殿・脇殿が計画的に配置されるが，正殿に廂はなく，7間×2間の建物である。しかし，柱間寸法は，8〜10尺であることから，A〜Bクラスの範疇に入る。五条野内垣内遺跡も正殿・前殿・前々殿・脇殿が整然と配置されている。正殿は7間×2間の四面廂建物で前々殿は桁行12間もある。柱間はいずれも9〜10尺で，柱穴規模も大きい。Aクラスの邸宅である。

一方，Bクラスと推定するものには，藤原宮内裏東官衙下層遺跡がある。ここでは二重の区画塀のなかに11間（7尺）×2間（7尺）の東西棟と3間以上（6尺）×2間（8.5尺）があることから，Bクラスといえる。奥山リウゲ遺跡は建物が1棟だけであるが，6間（7.5尺）×2間（10尺）の南北棟で，柱穴掘形も100cmを超える。東山マキド遺跡は規模の確定できる建物が少ないものの，

表 11　飛鳥地域の掘立柱建物桁行間数（％）

桁行（間）	1	2	3	4	5	6	7	8	9	10
宮・官衙	00.0	09.4	12.8	27.4	11.5	07.5	10.3	08.1	01.2	01.9
宮　殿	00.0	13.7	00.0	18.1	13.7	13.7	13.7	18.1	00.0	04.5
離　宮	00.0	08.3	08.3	50.2	08.3	00.0	08.3	00.0	00.0	00.0
官　衙	00.0	06.3	29.9	13.8	12.5	08.8	08.8	06.3	03.7	01.2
宅　地	02.7	16.6	38.2	18.9	13.9	04.2	02.3	00.8	00.0	00.4

桁行（間）	11	12	13	14	15	16	17	18	24	25
宮・官衙	00.8	00.8	00.0	02.8	02.8	00.0	00.0	00.8	01.5	00.4
宮　殿	00.0	00.0	00.0	00.0	00.0	00.0	00.0	00.0	04.5	00.0
離　宮	00.0	00.0	00.0	08.3	08.3	00.0	00.0	00.0	00.0	00.0
官　衙	02.5	02.5	00.0	00.0	00.0	00.0	00.0	02.5	00.0	01.2
宅　地	00.4	00.4	00.4	00.0	00.0	00.0	00.8	00.0	00.0	00.0

表 12　飛鳥地域の掘立柱建物桁行寸法（％）

桁行（尺）	3	4	5	6	7	8	9	10	11	12	13	14
宮・官衙	00.0	04.6	06.5	13.0	18.2	17.2	13.0	26.2	01.3	00.0	00.0	00.0
宮　殿	00.0	00.0	00.0	03.8	03.8	11.6	30.8	46.2	03.8	00.0	00.0	00.0
離　宮	00.0	10.0	15.0	25.0	10.0	15.0	00.0	25.0	00.0	00.0	00.0	00.0
官　衙	00.0	03.7	04.6	10.2	40.8	25.0	08.3	07.4	00.0	00.0	00.0	00.0
宅　地	00.3	03.7	16.8	27.8	26.5	14.4	06.1	03.1	00.5	00.5	00.0	00.3

表 13　飛鳥地域の掘立柱建物梁行間数（％）

桁行（間）	1	2	3	4
宮・官衙	04.7	70.6	24.6	00.1
宮　殿	03.0	84.9	12.1	00.0
離　宮	06.2	62.5	31.3	00.0
官　衙	03.9	63.7	30.4	02.0
宅　地	07.5	81.7	10.8	00.0

表 14　飛鳥地域の掘立柱建物梁行寸法（％）

梁行（尺）	1	2	3	4	5	6	7	8	9	10	11	12
宮・官衙	00.0	00.0	00.0	05.3	06.6	07.1	29.1	16.0	11.3	23.2	01.1	00.3
宮　殿	00.0	00.0	00.0	00.0	00.0	03.4	10.3	10.3	20.7	51.9	03.4	00.0
離　宮	00.0	00.0	00.0	11.1	11.1	05.6	44.5	11.1	05.5	11.1	00.0	00.0
官　衙	00.0	00.0	00.0	04.8	08.6	12.4	32.4	26.7	07.6	06.6	00.0	00.9
宅　地	00.0	00.0	01.0	05.6	28.6	22.1	22.6	11.0	03.8	04.3	00.7	00.3

表15 飛鳥地域の掘立柱建物掘形径（％）

柱穴径（cm）	10	20	30	40	50	60	70	80	90	100
宮・官衙	00.0	00.0	00.0	04.2	08.6	04.6	06.5	05.2	04.3	18.4
宮　殿	00.0	00.0	00.0	00.0	02.9	00.0	05.9	00.0	00.0	08.8
離　宮	00.0	00.0	00.0	10.5	21.0	05.3	05.3	05.3	00.0	31.5
官　衙	00.0	00.0	00.0	01.9	01.9	08.3	08.3	10.2	13.0	14.8
宅　地	00.0	00.2	04.1	14.3	13.5	17.4	14.1	15.1	07.0	06.7

柱穴径（cm）	110	120	130	140	150	160	170	180	190	200
宮・官衙	04.4	15.3	09.7	07.6	06.3	00.0	00.0	01.0	00.0	03.9
宮　殿	03.0	20.6	20.6	14.7	11.7	00.0	00.0	03.0	00.0	08.8
離　宮	00.0	10.5	00.0	05.3	05.3	00.0	00.0	00.0	00.0	00.0
官　衙	10.2	14.8	08.3	02.8	01.8	00.0	00.0	00.9	00.0	02.8
宅　地	03.1	01.8	01.0	00.0	01.3	00.2	00.0	00.2	00.0	00.0

柱間寸法は9〜5尺で，柱穴規模60〜80cmであることからBクラスとした。立部ヨウトマエ遺跡も建物が1棟だけであるが，8尺等間の5間×2間の建物で，柱穴規模1mと大きい。御園アリイ遺跡は7間以上（7尺）×3間（6尺）の南廂付建物を中心に6〜7尺の建物が並ぶ。柱穴規模は60〜80cmであるので，Bクラスと推定できよう。川原ケブタ遺跡は建物規模が確定できないが，梁間10尺で柱穴規模70cm前後である。御園遺跡は集落ののる丘陵上にある遺跡である。建物規模は確定できないが，桁行6〜8尺，梁間7〜9尺で柱穴規模は70cmである。丘陵は広範囲に平坦になっており，飛鳥時代の造成痕跡とみられる。属性からBクラスと考えられる。御園チシヤイ遺跡は御園アリイ遺跡の南に隣接する建物群である。桁行4〜5間×2間で，桁行6〜7尺，梁間6〜8.5尺で，柱穴規模80〜100cmである。B〜Cクラスの建物であろう。島庄遺跡（7世紀前半）の建物は桁行5間（8尺）で110cmを超える柱穴規模をもつものがあることから，Bクラスと考えられる。檜前大田遺跡は多くの建物があるが，桁行・梁間いずれも6〜8尺で，属性からはB〜Cクラスと考えられる。甘樫丘東麓遺跡では，桁行4〜5間（6〜8尺）×梁行2間（6〜7尺）の建物群がある。このなかには総柱の倉庫も複数見られ，柱穴規模は80cm程度であることから，Bクラスとみられる。

　Cクラスと考えられるものには平吉遺跡・竹田遺跡・西橘遺跡・平田クルマゴエ遺跡・檜前上山遺跡・佐田遺跡群がある。平吉遺跡では2〜5間（6〜7尺）

×2間（4～8尺）の建物が4棟確認されている。柱穴規模は60～80cmである。竹田遺跡は建物規模を確定できるものは少ないが、桁行は5～7尺が主を占めており、梁間は5～7尺が多い。柱穴規模は35～120cmとさまざまであることからCクラスであろう。ただし、この遺跡の中心は隣接する尾根上にあると考えられ、確認されている建物群は、中心施設に付随する建物と推定される。西橘遺跡では建物規模は確定していないが、柱間寸法6～7尺で、柱穴規模は80～100cmであることからCクラスといえる。平田クルマゴエ遺跡でも建物規模は明らかではない。ただし、柱間寸法が7尺×5尺で、80～100cmの柱穴規模をもつ。檜前上山遺跡は4間×2間、3間×2間の建物で、柱間寸法7尺である。これらもCクラスの範疇であろう。佐田遺跡群の建物は2～5間（4～8尺）×1～2間（5～7尺）である。

そしてDクラスと推定されるものには藤原宮西方官衙下層遺跡がある。2～3棟の小規模建物が一単位を形成している。これらは建物規模が小さく、柱穴も小型であることからDクラスの建物群とみられる。新城の方形街区（のちの新益京条坊）に規制され、広範囲に広がる。

ただし、各調査で検出した建物の数はそれぞれ少なく、その属性はある程度の傾向を示しているにすぎないことは注意しておかなければならない。また、少数の属性のみでは厳密にクラス分けができない場合も多く、A～Bクラスというようになるものも上記には含まれている。

廂の有無による宅地の利用状況

飛鳥地域の宅地で、廂付きの建物は24棟を確認している。このうち四面廂（可能性のあるものを含めて）は3棟のみである。飛鳥宮跡内でも四面廂建物は、内郭前殿SB7910とエビノコ郭正殿SB7701、離宮では稲淵宮殿跡正殿SB001、官衙では水落遺跡漏刻建物SB200と漏刻廃絶後のSB1100と漏刻建設以前の正殿SB3700、石神遺跡の建物群、そして、飛鳥宮内郭に北接するSB0934と、極めて重要な建物に限られている。同様に、飛鳥地域の宅地で四面廂建物は、雷丘北方遺跡の正殿SB2661と五条野内垣内遺跡の正殿、そして檜前大田遺跡の四面廂建物もこの遺跡の中心建物のひとつといえる。

掘立柱塀によって区画された宅地

　飛鳥地域で検出される宅地には，区画塀の一画だけが確認されているものがある。むしろ区画の範囲とその内部の建物配置が判明する例はごくわずかである。掘立柱の区画塀が検出されているものには，藤原宮内裏東官衙下層遺跡・藤原宮東南隅下層遺跡・藤原京左京六条三坊下層遺跡・興善寺跡・雷丘北方遺跡・甘樫丘東麓遺跡・五条野向イ遺跡・五条野内垣内遺跡・檜前門田遺跡があり，小山田遺跡や竹田遺跡にも方形の区画が存在する可能性が高い。区画の規模についてはすでに記した通りであるが，40〜70 m 台のものまである。これは藤原京の条坊規模に比べれば，1/2（四分の一町）程度にすぎないが，建物の属性の判明している雷丘北方遺跡や五条野向イ遺跡・藤原京六条三坊下層遺跡は A クラスの宅地と推定できる。つまり藤原京と比較すると区画規模に対して，建物の属性がより大きな宅地ランクを示しているのである。ちなみに，右京七条一坊の内郭の規模が 50〜60 m で，藤原宮内裏東官衙は東西 65 m・南北 71 m，石神遺跡（藤原宮期）で 70 m 四方の官衙区画である。これらのことから区画施設の規模よりも，その有無が重要であり，区画塀のあるものは B クラス以上の宅地とみることが可能であろう。

石組溝を有する宅地

　飛鳥地域では石組溝が検出される例がほかの都城に比べて多い。飛鳥の宮殿に石敷を多く用いることにその一因がある。しかし，宮殿・官衙・寺院を除いては石組溝を使用した宅地は意外と少ない。まず，7 世紀後半の飛鳥の宅地で石組溝が用いられている調査例としては，雷丘北方遺跡・上ノ井出遺跡・藤原京右京十二条四坊下層遺跡・平吉遺跡・飛鳥池工房遺跡・阪田ミヤノ口下遺跡の 7 例が知られている。これらのなかには石組溝だけの検出もあり，必ずしも遺跡の性格が明らかではない。このうち飛鳥池工房遺跡・平吉遺跡は（官営）工房であることが判明している。また，雷丘北方遺跡は A クラスの宅地で，上ノ井出遺跡では大規模な整地が施されていることから，A〜B クラス程度の宅地と推定する。このように考えると飛鳥地域における宮殿・寺院関連施設，そして官衙以外に用いられる石組溝は A〜B クラスの宅地と推定してもよさそ

うである。とすれば，藤原京右京十二条四坊下層遺跡や阪田ミヤノ口下遺跡も同クラスの宅地である可能性が高い。

飛鳥地域の宅地利用の実態

このほかに遺物だけが出土した遺跡については，考古学的に宅地クラスを推定できない。しかし，甘樫丘東麓遺跡は蘇我蝦夷・入鹿の邸宅と推定されており，山田寺下層遺跡は蘇我倉山田石川麻呂の邸宅が推定されている。蘇我蝦夷・入鹿は当時天皇をもしのぐ権力をもっており，Aクラスの可能性が高いが，蘇我倉山田石川麻呂の邸宅はBクラスと想定しておきたい。

以上の検討内容をここで改めて整理しておくと，以下のようになる。

Aクラス……興善寺跡・雷丘北方遺跡・酒船石遺跡・五条野向イ遺跡・五条野内垣内遺跡

Bクラス……（藤原宮内裏東官衙下層遺跡）・藤原京左京六条三坊下層遺跡・藤原宮東南隅下層遺跡・奥山リウゲ遺跡・上ノ井出遺跡・山田寺下層遺跡・甘樫丘東麓遺跡・東山マキド遺跡・川原ケブタ遺跡・小山田遺跡・立部ヨウトマエ遺跡・御園遺跡・御園アリイ遺跡・御園チシャイ遺跡・檜前門田遺跡・檜前大田遺跡・藤原京右京十二条四坊下層遺跡・阪田ミヤノ口下遺跡

Cクラス……（平吉遺跡）・小原宮ノウシロ遺跡・竹田遺跡・西橘遺跡・平田クルマゴエ遺跡・檜前上山遺跡・佐田遺跡群

Dクラス……藤原宮西方官衙下層遺跡

（カッコは宅地以外の遺跡の性格を推定）

(5) 総 括 ── 倭京と新益京の比較試論

飛鳥地域における宅地の空間的利用形態を検討するにあたり，本章では次の新益京と比較することによって考察を試みた。しかし，飛鳥地域では建物配置などが判明する調査例は少ない。そこで掘立柱建物そのものがもつ属性を比較した結果，飛鳥地域の宅地の分布と階層をある程度推定することが可能となってきたと考える。ここでこれらをまとめ，改めて新益京との比較を行いまとめ

にかえたい。[(11)]

　飛鳥盆地の中心部分には飛鳥宮や小墾田宮・嶋宮の宮殿・離宮・官衙と飛鳥寺・川原寺・橘寺という寺院しか存在しない。つまり飛鳥中心部は宮殿・官衙・寺院空間であって，宅地空間ではない。宅地はその周辺部に存在することになる。しかし，宅地空間においても，ある程度の階級差が存在することが判明した。Ａクラスの宅地は香具山山麓・飛鳥東方丘陵の山間部や甘橿丘・五条野の丘陵部の比較的飛鳥周辺部に位置する。Ｂクラスの宅地は飛鳥北方の平野部と飛鳥周辺の中山間部，そして檜前盆地中心部にある。北方の平野部にある藤原宮内裏東官衙下層遺跡・藤原宮東南隅下層遺跡・藤原京左京六条三坊下層遺跡ではいずれも条坊道路（方形街区）および掘立柱の区画塀を伴う。これに対して飛鳥周辺中山間部の奥山リウゲ遺跡・上ノ井出遺跡・東山マキド遺跡・阪田ミヤノ口下遺跡・立部ヨウトマエ遺跡では山間の斜面を雛壇状に造成して宅地を形成している。檜前盆地では盆地中央で交差する道路に面して遺跡（宅地）が並ぶ景観がみられる。[(12)] Ｃクラスの宅地はＢクラス同様に飛鳥周辺の中山間部と檜前盆地の周辺山間部にある。特に，紀路に面する佐田遺跡群と檜前上山遺跡は飛鳥外城の性格が示唆されている。Ｄクラスの宅地には飛鳥北方平野部の藤原宮西方官衙下層遺跡がある。立地的にはＢクラスの内裏東官衙下層や東南隅下層と同じだが，区画塀の有無や建物の属性によって分けることができる。

　このようにみると，飛鳥地域の宅地は飛鳥盆地の宮殿域を中心とし，それをとりまくように存在している。大局的には上級クラスの宅地が近在し，下級クラスの宅地が遠方にあることになる。これは新益京の宅地が，大規模宅地が宮周辺にあり，小規模宅地が離れた位置にあることと共通する思想があることがわかる。ただし，天武天皇の皇子たちは史料からみて飛鳥周辺の中山間地域に位置することが推定されている。

　では，いわゆる藤原京下層遺跡はいかなる性格をもつと推定できるのであろうか。[(13)] 藤原地域ではすでに方形街区が施工されており，宅地はその方形街区の[(14)]なかに存在するが，藤原宮に位置する場所にも宅地が存在し，のちの藤原宮の近くに大規模宅地が集中するという傾向もみられない。宅地規模についても雷丘北方遺跡を除いては一町以下であり，藤原宮下層遺跡でもＢクラスとＤク

ラスのものが混在しており，一律に扱うことはできない。これらは一体何を意味しているのであろうか。7世紀後半の飛鳥北方の方形街区では宅地を班給したのではなく，自由に，あるいは許可を得て居住していたのではないだろうか。飛鳥地域では旧来からの居住形態・居住地を踏襲していたが，新益京域では新たに集住した人々が居住したと考えられる（寺崎1995）。これは飛鳥Ⅲから藤原京域で居住が開始されていることや，Dクラスの小規模な宅地が存在することからも窺うことができる。そこで思い出されるのが，天武12年の難波京の宅地記事「百寮の者，各往りて家地を請はれ」である。ここでは位階によって宅地規模を決定するのではなく，家地を請うとある。このことが同時期の飛鳥に，特に藤原京下層遺跡に適用できるのではないだろうか。つまり方形街区の存在は，この段階ではまだ区画としての機能でしかなく（林部1999），持統紀5年条の宅地班給によってはじめて都城としての官人の管理装置になったと考える。[15]

　以上のように，今回の分析結果から飛鳥地域の宅地空間は，次の新益京の宅地空間と比較すると，藤原宮を中心に宅地が取り巻くという点では新益京と共通する思想を窺わせるが，飛鳥地域では旧来の豪族層の居住地・形態を踏襲して宅地が形成されており，これに加えて皇族層や新城の方形街区では新たな官人層の宅地が形成されたものと推定できる。[16]この両者が共存することが倭京の特徴であると考える。新益京が，天皇が官人たちに位階に応じて宅地の位置と場所を決め与えるという点では大きく異なる。その違いを端的に表しているのが「天武紀12年条」と「持統紀5年条」の2つの宅地班給記事であり，倭京と新益京の空間利用形態の違いである。[17]

註
（1）　「藤原京」については『日本書紀』においてその名称がみられず，新益京と記されている。筆者も以前に「藤原京」の造営と京域を考えるにあたって，新城から新益京への拡大を考えたことがある（相原1994）。京域の範囲についてはその後の調査で十条十坊が有力とされているが，造営過程については新城から新益京への拡大整備を考えている。よって本章では遺跡として使用する場合は「藤原京」，歴史的な名称としては「新益京」と記すことにする。
（2）　これらの宅地班給記事の検討については山下1998に簡略にまとめられている。
（3）　五条野向イ遺跡の発見に接して，現在地形図等にみられる尾根上の平坦面について

は，中・近世以降の改変だけでなく，飛鳥時代の造成の痕跡であるものが多く残っていることを認識した。また，小山田遺跡や東山地域，竹田遺跡北方，定林寺南方尾根上でも平坦面がみられ，飛鳥時代の造成痕跡の可能性が高いと考えている。

（4） このような道路と宅地の位置関係については，以前に検討したことがある（相原2000）。

（5） 平成4年度に中山間地域農業基盤整備事業に伴って明日香村教育委員会が調査。

（6） 平成5年度に中山間地域農業基盤整備事業に伴って明日香村教育委員会が調査。

（7） 藤原京の京域に関する研究史は大脇1998に詳しい。

（8） 一町宅地のなかには整然とした宅地配置をしているものと，していないものが存在する。班給記事によると直大参（五位相当）以下の者と上戸の勤位に一町を班給されていることから，先にみた建物配置とこれとの対比が注目される。また，平城京において六位以下の人物が五条以北に居住している例について，将来高位に昇ることが約束された人物の若き日の地位を示したり，高位高官の生活を支える従者の可能性もある。また，近江俊秀氏は，遷都当初の太政官構成員は私邸と公邸の2つをもつと理解し，公邸がのちに分割・統合を繰り返し，邸宅から官衙へ，官衙から邸宅へと変化に由来するとした（近江2015）。

（9） このような掘立柱建物の属性の数値的な検討は平城京・長岡京・平安京・古代集落でも検討されている（奈文研1990・山中1986・網1994・広瀬1989）。

（10） 興善寺跡の正殿の柱列は2列に並んでいるが，外側の柱列が内側よりも大きく，いわゆる四面廂構造とは考えがたい。しかし，外側柱列で屋根を支えていたとするには梁間4間・12mとなり，距離が大きすぎ建築構造的に問題が多い。長尾充氏のご教示による。

（11） 飛鳥と藤原京の道路についての比較検討は以前に行ったことがある（相原1998）。

（12） 檜前盆地でも中心部にBクラスの宅地があり，その周辺にCクラスの傾向がみられ，小規模ながら重心がみられる。これについては道路についてもいえ（相原1998），古代檜隈中心部という特殊地域としての性格付けが必要であろう。

（13） 藤原宮下層遺跡と先行条坊の性格を検討したものには鬼頭1979・木下1983などがある。筆者は天武5年（676）の方形街区を天武朝後半に拡大を始めたと考えている。

（14） 近年の本薬師寺の調査で，下層から条坊道路と建物・塀がみつかっており，条坊施工後，一定期間は宅地になっていたことが判明し（奈文研1996b），施工時期が天武5年まで遡る可能性が高いと考えている。

（15） 仁藤1992によると，天武12年（683）と持統5年（691）の班給記事の違いは，位階に応じた細かい班給規定と諸王を対象としている点であるとする。ただし，勤以下は位階ではなく戸の規模に応じた班給をしており，右大臣を例外扱いしている。

（16） 天武天皇の皇子の邸宅については高市皇子が香具山山麓，草壁皇子が島宮，忍壁皇子が雷丘周辺，舎人皇子が細川周辺，弓削皇子が南淵山周辺，新田部皇子が八釣山周

辺に邸宅が存在していたことが文献史料から窺われる。

(17)　今回は飛鳥地域の宅地の分布と階層について，掘立柱建物の属性という一側面に焦点をあてて検討を試みた。しかし，都市の要素には多くのものがあり，以前に検討した道路網の復元もそのひとつである。今後さらに別の視点での研究が必要であろう。

参考・引用文献

相原嘉之 1993　「倭京の実像―飛鳥地域における京の成立過程―」『紀要　6』滋賀県文化財保護協会（本書第Ⅰ部第1章に収録）

相原嘉之 1994　「藤原京から新益京へ―その京域をめぐる諸問題―」『文化財学論集』文化財学論集刊行会

相原嘉之 1998　「飛鳥地域における古代道路体系の検討―都市空間復原に向けての基礎研究―」『郵政考古紀要　第25号』大阪郵政考古学会（本書第Ⅲ部第2章に収録）

相原嘉之 2000　「飛鳥の道路と宮殿・寺院・宅地―飛鳥の都市景観についての一視点―」『条里制・古代都市研究　通巻15号』条里制・古代都市研究会（本書第Ⅲ部第2章に収録）

明日香村教育委員会 1990　「奥山リウゲ遺跡の調査」『明日香村遺跡調査概報　平成元年度』

明日香村教育委員会 1991　「小原地内の調査」『明日香村遺跡調査概報　平成2年度』

明日香村教育委員会 1992　「飛鳥東山地内での調査」『明日香村遺跡調査概報　平成3年度』

明日香村教育委員会 1993　「中山間地域農業基盤整備事業に先立つ調査（西橘地区）」『明日香村遺跡調査概報　平成4年度』

明日香村教育委員会 1994　『飛鳥・川原地内遺跡群発掘調査概報』

明日香村教育委員会 1997a　「1995-2次　御園アリイ遺跡の調査」『明日香村遺跡調査概報　平成7年度』

明日香村教育委員会 1997b　「1995-6次　檜前門田遺跡の調査」『明日香村遺跡調査概報　平成7年度』

明日香村教育委員会 1998　「1996-9次　川原下ノ茶屋遺跡の調査」『明日香村遺跡調査概報　平成8年度』

明日香村教育委員会 1999　「1997-16次　御園西浦遺跡の調査」『明日香村遺跡調査概報　平成9年度』

明日香村教育委員会 2000　「1998-17次　阪田ミヤノ口下遺跡の調査」『明日香村遺跡調査概報　平成10年度』

明日香村教育委員会 2006　『酒船石遺跡発掘調査報告書―付. 飛鳥東垣内遺跡・飛鳥宮ノ下遺跡―』

明日香村教育委員会 2011　「2009-4次　檜前遺跡群の調査」『明日香村遺跡調査概報　平成

21 年度』

明日香村教育委員会 2012a 『竹田遺跡発掘調査報告書』

明日香村教育委員会 2012b 「2010-3 次　檜前遺跡群の調査」『明日香村遺跡調査概報　平成 22 年度』

明日香村教育委員会 2013 『キトラ公園内遺跡発掘調査報告書―国営飛鳥歴史公園キトラ古墳周辺地区整備事業に伴う調査―』

明日香村教育委員会 2015 「2013-7 次　御園遺跡群範囲確認調査」『明日香村遺跡調査概報　平成 25 年度』

網　伸也 1994 「平安時代初期の大規模宅地造成について」『研究紀要　第 1 号』京都市埋蔵文化財研究所

近江俊秀 2015 『古代都城の造営と都市計画』吉川弘文館

大脇　潔 1998 「藤原京京域復原論」『近畿大学文芸学部論集「文学・芸術・文化」第 9 巻第 2 号』

橿原市教育委員会 1992 「興善寺跡発掘調査現地説明会資料」『平成 3 年度 奈良県内市町村埋蔵文化財発掘調査報告会資料』奈良県内市町村埋蔵文化財技術担当者連絡協議会

橿原市千塚資料館 1994 「藤原京右京十二条四坊（第 3 次）」『かしはらの歴史をさぐる 2』

橿原市千塚資料館 1995 「藤原京左京七条一坊」『かしはらの歴史をさぐる 3』

橿原市千塚資料館 1997 「土橋遺跡」『かしはらの歴史をさぐる 5』

橿原市千塚資料館 1998 『藤原京―最近の調査成果より―』

橿原市千塚資料館 1999 「五条野向イ遺跡（植山古墳他）の調査」『かしはらの歴史をさぐる 6』

橿原市千塚資料館 2001 「五条野内垣内遺跡の調査」『かしはらの歴史をさぐる 8』

岸　俊男 1981 「飛鳥と宮都　皇子たちの宮」『季刊 明日香風　創刊号』飛鳥保存財団

鬼頭清明 1979 「藤原京条坊遺構について―近年の発掘調査結果から」『仏教芸術　122 号』毎日新聞社

木下正史 1983 「藤原宮域の開発―宮前身遺構の性格について―」『奈良国立文化財研究所創立 30 周年記念論文集　文化財論叢』

木下正史 1991 「飛鳥の邸宅」『季刊 明日香風　第 38 号』飛鳥保存財団

木下正史 1994 「飛鳥の都市景観―宮宅の分布と立地―」『日本と世界の考古学―現代考古学の展開―　岩崎卓也先生退官記念論文集』岩崎卓也先生退官記念論文集編集委員会

竹田政敬 1998 「四行八門制の始め」『古代都城制研究集会第 3 回報告集　古代都市の構造と展開』奈良国立文化財研究所

竹田政敬 2003 「藤原京の宅地―班給規定と宅地の実相―」『橿原考古学研究所論集　第 14』八木書店

1　宅地空間の利用形態　　253

寺崎保広 1995 「古代都市論」『岩波講座 日本通史 古代四』岩波書店

奈良県教育委員会 1998 『奈良県遺跡地図 第2分冊』

奈良県立橿原考古学研究所 1983a 「平田クルマゴエ遺跡 県道御園〜豊浦線に伴う発掘調査Ⅱ」『奈良県遺跡調査概報 1982年度』

奈良県立橿原考古学研究所 1983b 「檜前・上山遺跡発掘調査概報」『奈良県遺跡調査概報 1982年度』

奈良県立橿原考古学研究所 1983c 「高松塚周辺遺跡調査概報」『奈良県遺跡調査概報 1982年度』

奈良県立橿原考古学研究所 1984a 「御園チシャイ遺跡発掘調査概要」『季刊 明日香風 第12号』飛鳥保存財団

奈良県立橿原考古学研究所 1984b 「佐田遺跡群発掘調査概報」『奈良県遺跡調査概報 1983年度』

奈良県立橿原考古学研究所 1985 「檜前・上山遺跡発掘調査概報Ⅱ」『奈良県遺跡調査概報 1984年度』

奈良県立橿原考古学研究所 1996 『高家遺跡群Ⅰ』

奈良県立橿原考古学研究所 2015 『藤原京右京十一条二坊』

奈良国立文化財研究所 1973 「飛鳥資料館建設地の調査」『飛鳥・藤原宮発掘調査概報 3』

奈良国立文化財研究所 1975 「藤原宮第15次の調査」『飛鳥・藤原宮発掘調査概報 5』

奈良国立文化財研究所 1978a 『飛鳥・藤原宮発掘調査報告Ⅱ』

奈良国立文化財研究所 1978b 「平吉遺跡の調査」『飛鳥・藤原宮発掘調査概報 8』

奈良国立文化財研究所 1985 「藤原宮第44次調査」『飛鳥・藤原宮発掘調査概報 15』

奈良国立文化財研究所 1986 「左京六条三坊の調査（第45次・46次）」『飛鳥・藤原宮発掘調査概報 16』

奈良国立文化財研究所 1987a 「左京六条三坊の調査（第47・50次）」『飛鳥・藤原宮発掘調査概報 17』

奈良国立文化財研究所 1987b 『藤原京右京七条一坊西南坪発掘調査報告』

奈良国立文化財研究所 1988a 「藤原宮東方官衙・内裏東外郭地域の調査（第55次）」『飛鳥・藤原宮発掘調査概報 18』

奈良国立文化財研究所 1988b 「左京六条三坊の調査（第55・54-1次）」『飛鳥・藤原宮発掘調査概報 18』

奈良国立文化財研究所 1990 『平城京右京八条一坊十三・十四坪発掘調査報告』

奈良国立文化財研究所 1991a 「左京四条三坊の調査（第66-7次）」『飛鳥・藤原宮発掘調査概報 21』

奈良国立文化財研究所 1991b 「右京七条一坊の調査（第63次等）」『飛鳥・藤原宮発掘調査概報 21』

奈良国立文化財研究所 1992 「左京十一条三坊の調査（第66-1・13次）（雷丘北方遺跡）」

『飛鳥・藤原宮発掘調査概報 22』

奈良国立文化財研究所 1994 「左京十一条三坊（雷丘北方遺跡）の調査（第69-13・第71-8次）」『飛鳥・藤原宮発掘調査概報 24』

奈良国立文化財研究所 1995a 「左京十一条三坊（雷丘北方遺跡第4次）の調査（第71-13次）」『飛鳥・藤原宮発掘調査概報 25』

奈良国立文化財研究所 1995b 「甘樫丘東麓の調査　第71-12次調査」『飛鳥・藤原宮発掘調査概報 25』

奈良国立文化財研究所 1996a 「内裏東官衙・東方官衙北地区の調査（第78次調査・第78-7次調査）」『飛鳥・藤原宮発掘調査概報 26』

奈良国立文化財研究所 1996b 「本薬師寺の調査」『飛鳥・藤原宮発掘調査概報 26』

奈良国立文化財研究所 1998 「飛鳥池遺跡の調査―第84次・87次」『奈良国立文化財研究所年報 1998-Ⅱ』

奈良国立文化財研究所 1999a 「飛鳥池遺跡の調査―第87次・93次」『奈良国立文化財研究所年報 1999-Ⅱ』

奈良国立文化財研究所 1999b 「飛鳥池東方遺跡の調査―第92次・第91-6次」『奈良国立文化財研究所年報 1999-Ⅱ』

奈良国立文化財研究所 1999c 「藤原京右京八条一坊の調査―第90次」『奈良国立文化財研究所年報 1999-Ⅱ』

奈良国立文化財研究所 2000 「飛鳥池遺跡の調査―第98次・第99-6次・第106次」『奈良国立文化財研究所年報 2000-Ⅱ』

奈良国立文化財研究所 2001 「飛鳥池遺跡の調査―第112次―」『奈良文化財研究所紀要 2001』

奈良国立文化財研究所 2002a 「左京七条一坊の調査―第115次―」『奈良文化財研究所紀要 2002』

奈良文化財研究所 2002b 『山田寺発掘調査報告』

奈良文化財研究所 2006 「甘樫丘東麓遺跡―第141次―」『奈良文化財研究所紀要 2006』

奈良文化財研究所 2007 「甘樫丘東麓遺跡―第146次―」『奈良文化財研究所紀要 2007』

奈良文化財研究所 2009 「甘樫丘東麓遺跡―第151・157次―」『奈良文化財研究所紀要 2009』

奈良文化財研究所 2010 「甘樫丘東麓遺跡―第157・161次―」『奈良文化財研究所紀要 2010』

奈良文化財研究所 2011 「甘樫丘東麓遺跡―第161次―」『奈良文化財研究所紀要 2011』

奈良文化財研究所 2013 「甘樫丘東麓遺跡―第171・177次―」『奈良文化財研究所紀要 2013』

奈良文化財研究所 2014 「甘樫丘東麓遺跡―第177次―」『奈良文化財研究所紀要 2014』

仁藤敦史 1992 「倭京から藤原京へ―律令国家と都城制」『国立歴史民俗博物館研究報告

第 45 集』

林部　均 1999　「藤原宮と『藤原京』―条坊制導入期の古代宮都の一様相」『古代学研究
　　　第 147 号』古代学研究会

広瀬和雄 1989　「畿内の古代集落」『国立歴史民俗博物館研究報告　第 22 集』

山下信一郎 1998　「宅地の班給と売買」『古代都城制研究集会第 3 回報告集　古代都市の
　　　構造と展開』奈良国立文化財研究所

山中　章 1986　「長岡京の建築構造と宅地の配置」『長岡京古文化論叢』中山修一先生古
　　　稀記念事業会

和田　萃 1991　「奈良・県立明日香養護学校遺跡」『木簡研究　第 13 号』木簡学会

2 飛鳥地域の道路体系の復元
―― 都市景観復元に向けての一試論 ――

はじめに

　人と人，ムラとムラ，都市と都市の交流があるとき，そこに「道」ができる。それは自然に，時には権力の産物として道路が施工される。権力の象徴としての道路は，平城京・平安京の「朱雀大路」が並外れた道路幅を持つことからも窺われる。

　では，飛鳥地域の道路とはいかなるものであったのであろうか。『日本書紀』天武元年（672）7月3日条には「則ち赤麻呂・忌部首子人を遣して，古京を戍らしむ。是に，赤麻呂等，古京に詣りて，道路の橋の板を解ち取りて，楯に作りて，京の邊の街に竪てて守る」とある。道路に架けられていた橋の数が多くあったことが窺われ，同時に飛鳥地域の道路がある程度整備されていたことが推測される。この飛鳥地域をはじめ，大和の古道については，すでに先学の研究によって考察されている。特に，岸俊男氏の研究によって，大和の古道研究は一定の水準に達したといっても過言ではない（岸 1988b）。しかしながら，岸氏の研究は道路遺構の考古学データの少ない段階での考察であった。近年では，全国的に考古学的な成果を含め，道路遺構の調査・研究が盛んになっており，近江俊秀氏によって，大和の交通路の研究が積極的に進められてきた（近江 2006）。

　そこで本章では，飛鳥地域で検出されている道路状遺構と文献史料から，当地域における道路網の復元を試みることにする。しかし，いまだ，遺構としての道路が確認された地点は少なく，多くの課題を包含しているのは事実である。にもかかわらず，想定される道路も含めて，大胆な道路網の復元を試みたところもある。都市としての飛鳥を，新しい視点で捉えたかったがためである。

　さて，古代都市の代名詞ともなっている平城京は，条坊制と呼ばれる碁盤目状の街区が特徴となっている。この条坊制都城はその前段階の新益京ではじめ

て成立したと考えられているが，さらに前の飛鳥ではどのような都市景観をしていたのであろうか。これまでの調査では，主に飛鳥宮跡や島庄遺跡・石神遺跡などの宮殿・官衙の中枢部や飛鳥寺・川原寺・橘寺などの中心伽藍が明らかとなり，寺域についても徐々に解明されつつある。このほかにも部分的ながら邸宅や工房・庭園なども確認されている。岸氏は飛鳥地域に方格の地割が計画され，それは飛鳥寺や川原寺の伽藍が基準，あるいは伽藍を規制していたとする論を展開した（岸 1988a）。同様に方格地割が存在していたとする説を秋山日出雄氏や網干善教氏・千田稔氏・黒崎直氏も説く（秋山 1971・網干 1977・千田 1982・黒崎 2011）。しかし，これらについては井上和人氏の詳細なデータの検討によって，いずれの方格地割も成立しないとする反論がある（井上 1986・2007）。[1]

（1） 文献史料にみえる飛鳥周辺の古道

『日本書紀』『万葉集』の史料をみると，飛鳥周辺のいくつかの道路が記されている。その多くは主要幹線道路であり，飛鳥地域内の道路網については記録にはあまり残されていない。ここでは史料に残る道路についてまとめておく（史料 1～16，290 ページ参照）。

下 ツ 道

　下ツ道の存在は，『日本書紀』壬申の乱の記事（天武元年 7 月条）〔史料 8〕によって推定される。それによると下ツ道は「稗田」を通り，「乃楽山」に至ることがわかる。「稗田」は現在の大和郡山市稗田町であり，「乃楽山」は奈良市北部の奈良山のことである。奈良山にはさらに木津へと抜ける歌姫越があり，平城京朱雀大路南延長上は，近世中街道となっており，二階堂・田原本・八木・大軽・見瀬へと至る。これらのことから下ツ道は歌姫越から見瀬付近まで直線で結ばれた計画古道と推定される。近年の調査では平城京朱雀大路下層から下ツ道の側溝や過所木簡の出土もあり，その存在と北端に関所が置かれていたことが推定されている。

中 ツ 道

　中ツ道も天武元年（672）7月条〔史料8・9〕の記事により，「村屋社」を通っていることが記されるが，「村屋」は田原本町伊与戸に所在する村屋神社にあたると考えられている。これを南へと延長する地点は橿原市と桜井市の境になっており，中ツ道に近接する地に存在した大井寺は桜井市大福に推定されている。横大路と交差する場所には市杵島神社・三輪神社がある。一方，北への延長部は奈良市と大和郡山市の境となり，さらに平城京の東京極にほぼ一致し，さらに北進してJR沿いの谷を通って山城へと抜ける。このように中ツ道は奈良市内から横大路までは直線の古道として推測されるが，横大路以南ではその痕跡が確認できない。しかし，飛鳥寺西門・川原寺東門・橘寺東門がそれぞれ南大門よりも大きいことは横大路以南における中ツ道の有無とも関連して興味深いが，考古学的成果からは直線古道としては否定的である。なお，下ツ道との間隔は四里で次の上ツ道とも同間隔で平行して計画されている。

上 ツ 道

　上ツ道は「箸墓」を通っていることが記されており，箸墓は桜井市箸中にある倭迹迹日百襲姫命墓のことで，のちの上街道の一部がこれにあたると推定される。上街道を参考にすると上ツ道は桜井市箸中・芝を通り南進し，仁王堂で横大路と交差する。この場所には八幡神社があり，中ツ道・横大路交差点と同様の様相を呈している。さらに南では阿部・山田を通り「山田道」となる。一方，上ツ道北方は天理市豊田付近までは直線で推定できるが，以北では山が張り出しており，直線古道は難しい。これらのことから上ツ道は天理市豊田から横大路まで直線古道として推測でき，南は阿部山田道に，北は山辺道へと推移していくものと推定される。

紀 路

　下ツ道から南下して檜隈付近から西南に進む道は，史料14に読まれており，真弓・佐田を通り五条にでる巨勢道と呼ばれていた。さらに現在の和歌山に至る道は紀路と呼ばれる。これらの道路に沿う形で，集落・寺院が並ぶ。

横　大　路

『古事記』崇神段に宇陀の墨坂と大坂が記されている。この2点を結ぶ東西道路が横大路である。北葛城郡當麻町長尾から橿原市八木をへて桜井市外山までの全長13kmはほぼ一直線に通じている。途中，上ツ道・中ツ道・下ツ道の各古道と交差する。

山　田　道

山田道は『万葉集』巻13-3276〔史料15〕ならびに『日本霊異記』上巻第一〔史料16〕の史料により，山田から雷丘・豊浦寺を通り，軽につながっていることがわかる。現在もほぼ直線に道路が通じており，道路に面して山田寺・豊浦寺など寺院が並ぶ。

(2)　発掘された道路状遺構

先に文献史料にみえる古道について記してきたが，ここではこれらの成果を踏まえたうえで，発掘調査成果から道路状遺構についてみてみたい。まずは飛鳥の道路遺構の定点にもなる川原下ノ茶屋遺跡の概要をみる。

川原下ノ茶屋遺跡の調査

平成8年（1996）に明日香村教育委員会は橘寺の西方700mに位置する川原下ノ茶屋遺跡で，飛鳥時代の道路交差点を検出した（明日香村1998）。この遺跡は北側と南側に丘陵があり，交差点部は谷地形の最も低い位置にあたる。このため築道にあたっては谷を大規模に盛土整地を施して造られている。東西道路の北側溝は幅1mの石組溝，南側溝は一度の掘り直しがあり，当初幅2m，深さ30cmであったものを幅60cmにせばめている。このため路面幅は当初9.5m，のちに11mとなる。側溝心々距離は11mから11.8mである。道路側溝からは飛鳥IVの土器が出土している。この南側溝とT形に取りつく南北道路は，側溝幅がともに30cmで，路面幅2.7m，側溝心々距離は3mである。この南北道路が東西道路を横断する路面には，約5mの間隔をあけて南北に

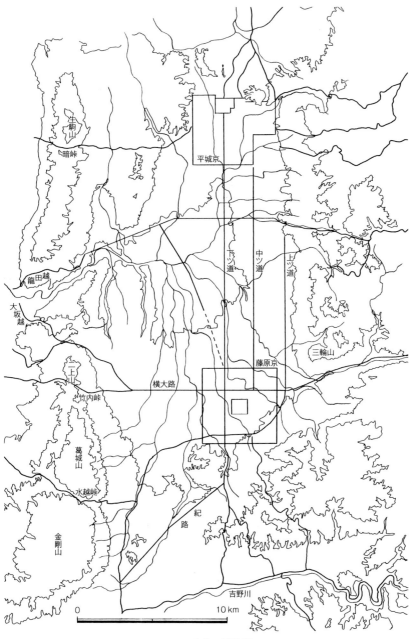

図40 大和の道路網

2 飛鳥地域の道路体系の復元

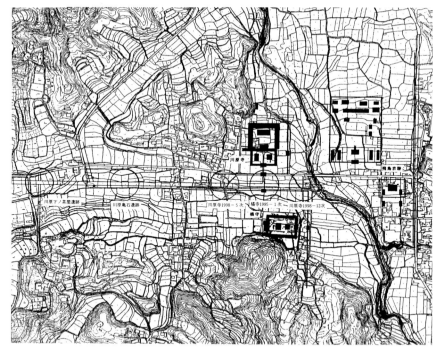

図41　川原下ノ茶屋遺跡周辺道路網復元図

並ぶ石列がある。また，この石列の間には3mの幅で南北に敷かれた榛原石敷がある。この石敷は検出状況からみて，本来は路面に見えていたものではなく，地盤強化のための基礎事業と推定される。また，石列も石の頂部がわずかに見えるだけで，南北道路が東西道路面を横断する位置を明示する石であると考えられる。このように考えると，さらに東西道路の北への延長部にある4m幅の花崗岩石積も道路の地盤強化のための基礎事業と考えられる。これらのことから川原下ノ茶屋遺跡は東西道路とこれに交差する南北道路と判断された。この川原下ノ茶屋遺跡の調査成果は多くの点で重要である。特に，東西道路（本章では，「飛鳥横大路」と呼称する）[2]の位置づけについてみてみよう。

　川原寺と橘寺の間には細長い水田が東西につづいている。この水田の西方には現在でも小道が直線に延びており，亀石が古道に接して座している。この道は本居宣長の『菅笠日記』にも記載のある旧街道であり，橘寺〜亀石〜天武持統陵〜鬼の俎雪隠〜欽明天皇陵へとつづく。昭和32年（1957）の橘寺北門の

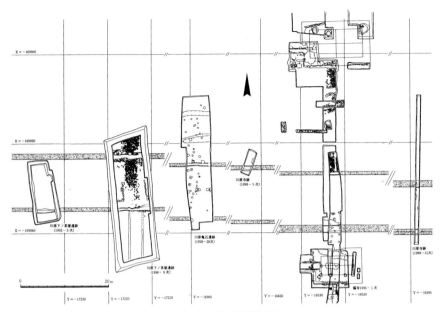

図42 飛鳥横大路関連遺構

検出によって，先の水田が道路の痕跡（遺存地割）であることが推測された（奈文研1960）。しかし，そのときの調査では東西溝を1条検出しただけで，その道路幅が12mであることを確認するまでに40年ちかくの時間が必要であった。平成7年（1995）に行った橘寺1995-1次調査では橘寺北門の前面（北側）で検出した道路遺構が，北側溝の幅1.3m，南側溝幅1.7mでともに素掘の溝であることが判明した（奈文研1997）。路面幅11.2m，側溝心々距離12.5mで，飛鳥Ⅳ～Ⅴの土器が出土する。川原下ノ茶屋遺跡はここから西方700mに位置し，飛鳥横大路が直線で結ばれていたことがわかる。この調査の後，両調査区間および東方の3カ所で道路側溝が確認されており，道路の造営方位と施工時期および存続時期で重要な成果があがっている。

　飛鳥横大路は飛鳥川を渡ると，飛鳥宮跡エビノコ郭西門の前に位置することから，飛鳥川には橋が架けられていたと推定される。持統元年（687）8月条「丁酉に，京城の耆老男女，皆臨みて橋の西に慟哭る」〔史料11〕にみえる「橋の西」とは，飛鳥横大路と飛鳥川が交差する場所にかけられた橋の西を指すのであろう。この付近には現在も旧高市橋が架設されている。さらに川原下ノ茶

屋遺跡の調査地が谷地形を盛土整地してまで直線道路を造っていることから，西方1200mを南北に通る下ツ道まで直線で結ばれていた可能性が高いと考えている。川原下ノ茶屋遺跡より西方では基本的には谷地形，あるいは東西尾根の北斜面であるが，1カ所を除いては小規模な尾根の先端をかすめるかたちで下ツ道まで通過していくことが可能である。唯一尾根上を通過する部分には以前に工場があり，現在は住宅街となっているので，道路の有無は明らかではない。施工時期については，川原寺1997-12次の調査で，7世紀前半の整地層の上から道路側溝が掘られており（明日香村1999a），川原亀石遺跡でも，道路側溝よりも古い建物・塀があることが判明している（明日香村2000a）。また，路面上に飛鳥Ⅱの竪穴建物があり，道路の敷設はこれ以降となる（橿考研2008）。これらのことから飛鳥横大路の施工時期は7世紀中頃以降と推測される。一方，廃絶時期については，川原下ノ茶屋遺跡の調査では北側溝から飛鳥Ⅳの土器が出土し，7世紀後半には北側溝が埋没した（しはじめている）ことが判明している。これに対して，川原寺1998-5次の調査では北側溝から天平10年（738）の木簡が出土したことから，奈良時代前半まで存続していたことがわかる（明日香村2000b）。この違いについては，前者が谷地形の埋没しやすい地形にあり，飛鳥中心部から遠く，道路管理が不備であったと考えられる。一方，後者は橘寺の前面に位置し維持管理が行き届いていることが考えられる。これら一連の調査によって，7世紀中頃以降につくられた幅12mの東西道路は，西で北へ22度の振れで飛鳥川（飛鳥京跡）から川原寺・橘寺の間を通り，川原下ノ茶屋遺跡まで，さらに西方の下ツ道までの約2kmを一直線に結んでいたものと考えられる。

飛鳥の道路と宮殿

　近年の飛鳥地域では道路遺構あるいは道路状遺構と考えられる遺構が少なからず検出されている。しかし，その多くは両側溝が長距離にわたって検出されたものではなく，位置関係からみて道路と判断されるものも少なくない。[3]このようななか，宮殿・寺院・宅地周辺にある以下の道路状遺構について概観する。なお，道路名称については，歴史的な名称が判明するものについては，それに従ったが，ほかのものについては仮称である。また，ここでは明らかに藤原京

264　　Ⅲ　飛鳥地域における都市構造の研究

条坊道路と思われるもの，寺院伽藍内通路については扱っていない。

①飛鳥宮跡周辺の道路

　飛鳥宮跡はこれまでの調査で大きく3時期の宮殿遺構が推定されており，このうちⅢ期遺構は斉明天皇の後飛鳥岡本宮とエビノコ郭を増築し全体を整備した天武天皇の飛鳥浄御原宮と考えられている。この飛鳥宮跡周辺の道路として確認されているのは，飛鳥宮東辺道路と北辺道路がある。

　飛鳥宮東辺道路　　飛鳥宮跡東面大垣の東で検出した南北方向の石敷である。幅1.2mで10〜30cmの川原石を雑然と並べている。この石敷の両側の土層は幅約9mの硬化面があり，この範囲が南北道路面であったと考えられる（橿考研1975・1976）。この北への延長部が酒船石遺跡の調査で一部検出されており，ここでは明瞭な川原石が敷かれている。さらに基幹水路である石組大溝がある（明日香村2006）。7世紀後半の道路である。

　飛鳥宮北辺道路　　飛鳥宮跡北面大垣はまだ確認されていないが，北限にかかわる遺構としては，飛鳥寺南大門の南110mで確認した東西石組大溝がある。東辺道路の状況からみると，石組大溝の南に広がるバラス敷が道路面の可能性が高い。北面大垣が未検出であるが，道路幅26m以上の東西道路と考えられる（橿考研2011）。

　飛鳥宮南辺道路　　飛鳥宮跡の南限については明らかではないが，エビノコ郭の南方までは宮内であると考えられる。エビノコ郭の南方には唯称寺川があり，ここまでは平坦地が広がるため，唯称寺川付近が飛鳥宮跡の南限と推定できる。飛鳥宮東辺にある道路を南下すると唯称寺川の南で，飛鳥宮南辺道路と┤形に接続する道路が通っていたと想定することが可能であろう。さらに飛鳥川を隔てた真西（東橘）には小字道ノ下や小字中道があり，この間に橋が架かっていたのであろう。

　以上のように，飛鳥宮跡の周辺では東辺および北辺・南辺に沿う道路が推定できる。西辺については飛鳥川で限られていると思われ，ここに道路が沿っていたかは不明である。このように基本的に宮城垣に沿う道路があったと考えられる。

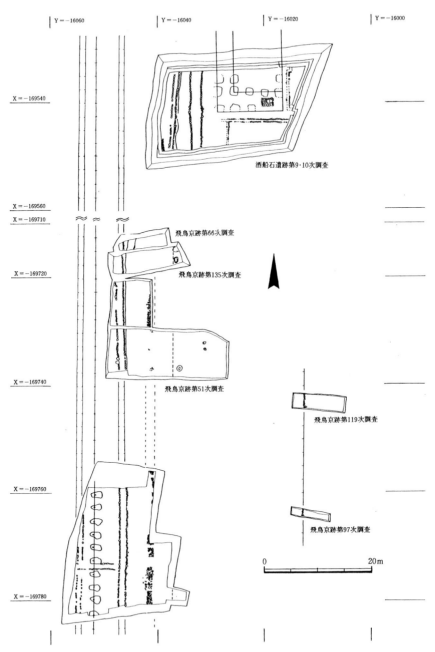

図43　飛鳥宮東辺道路（明日香村1999cを転載）

飛鳥の道路と寺院

　飛鳥地域では多くの寺院跡が調査されている。しかし，寺域が判明し，道路との関係を明らかにできるものは少ない。寺院周辺で道路状遺構が検出されているのは，飛鳥寺・川原寺・橘寺と山田寺である。ここではまずそれらを概観し，寺院と周辺道路の関係について検討したい。

①飛鳥寺周辺の道路

　飛鳥寺の周辺ではこれまでに多くの道路状遺構が検出されている。ここではこれらの道路についてみていくことにする。

　石神遺跡内道路　　石神遺跡には斉明朝から藤原京期にかけての遺構群がある。このうちA期（7世紀中頃）には石神遺跡と東にもうひとつ別区画があり，両区画に挟まれた空間が通路（道路）であった可能性があるが，路面上にも建物が復元されており，まだ，検討が必要である。この区画は次のB期（天武朝）になると，石神遺跡の区画が東へと広がり，道路状空間はなくなる。そして，C期（藤原京期）の官衙区画の東で鍵手状に180mにわたり南北道路がある。重複関係から2時期に細分され，C─1期は溝幅1mの素掘溝を両側溝とする側溝心々距離7.5mの道路が1次調査区で南から西に折れ，さらに3次調査区で北折し，8次調査区で幅員が22mに広がる。C─2期には東側溝を東にずらした溝，西側溝は8次調査区では同位置に溝が掘削され，道路幅はやや広がる。

　飛鳥寺西辺道路　　飛鳥寺西門の西には南北方向の石敷があり，道路状遺構とも推定されている（橿考研1980）。石敷は10〜20cmの小礫を敷き，東西端には自然石を並べ見切り石とする。しかし，見切り石はともに西側に面を揃えていることから，この間を路面とするにはやや問題も残る。周辺の調査成果からみて，雛壇状に造成された遺構の上部が削平されたとするべきであろう。むしろ，西面大垣に西門が取りつくことから，遺構としては確認できないが，西面大垣に沿う南北道路が通過していた可能性が高い。この西側は『日本書紀』にもたびたび現れる「西の槻樹の広場」に該当する地域であり，これまでの調査でも飛鳥寺とは密接な関係があると推定されている。

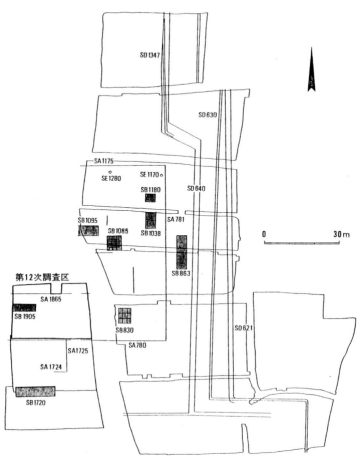

図44 石神遺跡内道路（奈文研1994を転載）

飛鳥寺西方道路　山田道遺跡第3次調査で検出した7世紀末頃のSD2623・2624・2625である。この3条の溝のうちいずれかが道路側溝である可能性がある（奈文研1991）。これを道路遺構と推定すれば，南に延ばすと石神遺跡の西を通過する。この石神遺跡ではA期の西区画の西側，C期の官衙区画の西側を通ることになる。さらに南へは飛鳥川の崖上を通り，弥勒石の付近に至る。ここで飛鳥川を渡り，甘樫丘東麓を通る道路となることが考えられる。山田道から弥勒石まで，直線で施工されていたと想定するが，飛鳥川の範囲とも絡んで微妙な問題がある。石神遺跡内道路のように途中でクランクして

いる可能性も否定はできない。今後の調査に期待したい。

飛鳥寺参道　飛鳥寺南大門から南へ延びる石敷である。幅2mで延長26mである。南端では東西方向の石敷広場と接続する（奈文研1958）。

飛鳥寺南辺道路　飛鳥寺参道の南で検出した東西石敷道路（広場）である。幅南北約22m，延長東西66m以上を確認している。参道とは直交せず，西で北に7〜8度の振れをもつ。この原因については明らかではないが，古い地割りを踏襲しているのであろうか。南端は幅75cmほどの犬走り状の石敷になっており，さらに南に幅70cmの石組溝（南側溝）がある。これが参道に接続する道路の可能性も指摘されているが，石敷広場としての機能のほうが大きいとみられ，道路としての機能も併設していたと理解したい。7世紀中頃以降の造営である（奈文研1958・1983・1985）。

飛鳥寺東南辺道路　飛鳥寺東南辺の調査で検出した東西道路である。検出したのは東西道路面と南側溝で，南側溝は幅約2m，深さ60cmで一部に石積みが残る。その方位は国土方位よりも約40度振れており，寺域も斜めになっていたものと推定される。路面には砂利が残り，部分的に瓦を敷いた痕跡がある。北側溝が未確認で道路幅は明らかではないが，10m以上である。7世紀末〜8世紀初頭の造営である（奈文研1998）。

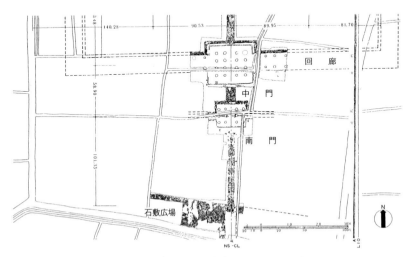

図45　飛鳥寺参道・南辺道路（奈文研1958を転載）

飛鳥寺北辺道路　寺域の北に接して細長い水田が並んでおり，さらに東への延長部には，現在でも道路が存在しており，八釣・高家へとつづく。この道沿いには邸宅と考えられる竹田遺跡や東山カワバリ遺跡もあり，飛鳥時代まで遡る可能性が高い（明日香村 2000c・2012）。現在の山田道が 7 世紀中頃以降の設置であることから，7 世紀前半の山田道（古山田道）の可能性が高いと考える（相原 2013）。

飛鳥寺東辺道路　寺域東辺については人工運河（狂心渠）が寺域に沿って流れており，東辺道路の有無は，この運河との位置関係が重要となる。特に，東南隅では運河が大垣と極めて接近した位置に推定されることから，東面大垣に沿う東辺道路の存在は難しいが，運河に沿う道路も想定できる（明日香村 2006）。

②川原寺・橘寺周辺の道路

川原寺・橘寺周辺で確認された道路状遺構は少ないが，川原寺参道と先にみた飛鳥横大路がある。さらにほかにもいくつかの道路が想定される。

川原寺参道　川原寺南大門の南で検出した石敷の参道である。南を通過する東西道路に向かって直線に延びるが，幅等は明らかではない（奈文研 1960）。近年の調査では，参道の南側に石敷の広場がある可能性も指摘されている（奈文研 1997）。

飛鳥横大路　川原寺・橘寺の間で検出された東西道路である。橘寺北門の北で検出された道路は北側溝の幅 1.3 m，南側溝幅 1.7 m でともに素掘の溝である。路面幅 11.2 m，側溝心々距離 12.5 m で，飛鳥Ⅳ～Ⅴの土器が出土する（奈文研 1997）。ここから西方 700 m の川原下ノ茶屋遺跡でも東西道路を検出しており，飛鳥横大路が直線で結ばれていたことがわかる。北側溝は幅 1 m，深さ 40 cm の石組溝，南側溝は一度の掘り直しがあり，当初幅 2 m，深さ 30 cm であったものを，幅 60 cm にせばめている。このため路面幅は当初 9.5 m，新しい方が 11 m となる。側溝心々距離は 11 m と 11.8 m である（明日香村 1998）。

橘寺東辺道路　橘寺北辺では，北面大垣に沿って通る飛鳥横大路があるが，同様に寺域東辺についても，東大門が推定されていることや寺域東辺を踏襲する形で現在も南北道路が存在することから，東辺に沿う道路が推定できる。

橘寺西辺道路　現橘寺から西方300mの位置には現在南北の小道があり，ここで地形が急に下がっている。これより東では，発掘調査によって飛鳥時代の大規模な整地層や中世の礎石建物が検出されており，橘寺旧境内地の内側と考えられる。とすれば，この南北小道までが橘寺の境内で，これに面して橘寺西辺道路が推定されるのである。しかし，南西に位置する定林寺との関係を重視すれば，さらに50m西の小字境に道路があった可能性もある。この位置に南北道路を想定すると，南に延ばした地点でも，尾根の裾を通過して定林寺の真東に出ることが可能である。そこで西に方位を変えて，定林寺へと登る参道になるのであろう。

③山田寺周辺の道路

山田寺の周辺では参道と南辺道路のみが確認されている。

山田寺参道　山田寺南門の南で検出した南北道路である。路面幅8.6m，側溝心々距離9.7mで南門の正面規模に合わせている。延長20mを検出した。この側溝は南門前の東西溝から溢れた水を南に流し，さらに南にある東西溝に接続する。路面には石敷舗装等は確認できないが，中門から南門に至る参道には玉石を並べた縁石がみられる。7世紀後半である（奈文研2002）。

山田寺南辺道路　山田寺南大門の南方で検出した東西道路である。側溝心々距離約10.8mで，山田寺造営に伴い設置された。天武朝になると南大門から延びる参道と⊥形に接続する東西道路に付け替えられる。側溝心々距離7.7mで，8世紀中頃には埋没する。なお，これら東西道路に先行する北東から南西に斜行溝に掘削された2条の溝がある。側溝心々距離約10mで，これが7世紀前半の道路と推定されている（奈文研2002）。

以上，飛鳥寺・川原寺・橘寺・山田寺周辺の検出事例および推定される道路遺構を検討した。その結果，飛鳥寺・川原寺・山田寺の南辺については南大門から参道が延び，東西道路に取りつくことが明らかとなった。つまり，南面大垣と南辺道路との間に余剰地帯が存在することになる。唯一参道が存在しなかった橘寺は，地形の制約からか南面する伽藍ではなく，東面する伽藍であることから，参道が存在しなかったと考えられる。一方，南辺道路を除く，他辺の

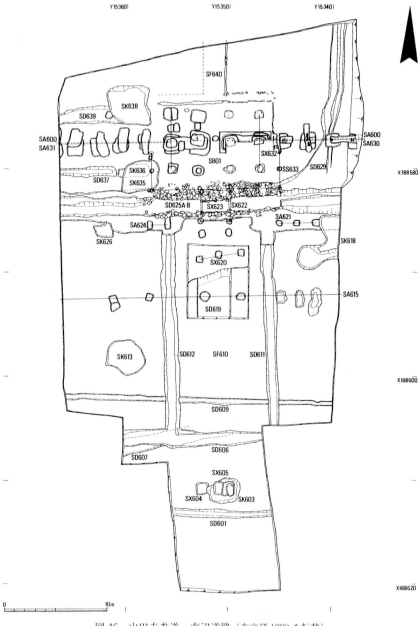

図46　山田寺参道・南辺道路（奈文研1990を転載）

道路は地形等の制約がない限り，寺域に沿う形で道路が存在するという点を指摘できる。では，なぜ南辺だけが大垣に沿う道路ではなく参道があるのであろうか。これは南が正門で，特別な門であることを意識したものと考えられ，南面する伽藍では，正面を直接道路に接するのではなく，正門へと進入路（参道）が必要となったのであろう。

飛鳥の道路と宅地

飛鳥地域で宅地の遺構がまとまって検出された事例は少ない。これまでの調査では，飛鳥の小盆地には，北から小墾田宮，飛鳥寺，飛鳥宮，嶋宮が並んでいる。また，飛鳥川を隔てた西側には，川原寺と橘寺が向かい合っている。このようにみると飛鳥中心部には宮殿・離宮と寺院などの公共施設しかなく，皇族や官人の宅地が存在する余地がない。これら官人の宅地については，飛鳥の中心部から離れた中山間部に存在するものと推定している（相原2000a）。発掘調査でも飛鳥の東側の丘陵地帯である奥山・東山・小原地域，南側の西橘・立部地域，飛鳥川をやや遡った阪田地域などで，断片ながら掘立柱建物等の遺構が検出されている。これらは建物の一部であったり，建物が1棟だけ確認されたりと，建物配置などが判明する例はほとんどない。ましてや，道路と宅地の関係が明確にわかるものはなおさらである。

①邸宅周辺の道路

飛鳥地域では建物配置のある程度推定できる五条野向イ遺跡，道路と遺跡の関係が推定できる小山田遺跡，宅地遺構ではないが，大規模な工房であることが判明している飛鳥池工房遺跡について概観する。

五条野向イ遺跡　当遺跡は尾根上の平坦面に位置する7世紀後半の邸宅遺構である。遺構は南東から北西に延びる尾根を削平してつくられており，復元すると正殿・後殿・脇殿がコ字形に配置し，南門から延びた塀が60m四方の区画を形成している（橿原市1999）。特徴的なのは，地形を無視してまでこれらの遺構が南北に合わせて建てられていることと，現状では南門が南側崖上につくられていることである。南門から真南には現在でも南北の里道が谷に向かって延びており，南門から谷底に向かっての通路が存在していた可能性が高い。

問題は，なぜ邸宅遺構や推定される通路が南北に方位を合わせているのかだが，現在，丘陵下には県道が斜めに通過しており，一部ではこの道が古代まで遡って存在していたのではないかという意見もあるが，むしろ，飛鳥横大路が真東西に通過しており，そのため五条野向イ遺跡の邸宅も南北方位をとり，そこからの通路が谷の下にある東西道路へと延びていたと考えるほうが自然であろう。五条野向イ遺跡の造営方位と飛鳥横大路の方位がともに北で東にわずかに振れることもこれを補強しよう。

小山田遺跡　　川原下ノ茶屋遺跡で東西道路と交差する石積みを検出した。検出段階では，南北方向の粗雑な石積みだけであるが，交差点内での榛原石が地盤強化であることと，石積みが北に向かってやや高くなっていることから，道路下の基礎事業と推定されている（明日香村1998）。調査区北側の尾根上には現在，明日香養護学校があり，以前には木簡等の遺物が出土している（白石1973）。また，昭和30年代の航空写真・地形図をみると，80ｍ四方の略方形の地形がみられ，大規模な遺構があった可能性が高い。つまりこの南北道路は小山田遺跡へと向かう進入路の可能性が考えられる。このように考えると五条野向イ遺跡と類似のケースがここにも推定される。

飛鳥池工房遺跡　　飛鳥池工房遺跡は飛鳥寺東南大垣と道路遺構を挟んだ位置にある大規模な工房跡である。ここでは7世紀後半を中心に，富本銭をはじめ，金・銀・銅・鉄・ガラス・瓦・漆製品など多種多様な製品をつくっていることが判明している。この工房跡は中央にある東西塀によって二分されており，北区画は管理施設，南区画は工房である。ここで注目されるのは，飛鳥寺の東南大垣に接して幅約10ｍの道路があり，この道路に面して飛鳥池工房遺跡を区画する塀があることである（奈文研1998）。

　以上，3遺跡と道路の関係を概観してきた。飛鳥池工房遺跡は宅地ではなく工房跡ではあるが，宅地と道路の関係が判明する好例となる。これらの遺跡と道路の関係は，寺院と道路でみたように2種類ある。つまり，五条野向イ遺跡や小山田遺跡のように幹線道路から進入路によって結ばれているものと，道路に接しているものである。これらの違いの原因については明言できないが，ひとつの要因としては遺跡の立地が考えられる。つまり，丘陵（尾根）上にある

宅地では，道路に接して宅地が造れず，必然的に（幹線）道路から進入路を設ける必要性が生じる。これに対して，飛鳥池遺跡などは道路に接した場所（平野部）に遺跡があり，道路がすぐ近くに位置する。このような例は西橘遺跡や東山カワバリ遺跡，檜前門田遺跡でも想定できる（明日香村1997a・2000c）。

(3)　飛鳥地域の古道

　飛鳥の道路網を復元するとき，山田道や下ツ道などの官道が重要となる。これらについては，すでに岸俊男氏による詳細な検討がある（岸1988b）が，これまでの発掘調査において若干異なる点も明らかとなった。ここでは考古学的な調査によって指摘できる問題点などを整理しておきたい。

山　田　道

　阿倍山田道は，『日本霊異記』上巻第一「雷を捉へし縁」の記事〔史料16〕からも窺うことができるように，桜井方面（上ツ道）から下ツ道までは設置され，さらに新沢千塚方面へと延びていたものと推定されている。この山田道と推定されている遺構が発掘調査で検出されたのは，延長約500mにわたって検出した東西道路である。北側溝は推定中ツ道よりも西から雷丘までの間で検出され，幅2.5m，深さ30〜60cmの7世紀末〜8世紀前半の素掘溝である（奈文研1991）。この時期の南側溝は第7次調査では検出されず，道路幅等明らかにはできなかった。また，路面と推定される部分で7世紀前半までの斜方位の建物群が検出されていることから，この溝を北側溝とする道路は7世紀中頃以降に設置されたことになる。一方，第7次調査では7世紀後半（飛鳥Ⅲ〜Ⅳ）の大きく3時期分の東西溝が検出されている。幅50cm〜2.6m，深さ30〜50cm。当該時期における建物群は各溝よりも南側にしか存在せず，7世紀後半の南側溝であった可能性は高い（奈文研1995）。

　しかしながら検出された両側溝の時期には微妙なズレがある。このことは道路幅が確定できないと同時に山田道の設置，あるいは整備が早くとも7世紀中頃以降であることを示している。この課題に回答を与えたのが，石神遺跡19次調査である。ここでは7世紀前半までは湿地状をしていた場所を，7世紀中

頃に整地して，南側溝を掘削する。このことから，雷丘から山田の区間につい
ては，現在の山田道が敷設されるのは7世紀中頃であることが明らかとなった
（奈文研2008）。そして，7世紀前半の山田道については，少なくともこの区間
については，別の位置に推定しなければならない。

　7世紀前半の山田道（古山田道）については，石神遺跡の調査から，その調
査範囲内には通過していないと考えられる。そこで候補にあがるのが，飛鳥寺
北面大垣に沿う東西道路（飛鳥寺北辺道路）である。北面大垣は出土瓦からみ
て，創建時に造られたと考えられ，現在も八釣・高家に至るまで道路があり，
その沿線上には竹田遺跡や東山カワバリ遺跡がある。山田からあるいはもう少
し西の奥山から南下して，飛鳥寺北面の道路に接続し，ここを西に向かうと，
飛鳥川と直交に渡り，甘樫丘北麓を通過，飛鳥川に併行するように大きく北へ
と迂回し，豊浦で新山田道に接続するルートが考えられる。

　では，この古山田道はどのような形態をしていたのであろうか。残念ながら
その構造を窺い知れる調査成果は少ない。大和・河内の古道は大局的にみて，
直進・直線を指向していることは間違いない。しかし，今回の新山田道のよう
に，湿地部分を造成してまで，直進・直線を貫くのは7世紀中頃以降である。
さらに古宮遺跡の調査では，7世紀前半の道路側溝は，東西溝から大きく北西
へと方向を変化させている（奈文研2010）。尾根の張り出しを迂回しているの
である。これに対して，7世紀後半には真東西の道路側溝へと変化している。
つまり古山田道の段階では，障害物のない地域では直進性を指向するものの，
湿地や小規模な丘陵を大きく改変することなく，これらの障害物に対しては，
迂回することによって回避していたのである。これが新山田道になると，湿地
を造成し，丘陵を削平しながら直線道路を整備するようになると考えられる
（相原2013）。

　下　ツ　道

　下ツ道の側溝は，飛鳥周辺地域では複数カ所で確認している（奈文研1989・
橿原市1996・1997・2006・2007・2011）。その検出位置が国道と重複するため，
多くが側溝と路面の一部だけの検出である。東側溝の幅は1.5〜7.5mで，7〜
10世紀の遺物を包含する。一方，西側溝は幅8.2mで，下ツ道の路面幅推定

17.5 m，側溝心々距離 23.5 m に復元される。側溝は一部を除いて，一般道路側溝よりも規模が大きく，運河的な機能も担っていたものと推定される。

この下ツ道は，五条野丸山古墳までは直線に復元されており，以南では古墳を避けるように西に迂回し，紀路へとつながると考えられている。しかし，近年，丸山古墳の前方部については古墳としての認識が薄く，下ツ道が前方部上を直線で通過しているとする見解も示されている（河上 1995）。これは奈良県内最後の巨大前方後円墳としての位置づけと欽明天皇の真陵としての位置づけからの見解であるが，ここでは現地形からの検討を行っておきたい。現在の国道 169 号線は，前方部の北 130 m の位置で東に大きく蛇行し，前方部を北から南西に通過し，また東に蛇行して南下する。国道が古墳を通過する場所では，前方部が大きく削られており，国道をつくるときに削られたものと考えられる。しかし，国道施工以前は前方部の北 130 m の位置で分岐する，西へ迂回する道路が主要道路であった。この道は近世以前からの街道筋であることは判明しているが，この道が必ずしも古代下ツ道を正確に踏襲しているとは限らない。五条野丸山古墳の前方部北西隅は，すでにみたように，大きく削られている。しかし，その削平の状況を詳細に観察すると，2 段に削られていることがわかる。このうち上段の崖は国道施工のための削平と考えられるが，下段の崖は旧街道から 20 m の位置で，必ずしも旧街道の町並みに伴って削平されたものとは言い切れない。下ツ道を南へと直線で延長すると，この 2 段目の崖部直下に位置することになるからである。さらに，小字西浦・小字東浦の境が少なくとも前方部までは直線でみられることは，この微証となろう。下ツ道をさらに南に延ばすと，白橿町の丘陵にぶつかってしまうので，現高取川も丘陵に沿って蛇行する位置となる。そして，7 世紀後半の飛鳥横大路がこの下ツ道に接続していたと推定される。ここから南では，道路の通過できる範囲は欽明天皇陵の西の最も狭いところで 40 m しかなく，ここを道路と高取川が通過していたと考えられる。高取川は白橿町の丘陵裾を流れており，旧街道は欽明天皇陵の西にある尾根の裾を通過していた。特に，飛鳥横大路以南では旧街道がほぼ直線に，欽明天皇陵の西の尾根裾を通過して，岩屋山古墳の前まで通っている。藤井利章氏によると，欽明天皇陵は西側に墓域の入口をもっており（藤井 1985），この道に面することになる。さらに南では紀路として南西方向へとつづくので

あろう。この紀路と推定される遺構は確認されていないが，近年この周辺で調査を実施する機会があり，7世紀後半の柱穴群が検出されている（明日香村1999b)，紀路に沿う遺跡であろう。

中 ツ 道

これまでの研究によると，中ツ道は平城京から一直線に南下し，横大路と交差し，香具山の頂上を通過し，さらに飛鳥寺・飛鳥京跡の西辺を通り，橘寺東辺まで延びていたと考えられていた。しかし，飛鳥地域における中ツ道の存在は確認されておらず，むしろ発掘調査では否定的な成果があがっている。まず，飛鳥寺の西辺では先にみた飛鳥寺西辺道路が確認されているが，これを広域道路と認識するには先にも記したように問題がある。さらに7世紀後半の石神遺跡（B期）では中ツ道推定地に東西方向の大垣が塞いでいる（奈文研1982・1984)。また，大官大寺の東辺では7世紀代の河川が流れており，道路は確認されていない（奈文研1977)。このように香具山以南では中ツ道は少なくとも推定位置に7世紀を通じて直線古道として存在していた可能性は低い。では香具山以北ではどうであろうか。これまで検出されている中ツ道の道路側溝は3カ所で確認されている。側溝幅1.2ｍ。7世紀後半から8世紀初頭の時期である。特に北一条大路との交差点では┤形に接続する状況が検出されていることは注目される（桜井市1998・橿原市2004・橿考研2013)。

以上，飛鳥地域周辺の古道についてみてきた。その結果，中ツ道については，少なくとも香具山以南ではこれまで推定されていた位置での直線道路の存在は難しい。ほかの古道についても考古学的に掘削時期は決定できないが，いずれも7世紀後半から8世紀初頭の遺物が出土しており，8世紀初頭には埋没しはじめていることが判明する。下ツ道はより存続時期は長いが，下層から出土する遺物はやはり飛鳥Ⅴ前後の土器であり，溝の機能および埋没過程がこの時期頃を中心としている。このことは藤原京のほかの条坊道路側溝と何ら変わるところはなく，藤原京東四坊大路・西四坊大路と理解しても矛盾はない。しかし，山田道の2カ所で，7世紀初頭の築道であることが確認されている（桜井市2005・2012）ことから，古道の設置時期はここまで遡る。ただし，古山田道の

構造から見て，真直線に整備されるのは7世紀中頃で，それ以前は，直線を指向するものの，地形によって迂回措置を施していた道路と推定する。よって，大和の古道は7世紀初頭にほぼ直線道路として施設され，7世紀中頃に真直線道として整備されたと考える。

(4)　飛鳥地域における古代道路体系の復元

　文献史料および発掘調査された道路跡についてこれまで記してきた。しかし，いずれの調査も断片的な資料ばかりである。ここでは，これらの調査成果を有機的に捉え，そこから推定される飛鳥地域の道路網について復元していくことにする。

　阿倍山田道は，『日本霊異記』等〔史料16〕からも窺うことができるように，桜井方面（上ツ道）から下ツ道までは設置され，さらに新沢千塚方面へと延びていたものと推定される。これまでの調査でも，阿部および雷丘東方で，山田道の道路側溝を確認している。しかし，山田から雷丘間については7世紀中頃の敷設であり，7世紀前半の古山田道は飛鳥寺北面大垣に沿う飛鳥寺北辺道路の位置と推定される。飛鳥時代の小墾田宮については，古山田道に北接した石神遺跡東方の微高地と推定するが（相原2013），奈良時代の小治田宮は雷丘東方遺跡に推定されている。奈良〜平安時代については，小治田宮の東門に新山田道が接続し，宮殿を迂回していたと考えられる。

　次に飛鳥寺周辺の道路についてみてみよう。飛鳥寺は飛鳥の小盆地の入口に位置しており，北からの道路は必ず寺域の東あるいは西を通過することになる。飛鳥寺の周辺では参道，西辺道路，南辺道路，東南辺道路が道路状遺構として知られる。飛鳥寺西の地域は，7世紀後半には石敷で舗装された空間となる。この地域は『日本書紀』にもたびたび現れる「西の槻樹の広場」に該当する地域であり，これまでの調査でも飛鳥寺とは密接な関係があると推定されている。飛鳥寺西辺には西面大垣に併走する道路が想定されるが，もうひとつ飛鳥寺の西方を南下する道路は，山田道遺跡第3次調査で検出した3条の南北溝である（飛鳥寺西方道路）。これを道路側溝と推定すれば，南に延ばすと石神遺跡の西を通過する。さらに南へは飛鳥川の崖上を通り，弥勒石の付近に至る。ここで

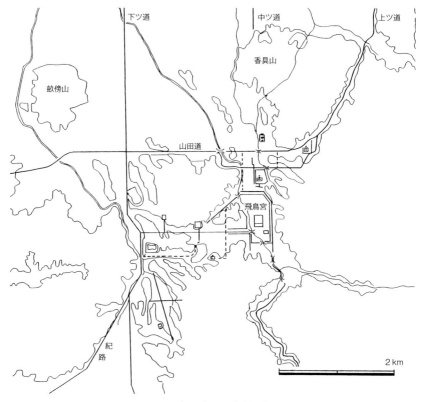

図47　飛鳥地域周辺道路網復元図

飛鳥川を渡り，甘樫丘東麓道路となることが考えられる。

　この新山田道から南下する道路は，先にみた飛鳥寺西方道路などのほかには，石神遺跡内の南北道路が知られる。一部藤原京期の官衙区画（石神C期）を避けるように道幅を変えてクランクするが，北へ延長すると，山田道に接続するものと推定できる。一方，石神遺跡の道路を南に延ばすと，飛鳥寺西辺道路になるものと考えられる。石神遺跡A期以前には新山田道はなく，そこから南下する道路はない。しかし，A期になると，石神遺跡の西区画と東区画の間が，南北道路となるが，B期には両区画が一体化するため，道路は廃止される。さらに藤原京期には再びクランクする道路が施設される。このように石神遺跡では，中ツ道想定地における南北道路が7世紀代に一貫して通過していた可能

性は低い。

　次に飛鳥寺南辺道路であるが，南大門から延びる参道の南端で検出した石敷広場がある。この石敷の南方には飛鳥宮北辺道路があるが，これは7世紀後半のもので，それ以前は飛鳥寺南辺の石敷が道路を兼ねていた可能性がある。この石敷道路は飛鳥寺西までは確認されるので，先にみた飛鳥寺西辺道路とＴ形に接続することが予測される。また，飛鳥寺寺域に接して東南辺道路がある。このことから考えて，寺域東辺・北辺にも塀と併走して道路があった可能性が高い。特に，寺域北辺には，現在でも道路が存在しており，八釣・高家へとつづく。ここが7世紀前半の山田道と考える。このように飛鳥寺の寺域に沿って，南辺・東南辺・東辺・北辺道路が推定される。

　つづいて，飛鳥寺よりも南側の道路についてみてみよう。飛鳥宮北辺道路の東端からは，飛鳥寺瓦窯のある丘陵西裾部を通り，酒船石遺跡の西方から飛鳥宮跡の南端まで直線で設置されている。基本的に飛鳥宮への北からの進入路は，山田道から飛鳥寺西辺道路・飛鳥宮北辺道路・飛鳥宮東辺道路を通り，東門から入る。さらに南へは，直線で延びており，飛鳥川までつながっていたものと考えられる。飛鳥宮跡の南限は，南にある唯稱寺川である可能性が高いとすれば，この唯稱寺川の南にも飛鳥宮跡東辺道路と接続する道路が通っていた。飛鳥川を隔てた真西には小字道ノ下や小字中道があるので，この間に橋が架かっていたのであろう。先の小字道ノ下・小字中道が道路であるとすれば，橘寺東辺道路から東へ延びて，川際で南折れ，飛鳥川の左岸を南下することになる。そこで先の飛鳥宮跡南辺道路と合流し，川沿いに南下する。さらに祝戸地区に入ると，坂田寺がある。現在確認されている伽藍は奈良時代のものであるが，北西方向が伽藍への斜路になっており，坂田寺は伽藍北西が入口であったと考えられる。とすれば，こちら側に道路が通じていた可能性があり，飛鳥川の右岸に沿って道路があったと考えられる。それより南では飛鳥川に沿って芋峠へと通じていたのである。

　つづいて，川原寺と橘寺の間にある飛鳥横大路についてみてみよう。飛鳥横大路は発掘調査で幅約12mの道路跡が検出されており，川原下ノ茶屋遺跡から飛鳥川までの間800mにわたって直線で復元できる。この飛鳥横大路は地形を無視してまで直線で道路を築道しており，さらに西方1200mを南北に通

過している下ツ道まで直線で結ばれていた可能性が高い。この復元が正しけれ
ば，飛鳥横大路は下ツ道から飛鳥宮跡までの間を一直線で結ぶメインストリー
トであったと考えられる。[7]

　この飛鳥横大路に接続・交差する道路は数カ所で検出，あるいは想定される。
東側から順番にみていくと，まず川原寺参道がある。参道の南に石敷広場があ
る可能性もあり，やや不確定な要素を残すが，南大門から延びる参道が東西道
路に接続するものと推定される。

　次に，弥勒石周辺で飛鳥川を横断した甘樫丘東麓道路は，小山田で亀石方向
へと屈曲する。川原百合ノ内遺跡で見つかっている貼石遺構は明確な道路遺構
ではないが，その護岸造成と推定でき，亀石付近で飛鳥横大路と接続する。そ
の周辺での調査成果からは，ここでは十字路ではなく，逆T字路であったと
推定する。

　川原下ノ茶屋遺跡では道路交差点が検出されている。東西道路から南に延び
る南北道路は，道路幅3mである。側溝は断面箱形をし，埋土は灰色粘土が
堆積しているので，あるいは側溝ではなく，角材等を埋め込んだ痕跡の可能性
もある。この道路については，位置的には南で西に曲がり，天武・持統陵，欽
明陵の南側の谷を通り紀路へとつながる道路と考えられ，『日本書紀』欽明7
年7月条〔史料1〕にある記事と密接に関係するものと推定される。しかし，
飛鳥と紀路とを結ぶ道路としては，道路幅が3mしかない点ではやや課題が
残ろう。一方，東西道路から北に向かう南北道路は両側溝が明らかではないた
め，道路幅は不明であるが，3〜4mの幅で石が積み上げられていることから，
道路幅も同程度の幅ではないかと推定する。この道路の北への延長部には，
80m四方の略方形の地形がみられ，大規模な遺構があった可能性が高い。つ
まり南北道路は小山田遺跡へと向かう進入路の可能性が考えられる。類似のケー
スが五条野向イ遺跡でも推定される。

　五条野向イ遺跡は，南門から通路が谷の下にある東西道路へと延びていたと
考えられる。

　このほかに東西道路と交差する南北道路が想定される場所が，もう1カ所あ
る。橘寺旧境内地の西辺を通る道路である。この南北道路は，南端で西に方位
を変えて，定林寺へと登る参道になるのであろう。

一方，橘寺西辺道路の北側については，積極的に道路を復元するデータはない
いが，北への延長部にあたる川原寺裏山では尾根と尾根の間のやや低い場所に
あたり，あるいは道路のための小さな切り通しの可能性も否定できない。この
場合，この南北道路は甘樫丘東麓道路と接続することになろう。

　このように飛鳥横大路と接続・交差する複数の南北道路が復元される。つづ
いて，飛鳥横大路の西の端に接続する下ツ道についてみてみよう。下ツ道は，
道路幅23.5ｍに復元されている。この下ツ道は，のちの平城京朱雀門から五
条野丸山古墳まで直線で結ばれており，丸山古墳の前方部北西隅を削って，さ
らに直線で延びると考えられる。さらに南に延ばすと，白橿町の丘陵にぶつか
ってしまうので，古墳の南方で東南に方位を変え，ここで飛鳥横大路と接続す
る。そこからさらに南へつづき，梅山古墳の西尾根の西辺を通過する。ここは
梅山古墳の墓域の入口にもあたっており，さらに南では紀路として南西方向へ
とつづく。

　一方，檜前盆地内で道路遺構と考えられているものは御園フロノ前遺跡だけ
である。しかし，この地域には正方位から振れる地割りがみられる。これは盆
地内のほぼ中央で交差する道路で，東西道路は４度西偏し，南北道路は16度
西偏している。この地割りのみられる範囲は盆地内の平坦部に限られ，検出さ
れる遺構もこれらの方位に近似するものが多いことから考えてもこの交差する
現道が古代の道路を踏襲していた可能性がある（明日香村1997b）。

(5)　総　　括──都市復元における交通道路網

　発掘調査で検出された道路状遺構をもとに，飛鳥地域の道路網の復元を試み
た。しかし，道路状遺構も不確定な部分が多く，さらに推測に推測を重ねた部
分も多い。これらの是非については今後の調査によって修正する必要はあるが，
現段階におけるデータの整理を行うことも必要であると考えて，あえて積極的
な復元を試みた次第である。また，この作業を都市空間の復元に向けての基礎
資料としたい。

　今回の復元によって，飛鳥地域中心部をはじめ，周辺部の道路網が明らかと
なった。これらの道路網は飛鳥宮跡を中心に形成されている。飛鳥宮跡から延

びた道路は山田道・下ツ道・上ツ道を通り，五畿七道へとつながる。しかし，飛鳥宮へ北から至るには，山田道から飛鳥寺の西を南下し，飛鳥宮北辺道路・東辺道路を通って，王宮東門から入ることになる。飛鳥宮跡の北側には飛鳥寺が広大な寺域を占め存在しており，その西側隣接地には「槻樹の広場」がある。飛鳥地域において最初に建設された壮大な建築物は，用明2年（587）に発願された飛鳥寺であり，道路も飛鳥寺を迂回するように設置しなければならなかった。それゆえ，飛鳥宮跡へ直線では北側から進入することはできない。これを解決するために，飛鳥横大路が設置されたと考えられる。飛鳥横大路は飛鳥宮跡エビノコ郭西門の飛鳥川を渡った位置から，幅12mで川原寺・橘寺の間を通り，下ツ道まで一直線に築道されている。その築道に際しては，谷を整地し，尾根を通過するなど，直線であることを重視した設計になっている。北側からの進入路とは異なり，西側からの道が飛鳥宮への正面道になった。平城京以降の都城の朱雀大路をここに重ねるのである。

　この飛鳥横大路には，この道に直交する道路がいくつかみられ，その性格がわかるもののひとつには川原寺へと向かう参道がある。同じことが，小山田遺跡進入路と五条野向イ遺跡進入路にもみられる。両遺跡は邸宅あるいは官衙遺構と理解しているが，邸宅へは主要道路から進入路によって結ばれることになっている。このなかにあって，檜前盆地にみられる地割りと，そこから推定される道路は，方位・空間的にもほかとは異なり，この地域だけで独立した空間構成となっている。渡来人が数多く住み着いていた「古代檜隈」の中心部として捉えるべき地域であろう。

　これまでみてきた飛鳥地域の道路網は，次の新益京の道路網と比較することによって，よりその特質が際だってみえる。『日本書紀』には「新益京の路を観す」（持統6年1月12日条）〔史料12〕とある。新益京には大路・小路合わせて82もの路が施工されていたと考えられている。この新益京は条坊道路によって宅地区画を形成しており，日本都城が碁盤目のような区画によって形成されていたことを端的に表している。これに対して飛鳥の道路網は，宮殿・寺院を中心に整備されており，既存の施設を迂回したり，道路に接して施設を建設したりしている。また，一方では山・谷を整形して一直線の道路を築道している箇所もある。この両者が共存することが飛鳥の特徴であろう。そして宅地は

284　　Ⅲ　飛鳥地域における都市構造の研究

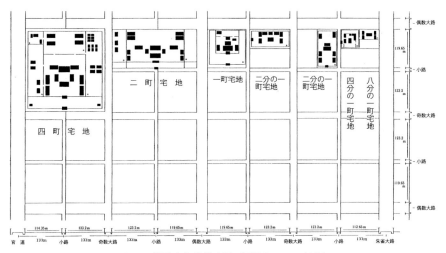

図48 藤原京条坊模式図（橿原市1998を転載）

主要道路からの進入路によって結ばれている。新益京以降の都城とはこれらの点で大きく異なっており，都市計画の根本的な違いがここにみられる。飛鳥地域の道路網から新益京の条坊道路への変化は，広域道路から区画道路への変化であり，都市設計思想の変革でもあった。「新益京の路を観す」と『日本書紀』に特に記されているのは，その道路がそれまでの道路とは景観的にも，質的にも異なっていたからであろう。持統天皇が目にしたものは，飛鳥にはなかった「新しい都市空間」であった。

　註
（1）　飛鳥地域の道路網を扱ったものには，和田萃1998，亀田博1988，木下正史1990がある。
（2）　和田萃氏は川原寺と橘寺の間を，飛鳥宮から亀石までの東西道路を「飛鳥横大路」と仮称した（和田1998）。筆者も旧稿では「川原橘大路」と呼称していた（相原1998・2000b）が，飛鳥宮から下ツ道までを結ぶ重要な東西直線道路であることから，和田氏の提唱する「飛鳥横大路」と呼ぶことにする。
（3）　考古学調査における道路の条件としては，2本の平行する溝・長土坑の連続がみられ，かつそれらに挟まれた部分に同時代の遺構が認められないか，稀薄であることであるが，寺院の大垣や地形から道路遺構の一部と推定することもある。
（4）　平成27年（2015）の調査で，大規模な石貼遺構が確認され，巨大な古墳であることが判明した。調査担当の橿原考古学研究所では舒明天皇初葬陵の可能性を指摘して

いる（橿考研 2016）。しかし，その位置や時期から筆者は蘇我蝦夷の「大陵」の可能性を推定しており，7世紀後半には二次利用され，木簡の出土する官衙・邸宅等に改変されたことを指摘した（相原 2016）。

（5）　下ツ道が前方部北西部を南北に削って，直線古道としたのは，7世紀中頃以降と推定する。これは新山田道の構造のように，地形を改変してまで直線を指向した可能性が高い。また，前方部北東隅を東西に里道が通過するが，これは藤原京条坊施工による可能性がある。

（6）　古山田道が山田からどのようなルートで飛鳥寺北辺道路に接続していたかは明らかではない。しかし，山田寺参道下層で検出した斜行する道路を重視すれば，新山田道のルートに戻らず，そのまま飛鳥寺北辺道路に接続していたと考えられる。

（7）　飛鳥横大路の検出によって7世紀後半段階の飛鳥で，「川原」と「橘」がこの道路を境に区別されていた可能性が高まったと同時に，「檜隈」の北限がこの道路であった可能性が考えられる。同様のことは「飛鳥」と「小墾田」の境界が古山田道である飛鳥寺北辺道路と考えられる。

参考・引用文献

相原嘉之 1998 「飛鳥地域における古代道路体系の検討―都市空間復原に向けての基礎研究―」『郵政考古紀要　第 25 号』大阪郵政考古学会

相原嘉之 2000a 「飛鳥地域における空間利用形態についての一試論―掘立柱建物の統計的分析を通じて―」『明日香村文化財調査研究紀要　創刊号』

相原嘉之 2000b 「飛鳥の道路と宮殿・寺院・宅地―飛鳥の都市景観についての一視点―」『条里制・古代都市研究　通巻 15 号』条里制・古代都市研究会

相原嘉之 2013 「飛鳥寺北方域の開発―7世紀前半の小墾田を中心に―」『橿原考古学研究所論集　第 16』八木書店

相原嘉之 2016 「甘樫丘をめぐる遺跡の動態―甘樫丘遺跡群の評価をめぐって―」『明日香村文化財調査研究紀要　第 15 号』

明日香村教育委員会 1997a 「1995-6 次　檜前門田遺跡の調査」『明日香村遺跡調査概報　平成 7 年度』

明日香村教育委員会 1997b 「1995-9 次　檜前タバタ遺跡の調査」『明日香村遺跡調査概報　平成 7 年度』

明日香村教育委員会 1998 「1996-9 次　川原下ノ茶屋遺跡の調査」『明日香村遺跡調査概報　平成 8 年度』

明日香村教育委員会 1999a 「1997-12 次　川原寺跡の調査」『明日香村遺跡調査概報　平成 9 年度』

明日香村教育委員会 1999b 「1997-16 次　御園西浦遺跡の調査」『明日香村遺跡調査概報　平成 9 年度』

明日香村教育委員会 1999c 「1997-1 次　酒船石遺跡（第 10 次）の調査」『明日香村遺跡調査概報　平成 9 年度』

明日香村教育委員会 2000a 「1998-28 次　川原亀石遺跡の調査」『明日香村遺跡調査概報　平成 10 年度』

明日香村教育委員会 2000b 「1998-5 次　川原寺跡の調査」『明日香村遺跡調査概報　平成 10 年度』

明日香村教育委員会 2000c 「1998-7 次　東山カワバリ遺跡の調査」『明日香村遺跡調査概報　平成 10 年度』

明日香村教育委員会 2006 『酒船石遺跡発掘調査報告書―付. 飛鳥東垣内遺跡・飛鳥宮ノ下遺跡―』

明日香村教育委員会 2012 『竹田遺跡発掘調査報告書』

秋山日出雄 1971 「飛鳥京と大津京都城の比較研究」『飛鳥京跡一』奈良県教育委員会

網干善教 1977 「倭京（飛鳥）地割の復原―飛鳥地域の寺院跡を中心にして―」『関西大学考古学研究紀要　3』

井上和人 1986 「飛鳥京域論の検証」『考古学雑誌　7-12』日本考古学会（のちに井上 2004 所収）

井上和人 2004 『古代都城制条里制の実証的研究』学生社

井上和人 2007 「『飛鳥方格地割論』批判―七世紀の飛鳥に方格地割りは存在しない―」『条里制・古代都市研究　第 29 号』条里制・古代都市研究会

近江俊秀 2006 『古代国家と道路―考古学からの検証―』青木書店

橿原市千塚資料館 1996 「藤原京右京五条四坊」『かしはらの歴史をさぐる 4』

橿原市教育委員会 1997 「藤原京右京六・七条四坊の調査」『平成 8 年度 奈良県内市町村埋蔵文化財発掘調査報告会資料』奈良県内市町村埋蔵文化財技術担当者連絡協議会

橿原市千塚資料館 1998 『特別展　藤原京』

橿原市千塚資料館 1999 「五条野向イ遺跡の調査」『かしはらの歴史をさぐる 6』

橿原市教育委員会 2004 「藤原京，一・二条四坊，出合・膳夫遺跡の調査」『平成 15 年度奈良県内市町村埋蔵文化財発掘調査報告会資料』奈良県内市町村埋蔵文化財技術担当者連絡協議会

橿原市教育委員会 2006 「橿教委 2004-8 次　藤原京右京十二条四坊」『平成 16 年度（2004 年度）橿原市文化財調査年報』

橿原市教育委員会 2007 「橿教委 2005-2 次　大藤原京右京北二・三条四坊，下ッ道」『平成 17 年度（2005 年度）橿原市文化財調査年報』

橿原市教育委員会 2011 「橿教委 2009-6・7 次　大藤原京右京十二条五坊，丈六南遺跡，下ッ道」『平成 21 年度（2009 年度）橿原市文化財調査年報』

亀田　博 1988 「アスカとその周辺」『網干善教先生華甲記念 考古学論集』

河上邦彦 1995 「見瀬丸山古墳の墳丘と石室」『後・終末期古墳の研究』

岸　俊男 1988a　「飛鳥と方格地割」『日本古代宮都の研究』岩波書店

岸　俊男 1988b　「古道の歴史」「大和の古道」『日本古代宮都の研究』岩波書店

木下正史 1990　「飛鳥の都の道を掘る」『季刊 明日香風　第 36 号』飛鳥保存財団

黒崎　直 2011　『飛鳥の都市計画を解く』同成社

桜井市文化財協会 1998　「中ッ道東側溝の検出」『平成 9 年度　奈良県内市町村埋蔵文化
　　財発掘調査報告会資料』奈良県内市町村埋蔵文化財技術担当者連絡協議会

桜井市文化財協会 2005　「纏向遺跡第 142 次発掘調査報告（箸墓古墳周辺大 14 次)」『桜
　　井市平成 16 年度国庫補助による発掘調査報告書』

桜井市文化財協会 2012　「安倍寺遺跡第 12 次発掘調査報告」『桜井市内埋蔵文化財 2002
　　年度発掘調査報告書 6』

白石太一郎 1973　「明日香養護学校校庭出土の木簡」『青陵　第 22 号』橿原考古学協会

千田　稔 1982　「倭京・藤原京問題と地名」『地理　27-7』古今書院

東国大学校慶州キャンパス博物館 1997　『慶州市東川洞宅地開発事業地内遺蹟発掘調査現
　　地説明資料』

奈良県立橿原考古学研究所 1975　「第 47 次調査」『飛鳥京跡　昭和 49 年度発掘調査概報』

奈良県立橿原考古学研究所 1976　「第 51 次調査」『飛鳥京跡　昭和 50 年度発掘調査概報』

奈良県立橿原考古学研究所 1980　「第 11 次調査」『飛鳥京跡二』

奈良県立橿原考古学研究所 2008　「川原下ノ茶屋遺跡」『奈良県遺跡調査概報（第 2 分冊）
　　2007 年度』

奈良県立橿原考古学研究所 2011　『飛鳥京跡Ⅳ―外郭北部地域の調査―』

奈良県立橿原考古学研究所 2013　「中ッ道」『奈良県遺跡調査概報（第 1 分冊）2012 年度』

奈良県立橿原考古学研究所 2016　「小山田遺跡第 5・6 次調査」『奈良県遺跡調査概報（第
　　2 分冊）2014 年度』

奈良国立文化財研究所 1958　『飛鳥寺発掘調査報告』

奈良国立文化財研究所 1960　『川原寺発掘調査報告』

奈良国立文化財研究所 1977　「大官大寺第 3 次の調査」『飛鳥・藤原宮発掘調査概報 7』

奈良国立文化財研究所 1982　「飛鳥浄御原宮推定地の調査」『飛鳥・藤原宮発掘調査概報
　　12』

奈良国立文化財研究所 1983　「飛鳥寺南方石敷広場の調査」『飛鳥・藤原宮発掘調査概報
　　13』

奈良国立文化財研究所 1984　「石神遺跡第 3 次調査」『飛鳥・藤原宮発掘調査概報 14』

奈良国立文化財研究所 1985　「飛鳥寺南方石敷の調査」『飛鳥・藤原宮発掘調査概報 15』

奈良国立文化財研究所 1989　「西京極大路（下ッ道）の調査（第 58-5 次）」『飛鳥・藤原
　　宮発掘調査概報 19』

奈良国立文化財研究所 1990　「山田寺第 7 次調査」『飛鳥・藤原宮発掘調査概報 20』

奈良国立文化財研究所 1991　「山田道第 2・3 次調査」『飛鳥・藤原宮発掘調査概報 21』

奈良国立文化財研究所 1994 「左京十一・十二条三坊（雷丘東方遺跡）の調査」『飛鳥・藤原宮発掘調査概報 24』

奈良国立文化財研究所 1995 「山田道第 7 次調査」『飛鳥・藤原宮発掘調査概報 25』

奈良国立文化財研究所 1997 「橘寺の調査　1995-1 次」『奈良国立文化財研究所年報 1997-Ⅱ』

奈良国立文化財研究所 1998 「飛鳥池遺跡の調査―第 84・87 次」『奈良国立文化財研究所年報 1998-Ⅱ』

奈良文化財研究所 2002 『山田寺発掘調査報告』

奈良文化財研究所 2008 「石神遺跡（第 19・20 次）―第 145・150 次」『奈良文化財研究所紀要　2008』

奈良文化財研究所 2010 「古宮遺跡の調査―第 152-8 次」『奈良文化財研究所紀要　2010』

藤井利章 1985 「飛鳥谷古墳集団の復原とその歴史的意義」『末永先生米寿記念献呈論文集　乾』末永先生米寿記念会

和田　萃 1998 「飛鳥のチマタ」『橿原考古学研究所論集　第 10』吉川弘文館

付　古代飛鳥地域における道路関係史料（稿）

〔史料1〕　欽明7年（540）7月条

　　倭国の今来郡言さく，「五年の春に，川原民直宮，宮は名なり。楼に登り
て騁望す。乃ち良駒を見つ。紀伊國の漁者のにえ負せる草馬が子なり。影を見て高
く鳴ゆ。軽く母の背を越ゆ。就きて買ひ取る。襲養ふこと年兼ぬ。壮に及
りて鴻のごとくに驚り，龍のごとくにひひり，輩に別に郡を越えたり。服
の御ゐること随心に，馳せ驟くこと合度れり。大内丘の谷を越え渡ること，
十八丈。川原民直は，檜隈邑の人なり」とまうす。

〔史料2〕　推古21年（613）11月条

　　又難波より京に至るまでに人道を置く。

〔史料3〕　白雉4年（653）6月条

　　処処の大道を修治る。

〔史料4〕　天智6年（667）2月27日条

　　皇孫大田皇女を，陵の前の墓に葬す。高麗・百済・新羅，皆御路に哀奉
る。

〔史料5〕　天武元年（672）6月29日条

　　大伴連吹負，密に留守司坂上直熊毛と議りて，一二の漢直等に謂りて曰
はく，「我詐りて高市皇子と称りて，数十騎を率て，飛鳥寺の北の路より，
出でて営に臨まむ。乃ち汝内応せよ」といふ。

〔史料6〕　天武元年（672）7月3日条

　　則ち赤麻呂・忌部首子人を遣して，古京を戍らしむ。是に，赤麻呂等，
古京に詣りて，道路の橋の板を解ち取りて，楯に作りて，京の邊の街に竪
てて守る。

〔史料7〕　天武元年（672）7月4日条

　　（前略）……是に，果安，追ひて八口に至りて，仚りて京を視るに，街
毎に楯を竪つ。伏兵有らむことを疑ひて，乃ち梢に引きて還る。

〔史料8〕　天武元年（672）7月4日条

　　則ち軍を分りて，各上中下の道に当てて屯む。唯し将軍吹負のみ，親ら
中道に当れり。是に，近江の将犬養連五十君，中道より至りて，村屋に留

りて，別将廬井造鯨を遣して，二百の精兵を率て，将軍の営を衝く。

〔史料9〕　天武元年（672）7月4日条

　　又村屋神，祝に着りて曰はく，「今吾が社の中道より，軍衆至らむ。故，
社の中道を塞ふべし」といふ。故，未だ幾日を経ずして，廬井造鯨が軍，
中道より至る。

〔史料10〕　天武10年（681）10月条

　　天皇，廣瀬野に検見したまはむとして，行宮構り訖り，装束既に備へつ。
然るに車駕，遂に幸さず。唯し親王より以下及び群卿，皆軽市に居りて，
装束せる鞍馬を検校ふ。小錦より以上の大夫，皆樹の下に列り坐れり。大
山位より以下は，皆親ら乗れり。共に大路の随に，南より北に行く。

〔史料11〕　持統元年（687）8月6日条

　　京城の耆老男女，皆臨みて橋の西に慟哭る。

〔史料12〕　持統6年（692）1月12日条

　　天皇，新益京の路を観す。

〔史料13〕　藤原宮の役民の作る歌（『万葉集』巻1-50）

やすみしし　我が大君　高照らす　日の皇子　荒栲の　藤原が上に　食す
国を　見したまはふと　みあらかは　高知らさむと　神ながら　思ほすな
へに　天地も　寄りてあれこそ　石走る　近江の国の　衣手の　田上山の
真木さく　檜のつまでを　もののふの　八十宇治川に　玉藻なす　浮かべ
流せれ　そを取ると　騒く御民も　家忘れ　身もたな知らず　鴨じもの
水に浮き居て　我が作る　日の御門に　知らぬ国　寄し巨勢道より　我が
国は　常世にならむ　図負へる　くすしき亀も　新代と　泉の川に　持ち
越せる　真木のつまでを　百足らず　筏に作り　泝すらむ　いそはく見れ
ば　神からならし

　　　　　右は，日本紀には「朱鳥七年癸巳の秋八月に藤原の宮地に幸す。八年甲午の春正月，藤
　　　　原宮に幸す。冬十二月庚戌の朔の乙卯に藤原の宮に遷る」といふ。

〔史料14〕　神亀元年甲子の冬の十月に，紀伊の国に幸す時に，従ともの人に
　　　　　　贈らむために娘子に誂へらえて作る歌一首併せて短歌（『万葉集』巻
　　　　　　4-543）

大君の　行幸のまにま　もののふの　八十伴の男と　出で行きし　愛し夫

は　天飛ぶや　軽の路より　玉たすき　畝傍を見つつ　あさもよし　紀伊
道に入り立ち　真土山　越ゆらむ君は　黄葉の　散り飛ぶ見つつ　にきび
にし　我は思はず　草枕　旅をよろしと　思ひつつ　君はあるらむと　あ
そそには　かつは知れども　しかすがに　黙もえあらねば　我が背子が
行きのまにまに　追はむとは　千たび思へど　たわや女の　我が身にしあ
れば　道守の　問はむ答へを　言ひやらむ　すべを知らにと　立ちてつま
づく

〔史料15〕　大和の歌（『万葉集』巻13-3276）

百足らず　山田の道を　波雲の　愛し妻と　語らはず　別れし来れば　速
川の　行きも知らず　衣手の　帰りも知らず　馬じもの　立ちてつまづき
為むすべの　たづきを知らに　もののふの　八│の心を　天地に　思ひ足
らはし　魂合はば　君来ますやと　我が嘆く　八尺の嘆き　玉鉾の　道来
る人の　立ち留まり　いかにと問はば　答へ遣る　たづきを知るらに　さ
丹つらふ　君が名言はば　色に出でて　人知りぬべみ　あしひきの　山よ
り出づる　月待つと　人には言ひて　君待つ我を

〔史料16〕　雷を捉へし縁（『日本霊異記』上巻第一）

（前略）……時に当りて，空に雷鳴りき。即ち天皇，栖軽に，勅して詔は
く，「汝，鳴雷を請け奉らむや」とのたまふ。答へてもうさく，「請けまつ
らむ」とまうす。天皇詔言はく，「しからば汝請け奉れ」とのたまふ。栖
軽勅を奉りて宮よりまかり出づ。緋の縵を額に著け，赤き幡鉾をささげて，
馬に乗り，阿倍の山田の前の道と豊浦寺の前の路とより走り往きぬ。軽の
諸越の街に至り，さけびて請けて言さく，「天の鳴電神，天皇請け呼び奉
る云々」とまうす。然して此より馬を還して走りて言さく，「電神といえ
ども，何の故にか天皇の請けを聞かざらむ」とまうす。走り還る時に，豊
浦寺と飯岡との間に，鳴神落ちて在り。栖軽見て神司を呼び，輿籠に入れ
て大宮に持ち向ひ，天皇に奏して言さく，「電神を請け奉れり」とまうす。
時に電，光を放ち明りかかやけり。天皇見て恐り，偉しく幣帛を進り，落
ちし処に返さしめたまひきと者へり。今に電の岡と呼ぶ。古京の少治田の宮の
北に在りと者へり。

3 飛鳥の古代庭園
――苑池空間の構造と性格――

はじめに

　近年の飛鳥地域における発掘調査成果にはめざましいものがある。平成10年（1998）3月には，小型カメラによるキトラ古墳の探査が行われ，これまでに判明していた玄武壁画のほかに，青龍・白虎，そして現存世界最古の天文図壁画が発見された。さらに平成13年（2001）3月の3度目の探査で南壁の朱雀も確認している。平成11年（1999）1月には飛鳥池工房遺跡で金・銀・銅・鉄・ガラス・漆製品・瓦を作っていた飛鳥時代最大の総合工房から，和同開珎よりも古い富本銭を発見。一方，平成11年6月には，飛鳥宮跡の北西にあたる飛鳥京跡苑池で，2つの石造物や中島をもつ巨大な池跡が発見された。ここは大正5年（1916）に出水酒船石が出土した場所でもある。さらに，平成12年2月に至っては，謎の石造物と呼ばれる酒船石のある丘陵の北側の谷底から亀形石槽が発見された。この石造物は同時に発見された湧水施設・船形石槽とともに水を流す導水構造をとる。周囲を石敷・石垣で囲まれている特殊な遺構に対して，多くの研究者から発言がみられた。祭祀説・禊ぎ説，そして庭園説。調査を担当した明日香村教育委員会では，ここを儀式・祭祀空間と推定しているが，まだ課題も多い。

　これらの成果は，これまでの「飛鳥」のイメージを大きく塗り替えるもので，さらに今後の調査によって，多くの新事実が明らかになることを期待させるものであった。

　このような新しい調査成果のうち飛鳥京跡苑池の発見は，古代庭園を研究するなかで大きな位置を占めている。同時に飛鳥の謎の石造物と呼ばれていた「出水酒船石」が庭園に伴う導水施設であることが判明した。また，酒船石遺跡の北裾で発見された亀形石槽も苑池に伴う石造物という意見もあり，本章の重要な検討課題である。さらに飛鳥池工房遺跡の方形池も，従来の方形池は庭

園の池という認識を再考させることになった。そこで本章では，これらを含めて，飛鳥時代の苑池について検討していくことにする。

（1）　飛鳥地域の苑池研究

これまでの苑池の研究

庭園の研究は従来現存する庭園を基に進められてきた。ただし古代の庭園は現存しないことから『六国史』『万葉集』や文献史料をもとに考えられてきた。しかし，発掘調査の増加によって，庭園を発掘調査で発見することも増えてきている。飛鳥地域も同様で，苑池が発掘によってはじめて見つかったのは，昭和45年（1970）の古宮遺跡の小池がはじめてである。ここは従来，推古天皇の小墾田宮推定地とされていた所である。

嶋宮方形池の発見

昭和47年（1972），飛鳥の苑池研究において画期的な発見があった。島庄遺跡で一辺42mにも及ぶ方形池が発見されたのである。嶋宮では史料によって池の存在が推定されてはいたが，この池の発見によって嶋宮が苑池を中心とした宮殿であることが判明し，韓国に多くみられた方形池が我が国にも存在することを証明した。さらに同じ年，坂田寺でも方形池と推定される石積みの一部が検出されている。その後，飛鳥では方形池の発見が相次ぐことになる。昭和58年（1983）には石神遺跡で，昭和60年（1985）には雷丘東方遺跡で，昭和61年（1986）には石神遺跡で2つ目の方形池が発見された。同じ年，欽明天皇陵の南の平田キタガワ遺跡で大規模な整地・石敷を施した石積護岸が発見された。ここは猿石が江戸時代に出土した隣接地にあたり，猿石を並べた庭園との評価がなされている。これら一連の発見によって飛鳥の苑池は方形をしているというイメージが確立していくことになる。

嶋宮の川の確認

その後，昭和62年（1987）には再び島庄遺跡で人工の河と小池が発見された。従来見つかっていた方形池とは異なり，自然を模した河と評価される。昭

294　　Ⅲ　飛鳥地域における都市構造の研究

和 63 年（1988）には亀田博氏が飛鳥の苑池を文献・発掘成果から検討を試みている（亀田 1988）。また同年「発掘された東アジアの古代苑池」と題したシンポジウムが開催され，この当時における日本・韓国・中国の古代苑池の総括が行われた（橿考研 1990a）。平成 5 年（1993）に牛川喜幸氏は，飛鳥時代の苑池を 3 つに分類し，古代庭園の系譜を検討している（牛川 1993）。その後平成 7 年（1995）には雷丘と推定されている城山と上山の間で平田キタガワ遺跡と同様の石敷と護岸，さらに池を検出している。ここは「小治田宮」と記された墨書土器が周辺で出土しており，この遺跡も皇極朝の小墾田宮に関連する遺構と認識されていた。

　ここまでにみてきた方形池が苑池に伴うものであることに再検討を促したのは平成 9 年（1997）の飛鳥池遺跡の方形池の発見である。飛鳥時代の総合工房とされる遺跡で方形池が出土したことは，池の性格について苑池以外の可能性の検討が必要となった。また，高瀬要一氏は方形池を 3 つに細分する案を提示（高瀬 1998），さらに清水真一氏は方形池とは異なる懸樋で水を引っ張って落とす池を，遺構によって系統的にたどり，これを当時最新の技術を駆使した須弥山・呉橋と関連づけた研究もある（清水 1999）。

飛鳥京跡苑池の検出

　そして平成 11 年（1999）には出水酒船石が出土していた水田から，巨大な苑池が見つかった。この池の発見によって，それまで文献でしかわからなかった本格的な苑池が飛鳥ではじめて確認され，奈良・平安時代へとつづく苑池の系譜が確認された。また，石造物が苑池の導水施設を構成するものであることが判明した。この年，日韓の新しい苑池発掘の成果を盛り込んだシンポジウム「発掘された飛鳥の苑池」が開催された（橿考研 1999）。このなかで，河上邦彦氏は飛鳥京跡苑池を天武紀 14 年の白錦後苑と推定し，その源流を韓国・中国に求められる本格的な大陸風苑池と位置づけている（河上 1999）。翌年には酒船石遺跡で亀形石槽が発見され，一部では苑池にかかわる遺跡との評価もある。平成 15 年（2003）には，平城宮東院庭園の報告書が刊行され，小野健吉氏は飛鳥・奈良時代の池の変遷を検討し，飛鳥の池は百済の影響，奈良時代は唐の影響として，東院庭園を日本の庭園史のなかの画期とみる（奈文研 2003）。

3　飛鳥の古代庭園　　*295*

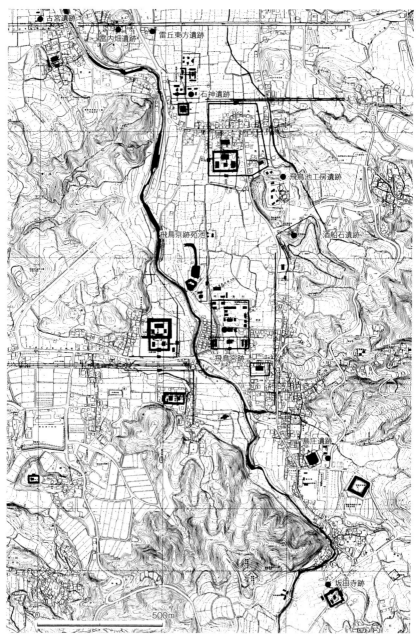

図49　飛鳥地域における苑池の分布図

(2) 文献史料にみる飛鳥の苑池

飛鳥時代の苑池史料

飛鳥時代の庭園に関する記録は少ない。しかし，『日本書紀』『万葉集』を読むとわずかながら飛鳥時代の庭園について記されている記事がある。それによると，推古天皇の「小墾田宮」や「飛鳥寺西槻樹の広場」「嶋宮」「白錦後苑」に庭園施設があったことを窺うことができる。ここではそれらの記事を紹介して，そこからわかる飛鳥時代の庭園についてみていきたい。

小墾田宮

小墾田宮は推古天皇の王宮として造られ，『日本書紀』『続日本紀』によると奈良時代まで離宮として存続していた。この推古朝の小墾田宮に苑池にかかわる記事がある。

　　「須彌山の形及び呉橋を南庭に構けと令す。時の人，其の人を號けて，路
　　子工と曰ふ。亦の名は芝耆摩呂。」（推古20年（612）是年条）〔史料1〕

この記事から推古天皇の小墾田宮の南庭に「呉橋」と呼ばれる橋と「須彌山」と呼ばれるものがあったことがわかる。「呉橋」とは太鼓橋で，階段状に登って渡る橋のことである。これとあわせて「須彌山」とは，仏教世界においては世界の中心にある聖山である。須弥山については法隆寺の玉虫厨子や東大寺の毘廬舎那仏台座蓮弁毛彫にも描かれている。これらのことから教義にのって描かれ，造られており，飛鳥時代においても須弥山の意味を理解していたと考えられる。路子工がこの造営にあたり，須弥山や呉橋を造った。おそらくその場所には池があり，ここに呉橋を架け，須弥山を立てる広場があったと推定される。つまり南庭には庭園があったと推測される。

西槻樹の広場

飛鳥寺西槻樹の広場は大化改新前の中大兄皇子と中臣鎌足との出逢いの場として有名であるが，先の須弥山に関連して饗宴の場としても活用されていた。その関連記事をあげておくと以下の3つがある。

3　飛鳥の古代庭園　　*297*

「須彌山の像を飛鳥寺の西に作る。且，孟蘭盆会設く。暮に覩貨邏人に饗たまふ。」（斉明3年（657）7月15日条）〔史料2〕

「甘樿丘の東の川上に，須彌山を造りて，陸奥と越との蝦夷に饗たまふ。」（斉明5年（659）3月17日条）〔史料3〕

「又，石上池の邊に，須彌山を作る。高さ廟塔の如し。以て肅慎四十七人に饗たまふ。」（斉明6年（660）5月是歳条）〔史料4〕

これら3つの史料はともに須弥山を中心として蝦夷・外国人をもてなし，服属儀礼を行ったことがわかる。また，史料4から須弥山の側に「石上池」と呼ばれる池があったこともわかる。しかし，この史料からは池の形や大きさについてまではわからない。

嶋　　宮

嶋宮は『日本書紀』等の史料によると，蘇我馬子の飛鳥河の傍らにあった家にはじまる。また，馬子の家に接して中大兄皇子の邸宅も構えられていた。さらに，嶋地域には吉備姫王や糠手姫皇女が住んでいたことも窺われる。しかし，蘇我本宗家滅亡後は，官の没官地となったと推定され，天武天皇も壬申の乱直前に嶋宮に立ち寄っている。また，天武天皇皇子である草壁皇子も嶋宮に住んでいたようである。奈良時代に都が飛鳥を去った後も，官の管理下にあった。このように嶋宮は長期にわたって存続していたが，その主人となるのは次々と変化をしていることがわかる。そこで嶋宮の庭園としての機能を窺わせる史料を次にあげておこう。

「以て三寶を恭み敬ひて，飛鳥河の傍に家せり。乃ち庭の中に小なる池を開れり，仍りて小なる嶋を池のなかに興く。故，時の人，嶋大臣と曰ふ。」（推古34年（626）5月20日条）〔史料5〕

「周芳國，赤亀を貢れり。乃ち嶋宮の池に放つ。」（天武10年（681）9月5日条）〔史料6〕

「島の宮勾の池の放ち鳥人目に戀ひて池に潜かず」（『万葉集』巻2-170）〔史料7〕

「島の宮上の池なる放ち鳥荒びな行きそ君まさずとも」（『万葉集』巻2-172）〔史料8〕

「み立たしの島の荒磯を今見れば生ひざりし草生ひにけるかも」(『万葉集』巻 2-181)〔史料 9〕

「東の瀧の御門に伺侍へど昨日も今日も召すことも無し」(『万葉集』巻 2-184)〔史料 10〕

「水傳ふ磯の浦廻の石上つつじ茂く開く道をまた見なむかも」(『万葉集』巻 2-185)〔史料 11〕

「つれも無き佐太の岡邊に帰り居ば島の御階に誰か住まはむ」(『万葉集』巻 2-187)〔史料 12〕

　史料 5 によると，蘇我馬子の邸宅に池があり，池内には小島があることがわかる。その後史料 6 においても天武朝の嶋宮に池があったことがわかるが，史料 5 の池と史料 6 の池が同一の池を指しているのかは明らかではない。なぜなら史料 8 において「上の池」とあるので，当然「下の池」が想定され，史料 7 の「勾の池」との関係も明らかではないからである。いずれにせよ嶋宮には複数（2 つ以上）の池が想定される。池の形態については史料 8〜12 によると「荒磯」とあり，「磯」とは海や湖の波打ち際で岩の多い所を示す語であることから，海岸を表現した汀線であったとみられる。また，護岸は「勾池」の表現から曲線を呈して，池中には「小なる池」という中島がある。さらに「御階」とあることから，橋が架かっていた可能性もある。また，史料 10 の「瀧の御門」からは庭園に滝があることも考えられるが，これが人工的な滝か，自然の滝かは不明である。これらの池には亀や鳥が住んでいたことが窺われる。

白 錦 後 苑

　飛鳥浄御原宮に庭園が付属していたことは次の史料から窺われる。

　「白錦後苑に幸す」(天武 14 年（685）11 月 6 日条)〔史料 13〕

　「天皇，公私の馬を御苑に観す」(持統 5 年（691）3 月 5 日条)〔史料 14〕

　これらの記事から「白錦後苑」と呼ばれる庭園が飛鳥浄御原宮ちかくに推定される。その場所は「後苑」と記されることから，宮殿の背後，北側に推定される。多くの人々が宴を行える空間・景観が予測される。当然，そこには池も想定されるが，その形態についてはこの史料だけでは判明しない。のちに発掘された飛鳥京跡苑池が有力な候補地となる。

3　飛鳥の古代庭園　　*299*

(3)　飛鳥地域の苑池遺構

苑池と推定される遺跡

　飛鳥地域で発掘された苑池の遺構，あるいは苑池とも推定されている遺構は10カ所にある。しかし，庭園を考古学で識別するのは難しい。一般に発掘調査で発見された庭園遺構を「発掘庭園」と呼ぶことがある（奈文研1998a）。しかし発掘庭園では削平された築山や植栽については現状を止めていないことが多い。よって発掘で検出される庭園の遺構は「池」を中心としたものが多く，むしろ池の存在，あるいは石造物の存在によって庭園遺構と認識していることが多い。ここでは「池」の検出されている遺跡・遺構を中心に紹介していきたい。しかし「池」が存在するといっても，すべてを庭園として良いかはさらに検討を要する。そのいくつかについては，のちに検討をしてみたい。なお，ここでは飛鳥地域以外の遺跡についても一部記している。

古 宮 遺 跡

　飛鳥川左岸の平坦面にある古宮遺跡は，これまで推古天皇の小墾田宮と推定されていた遺跡であるが，後述する雷丘東方遺跡で「小治田宮」墨書土器が出土したことによって再考を迫られている。ここでは7世紀初頭から中頃にかけての玉石池が，遺跡の中央で見つかっている。この玉石池は東西2.8 m，南北3.4 m，深さ50 cmの浅い擂鉢状をした小さな円形の池で，南壁は垂直に，東壁には緩やかな傾斜で石が積まれている。この池の南西部に蛇行する石組溝が接続しており，さらに南東から北西へ流れる石組大溝に水を流す。石組大溝が埋まった後には，石組蛇行溝をさらに南西に延長する。池の北には6間×3間の掘立柱建物が池の正面に建てられている（奈文研1976）。

雷丘東方遺跡

　雷丘の東に広がる雷丘東方遺跡では奈良時代後半から平安時代にかけての井戸から，「小治田宮」と記した墨書土器が出土し，にわかに小墾田宮の有力な候補地となった。ここに7世紀前半の池の護岸と推定される遺構がある。検出

したのは池の北岸のみで，25度の傾斜で川原石を貼りつけた護岸で，深さは
1.5mまでは確認できる。池の形状・規模については不明であるが，方形池の
可能性がある（明日香村1986）。

雷内畑遺跡

雷丘の間に位置する雷内畑遺跡では大きく4時期の遺構が検出されたが，苑
池にかかわる遺構はⅠ・Ⅱ期にある。Ⅰ期は石列と池がある（雷内畑遺跡A）。
石列は北に対して45度ほど振れており，その南に池がある。池は約30度の傾
斜で川原石を敷いている。部分的な確認のため，形状・規模については明らか
ではない。Ⅱ期になるとⅠ期の遺構を埋め，東西の石組溝とその南にある石敷
広場がある（雷内畑遺跡B）。石敷広場の西端は約50cmの護岸となっており，
その下には小石が敷かれている。地形等から池ではなく，地形に合わせた護岸
状の石垣と考えられる。ともに，7世紀中頃の短期間だけ使用されていたもの
である（明日香村1996）。

石 神 遺 跡

石神遺跡は飛鳥寺の北西に位置する遺跡である。『日本書紀』によると服属
儀礼および迎賓館として機能していたと考えられている。遺跡は大垣によって
南の水落遺跡（漏刻台）と区別されており，さらに東西2つの区画からなる建
物群がある。ともに廊状建物によって囲まれており，極めて特殊な建物配置を
とる。石組方形池は2カ所で検出されており，斉明朝の方形池は東区画の建物
群のなかにある（石神遺跡A）。一辺6m，深さ80cmで，側壁に川原石を2〜
3段積み重ねる。池底にも小石を敷き詰める。取水・排水のための施設は確認
できない。埋土の様子からは日常的に管理されていた施設か，一時的に使用さ
れていた施設と考えられる。もうひとつの石組方形池は大垣の南で検出した天
武朝のものである（石神遺跡B）。東西3m，南北3.2mで，側壁に石を立てて，
池底には小石を敷き詰める。この池にも取水・排水施設はみられない。なお，
明治35・36年には須弥山石や石人像がこの地より出土している。ともに，下
から圧力を加えて水を注入すると，水が噴き出す構造の石造物で，水落遺跡か
ら延びる木樋・銅管が遺跡内を縦横に通過していることから，この遺跡で使用

3　飛鳥の古代庭園　*301*

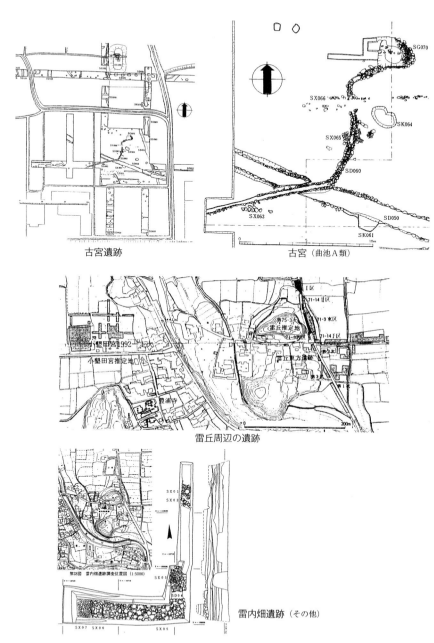

図50 飛鳥地域の苑池①(奈文研1976・1995・明日香村1996を転載)

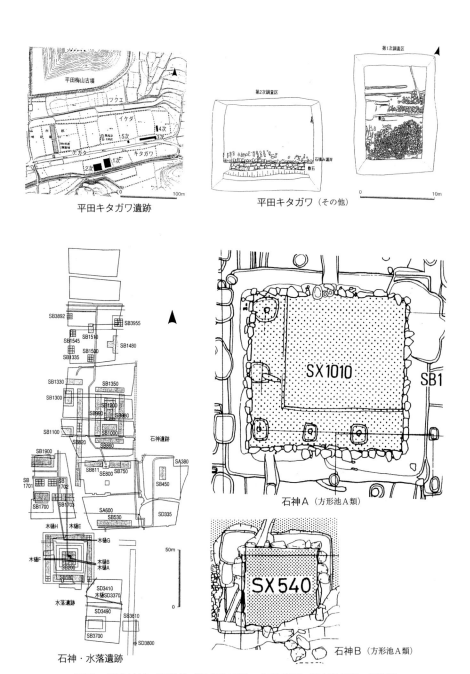

図 51　飛鳥地域の苑池②（橿考研 1990b・安田 2006・奈文研 1998a を転載）

3　飛鳥の古代庭園

されていた噴水施設と推定されている（奈文研1984・1987）。

飛鳥京跡苑池

飛鳥宮跡（飛鳥浄御原宮）内郭の北西の飛鳥川沿いに位置する遺跡である。大正5年（1916）に出水酒船石と呼ばれる2個の石造物が掘り出されている。調査では渡堤を隔てて，南池・北池・水路から構成されることが判明した。

南池は東西65m，南北55mの平面形が隅丸の五角形をしており，護岸および池底は石積み・石敷である。護岸の西岸は川原石を1〜4段積み（80cm）あげているが，東岸は地形の関係で，高さ3m以上にも及ぶ。池中には中島・島状の石積みがある。中島は垂直に石を3段（1.1m）積み上げた半島状の張り出しがいくつもある不整形な形となっている。一方，この南に11m×6mの範囲で高さ60cmまで石を積み上げた島状の石積みがある。中島は2時期あり，現中島の下に古い中島があるが，詳細は不明。また，中島を囲むように床状の施設が一時的に張られていたことが判明している。石造物は池の南端にあり，ひとつは池底に樹立した状態で，もうひとつは池の岸近くに据えられた水槽状の石造物である。大正5年の石造物と合わせて，池の南岸から水を石造物に順に流し，池のなかに勢いよく水を落とす導水施設である。出土土器からみて斉明朝には完成しており，天武朝に部分的な改修が成されていると考えられる。

北池は東西33〜36m，南北46〜54mの長方形をしており，水深は約3mと深い。いずれも護岸等に石積みがあり，一部は階段状になっていることから，池中へ入ることができる構造となる。池の水は北池の底からの湧水によってまかなわれている。

この池を眺望する施設としては，南東の高台に掘立柱建物があり，苑池全体を囲む掘立柱塀と東門も確認されている（橿考研2012）。

飛鳥池工房遺跡

飛鳥池工房遺跡は飛鳥寺の南東の谷間に位置する工房跡である。ここは金・銀・銅・鉄・漆・ガラス・玉・瓦，そして富本銭などをつくる，飛鳥時代最大の工房跡である。遺跡は三条の掘立柱塀によって北区と南区に区分され，南区

は現業作業を行う地区，北区はその管理区域で，7世紀後半の石組方形池は北区で検出した。東西7.9m，南北8.6m，深さ1.6mで，側壁には川原石を垂直にちかく8段まで積み上げている。池底には拳大の石を敷いている。方形池には南西隅に素掘の取水溝が取りつき，北東隅に石積みの排水溝が取りつく，埋土からは土器・瓦のほかに，漆付着土器や鉄鏃の様やヤスリが出土している（奈文研1998b）。

酒船石遺跡

酒船石遺跡は，飛鳥東方の酒船石のある丘陵に位置する。その中腹で天理砂岩を使用した石垣が発見されたことから，「宮の東の山の石垣」（斉明2年条）や「両槻宮」の可能性が指摘されてきた。その北裾の谷部では亀形石槽などの導水施設や石敷・石垣が検出されている。導水施設は湧水施設から流れた水を船形石槽・亀形石槽と順に流し，亀の背中に水を溜める構造をとる。導水施設の周りには約12m四方の石敷があり，尾根の斜面裾には石垣が設けられている。これらは7世紀中頃の斉明朝に造営され，天武・持統朝まで主として使用されていたことがわかる。この空間の性格については，祭祀・禊ぎ・庭園と議論が分かれている（明日香村2006）。

島 庄 遺 跡

島庄遺跡は飛鳥川右岸の石舞台古墳周辺に位置する遺跡で，蘇我馬子の邸宅や嶋宮の有力な推定地とされている。昭和47年（1972）以来の調査では苑池にかかわる遺構が2カ所で検出された。字池田で検出したのは，一辺42mの隅丸のほぼ正方形をした石積方形池である（島庄遺跡A）。護岸はほぼ垂直に2mの高さまで積み上げ，池底にも20～30cmの石が貼られている。この池には幅10mの堤があり，堤の外側にも石が積まれており，本来堤も石で覆われていたものと考えられる。護岸の北辺中央部の堤の下には排水用の木樋も設置されている。池内から出土した土器によって，池は6世紀末～7世紀初頭に築造され，最終的には鎌倉時代まで残っていたものと考えられる（橿考研1974）。

もうひとつは方形池の北東で検出した自然の河川を模した水路と小池である（島庄遺跡B）。水路は幅5m，深さ1.2mで両岸に石積みを行う。この水路に

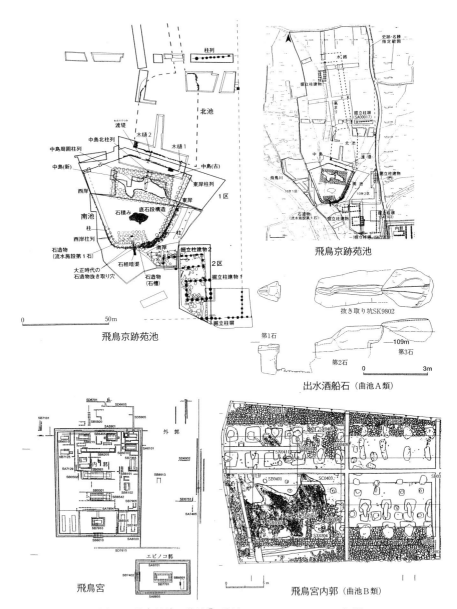

図52 飛鳥地域の苑池③（橿考研2008・2012・2015を転載）

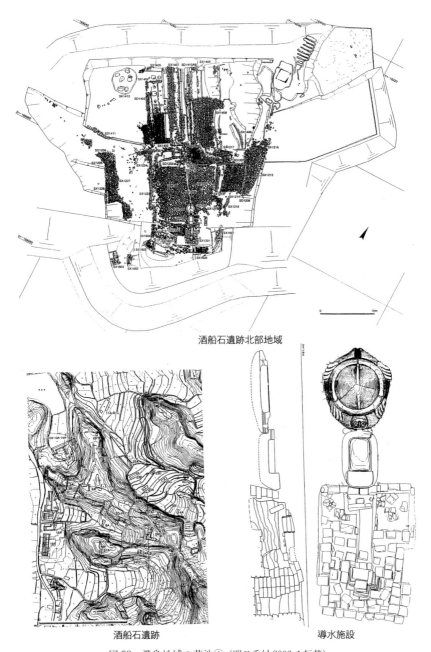

酒船石遺跡北部地域

酒船石遺跡　　　　　　導水施設

図53　飛鳥地域の苑池④（明日香村2006を転載）

3　飛鳥の古代庭園

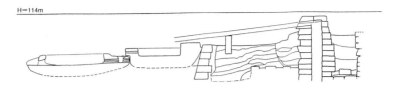

酒船石遺跡導水施設

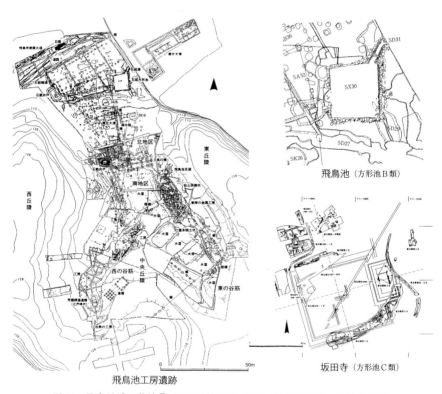

図54 飛鳥地域の苑池⑤(明日香村2000・2006・奈文研1998b・1999を転載)

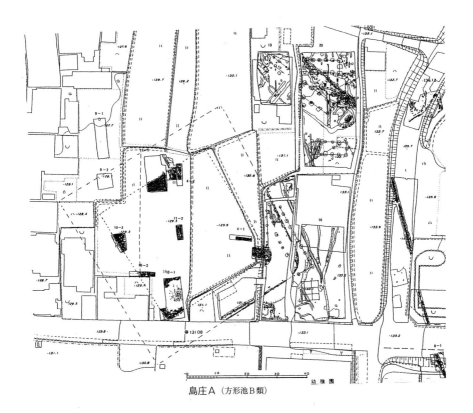

島庄A（方形池B類）

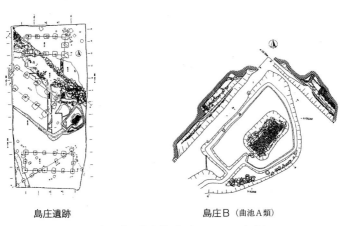

島庄遺跡　　　　　　　　島庄B（曲池A類）

図55　飛鳥地域の苑池⑥（橿考研1990cを転載）

3　飛鳥の古代庭園　　*309*

面して掘立柱建物が建っており，その東には小池もある。小池は 2.3 m×
70 cm，深さ 30 cm の石組みで底に砂利を敷く。給水施設がみられないことか
ら，懸樋で水を給水していたものと推定されている。小池から溢れた水は建物
の南を迂回するように西へ流れる。7 世紀中頃の遺構で後半には埋められてい
る（橿考研 1990c）。

坂 田 寺 跡

坂田寺は鞍作氏の寺である。これまでの調査では奈良時代の伽藍については
判明してきたものの，飛鳥時代の伽藍については確認されていない。しかし，
出土瓦からその存在は確実視され，同時代の池も検出されている。池は南辺と
東辺の一部しか検出していないが，東西 6 m 以上，南北 10 m，深さ 1 m 以上
の方形の池である。東側の岸には護岸のために石を斜めに積んでいる。池の埋
土からは 7 世紀中頃の土器や瓦が出土している（奈文研 1973）。

平田キタガワ遺跡

平田キタガワ遺跡は欽明天皇陵の南にある平田川の北辺にあたる。この遺跡
では池の護岸と推定されている石積み・池底の石敷き・池の北側に広がる石敷
きがある。池の護岸はほぼ東西に高さ 1.6 m の石積みが垂直にちかい角度で積
まれている。池の周辺にも石敷きが広がるが，その範囲は明らかではない。地
中レーダーによると東西 250 m 以上にも及ぶ。斉明朝のものと推定されてお
り，北に位置する字池田からは元禄 15 年（1702）に猿石が掘り出されたと伝
えられている（橿考研 1990b）。

飛鳥宮跡内郭

飛鳥宮跡Ⅲ期の内郭の南正殿の西脇殿は，Ⅲ—B 期になると解体され，東西
13 m，南北 8 m，水深 30 cm の不整形な小池に改変される。南正殿は本来内
郭のなかでも公的性格の強い建物であるが，エビノコ大殿の新築により，その
性格がより私的なものに変化したものと考えられる。まさに南正殿上から眺望
できる池である（橿考研 2008）。

310　　Ⅲ　飛鳥地域における都市構造の研究

上之宮遺跡

　上之宮遺跡は桜井市上之宮にある居館である。この遺跡では大きく5時期の遺構が検出されており，このうち3・4期が苑池を伴う居館の時期である。主殿は東向きの四面廂建物で，北側に脇殿を伴う。苑池遺構は一見，横穴式石室を思わせる構造で，2.6×1.5 m，深さ1.5 mの石組みで，底にも石を敷く。給水施設はみられないが，北東には幅50 cmの排水溝がつながっている。おそらく懸樋等で水を引き込んでいたと推定される。この石組みに雨水等が流れ込まないように半円形の溝が巡る。排水溝は途中枝分かれし，一方はさらに脇殿の北にある石敷遺構につながっている。石組遺構の埋土からは木簡・鼈甲・ガラス玉の鋳型のほかナツメ・ベニバナ・ブドウの種子・花粉も見つかっている。これらの遺構は7世紀初頭～前半のものである（桜井市1989）。

宮 滝 遺 跡

　宮滝遺跡は吉野町宮滝にある飛鳥～奈良時代の吉野離宮と推定される遺跡である。遺跡は吉野川の北側の平坦地にあたり，山がすぐ近くまで迫っている。池は曲線を用いた不正形な平面形をしており，全体像を窺い得ないが，現状の最大幅をとると，東西50 m，南北20 mを測る（宮滝遺跡A）。深さは約60 cmである。池の中央には東西13 m以上，南北8 m以上の不正形な中島状の遺構があるが，岸よりも低いことから，池が満水になれば中島は冠水する。池への給水施設は明確ではないが，池の北側にあった土坑と溝がその可能性がある（宮滝遺跡B）。土坑は湧水地点の近くに位置することから，土坑に溜めた水を溝で流し池に給水していたことが考えられる。池は東西で埋没状況が異なっており，西側は飛鳥Ⅱ～Ⅳの土器（7世紀中頃～後半）が多く，東側は飛鳥Ⅴ～平城Ⅱの土器（7世紀末～8世紀前半）が多い。池の南側には建物あるいは塀と考えられる掘立柱遺構があり，池に関連する可能性が高い。いずれにしても飛鳥時代の宮滝遺跡は苑池を中心とした遺跡であったと考えられる（橿考研1996）。

郡 山 遺 跡

　郡山遺跡は宮城県仙台市にある官衙遺跡である。苑池遺構はⅡ期官衙の政庁

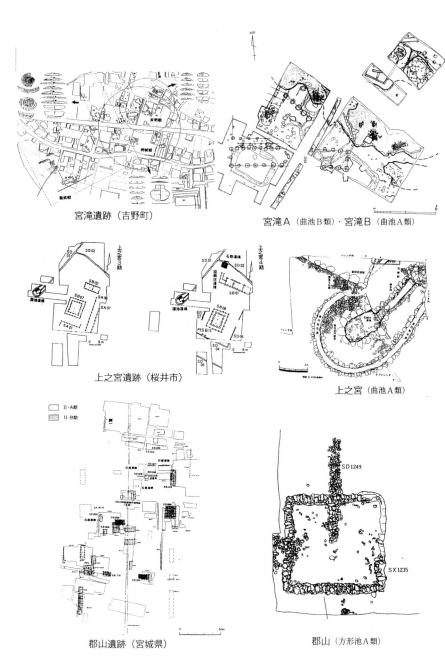

図 56　飛鳥地域の苑池⑦（橿考研 1996・桜井市 1989・仙台市 1996 を転載）

の北東20mに位置する方形池である。方形池は東西3.7m，南北3.5mで，深さは現状60cmだが，本来80cmほどに復元できる。護岸には拳大から人頭大の川原石が積まれており，底にも本来は石を敷いていたと推定される。池の北側からは給水用の石組溝が，また西へはオーバーフローした水を排水する石組溝が取りつく。池と政庁との間には石敷遺構が広がっており，東方20mには南北棟建物が建っているだけでほかにはこの時期の遺構はない。いずれにしても正殿の奥に位置し，石神遺跡同様の方形池であることから，饗応儀礼を行った空間と推定されている。池底から8世紀初頭の須恵器が出土している（仙台市1996）。

(4) 遺跡の検討

庭園か別の施設か

これまで発掘調査でみつかった遺跡の概要を記してきたが，これらの遺跡については，すべてが苑池遺構と認められているわけではない。筆者もこれらのうちいくつかのものについては苑池以外の可能性を推定している。次に行う分類にもかかわるので，ここではそのいくつかについて検討をしておきたい。

亀形石槽の導水施設は苑池か祭祀場か

酒船石遺跡では亀形石槽を中心とした導水施設が見つかっている。丘陵上の酒船石の性格については，いまだ周辺の調査が行われておらず，現状では言及できないが，これまでも庭園の一部であったと推定されていたこともある。しかし，その北裾の亀形石槽の空間については，石敷の範囲や地形・石垣の状況からみて，ひとつの空間をほぼ完掘したと考えられる。このなかで中心となるのは亀形石槽を含む導水施設である。この導水施設は湧水施設から木樋で船形石槽へと水を流し，さらに側面に開いた穴から亀の鼻へ水を流す。そして亀の背の水槽に水が溜まる構造をしている。水を流す石造物としては飛鳥京跡苑池の石造物群があるが，今回の石造物はこれとは対称的に，船形石槽からは少量の水しか亀の鼻には流れ込まない。つまり水の流れを見て楽しむ空間ではない。この導水施設で最も重要なのは，亀の背中に溜まった水であろう。また，遺構

3　飛鳥の古代庭園　　*313*

の立地についてみると，東西が高い尾根に囲まれ，さらにその斜面は石垣で覆われていた。石敷上に立って見えるのは真上の空だけで，ほかには何も見えない。この空間は極めて閉鎖された空間で，石敷の範囲が12m四方しかないことからも，この場所が大人数を集めて宴をするような場所ではないことを示している。飛鳥京跡苑池が飛鳥川に沿った広々とした場所に広大な池をつくっていることとは対称的である。この場所は極めて限られた人々だけが入ることのできた祭祀場のようなものだったと推定される。これは皮付の黒木を使用した柱根や建築部材が出土していることからも窺うことができる。

　しかし，この空間も酒船石遺跡の一画に位置することから遺跡全体のなかでの位置づけが必要となる。そこで重要なのは階段状石垣である。この石垣の性格については判然としないが，以下の理由によって階段として機能していたと考えている。まず，西の石垣と構造がまったく異なっており，8段のステップをもっている。段のある幅は約6mでその南にはステップは存在しない。さらにステップを登ると石敷のテラスがあり，北へと方向を変え6段ほどのステップがさらにつづく。この北へのステップは地形に反した方向であり，単なる法面処理の石垣とは考えられない。このように考えるならば，今回の空間は祭祀の第一ステージであり，その後，階段を通って尾根上まで登り，酒船石の場で何らかの儀式が行われていたと推定される。つまりこの空間は斉明朝～持統朝にかけて天皇祭祀を行っていた場所と考えている（相原2003・明日香村2006）。

飛鳥池工房遺跡の方形池は苑池か

　飛鳥池工房遺跡では約8m四方の石組方形池がある。しかし，この池の存在する位置は飛鳥時代最大の工房遺跡のうち管理地域とされる場所である。従来，方形池は石神遺跡や島庄遺跡でも確認されており，いずれも苑池にかかわる宴遊用の池跡と理解されていた。しかし，工房遺跡でみつかった方形池はこのような考え方に根本的な認識変換を示している。このような工房遺跡で，はたして宴遊用の苑池が存在するであろうか。この方形池には上流の工房内で使用された工房排水が流れ込む。もちろん工房区画内でも数段階にのぼる汚水の浄化が図られているが，その排水が流れ込む方形池を宴遊用の池としては使用しないであろう。むしろこの方形池で最終の浄化を行い，東の運河へと排水し

ていたと推定できる。さらに方形池の埋土からは土器・瓦のほかに，漆付着土器や鉄鏃の様_{ためし}やヤスリなどの生産関連遺物が出土している。このことからもこの池が工房に関連する施設であったことは間違いない。つまりこの方形池は工房で排水された汚水を濾過し貯水する池であったと考えられるのである。

(5) 苑池の構造分類と性格

2系統の苑池

これまでの飛鳥地域の苑池の研究で，おおきく苑池遺構は2つの系譜で考えられてきた。方形池と曲池である。方形池は平面形が四角形にしたもので，嶋宮や石神遺跡の方形池を代表とする。石神遺跡では須弥山石が出土しているが，「須彌山」とは仏教世界での中心に位置する山であることから，思想的背景には仏教思想の影響があるとされている。一方，曲池は曲線によって構成され，池内に中島等をつくるものである。飛鳥京跡苑池をその代表とみることができ，のちの平城宮東院庭園や寝殿造庭園に引き継がれていくものである。その思想的背景には神仙思想の影響があるといわれている。『三国史記』武王35年（634）のなかに宮の南に池を掘り，池内に中島を造って，それを方丈の仙人の住む山になぞらえたとする記事がある。この仙人世界の思想が神仙思想である。

しかし，苑池を単純にこの2系統にだけ分けることができるのであろうか。近年の調査では曲池に属する飛鳥京跡苑池や方形池に属する飛鳥池工房遺跡が見つかっている。しかし，これらについてさらに詳細に見てみると，先に検討したように遊宴用の苑池以外の性格が推定されるものもあり，構造も微妙に異なる。そこで次に苑池の細分類案を示しておきたい。

苑池の分類

飛鳥地域の苑池の特徴として，人頭大の川原石を多用して護岸や池底の石敷きを施すことがある。この点は平城京の苑池が洲浜を形成するのと対比して大きな違いである。苑池の構造的な分類をここで改めて行うが，その基準としては大きく方形池と曲池に分け，さらにこれらを細分する方法をとる。

方形池については石神遺跡A・石神遺跡B・島庄遺跡A・飛鳥池工房遺

3 飛鳥の古代庭園　　*315*

跡・坂田寺跡・郡山遺跡・雷丘東方遺跡・飛鳥京跡苑池（北池）がある。これらは池の規模と護岸の角度と水深によって，さらに細く分類することができる。

　一方，これに対して曲池については，古宮遺跡・島庄遺跡Ｂ・出水酒船石・宮滝遺跡・上之宮遺跡・飛鳥京跡苑池（南池）・飛鳥宮跡内郭がある。しかしこれらも前者同様に，一様ではなく，さらに細分が可能である。

　　方形池Ａ類……護岸が垂直壁で水深は１ｍ未満と浅い。規模も６ｍ未満と
　　　　　　　　　小さいもの（石神遺跡Ａ・石神遺跡Ｂ・郡山遺跡）

　　方形池Ｂ類……護岸は垂直壁だが，規模が８ｍ以上の大型で，水深も１ｍ
　　　　　　　　　以上と深いもの（島庄遺跡Ａ・飛鳥京跡苑池（北池）・飛鳥池工
　　　　　　　　　房）

　　方形池Ｃ類……護岸が垂直壁ではなく，傾斜壁のもので水深も深い（雷丘東
　　　　　　　　　方遺跡・坂田寺跡）

　　曲　池　Ａ　類……懸樋で水を上から落とす施設（上之宮遺跡・古宮遺跡・島庄遺
　　　　　　　　　跡Ｂ・宮滝遺跡Ｂ・出水酒船石）

　　曲　池　Ｂ　類……曲線を多用した護岸をもち，水深が浅く，中島をもつもの
　　　　　　　　　（宮滝遺跡Ａ・飛鳥京跡苑池（南池）・飛鳥宮跡内郭の池）

　　そ　　の　　他……石敷のみで池の確認されていないもの，または不明なもの
　　　　　　　　　（平田キタガワ遺跡・雷内畑遺跡Ｂ）

苑池の分類とその性格

　このようにして分類された構造の違いは池の使用形態，すなわち苑池の性格の違いを示しているものと考えている。

　方形池Ａ類はすでに石神遺跡の性格が示しているように服属儀礼・饗宴に伴う苑池と考えられる。石神遺跡の方形池では給・排水の施設がみられず，池内の堆積土からも常時水が溜まっていたものではないことが指摘されている。また，建物との重複関係から短期間しか使用されていないことがわかる。『日本書紀』には数回の蝦夷あるいは外国からの使節の来訪がみられ，このことと堆積状況や短期間使用の発掘所見が一致することになる。また，方形池は建物に囲まれた中庭にあり，方形池を含めた景色・景観を見て楽しむ施設とは考えられない（本中 1994）。同様のことは郡山遺跡の方形池も正殿の背後にあり，

石神遺跡と同様の施設と考えられる。池の前では服属儀礼やそれに伴う饗宴が中心となり，方形池A類はそれに使用されていたのであろう。

方形池B類は先に検討したように，飛鳥池工房遺跡の方形池は工房のなかの貯水池であったと推定した。これに対して，島庄遺跡の方形池は一辺42mもあり，その周りには10m幅の堤もある。さらに一部は目隠塀のような掘立柱塀によって囲む。この規模や形態から，河上邦彦氏も指摘するように，必ずしも遊宴用の苑池とする必要はなく，飛鳥池工房遺跡の方形池同様に貯水用の池と考えることもできよう（河上1999）。このように考えると，水深の深い長方形の飛鳥京跡苑池の北池も，貯水用の機能が中心であると考えられる。苑池の水は，ここからの地下水として供給されていた。

方形池C類はA・B類と違って，護岸が斜めに傾斜している。雷丘東方遺跡は近年の研究では小墾田宮の可能性が指摘されており，この宮殿に伴う池の可能性もある。とすれば『日本書紀』推古20年（612）是歳条にあった小墾田宮の南庭との関係が注目され，そこには「須弥山」が置かれていたことになる。「須弥山」は仏教世界においては世界の中心にある聖山であり，その方形池も仏教思想が強く反映されていることになる。また，坂田寺の方形池もこの時期の伽藍は明らかではないが，寺院に伴う池であることは確実で，ともに蓮池と理解できよう。つまり，方形池C類は宮殿・寺院に伴う仏教思想に基づく蓮池と考えることができる。

次に曲池A類については，曲池として良いのかという問題もあるが，本来は単独で苑池として構成していたこともあり，ここでは曲池の一形態としておきたい。のちに検討する変遷からして，一概に同じ性格であったとはいえず，時代とともに変化していったと推定する。しかし，当初は上之宮遺跡に代表されるように，人目の見えない場所で懸樋から水を引っ張って落とすという構造から，禊ぎなどの祭祀色の強いものが徐々に，水を落とす構造を見せるものに変化し，最終的に曲池B類の導水施設を兼ねたものへと変化していったと考えられる。

曲池B類はその形態や大きさ，「白錦後苑に幸す」（天武14年11月6日条）の記事からみて，明らかに遊宴用の池である。池の近くで，景色を愛で，岡寺山を借景に歌を詠み，酒を飲んでいたのであろう。ただし，苑池南池は，形態

3 飛鳥の古代庭園　*317*

表16　苑池の分類と系譜

西暦	方　形　池			曲　　池	
	A類	B類	C類	A類	B類
600		島庄A			
				上之宮	（島庄）
625				古　宮	
			雷丘東方	島庄B	
650	石神A	苑池北池	坂田寺	出水酒船石　＝　苑池南池 宮滝B　＝　宮滝A	
675	石神B	飛鳥池工房			飛鳥宮内郭
700	郡　山				

は直線の石積みを多用した五角形をしていることから，方形池の一形態とみることもできる。しかし，不整形な中島も改修し，松を植えたり，床状施設をつくることから，方形池の技法の影響を受けた曲池Bとした。また，飛鳥宮跡内郭の池も不整形で浅く，小石を敷くことから，奈良時代へと繋がる要素をもつ。また，その立地が正殿の脇であることから，中庭に設けられた観賞用の小池と推定される。

曲池A類の構造変遷

　ここで曲池A類の系譜についてみておきたい。まず，曲池A類を時期的に並べると，上之宮遺跡→古宮遺跡→島庄遺跡B→出水酒船石・宮滝遺跡Bとなる。これらについては同じ分類に属するものの，個々に違いもみられる。まず，構造的には最も古く位置づけられている上之宮遺跡では横穴式石室の構築技術を応用した石組＋石組溝であるが，次の古宮遺跡では玉石の池＋石組溝となる。さらに島庄遺跡では石囲いの施設＋素掘溝となり，飛鳥京跡苑池では石造物となり，宮滝遺跡では素掘となる。このように基本構造は同じだが，時代

318　　Ⅲ　飛鳥地域における都市構造の研究

とともにその構造に変遷がみられる。

さらにここで注目されるのは，酒船石遺跡の亀形導水施設にも同じ構造がみられることである。ここでは砂岩を積み上げた湧水施設から木樋で船形石槽へと水を落とす構造が推定されている。この構造はまさしく，曲池Ａ類の構造にほかならない。つまりここでも同じ技術が使われており，飛鳥京跡苑池と同様に石造物を利用している。ただし，先にも検討したように，亀形導水施設で最も重要なのは亀の背（水槽）に溜まった水であり，その水を使用した祭祀・儀式を行った場と考えているので苑池ではないが，技術的共通点がここにはみられる。

曲池Ａ類の空間変遷

曲池Ａ類は構造的な変化だけでなく，これらの遺構をとりまく空間構成にも変遷がみられる。上之宮遺跡では正殿を囲む塀のさらに背後に位置する。つまり正殿区画からこの石組遺構を直接見ることはできず，この遺構に臨む建物もみられない。また，石組のある空間にも広場はみられない。上之宮遺跡の段階では見るための施設ではなかったと考えられよう。しかし，次の古宮遺跡では池は広場の中心に位置し，その池を臨む建物も見つかっている。つまり，池は建物から見る施設に変化していることがわかる。さらに島庄遺跡では建物の脇に設置されており，見える場所には位置するが，これが主要施設ではなくなってきている。石組から延びた溝の延長部が確認されていないが，池が存在する可能性もある。つまり，付属としての導水施設に変化している可能性が考えられる。そして，飛鳥京跡苑池・宮滝遺跡の段階では広大な池への導水施設としての施設になっている。

幻の嶋宮曲池Ｂ類

先にみたよう曲池Ａ類は飛鳥京跡苑池・宮滝遺跡の段階に至って，Ｂ類の池の導水施設となっていた。曲池Ｂ類は発掘庭園として確認されているのはこの２つと飛鳥宮跡内郭だけであるので，Ｂ類のなかでの変遷があるのかはよくわからない。曲池Ａ類の遺構がＢ類の導水施設に変化する時期は７世紀後半と推定されているが，島庄遺跡Ｂの石組の存在が，その延長部にＢ類苑池

が存在する可能性もある。『万葉集』によると草壁皇子時の「荒磯」があり、「放鳥」の住む池もあり、この池が曲池Ｂ類にあたると考えられる。さらに、『日本書紀』には蘇我馬子の家に小さな島のある池があったと記されており、これも曲池Ｂ類の可能性もあろう。この２つの池が同じ池を指しているのかはわからないが、嶋宮にも曲池Ｂ類苑池があったのは確実である。島庄遺跡における曲池Ｂ類苑池の発見が飛鳥の曲池の解明へつながる。

(6) 総 括——苑池と古代都市

古代都市「飛鳥」の景観

飛鳥中心部の盆地には、北から小墾田宮・飛鳥寺・飛鳥宮・嶋宮と南北に並んでいる。飛鳥川を隔てた西側には川原寺・橘寺が伽藍を争うように並んでいる。また、これらに面した小規模な平坦面には官衙が配置されていた。発掘調査ではこれらの細部、あるいは境界については不明な点もあるものの、おおよその配置関係については明らかとなってきた。このようにみると飛鳥の中心部分には宮殿・官衙・寺院がかなりの密集度で立ち並んでいた。というよりもこれらの施設しかなかったといったほうがよい。その地表部分は宮殿や寺院内では飛鳥特有の石敷やバラス敷、道路面についても、一部では石敷やバラスがみられる。つまり、建物の密度や路面舗装など、まさに都と呼ぶのにふさわしく、都市化した景観であった。さらに東の山には酒船石遺跡や飛鳥池工房遺跡がある。特に、酒船石遺跡では丘陵に幾重もの石垣・石段がめぐり、石造導水施設周辺には石敷や石段が施されている。『日本書紀』にある「石の山丘」そのものであった。

飛鳥中心部分は、当時としては極めて建築密度が高く、そこからみえる景色も現在とは比べものにならないほど緑の少ない、自然の少ない景観であったと考えられる。これに加えて、地表面の多くも土ではなく、石敷やバラスによって舗装されていたのである。飛鳥の中心部では飛鳥川の流れ以外に「自然」と呼ばれるものはなかったのかもしれない。

飛鳥の都市空間と苑池

　この古代都市「飛鳥」のなかで苑池はどのような位置を占めていたのであろうか。まず，飛鳥中心部に位置する飛鳥京跡苑池は飛鳥宮に隣接する場所にあり，宮殿に付随する内苑としての苑池とみてよい。また，雷丘東方遺跡と雷内畑遺跡の苑池は宮殿・離宮に属する苑池であろう。これに対して嶋宮にある苑池は，いまだ曲池は見つかってはいないが，広大な領域をもつ禁苑に伴う苑池である（秋山1984）。石神遺跡は服属儀礼・迎賓施設に伴う苑池と考えられ，同様の性格が推定されているものには，池は確認されていないが平田キタガワ遺跡がある。これらはいずれも宮殿・離宮等に伴う苑池であり，飛鳥の中心部に集中することがわかる。特に，曲池B類は飛鳥宮の内苑的苑池であり，未発見の嶋宮曲池B類も直接朝廷にかかわる苑池である。これに対して，邸宅に伴う苑池は上之宮遺跡・古宮遺跡と『日本書紀』にある蘇我馬子の家の池しかない。古宮遺跡は蘇我氏の家とも推定されており，当時，天皇に匹敵する権力を握っていた人物である。つまり，一般の豪族層の宅地には推定されていない。このことから苑池をつくることのできる階層が当時のトップレベルに限られることがわかる。

　飛鳥中心部は先にみたように，宮殿・寺院が密集し，路面や敷地内には石敷やバラスを施している。さらに東の山の斜面には石垣がめぐらされているなど，現在の飛鳥とは対称的に極めて人工的な景観がそこにはあった。つまり自然の少ない都市空間であったと推定されるのである。このような場所であるからこそ，庭園が造られたのではないだろうか。特に，方形池A・C類は人工的な形態の池で景色を楽しむ苑池ではないが，曲池A類の苑池は水を制御し，曲池B類は自然を造りだした庭園である。周辺に自然が多い場所では人工的に自然を造る必要はなく，都市であるからこそ自然（庭園）を造ったのではないだろうか（上野2000）。当然，そこには自然へのあこがれだけでなく，権力の誇示や外来文化の摂取など多くの要因が想定されるが，宴遊用の苑池の造営要因のひとつには，そこが人工的な場所・都市であったこととも無関係ではあるまい。都市と苑池は密接に結びつくのである。

3　飛鳥の古代庭園　　*321*

そして，新益京・平城京へ

このように考えるならば，当然次の新益京・平城京へと苑池の系譜はつながっていく。新益京以降の都城は条坊道路によって方画の地割りが形成され，そこに宮・寺院・宅地が配される。これは飛鳥とは比べものにならないほど人工的な景観をもつ都市である。人工都市という点においては十分に苑池が存在していても不思議ではないが，いまだ藤原京の宅地内には苑池遺構は検出されていない。唯一藤原宮内の内裏東外郭で中枢部において一カ所確認されているだけである（奈文研1976）。これに対して平城京では長屋王の邸宅をはじめ京内でも数カ所で検出されている（奈文研2003）。これらの苑池は基本的には，曲池Ｂ類の系譜を引くもので，さらに洲浜の技法が導入されることになる。

註
（１）　小墾田宮の位置について筆者は，石神遺跡東隣接地の微高地に推定している（相原2013）。

参考・引用文献
相原嘉之 2003　「飛鳥大嘗宮論」『続文化財論集』文化財論集刊行会
相原嘉之 2013　「飛鳥寺北方域の開発―7世紀前半の小墾田を中心として―」『橿原考古学研究所論集　第16』八木書店
秋山日出雄 1984　「嶋宮と飛鳥の禁野・禁苑」『季刊 明日香風　第11号』飛鳥保存財団
明日香村教育委員会 1986　「雷丘東方遺跡の調査」『昭和60年度 明日香村内発掘調査実績』
明日香村教育委員会 1996　「1994-11次　雷内畑遺跡の調査」『明日香村遺跡調査概報　平成6年度』
明日香村教育委員会 2000　「1998-14次　坂田寺跡の調査」『明日香村遺跡調査概報　平成10年度』
明日香村教育委員会 2006　『酒船石遺跡発掘調査報告書―付．飛鳥東垣内遺跡・飛鳥宮ノ下遺跡―』
上野　誠 2000　『万葉びとの生活空間　歌・庭園・くらし』塙書房
牛川喜幸 1993　『古代庭園の研究―水をめぐる造形の系譜―』
亀田　博 1988　「飛鳥地域の苑池」『橿原考古学研究所論集　第9』吉川弘文館
河上邦彦 1999　「飛鳥の苑池」『発掘された飛鳥の苑池』橿原考古学研究所
桜井市教育委員会 1989　『奈良県桜井市　阿部丘陵遺跡群』

清水真一 1999 「須弥山・呉橋考」『同志社大学考古学シリーズⅦ　考古学に学ぶ』同志社大学考古学シリーズ刊行会

仙台市教育委員会 1996　『郡山遺跡ⅩⅥ―平成7年度発掘調査概報―』

高瀬要一 1998　「飛鳥時代・奈良時代の庭園遺構」『ランドスケープ研究　61』日本造園学会

奈良県立橿原考古学研究所 1974　『嶋宮傳承地―昭和46～48年度発掘調査概報―』奈良県教育委員会

奈良県立橿原考古学研究所 1990a　『発掘された古代の苑池』学生社

奈良県立橿原考古学研究所 1990b　「飛鳥京跡発掘調査概報―第111次～113次および平田キタガワ遺跡の調査―」『奈良県遺跡調査概報（第1分冊）1987年度』

奈良県立橿原考古学研究所 1990c　「飛鳥京跡―島庄遺跡第20～22次および飛鳥京跡第114次発掘調査概報―」『奈良県遺跡調査概報 1988年度』

奈良県立橿原考古学研究所 1996　『宮滝遺跡　遺構編』

奈良県立橿原考古学研究所 1999　『発掘された飛鳥の苑池―都城的視点からの苑池―』

奈良県立橿原考古学研究所 2008　『飛鳥京跡Ⅲ―内郭中枢の調査（1）―』

奈良県立橿原考古学研究所 2012　『史跡・名勝 飛鳥京跡苑池（1）―飛鳥京跡Ⅴ―』

奈良県立橿原考古学研究所 2015　『史跡・名勝 飛鳥京跡苑池　第10次調査』

奈良国立文化財研究所 1973　「坂田寺跡の調査」『飛鳥・藤原宮発掘調査概報 3』

奈良国立文化財研究所 1976　『飛鳥・藤原宮発掘調査報告Ⅰ』

奈良国立文化財研究所 1984　「石神遺跡第3次」『飛鳥・藤原宮発掘調査概報 14』

奈良国立文化財研究所 1987　「石神遺跡第6次」『飛鳥・藤原宮発掘調査概報 17』

奈良国立文化財研究所 1995　「左京十二条三坊（雷丘東方遺跡）の調査（第75-3次）」『飛鳥・藤原宮発掘調査概報 25』

奈良国立文化財研究所 1998a　『発掘庭園資料』

奈良国立文化財研究所 1998b　「飛鳥池遺跡の調査―第84次・87次」『奈良国立文化財研究所年報 1998-Ⅱ』

奈良国立文化財研究所 1999　「飛鳥池遺跡の調査―第87次・第93次」『奈良国立文化財研究所年報 1999-Ⅱ』

奈良文化財研究所 2003　『平城宮発掘調査報告ⅩⅤ―東院庭園地区の調査―』

本中　眞 1994　『日本古代の庭園と景観』吉川弘文館

安田龍太郎 2006　「石神遺跡」『続 明日香村史　上巻』明日香村

4　倭京の守り
―― 飛鳥地域における防衛システム構想 ――

は じ め に

　我が国の都城には，中国都城のような羅城は存在しない。唯一，平城京・平安京の南辺にのみ，羅城が推定されているが，都城全体を囲むような城壁はない。大陸の都城と違って，我が国は海に囲まれた島国であり，直接他国からの侵略がなされにくい地勢による。しかし，古代において，他国からの侵略の危機は確かに存在した。白村江の大敗を受け，極めて軍事的な危機感を持ったのである。これに対応するかのように，北部九州ならびに瀬戸内沿いに山城が次々と築かれていく。一方，内政の危機としては壬申の乱があげられよう。天武天皇が「政要は軍事なり」（天武13年（684）4月5日条）と記したのはまさしく，これらの経験を踏まえてのことであった。

　このような国際・国内情勢にあった7世紀に，首都を防衛するシステムは当然あったはずである。飛鳥周辺では近年興味深い発掘調査成果が得られている。高取町の森カシ谷遺跡の砦跡や飛鳥東方丘陵上の掘立柱塀である。これらは飛鳥の防衛という観点でみてみると，極めて興味深い事例である。また，これまでから指摘されていた丘陵上遺構のいくつかについては，やはり同じ観点からの指摘ができる。さらに「ヒブリ山」地名や寺院，そして河川など総合的に検討した場合，飛鳥地域の防衛システム構想の一端を担っていた可能性が高い。本章では，7世紀の飛鳥地域の防衛体制について，文献史料や遺跡からの検討を試みたい。

　飛鳥地域における防御施設について，最初に注目したのは岸俊男氏であった。岸氏は「ヒブリ山（火振山）」という地名が飛鳥を取り囲むように存在し，また交通の要所に分布することから，烽などの倭京の防御施設の可能性を指摘した（岸 1970）。また，菅谷文則氏は佐田遺跡群の調査を通じて，佐田遺跡群が

飛鳥西南の交通の要所に位置することから防御施設という評価を下し，飛鳥の外城的施設を想定している（橿考研1984）。都城研究に防衛という視点を積極的にとりいれたのは阿部義平氏である。阿部氏は大宰府に巨大な羅城を復元，これを基に，斉明紀にある両槻宮を飛鳥東方の多武峰に想定，倭京の山城とした。さらに甘樫丘の蘇我氏の邸宅や各種施設，そして稜線を伝う山界形の城郭都市と説く（阿部1991）。関川尚功氏は飛鳥・藤原京周辺の丘陵上遺構の検討から，これらが交通の要所の丘陵上に位置することと，倉庫を有し，瓦・硯が出土するなど，一般集落との差異を明確にし，砦や見張り台などの監視施設と推定した（関川1993）。また，千田剛道氏は関川氏らが指摘した丘陵上の遺跡にくわえて，蘇我氏の邸宅の構造が防御施設としての意味が高く，これが飛鳥を守る一部になるとする。また，寺院や地形ともあわせて，飛鳥の防衛は自然地形を利用し，烽などを周辺に配置し，厳重な防御施設である寺院や蘇我氏の邸宅によって守られたものとする（千田1997）。

　いずれも飛鳥を守る施設を，多くの視点で検討をしてきたものである。しかし，飛鳥には都を囲む羅城はなく防御性は乏しいと言わざるを得ない。そのなかで，近年発見された尾根上の掘立柱塀や烽と推定される遺跡は，極めて注目される成果である。

（1）　律令国家の軍事組織

　我が国における律令国家の軍事的組織には，都城の軍事組織である「衛府」と，諸国の軍事組織である「軍団」がある。ここでは両者の組織について，律令の規定をもとに整理することにする（鎌田1988・早川1988）。また，のちの遺跡の検討にもかかわる，これらの情報通信システムである「烽」についても整理をしておく。

都城の軍事組織

　「衛府」は都城において，天皇および宮城の警備，京内の警備を担当していた。大宝令・養老令によると衛門府・左右衛士府・左右兵衛府の五衛府制であり，各種の舎人があった。衛門府には門部に200人，衛士400人が配属され，

左右衛士府には衛士がそれぞれ600人，左右兵衛府には兵衛がそれぞれ400人でもって，警備を担当していた。一方，舎人は中務省に所属する内舎人90人，左右大舎人寮に所属する大舎人がそれぞれ800人，中宮職に所属する中宮舎人400人，春宮坊に所属する東宮舎人600人が，天皇・皇后・皇太子をそれぞれ警備した。また，左右馬寮・左右兵庫・内兵庫も都城の軍事組織に含まれる。

諸国の軍事組織

「軍団」は畿内を含む諸国の国司の管轄のもと設置された地方の軍事組織である。一般の農民から徴発された兵士が，50人で隊を組み，1000人で軍団を構成する。この兵士を統率・指揮する大毅・少毅も郡司と同じ在地の首長層から任命され，武器と食料は自ら調達しなければならなかった。なお，衛門府や衛士府に配属される衛士は，軍団の兵士から採られる令の規定である。

烽の通信システム

「烽」は高速情報通信システムとして，少なくとも弥生時代から存在した。しかし，古代の烽制としては，天智2年（663）の白村江の敗戦を受けて，その翌年に防人と烽を置いたことに始まる。古代烽の制度は『軍防令』に詳しく記されており，烽は基本的には40里離れた位置に設置する。そして，昼は烟火，夜は火をあげて情報伝達を行い，次の烽が対応しない場合には脚力を送って連絡する。また，賊の越境侵入を知らせるには，賊の規模等に応じて烽の連絡方法をランク分けしている。烽は烽長2人が3つ以下の烽を管轄し，国司が地元有力者から任命する。また，公の事以外では担当の烽から離れてはいけない規定になっている。

烽は互いに45m離して火炬を設置することになっていた。火炬の構造は，乾燥させた葦を芯にして，葦の上に乾草を用いて節を縛り，その節の周囲に肥えた松明を差し挟んだものであった。その火炬十具を建物の下に積んで濡れないように貯えなければならなかった。また，烟を放つときは，よもぎ・藁・生柴などを混合して薪とし，烟を放った（佐藤1997）。

日中の律令軍事組織の比較

　我が国の軍事組織は唐制を模範として組織されている。それは唐制の軍事組織である「十二衛」「六率府」と，諸国の軍事組織である「折衝府」である。しかし，そこには相違点もみることができる。まず，日本の「軍団」は唐の折衝府を模範としたものであるが，折衝府は長安・洛陽の近辺に集中して配備されているのに対して，軍団は全国均一に配備されている点である。次に，唐の折衝府は中央の十二衛の直属の管轄下にあるのに対して，日本の軍団は平時にあっては，国司の管轄下にあること。折衝府の指揮官は中央からの派遣であるのに対して，日本の軍団の指揮官は現地の首長層から任命されていることである。このうち，3点目は大化前代からの系譜を残しているものと考えられるが，1・2点目は唐と日本の軍事面において，重要な点を含んでいる。つまり唐では天子防衛・首都防衛のための軍事体制であるのに，我が国の軍事体制は首都防衛だけでなく，外からの侵略に対する国防体制であったことを明確に現している。

(2)　記録にみる飛鳥の軍事防衛時期

　前節では律令制度における軍事システムを概観してきたが，ここでは史料にみられる飛鳥時代の軍事に関係する史料から，都における国内・国際情勢（森2002）や当時の軍事システム，その国防の必要時期について検討してみたい。

推古朝における国際情勢

　この時期には新羅討伐があげられる。推古8年（600）2月条には「新羅と任那と相攻む。天皇，任那を救はむと欲す」，推古10年（602）2月1日条には「久目皇子をもて新羅を撃つ将軍とす」とある。しかし，新羅へ直接軍隊を派遣し，武力によって任那を奪還するものではなく，派遣は筑紫に留まり，新羅を威嚇して任那を復興するものであった。よって，厳密な意味でどこまで，半島にむけて武力行使を実施しようとしていたのかは疑問で，我が国においても直接的な危機感は薄かったものと思われる。

皇極朝における軍事施設

蘇我蝦夷・入鹿の邸宅は皇極3年（644）11月条に「蘇我大臣蝦夷・兒入鹿臣，家を甘檮岡に雙べ起つ。大臣の家を呼びて，上の宮門と曰ふ。入鹿の家をば，谷の宮門と曰ふ。男女を呼びて王子と曰ふ。家の外に城柵を作り，門の傍に兵庫を作る。門毎に，水盛るる舟一つ，木鉤数十を置きて，火の災に備ふ。恆に力人をして兵を持ちて家を守らしむ。大臣，長直をして，大丹穂山に，桙削寺を造らしむ。更家を畝傍山の東に起つ。池を穿りて城とせり。庫を起てて箭を儲む」とある。この記事の内容から甘檮丘の邸宅は柵に囲まれ，武器庫や用水桶を備え，厳重な警備がなされていたことがわかる。さらに畝傍山の麓の家については，池を掘り，武器庫を併設している。これらのことから蘇我氏の邸宅は柵と濠で守り，兵士によって警護されるというものであった。また，皇極4年（645）6月12日条の乙巳の変では，飛鳥板蓋宮で蘇我入鹿を倒した後にすぐ，「中大兄，即ち法興寺に入りて，城として備ふ」とあるように，飛鳥寺をまず抑えにはいっている。寺院が軍事拠点となる好例である。

孝徳朝における軍事体制

大化元年（645）8月5日条に「閑曠なる所に，兵庫を起造りて，國郡の刀・甲・弓・矢を収め聚め，邊國の近く蝦夷と境接る處には，盡に其の兵を数へ集めて，猶本主に假け授ふべし」とあり，各国に，特に蝦夷と接する国については武器の管理を徹底している。このことから蝦夷地域，つまり北方開発に向けての準備を進めており，次の斉明朝への布石となっている。翌9月1日条にも「使者を諸國に遣して，兵を治む。或本に云はく，六月より九月に至るまでに，使者を四方の國に使して，種種の兵器を集めしむといふ」とあり，同様の記事をのせる。大化2年（646）正月1日条の改新の詔には「初めて京師を修め，畿内國の司・郡司・関塞・斥候・防人・驛馬・傳馬を置き，鈴契を造り，山河を定めよ」とあり，さらに「凡そ兵は，人の身ごとに刀・甲・弓・矢・幡・鼓を蠡せ」と記す。また同月に「郡国に詔して兵庫を修営らしむ」と記している。

斉明朝における軍事的緊張状態

斉明2年（656）条「田身嶺に，冠らしむるに周れる垣を以てす。復，嶺の上の両つの槻の樹の邊に，観を起つ。號けて両槻宮とす。亦は天宮と曰ふ。時に興事を好む。廼ち水工をして渠穿らしむ。香山の西より，石上山に至る。舟二百隻を以て，石上山の石を載みて，流の順に控引き，宮の東の山に石を累ねて垣とす。時の人の誇りて曰はく，『狂心の渠。功夫を損し費すこと，三萬餘。垣造る功夫を費し損すこと，七萬餘。宮材爛れ，山椒埋れたり』といふ。又，誇りて曰はく，『石の山丘を作る。作る随に自づからに破れなむ』といふ」とあり，多武峰に垣を巡らした宮が建造されている。その性格については諸説があるが，両槻宮，あるいは宮の東山の石垣については古代山城としての軍事施設の可能性が想定されている。斉明4年（658）是歳条「國家，兵士甲卒を以て，西北の畔に陣ぬ。城柵を繕修ひ，山川を断ち塞く兆なりといふ」とあり，筑紫の水城，あるいは山城の造営を窺わせるものである。先の多武峰の宮殿とのかかわりも注目される。斉明4年4月には「阿陪臣，船師一百八十艘を率て，蝦夷を伐つ」とあり，さらに斉明6年（660）3月には「阿倍臣を遣して，船師二百艘を率て，肅愼國を伐たしむ」と記す。この時期は，蝦夷へ向けての討伐が行われ，北方へむけての開拓の時期でもあった。そして，これは先の大化元年の記事の延長上に位置づけられる。斉明4年11月5日条の有馬皇子の変では，「宮造る丁を率ゐて，有馬皇子を市經の家に圍む」とあり，兵士のかわりに人夫を掻き出していたことがわかる。これは当時，まだ兵士制度が完成していなかったことを意味する。そして，斉明7年（661）には我が国の古代史上最大の国際戦争である百済救援のための白村江へとつづく。

天智朝における国防体制

白村江での敗退を経て，我が国は国家存亡にかかわる最大の危機を迎える。当時，敗戦の余韻から我が国に攻めてくる危機感を身を持って感じていたのである。これに対応するように，天智3年（664）是歳条には「対馬嶋・壱岐嶋・筑紫國等に，防と烽とを置く。又筑紫に，大堤を築きて水を貯へしむ。名づけて水城と曰ふ」とあり，烽の設置と水城の築城を記す。天智4年（665）8

月条には「城を長門國に築かしむ。達率憶禮福留・達率四比福夫を筑紫國に遣して，大野及び椽，二城を築かしむ」。天智6年（667）11月条「倭國の高安城・讃吉國の山田郡の屋嶋城・対馬國の金田城を築く」。天智9年（670）2月条「高安城を修りて，穀と鹽とを積む。又，長門城一つ・筑紫城二つを築く」とあるように，数年の間に山城の築城記事が頻出する。半島に最も近い北部九州から瀬戸内，そして，大和までの経路の要所要所に山城が連なることになる。そしてその最終地点では，天智6年3月19日条「都を近江に遷す」と記されるように，ついに都を大和から近江の大津宮へ遷した。大津宮遷都の理由については，さまざまな要因が唱えられているが，国防上の理由が最も大きな理由であろう。

天武朝における軍事組織

まず壬申の乱の一連の記事のなかからみていくことにする。天武元年（672）6月29日条の記事によって，飛鳥寺西の槻の広場に近江軍が駐屯していたことがわかり，小墾田の兵庫には武器が多く収納されていたことがわかる。このことは飛鳥寺西の広場が饗宴の場以外にも使用されることを物語っており，飛鳥宮の前面に陣を張ることにもなる。さらに天武元年7月3日条には「古京は是れ本の営の處なり。固く守るべし」と記されており，飛鳥を死守することが明記されている。翌4日条には「八口に至りて，仰りて京を視る」とあり，香具山から飛鳥の防備を偵察したことがわかる。つまりこの段階において香具山の南が都として守られていた地域，すなわち飛鳥の中心部であったことを裏づけている。

壬申の乱に勝利した天武天皇は飛鳥に凱旋し，次々と軍事に関する詔を発せられる。天武4年（675）10月20日条には「諸王より以下，初位より以上，人毎に兵を備へよ」とあり，これによって都城の武装化がはじまる。さらに天武5年（676）9月10日条には「王卿を京及び畿内に遣して，人別の兵を校へしむ」とある。この記事から都城ならびに畿内での武力装備を行ったことがわかる。また，天武8年（679）2月4日条には「親王・諸臣及び百寮の人どもの兵及び馬を検校へむ」，天武10年（681）10月25日条に「鞍馬を検校ふ」とある。そして，天武13年（684）4月5日条には，有名な「凡そ政要は軍事なり」で

330　Ⅲ　飛鳥地域における都市構造の研究

はじまる詔が発せられ，そこでは「文武官の諸人も，務めて兵を用ゐ，馬に乗ることを習へ。則ち馬・兵，併て當身の装束の物，務めて具に儲へ足せ。其れ馬有らむ者をば騎士とせよ。馬無からむ者をば歩卒とせよ」と記され，すべての人が兵器を用い，馬に乗ることを習わしている。また，天武14年（685）9月11日条には「京及び畿内に遣して，各人夫の兵を校へしめたまふ」とあり，畿内をはじめ都城の武装強化，そして軍事組織を推し進めている。

一方，天武8年（679）11月是月条に興味深い記事がある。「初めて関を龍田山・大坂山に置く。仍りて難波に羅城を築く」と記す。龍田山・大坂山は摂津と大和の国境であることから，この記事は国境の画定と理解されており，同時に難波の羅城建設は京域の設定を意味すると理解されてきた。ここで注目するのは羅城という我が国の都城にはない施設をあえて「羅城を築く」と記していることから，この頃に羅城あるいはそれに変わる施設が難波京に作られようとしたのかもしれない⁽²⁾（舘野1994・沢村1998）。

持統朝における軍事体制

藤原京になると，持統3年（689）7月15日条に「左右京職及び諸國司に詔して，射習ふ所を築かしむ」とあり，同閏8月10日条には「諸國司に詔して曰はく，『今冬に，戸籍造るべし。九月を限りて，浮浪を糺し捉むべし。其の兵士は，一國毎に，四つに分ちて其の一つを點めて，武事を習はしめよ』とのたまふ」とある。戸籍の作成とともに徴兵を定める，この頃に軍団も設置されたようである。持統7年（693）10月2日条「『今年より，親王より始めて，下進位に至るまでに，儲くる所の兵を観さむ。浄冠より直冠に至るまでは，人ごとに甲一領・大刀一口・弓一張・矢一具・鞆一枚・鞍馬。勤冠より進冠に至るまでには，人ごとに大刀一口・弓一張・矢一具・鞆一枚。如此預め備へよ』とのたまふ」。同12月23日条「陣法博士等を遣して，諸國に教へ習はしむ」。このような度重なる記事は都城の軍事管理体制を証明している（舘野1994）。

飛鳥地域の国防時期

このように飛鳥時代を通して，国内・国際的に大小の軍事的緊張の時期があり，それに伴った組織作りが随所にみられる。そこで『日本書紀』の記事から

読みとることができる飛鳥時代の軍事組織の形成と，軍事施設の動向，そして，我が国における国防時期の動向についてみていくことにする。

　まず軍事組織については，孝徳朝における記事が注目される。これら一連の記事は改新の詔という史料的には検討の余地のあるものも含まれるが，武器の管理徹底が実施されている。これらは諸国に及んでおり，特に蝦夷の近い国に重点がおかれていた。これは乙巳の変によって蘇我氏が滅び，天皇集権化の第一歩が踏み出されたことが考えられ，同時に北方世界へと国土を広げようとしていることに起因すると思われる。しかし，組織としてはいまだ整備されておらず，有馬皇子の変にあたって兵士ではなく，宮の造営人夫を当てていることからもそれは窺われる。これが天武・持統朝になると兵器管理だけでなく，軍事組織の整備に重点が移る。壬申の乱を経た天武朝にとっては，軍事組織の整備・掌握が必要であったのであろう。

　次に軍事施設についてみてみよう。少なくとも斉明朝までは飛鳥の都を守るべき施設は記録には現れない。皇極朝の蘇我蝦夷・入鹿の邸宅が柵や濠によって囲まれ，兵士の厳重な警備がなされていたことはわかるが，同様のことは飛鳥宮にも予測される。しかし，都そのものを守る施設はみられず，乙巳の変で[3]中大兄皇子が飛鳥寺をまず占拠し城としたとの記述からもそれは窺えよう。しかし，天智朝になると，北部九州から瀬戸内にかけて山城が次々に築城され，斉明朝の両槻宮についても山城の可能性が指摘されている。これらは白村江の敗戦における極度の国際緊張におけるものである。

　これらの組織・施設の形成には，国内・国際関係における防衛が関係している。飛鳥時代前半には新羅討伐の計画を練るものの，この時期，海を隔てた我が国において防衛という観点での軍事的緊張はみられない。つづく皇極朝には兵器の収蔵などがみられる。これは蘇我氏の滅亡によって，朝廷の権力の維持が背景にあったと考えられる。そして，斉明・天智朝になると，にわかに緊張が走る。百済救援と，敗北，そして敗戦処理である。おそらく我が国の古代史において最も対外的軍事緊張のあった時代であろう。次の天武朝には敗戦の影響は薄らぐが，壬申の乱を勝ち抜いた時代であり，国内の治安維持も政治にとって重要な事項となる。次々にだされた詔はこれを物語っており，さらに律令国家としての規律の成熟に現れていく。

このように，飛鳥時代において国防システムが必要とされる時期は，特に，白村江の戦い直後と，その後の壬申の乱後の天武朝であったことがわかる。我が国の防衛システムは海外からの侵攻ならびに，地方での内乱に備えたシステムであり，軍事施設と軍事組織の整備が大きな課題であり，律令規定はまさにこの点を端的に現している。

(3)　飛鳥周辺の丘陵上遺構

　近年，飛鳥およびその周辺の丘陵上において，掘立柱建物の検出や遺物の出土が知られるようになってきた。このなかには，のちに記すように稜線上の掘立柱塀や土塁，さらには砦状の遺跡も含まれており，一般の邸宅・集落や古墳との関係だけでは理解できず，軍事的色彩の強い遺跡と推定される。ここではこれらの軍事色の強い遺跡について概観しておこう。[4]

酒船石遺跡向イ山地区

　酒船石遺跡の北東にある標高 139.7 m の丘陵上に位置する掘立柱塀である。便宜上，酒船石遺跡の確認調査として実施しているので，酒船石遺跡向イ山地区と呼称しておく。掘立柱塀は尾根の稜線上に並んでおり，計 15 基を確認している。塀は尾根の方位に合わせて途中で「く」字形に屈曲している。柱穴は南東にいくほど残りが悪く，掘形の深さが浅くなることから，さらに続いていたものと考えられる。一方，北西も検出状況からみて，尾根の下方へ本来は続いていたものと推定される。柱間寸法は 8 尺等間で，柱掘形は一辺 1〜1.7 m まであり，柱径は 30 cm と復元できる。柱穴からは土師器・須恵器の細片が出土しているが，時期は特定できない（明日香村 2006）。

八釣マキト遺跡

　多武峰から北西へと延びる標高 147 m の八釣地区の尾根上に位置する遺跡である。この調査では 6 世紀中頃〜7 世紀前半の古墳とともに，掘立柱塀が 1 条確認された。掘立柱塀は尾根の稜線上に 16 基の柱穴が並んでおり，途中で地形にあわせて「く」字形に屈曲する。南東側は柱掘形の深さが浅くなること

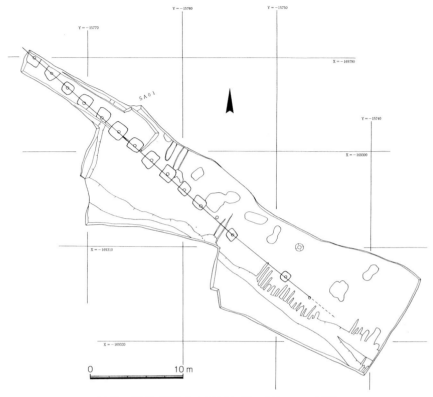

図 57　酒船石遺跡向イ山地区（明日香村 2006 を転載）

から，本来はマキト 1 号墳の墳丘上を超えていた可能性が高く，さらに続いていたものと考えられる。一方，北西側はマキト 5 号墳の周溝埋土上で 2 基の柱穴が確認されており，さらに続いていた可能性が高い。柱間寸法は 8 尺等間，柱掘形は一辺 1.1 m で，柱径は 24 cm ほどに復元できる。掘立柱塀の時期は特定できないものの，八釣マキト 1・5 号墳よりも新しく，さらに八釣マキト 4 号墳よりも新しいと考えられること，周辺から 7 世紀代の土器が出土していることからみて，7 世紀中頃～後半に含まれる可能性が高い（明日香村 2001）。

佐田遺跡群

佐田遺跡群は紀路に西接する標高 133.2 m の丘陵上の遺跡である。この遺跡

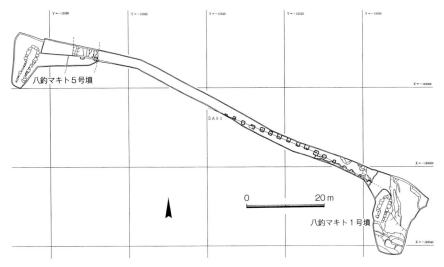

図58 八釣マキト遺跡（明日香村2001を転載）

群はさらに小谷地区・北ノ尾地区・横ケ峯地区が集まって遺跡群を構成するもので，古墳時代から近世に至る複合遺跡である。このなかには6世紀後半から7世紀中頃にかけての古墳が複数存在するが，これに後続して7世紀中頃から後半にかけての掘立柱建物・竪穴住居・塀が検出されている。建物は丘陵上を平らに造成して建てられており，特に横ケ峯地区では5×2間の建物を始め，多くの建物がある。掘立柱塀は削平のために，断続的にしか検出されていないが，丘陵造成面の縁で検出されており，塀によって囲まれたなかに建物群が建てられていたものと考えられる。同様の塀は小谷地区・北ノ尾北地区でも見つかっており，同じ性格が考えられる。さらに横ケ峯地区の東に位置する南西から北東に延びる尾根上には，土塁状の地形もみられる。これらの遺跡から出土した遺物には瓦・塼・硯などがあり，一般の集落とは考えがたい。特に，遺跡の立地や位置から飛鳥の外城的施設が想定されている（橿考研1984）。

檜前上山遺跡

　紀路に面した東側にある標高120mの丘陵上に位置する遺跡である。これまで2回の調査が行われており，南北の尾根頂部を土塁状にし，その東側をテラス状に削りだして，さらにその土で平坦面を整地していることが判明した。

図59 佐田遺跡群（橿考研 1984 を転載）

336　Ⅲ　飛鳥地域における都市構造の研究

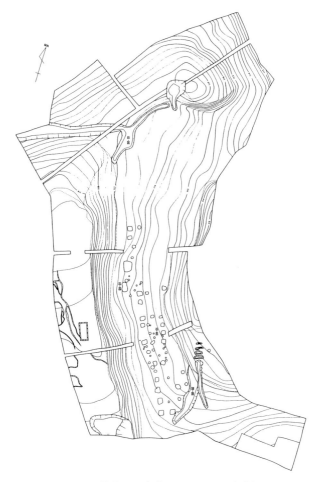

図60 檜前上山遺跡（橿考研1983を転載）

土塁状遺構は幅約6m，高さ3mで上部は平坦になっている。この土塁の東側平坦面に掘立柱建物・掘立柱塀・土坑がある。掘立柱建物は少なくとも3棟検出されており，3×2間，4×2間，さらに3×3間の総柱建物がある。柱掘形は大きいもので1mを越すものがある。また，ほかにも組み合わない柱穴が多数あり，さらに多くの建物が建っていたと推定できる。土坑は建物のすぐ横にあり，直径3m，深さ2.5mの大型のものである。出土遺物は南の谷から7世紀前半～藤原宮期の大量の土器等が出土しており，丘陵上から投棄したものと

考えられる。その器種組成やほかに軒瓦が出土すること，さらに遺跡が紀路に面する立地であることから，官衙的な性格が推定される。また，その年代は建物の掘形から7世紀前半の土器が出土することや，先の谷の遺物から7世紀後半から藤原京期に，その年代の一点を押さえることができる（橿考研1983・1985）。

森カシ谷遺跡

紀路に面した丘陵頂部（標高127.0 m）に位置する遺跡である。丘陵の斜面を

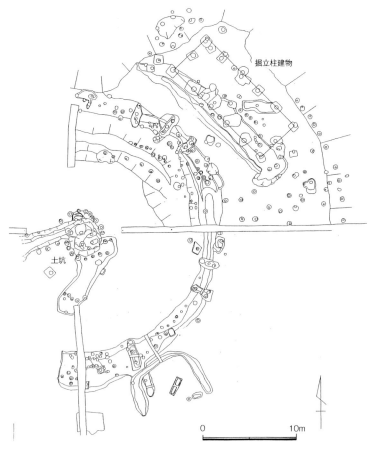

図61　森カシ谷遺跡（高取町2003を転載）

テラス状にカットし掘立柱建物1棟と柵列がめぐる。柵列はカット面の肩部に1～2m間隔で丘陵をめぐるように建てられている。さらに斜面下方にも2列めぐる。掘立柱建物は丘陵北東側のテラス面に建てられており、5間（8.5尺）×2間（8尺）の規模で、柱掘形は一辺約1m、柱痕跡は20cmである。建物の背面には長円形の掘形に3本ずつ柱を立てた柱穴があり、橋脚あるいは階段と考えられている。また、遺跡の頂部には東西4m、南北3mの隅丸長方形の大形土坑がある。最深部で2.2mの深さをもち、北西部に幅1mの通路が取りつく。土坑内には4カ所の柱穴があり、土坑上部にも、縁を取り巻くように小規模なピットがある。おそらく屋根がついていた貯蔵施設と推定されている。その後の調査によれば、さらに尾根基にちかい標高の高い位置に、2間四方の掘立柱建物があり、柱間は4.2mもある。この建物を囲むように、周囲には柵がめぐっている。また、大壁住居や竪穴住居、堀割等もみられる。

　この遺跡はその立地が紀路に面して、遠く飛鳥を見通せる位置にあることや一連の遺構群の構造から交通の要所を押さえた砦と推定されており、飛鳥を防御する施設とみられている。特に、大壁住居の存在や規模から、渡来人の技術を活用しながら尾根全体を要塞化した遺跡であるという評価もなされている。なお、遺跡の存続時期は飛鳥Ⅴの森カシ谷塚古墳が廃絶後につくられていることから、7世紀中頃～後半と推定され、存続期間が短く、日常生活があったとは思えない（高取町2003）。

(4)　丘陵上遺構の評価をめぐって

　ここでは先にあげた遺跡の性格について検討していくことにする。まず、酒船石遺跡・八釣マキト遺跡についてみてみたい。

　酒船石遺跡向イ山地区と八釣マキト遺跡の掘立柱塀には共通点が多い。すでにみたように両者は尾根の稜線に沿って建てられており、その尾根筋の方向にあわせて「く」字形に曲がる。柱穴の規模や柱間寸法も同規模であり、尾根上の施設を囲む塀ではない。尾根そのものを基壇として掘立柱塀を建てており、あたかも巨大な屏風のごとくそびえたっていた。しかし、両者はともに南東から北西へと延びる尾根上に位置しており、大局的には平行した位置関係にある。

仮に両者が一連の遺構であるとするならば，その囲まれた範囲のなかは350 m
四方にも及ぶことになる。これは飛鳥宮にも匹敵する規模で，現段階において
このなかにそのような施設は想定しがたい。よって，両者は直接に繋がるもの
ではなく，併存した関係にあると考えられる。ではこのような掘立柱塀はどの
ような性格をもっているのであろうか。両者はともに，阿部山田道から見通せ
る位置にある。つまり，北東から飛鳥へ入ってきたときに，その入口付近の尾
根上に幾重にも重なって塀が見える景観が復元できる。まるで飛鳥を守る羅城
のように見えるのである。現段階では入口付近にのみ，威圧・威厳を与えるた
めに設けられた施設とみるのが妥当ではあるが，さらにこれらの遺構を積極的
に評価をすれば，飛鳥をめぐる羅城的施設であった可能性も考えられる。ここ
ではその構造を復元的に想定してみよう。

　八釣マキト遺跡の掘立柱塀はその延長部が確認されてはいないが，尾根の稜
線に沿って設けられている。よって，稜線上に続いていた可能性が高い。この
尾根筋はさらに北西へと延びており，八釣集落の北，さらに中世飛鳥城の丘陵
へと続く。ここで丘陵部は終わり，平地部となるが，ここで注目されるのは石
神遺跡の北端で確認されている東西塀である。石神遺跡では南の東西塀から北
へ約180 mの位置で，7世紀中頃から後半にかけての東西塀が確認されており，
石神遺跡の北限と推定されている（奈文研2001）。この塀を東へ延長した位置
に，先の飛鳥城の丘陵がある。よって，石神遺跡北端の東西塀は八釣マキト遺
跡の掘立柱塀と接続していた可能性が考えられる。さらにこの塀は南へと曲が
り飛鳥川を越えると，そこには甘樫丘の丘陵が北東から南西に横たわっている。
この丘陵はこれまでにも指摘があるように，飛鳥の北西を守る自然の要害とな
っており，掘立柱塀が尾根上に設置されていた可能性も考えられる。そして，
甘樫丘の南端から川原寺裏山へとつづくと，そこには川原寺と橘寺が向かい合
って隣接している。先の掘立柱塀が両寺院の大垣に接続することによって，西
の玄関を守ることができる。さらに橘寺の裏山から祝戸のフグリ山を稜線上に
伝い，飛鳥川まで下る。フグリ山には謎の巨石群がみられる。飛鳥川を越える
と，上居の山へとつづき，これによって東の山間部を除き，尾根上に掘立柱塀
がめぐることになる。では，東側の山間部には掘立柱塀は想定できないであろ
うか。八釣マキト遺跡の掘立柱塀の南東へはやはり，尾根の稜線を登っていく

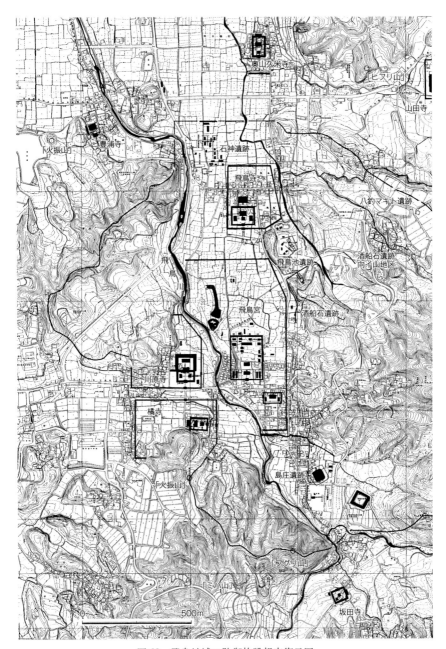

図62 飛鳥地域の防御施設想定復元図

と途中から明日香村と桜井市の市町村境となり，現在も山道が残っている。したがって，これに沿って延びていた可能性が考えられ，地形的にみれば，万葉展望台のあたり（藤本山）がひとつの頂点になる。そこからは南西に稜線を下ってくると，先の上居の尾根になる。このような想定が可能であるならば，尾根の稜線を利用した掘立柱塀で，飛鳥の中心部を囲む「羅城」的施設が復元可能であろう。

　一方，酒船石遺跡向イ山地区の掘立柱塀はその延長を復元しにくく，飛鳥池東方遺跡の塀との関係も考えられるが，柱穴規模などから明確ではない。飛鳥を囲む塀が複数にめぐっていたのであろうか。

　では，飛鳥南西の紀路を挟んで面した佐田遺跡群と檜前上山遺跡はどのような位置づけがなされるであろうか。両者は紀路に面して，東西に向かい合っているが，紀路からは土塁状遺構しかみえない景観である。この土塁状遺構の裏側には建物群等が見つかっており，土塁の背後に施設を設けていたことがわかる。これらの建物群は，出土する土器群が宮都で出土する土器と変わらないことや，硯・瓦が出土することから，一般の集落ではなく，官衙的施設と推定されている。遺跡の位置が紀路と吉野路との合流点にちかく，道路に対しては土塁状の施設を向けていることからすれば，官道に対しての防御する性格が考えられ，飛鳥地域への入口という立地を考えれば，前線基地的な性格を想定できよう。現状では先に復元した羅城のように延々とつづく施設とは考えていない。

　次に森カシ谷遺跡であるが，この遺跡の性格についてはすでに飛鳥の防御施設としての性格が考えられており，砦・監視施設と考えられている。しかし，河上邦彦氏がすでに指摘しているように（河上2004），筆者もこの遺跡は「烽」施設であると推定している。遺跡は紀路に接した丘陵先端に位置し，その頂部に大土坑がある。その中腹の飛鳥側に掘立柱建物がある。この遺跡の立地から交通の要所にある施設であることは間違いなく，特に，それを見下ろす位置にあることから，交通路を監視することにひとつの理由があることは明確であろう。ただし，遺跡の中心にある頂部の大土坑は，中心に数本の掘立柱が建てられていることと，土坑の縁にもピットが並ぶことから，土坑には屋根があったと考えられる。土坑には入口の通路があることから，ここではやはり薪等の資材を保管する施設と理解できよう。この上に物見櫓が作られたのであろうか。

掘立柱建物は飛鳥側にあることは，南西から見えない位置にあり，先の佐田遺跡群や檜前上山遺跡と共通する。また，橋脚状遺構と呼称されている遺構は建物側だけでなく，各方面に設置されていることから，監視用の床状張り出しと考えられよう。さらにその下方の中腹には逆茂木状の柵が並んでいる。さらにその後の調査で検出された2間四方の建物や大壁住居等の評価については，2間四方の掘立柱建物は柱間が4.2mのほぼ正方形の建物であり，周囲を柵に囲まれている。このことからこの建物は楼閣状の建物と考えられ，望楼的施設と推定できよう。また，大壁建物や竪穴建物については兵士等の常駐する建物と推定できようか。

　いずれにしても烽施設には狼煙台だけでなく，監視施設や兵士の常駐する施設も必要であり，森カシ谷遺跡はこれらの施設を確認できる点で極めて重要な遺跡である。

　では，烽であるならば，どのように情報を伝達していたのであろうか。大和国において烽は，高安烽が記録に記されている。おそらく高安城内に設置されていた烽であろう。高安烽から飛鳥までは約20kmの距離がある。これは律令の規定にもあう距離であり，平城京遷都に伴って，高安烽が廃され，変わって生駒烽と春日烽が設置された。情報伝達経路の変更にかかわるものである。よって飛鳥時代には高安烽が飛鳥への最終伝達烽と理解できる。しかし，森カシ谷遺跡の発見によって，烽遺構が飛鳥周辺に存在することが判明した。そして，それは高安烽からの伝達路だけではなく，その立地や位置から，紀路方面からの烽と考えられる。そこで注目されるのが，岸俊男氏がすでに注目していた「ヒブリ山」地名である。岸氏は大和国における「ヒブリ山（火振山）」地名を検索するなかで，飛鳥周辺に11例，飛鳥西方から葛城山麓にかけて5例存在することを指摘した。特にその分布は，飛鳥を取り囲むように集中し，かつ飛鳥に通ずる要路を看守するように見えると指摘した。氏はこれらの地名の性格を慎重に断定はしなかったものの，倭京の防御施設としての烽や戍の可能性を示唆している（岸1970）。

　そこで改めてこれらの地名について検討をしておきたい。⁽⁷⁾まず，明日香村奥山にある「ヒフリ山」（A）は飛鳥資料館のすぐ東にある尾根上で，標高133.4mに位置する。北から南へ延びる尾根の先端で，山田道を見下ろす位置

表17　奈良県内における「ヒブリ山」関係地名一覧表

	所 在 地	名　　称	標　高	対面道路	備　　考
A	明日香村奥山	「ヒフリ山」	標高 133.4 m	山 田 道	飛鳥資料館東方の山
B	桜井市山田	「火振山」	標高 162.1 m	山 田 道	山田寺東方の山
C	明日香村豊浦	「火振山」	標高 108.2 m	山 田 道	和田池の東の小丘
D	橿原市和田町	「ヒフリ山」	標高 108.4 m	山 田 道	和田池の西の小丘
E	明日香村祝戸	「フグリ山」	標高 197.0 m	芋峠吉野路	稲淵宮殿跡北方の山
F	明日香村橘	「火振山」	標高 158.0 m		橘寺南の八幡神社の山
G	高取町薩摩	「火振山」	標高 156.4 m	紀 　 路	岡宮天皇陵南方の山
H	明日香村平田	「ヒフリヤマ」	標高 121.1 m		中尾山古墳東南
I	明日香村栗原	「ヒフリヤマ」			栗原寺北方
J	明日香村阿部山	「ヒフリヤマ」			阿部山東南
K	桜井市戒外	「火振り山」			香久山興善寺背後の山
L	橿原市菖蒲町	「張山」	標高 120.0 m	飛鳥横大路	菖蒲池古墳南の小丘
M	橿原市観音寺	「火振塚」	標高 143.7 m		観音寺山頂部
※	高取町森	森カシ谷遺跡	標高 127.0 m	紀 　 路	東明神古墳東南の小丘
N	御所市原谷	「火振塚」			国見山北斜面
O	御所市戸毛	「向火振山」		紀 　 路	国見山南側
P	葛城市南藤井	「火振山古墳」		紀 　 路	
Q	葛城市平岡	「火振り山」			
※	平群町高安	高 安 城			高安烽

にある。これに対応するように桜井市山田にある「火振山」（B）は山田寺の東方で，東から西へと延びる尾根上にある。標高 162.1 m である。ここからは山田道を阿部あたりから雷までを見渡せるポイントである。同様に山田道を見下ろす位置にあるのは明日香村豊浦の和田池の東と西にある「火振山」（C）・「ヒブリ山」（D）である。前者は東南から北西へ延びる尾根の先端（標高 108.2 m）で，後者は南から北へと延びる尾根の先端（標高 108.4 m）にある。これらは山田道に面すると同時に，飛鳥の北東・北西を抑える位置にある。これと類似の位置にあるのは橿原市菖蒲町の「張山」地名（L）である。ここは菖蒲池古墳の南側にあたり，北から南へと延びる尾根の先端（標高 120.0 m）にあたる。これはヒブリ山地名ではないが，立地や地名から張り出し状の地形と考えられ，ヒブリ山地名と共通する要素がある。このすぐ南には下ツ道から川原寺と橘寺の間を通過して飛鳥宮まで至る幅 12 m の東西道路（飛鳥横大路）が推定されている。「張山」はこれを見下ろす位置にある。また，明日香村の祝戸には「フグリ山」（E）の地名があり，その頂部には巨石があり，何らかの遺構の存在が推定される（標高 197.0 m）。ここからは飛鳥の小盆地を見渡せる

344　　Ⅲ　飛鳥地域における都市構造の研究

とともに，芋峠からつづく稲淵・阪田の地（芋峠吉野路）を見下ろすことができる。さらに橘寺南方の「火振山」（F）からは飛鳥の中心部を見渡すことのできる（標高 158.0 m）。

　一方，森カシ谷遺跡周辺を見てみると，当遺跡の西南の高取町薩摩に「火振山」（G）があり，紀路を見下ろす位置にある。さらに紀路を南下すると御所市戸毛に，正確な位置を特定できていないが，「向火振山」（O）が紀路に面する位置にある。さらに下った吉野川沿いでは，五條市に「火打」という地名があり，興味深い。このように紀路に沿った地域に「ヒブリ山」地名が並ぶことは，官道に沿って伝達路があったことを想定される。

　これらのほかでは明日香村平田の中尾山古墳東南方に「ヒフリヤマ」（H），明日香村栗原の栗原寺北方の「ヒフリヤマ」（I），明日香村阿部山の東南の「ヒフリヤマ」（J），桜井市香久山の東南方にある「火振り山」（K）がある。いずれも道路沿いではなく，山間部に位置しているが，紀路方面，高安方面からの伝達路とも理解できる。また，葛城市南藤井に「火振山古墳」，葛城市平岡に「火振り山」の地名が残り，葛城山麓にもこの地名が展開することが予想される。

　これらの「ヒブリ山」地名を烽施設として考えると，これまで推定されていた高安烽から飛鳥への直接伝達路のほかに，桜井市阿部方面からの伝達路としてABが位置づけられ，高安方面からの伝達路としてCDKが，葛城方面からの伝達路としてMNが，紀路方面からは森カシ谷遺跡と，GOがつづく。このように「ヒブリ山」地名等は直接交通路を監視するとともに，烽としての伝達施設としての位置づけが考えられる。これと同時にA〜Fは飛鳥の入口・要所を監視することができるように配置されていることがわかる。

(5)　飛鳥を守るその他の施設群

　先に見た遺跡のほかに，飛鳥地域において，いくつかの施設は飛鳥を守る防御施設となりうるものがある。それは，その施設が本来防御施設として造られたものではなく，緊急時には防御施設に代用できるものである。ここではそのいくつかについて検討してみよう。

濠としての運河と河川

　飛鳥地域には大小の河川が流れている。河川は当然，川の左右岸を分けるものであり，川を渡るためには橋が必要となる。つまり，河川は自然の濠であり，防御施設となりうるのである。飛鳥の中心部には東南から北西へと飛鳥川が流れている。これによって飛鳥川の右岸に位置している飛鳥宮や飛鳥寺は，左岸つまり西側とは画されることとなる。これに対して飛鳥の東側についてはこれまであまり注目されてこなかった。飛鳥寺の東側には，現在でも小河川が流れているが，この河川が飛鳥時代まで遡ることが，飛鳥東垣内遺跡で確認された（明日香村 2006）。そこでは 7 世紀中頃の幅 10 m の運河を改修しながらも奈良時代まで存続していることが判明している。この運河はこれまでの調査から酒船石遺跡東側から飛鳥寺の東側，奥山久米寺の西を北上し，香具山の西側まで繋がっていたと推定されている。その後は中の川となり米川に接続していた。これらは溝の規模や位置，砂岩が使用されていることから斉明 2 年（656）条「迺ち水工をして渠穿らしむ。香山の西より，石上山に至る。舟二百隻を以て，石上山の石を載みて，流の順に控引き，宮の東の山に石を累ねて垣とす。時の人の誇りて曰はく，『狂心の渠，（後略，329 ページ参照）』」にある狂心渠と推定されている。運河は物資を運ぶ人工の溝であり，具体的には「天理砂岩」を酒船石遺跡まで運ぶために掘削されているが，その後は飛鳥池工房の物品の運搬や農業用水路としても利用されたのであろう。この発見によって，東側についても運河で画されていたことになる。

軍事施設としての古代寺院

　古代寺院が軍事施設に代用できることは，乙巳の変の飛鳥寺でも知られている（皇極 4 年（645）6 月 12 日条）。そこには中大兄皇子と蘇我氏の対決に際して「法興寺に入りて，城として備ふ」と記す。古代寺院は当然のことながら宗教施設であり，本来は軍事施設ではない。しかし，当時の寺院が大垣によって厳重に囲まれていたことから，軍事的緊張時には容易に軍事施設に代用できるのである。このことは飛鳥の小盆地の入口に飛鳥寺を建立し，その奥に飛鳥宮跡（飛鳥岡本宮）を造営したことからも窺える。このような視点で飛鳥地域の

寺院配置をみてみると，山田道沿いの北東に山田寺，北西に豊浦寺・和田廃寺，飛鳥宮の西側には東西道路を挟んで川原寺と橘寺が並んでいる。さらに芋峠へ向かう南側には坂田寺が位置する。これらは飛鳥宮の入口である北東・北西・西・南の主要道路沿いに古代寺院を配置したことになり，軍事緊張時には宮城の防衛施設となりうる。飛鳥・白鳳寺院は各地の例をみると，主要交通路の要所に配置されていることが多い（大脇 1997）。これは造営氏族の本拠地の立地と重なるので，必ずしも宮城を守るように意図的に配置されたものではない。しかも各寺院の造営時期には時期差があり，防衛のために一定の計画のもとに配置したとは考えがたい。しかし，結果的に飛鳥宮を守護するように配置されており，7世紀後半に各寺院の整

1. 穴太廃寺　　2. 崇福寺跡　　3. 南滋賀廃寺
4. 大津宮（錦織遺跡）　5. 園城寺前身寺院

図 63　近江京の王宮と寺院（林 2001 を転載）

4　倭京の守り　347

備が進むのも事実である。このような王宮と寺院の配置関係を示す好例は同時代の近江京でもみられる。大津宮周辺では幹線道から山越え道が枝分かれする地点，あるいは枝分かれした山越え道沿いに白鳳寺院が立地する。林博通氏は穴太廃寺・崇福寺・南滋賀廃寺・園城寺前身寺院が大津宮を守護する寺院であるとする（林2001）。また，松浦俊和氏はさらに広範囲に考え，坂本八条遺跡・大津廃寺・石山寺前身寺院も同様の性格とみている（松浦1997）。近江では，いずれの寺院も大津宮遷都段階で造営，あるいは整備されたものが多く，大津宮の造営と密接な関係がみられる。

小墾田兵庫と飛鳥寺西槻樹の広場

『日本書紀』の壬申紀には飛鳥地域に小墾田兵庫があったことが知られている。小墾田兵庫とは小墾田地域に設けられた武器庫であるが，その位置については確定していない。「小墾田」の古地名については，雷丘東方遺跡で奈良時代の井戸から「小治田宮」と記された墨書土器が出土した（明日香村1988）ことから，「小墾田」は「飛鳥」の北側に広がる地域名称と推定された。その境界は飛鳥寺の北辺道路である古山田道とみる。小墾田兵庫については，石神遺跡で藤原宮期の整地層から大量の鉄鏃・斧・刀子が出土しており，周辺に保管庫等があった可能性が指摘されており（奈文研1985），小墾田兵庫の有力な候補地と考える（相原2011）。この場所は飛鳥の北からの入口付近に位置しており，壬申の乱のときには，すぐ南の飛鳥寺西槻広場に陣営を設けたことから，飛鳥寺西槻広場を含めて，緊急時には軍事施設に利用されることがわかる。

古代山城の模索

飛鳥地域に古代山城が存在したとする説は数人の研究者によって提唱されている。最初に提起したのは石母田正氏で，『日本書紀』斉明2年の両槻宮を軍事施設とみた（石母田1971）。その後，門脇禎二・阿部義平氏も同様の可能性を指摘した（門脇1970・阿部1991）。平成4年（1992）になって，飛鳥の東方丘陵上の酒船石遺跡が発見され（明日香村2006），河上邦彦氏は酒船石から多武峰をめぐる巨大な山城を推定している（河上1994）。一方，和田萃氏は斉明紀にある「宮の東の山の石垣」と「両槻宮」を別の施設とし，前者を酒船石遺跡，

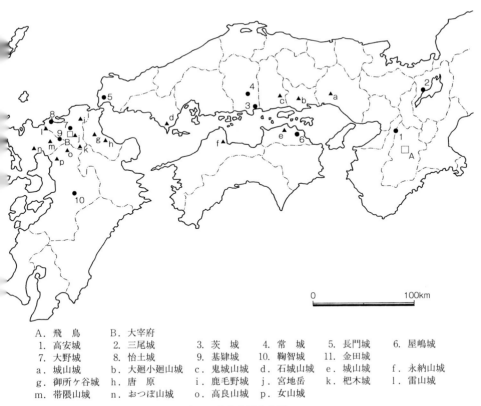

A. 飛　鳥　　B. 大宰府
1. 高安城　　2. 三尾城　　3. 茨　城　　4. 常　城　　5. 長門城　　6. 屋嶋城
7. 大野城　　8. 怡土城　　9. 基肄城　　10. 鞠智城　　11. 金田城
a. 城山城　　b. 大廻小廻山城　　c. 鬼城山城　　d. 石城山城　　e. 城山城　　f. 永納山城
g. 御所ケ谷城　　h. 唐　原　　i. 鹿毛野城　　j. 宮地岳　　k. 杷木城　　l. 雷山城
m. 帯隈山城　　n. おつぼ山城　　o. 高良山城　　p. 女山城

図64　古代山城分布図

後者を未発見の山城とみる（和田2003）。同様の見解は，関西大学・亀田博・小澤毅氏も指摘する（関大1995・亀田1998・小澤2002）。酒船石遺跡は平成11年度の調査で亀形石槽を用いた導水施設が検出され，また砂岩石垣の範囲は，ほぼ酒船石のある丘陵で収まることから，筆者は酒船石遺跡を「宮の東の山の石垣」とみている（明日香村2006）。両槻宮については未発見であり，その位置は筆者にも断案はない。万葉展望台のある地域（藤本山）が，飛鳥からみると，ここがひとつの頂点となっているようにみえる。ここであれば，先に復元した「羅城」的施設が両槻宮に取りつく形態をとる。いずれにしても，飛鳥東方に山城が想定できると，大宰府と大野城との関係に類似することになる。

4　倭京の守り　349

(6) 総　　括——飛鳥地域における防衛システム構想の復元

　本章では，飛鳥周辺の丘陵上で検出されている遺跡について，軍事的要素の
強い遺跡である可能性を推定してきた。また，律令の規定や文献史料にみる軍
事的緊張感の検討を踏まえて，これらの遺跡が設置された背景についても検討
した。その結果，先の丘陵上の遺構については烽や入口を警護する性格をもつ
遺跡と推定でき，掘立柱塀は一種の羅城的施設とみなせる。さらに運河・河川
や古代寺院，山城，兵庫についても，飛鳥を防御するという視点でみると，い
ずれも「飛鳥の守り」になりうる重要施設と考えられる。また，飛鳥地域にお
けるこれら諸施設を有機的にみたとき，飛鳥地域を取り巻く防衛システム構想
の一端が見えてきたと考えられる。ここでこれらを総合的に検討して，飛鳥地
域の防衛システム構想の復元を試み，これらの施設で飛鳥の何を守っていたの
かを考えてみたい。

　いうまでもなく，我が国の西国の守りの要は筑紫大宰府であり，東国の守り
の要は東北の城柵（のちには陸奥多賀城）であった。しかし，すでにみたよう
に，我が国の軍事的緊張は白村江での敗戦後であり，古代史上最大の内乱であ
った壬申の乱である。よって飛鳥の防衛についても西方への警備は厳重であっ
た。それは古代山城や烽が北部九州から瀬戸内沿いに配備され，最後の烽は大
和国高安城の高安烽であることからもわかる。これら山城の配置をみると，北
部九州，瀬戸内そして生駒・葛城山系という防衛ラインを読みとることができ
る（門脇 1992）。

　飛鳥時代の烽の確実な遺構は，先にみた森カシ谷遺跡以外にはなく，その可
能性のあるものに「ヒブリ山」地名がある。その分布は飛鳥の小盆地を取り囲
む地域と飛鳥西南から葛城地域に広がる。記録に表れる烽は高安烽が飛鳥に最
も近いが，森カシ谷遺跡の発見によって，飛鳥周辺にあることも判明し，同時
に高安烽以外の伝達ルートが想定される。それは葛城あるいは紀路から森カシ
谷遺跡へのルートである。この伝達ルートの発見によって，高安烽から飛鳥へ
のルートだけでなく，広く西方からの伝達ルートがカバーされることになった。
さらに，烽や監視施設と考えられる「ヒブリ山」地名は飛鳥を取り囲むように

350　　Ⅲ　飛鳥地域における都市構造の研究

も存在する。特に，飛鳥への北東入口の「山田」，北西入口の「豊浦」，西入口の「小山田」，南入口の「阪田」で監視できることになる。また，古代寺院の配置も「ヒブリ山」地名と共通し，山田寺・豊浦寺・川原寺・橘寺・坂田寺が配置されている。これらの寺院が主要道路沿いの飛鳥入口にあることによって，軍事緊張時には飛鳥盆地を死守する軍事施設となる。さらに飛鳥川・運河によって飛鳥の西側と東側を画されており，飛鳥中心部は厳重に隔離されることになる。このように飛鳥中心部はヒブリ山・古代寺院・運河河川によって守られ，そこには兵器庫や陣を張ることのできる槻樹広場がある。さらにこれらを囲むように，羅城や山城も想定できるのである。

　このようにみてみると，我が国の国防システムは，①北部九州から瀬戸内にかけての山城・軍団の防衛システム，②生駒・葛城山系とそこから飛鳥への烽等の監視システム，③飛鳥中心部の羅城・寺院・運河・監視施設という三重構造となっていた。①はまさに大陸・半島からの侵略を防ぐ，国防システムであり，②は大和国の防衛および，各国からの監視とその情報システムであり，③が最終的な首都防衛システムと理解できる。つまり，最も厳重に守られていたのは飛鳥中心部であったことがわかる。

　では最終的に最も厳重に守りたかったのは飛鳥中心部の何だったのであろうか。先に復元した「羅城」的施設では飛鳥・川原・橘・島庄の地域が囲まれていたことになり，このなかに存在するのは石神遺跡・飛鳥寺・飛鳥宮・川原寺・橘寺・嶋宮である。このうち寺院はさらに防御施設にもなりうることが判明しているので，最終的に守りたかったのは飛鳥宮とその周辺ということになる。飛鳥宮の周辺には，関連する官衙群が配置されており，この地域には一般の邸宅は基本的に存在しない（相原2003）。つまり，ここで守りたかったのは，王宮とその関連施設（官衙群）である。言い換えれば飛鳥の宮城といえようか。

　このような王宮の防衛システムは近江大津宮周辺にもみることができる。近江京は三尾城から山並み稜線を伝い勢多橋までのエリアが広い意味で京域とされており，筆者も穴太・南滋賀・錦織地域を中心に近江京を推定したことがあり，宮は錦織地区に中枢部があり，周辺に官衙が分散していると推定した（相原1994）。古代寺院は王宮を取り囲むように配置されており，幹線道路からの入口を守っている。まさに飛鳥と同様の構造である。ただし，その地勢からみ

4　倭京の守り　　*351*

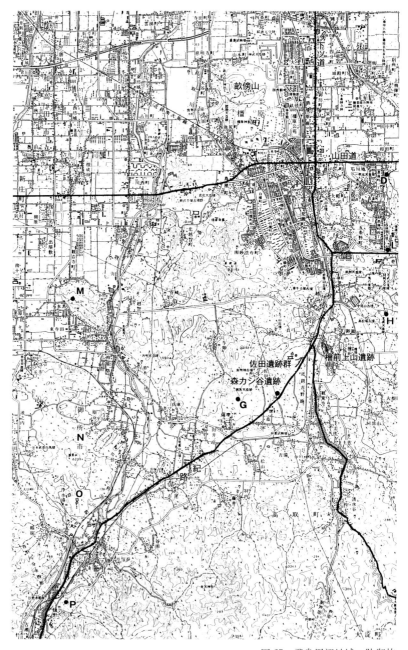

図65 飛鳥周辺地域の防御施

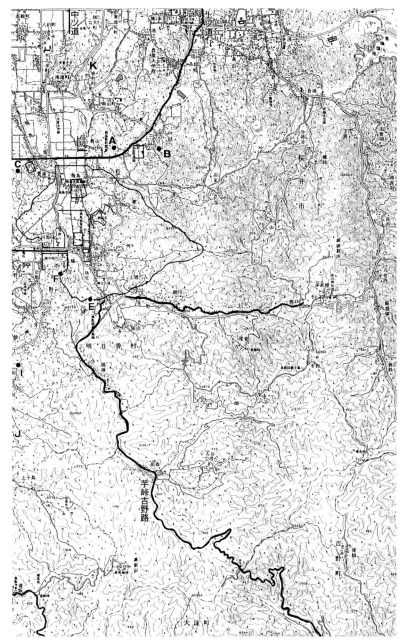

設（図中のA〜Pは，表17参照）

ると飛鳥よりも防衛ラインは硬固である。

　では，次の新益京ではどうであろうか。新益京と飛鳥の最も大きな違いは，条坊の有無である。新益京ではこれまでに東西の京極が確認されているが，その外側には羅城に相当する築地塀あるいは掘立柱塀は確認されていない（橿原市 1997・桜井市 1997）。さらに南辺についても羅城はなかった可能性が高い。つまり，新益京においては京域を囲む羅城は存在しないのである。おそらく，烽や監視施設・衛府などでの警護であったのであろう。これに対して，藤原宮は高さ 5.5 m の掘立柱大垣と幅 5.3 m の外濠，17.7 m の需地によって条坊区画からは一定の空間で隔離されており，のちの平城宮よりも，宮と京の関係は隔絶した関係にあるといえる。つまり新益京においては，京の守りよりも，宮の守りに重点が置かれていたことがわかる。このことは，飛鳥において京の守りよりも，飛鳥中心部の宮城を守っていることと共通する点であろう。

　いずれにせよ，飛鳥宮の宮城（飛鳥地域中心部）は，これらの施設によって守られており，当時の防衛システムと捉えることが可能である。天武天皇が「凡そ政要は軍事なり」（天武 13 年（684）4 月 5 日条）と詔で記したのは，このような防衛システムの構想があったからかもしれない。

註
（1）　井上和人氏は平城京の周囲に，羅城が存在した可能性を想定している（井上 2008）。
（2）　難波京の羅城の有無については，条坊の存在とともに考古学的にはまだ確定できていない。ただし沢村仁氏は京の南辺と東西辺に，羅城の痕跡ともみれる遺構・地形を指摘している（沢村 1998）。また，黒田慶一氏は細工谷遺跡で検出した遺構を羅城と推定している（黒田 2014）。
（3）　門脇禎二氏は甘樫丘と畝傍山東方の蘇我氏の邸宅，鉾削寺によって，飛鳥の防衛体制であったと指摘している（門脇 1970）。
（4）　丘陵上の遺構については，近年多くの調査事例が増えてきており，特に，橿原市五条野丘陵では顕著である。しかし，これまでに見つかっている丘陵上遺構のすべてが，軍事に関する遺跡ではなく，邸宅・官衙の遺跡も含まれる。これらについては飛鳥周辺の邸宅として，以前に検討したことがある（相原 2000）。本章では確実に軍事にかかわるとおもわれる遺跡のみを対象とした。
（5）　尾根稜線上に掘立柱塀を設置する事例に，橿原市五条野町にある植山古墳の背後の遺構がある。そこでは古墳の背面の尾根上に掘立柱塀が 2 時期分確認されているが，植山古墳の墓域を明示する構造物と考えられている（橿原市 2014）。植山古墳は改葬

前の推古天皇と竹田皇子の墓と推定されており，改葬後の陵墓の取り扱い方とも関連
して興味深いが，いわゆる飛鳥地域の防御施設とは考えていない。

（6） 今回復元する羅城的施設は，石神遺跡の北限塀や寺院の大垣などの既存の施設に接
続することによって構成されていると考えている。

（7） 岸氏の検索した「ヒブリ山」地名のうち，表17のJKNOQについては大和地名研
究所によっても，町名までしか位置を特定できていない（大和地名研究所1952）。

（8） 高安・葛城からの伝達路を考えるとき，もうひとつ畝傍山の存在が大きい。両者か
ら飛鳥方面を望むと，畝傍山が最も確認しやすく，ランドマーク的存在で，ここに烽
施設を想定できる。さらに古事記には「畝火山」という表現もあり，興味深い。

（9） 阿部義平氏によると，平城京では井上和人氏が指摘した南辺の羅城（井上1998）
に加えて，そこから連なる山並みの稜線を使った山水境の城郭都市を推定している
（阿部2003）。

（10） 宮域を囲む施設は，平城宮では築地大垣となるが，藤原宮では掘立柱塀である（黒
崎1997）。飛鳥宮の羅城的施設が掘立柱塀であることと共通する。

（11） これはさらに遡った古墳時代の居館でも同様で，群馬県三ツ寺I遺跡などは柵と濠
によって館を守っている。飛鳥宮や藤原宮における宮城の構造と基本的に変わらない。
京域には羅城はないことも裏づける。

参考・引用文献

相原嘉之 1994 「近江京域論の再検討・予察―7世紀における近江南部地域の諸相―」『紀
要　第7号』滋賀県文化財保護協会（本書第I部第2章に収録）

相原嘉之 2000 「飛鳥地域における空間利用形態についての一試論―掘立柱建物の統計的
分析を通して―」『明日香村文化財調査研究紀要　創刊号』（本書第III部第1章に収
録）

相原嘉之 2003 「飛鳥浄御原宮の宮城―飛鳥地域における官衙配置とその構造―」『明日
香村文化財調査研究紀要　第3号』（本書第II部第3章に収録）

相原嘉之 2011 「飛鳥古京の攻防―壬申紀にみる小墾田兵庫と留守官―」『琵琶湖と地域
文化　林博通先生退任記念論集』林博通先生退任記念論集刊行会

明日香村教育委員会 1988 『雷丘東方遺跡　第3次発掘調査概報』

明日香村教育委員会 2001 「1999-3次　八釣・東山古墳群の調査」『明日香村遺跡調査概
報　平成11年度』

明日香村教育委員会 2006 『酒船石遺跡発掘調査報告書―付．飛鳥東垣内遺跡・飛鳥宮ノ
下遺跡―』

阿部義平 1991 「日本列島における都城形成―大宰府羅城の復元を中心に―」『国立歴史
民俗博物館研究報告　第36集』

阿部義平 2003 「藤原京・平城京の構造」『古代王権の空間支配』青木書店

石母田正 1971 『日本の古代国家』岩波書店

井上和人 1998 「平城京羅城門再考―平城京の羅城門・羅城と京南辺条条里―」『条里制古代都市研究　通巻 14 号』条里制古代都市研究会

井上和人 2008 「古代都城建設の実像―藤原京と平城京の史的意義を問う―」『日本古代都城制の研究―藤原京・平城京の史的意義―』吉川弘文館

大脇　潔 1997 「蘇我氏の氏寺からみたその本拠」『堅田直先生古希記念論文集』真陽社

小澤　毅 2002 「飛鳥の都」『日本の時代史 3　倭国から日本へ』吉川弘文館

橿原市千塚資料館 1997 「土橋遺跡」『かしはらの歴史をさぐる 5』

橿原市教育委員会 2014 『植山古墳』

門脇禎二 1970 『飛鳥　その古代史と風土』日本放送出版協会

門脇禎二 1992 『吉備の古代史』日本放送出版協会

鎌田元一 1988 「律令軍制の形成」『日本の古代 15　古代国家と日本』中央公論社

亀田　博 1998 「酒船石遺跡と神籠石」『季刊 明日香風　第 67 号』飛鳥保存財団

河上邦彦 1994 「両槻宮と酒船石北西の石垣について」『橿原考古学研究所論集　第 12』吉川弘文館

河上邦彦 2004 「飛鳥の入り口守る烽火台……カシ谷遺跡」『飛鳥発掘物語』産経新聞社

関西大学地理学教室 1995 「両槻宮と古代山城」『奈良県明日香村の地理』

岸　俊男 1970 「飛鳥と方格地割」『史林　第 53 巻第 4 号』史学研究会

黒崎　直 1997 「掘立柱塀と築地塀―藤原宮と平城宮の外周施設をめぐって―」『立命館大学考古学論集 I』同論集刊行会

黒田慶一 2014 「難波京の防衛システム―細工谷・宰相山遺跡から考えた難波羅城と難波烽―」『大阪上町台地の総合的研究―東アジア史における都市の誕生・成長・再生の一類型―』大阪文化財研究所・大阪歴史博物館

桜井市文化財協会 1997 「上之庄遺跡第 4 次発掘調査の概要」『平成 8 年度　奈良県内市町村埋蔵文化財発掘調査報告会資料』奈良県内市町村埋蔵文化財技術担当者連絡協議会

佐藤　信 1997 「古代国家と烽制」『烽の道―古代国家の通信システム―』青木書店

沢村　仁 1998 「難波京の羅城と後期難波京の外京，他二三の問題について」『条里制古代都市研究　通巻 14 号』条里制古代都市研究会

関川尚功 1993 「飛鳥・藤原京をめぐる遺跡と古墳群」『関西大学考古学研究室開設四拾周年記念　考古学論叢』関西大学

高取町教育委員会 2003 「高取町森カシ谷遺跡調査概要」『平成 14 年度　奈良県内市町村埋蔵文化財発掘調査報告会資料』奈良県内市町村埋蔵文化財技術担当者連絡協議会

舘野和己 1994 「古代都市―宮から京へ―」『日本の古代国家と城』新人物往来社

千田剛道 1997 「古代山城研究と都城制研究」『青丘学術論集　第 10 集』韓国文化研究振興財団

奈良県立橿原考古学研究所 1983 「檜前・上山遺跡発掘調査概報」『奈良県遺跡調査概報 1982 年度』

奈良県立橿原考古学研究所 1984 「佐田遺跡群発掘調査概報」『奈良県遺跡調査概報 1983 年度』

奈良県立橿原考古学研究所 1985 「檜前・上山遺跡発掘調査概報Ⅱ」『奈良県遺跡調査概報 1984 年度』

奈良国立文化財研究所 1985 「石神遺跡第 4 次調査」『飛鳥・藤原宮発掘調査概報 15』

奈良文化財研究所 2001 「石神遺跡の調査―第 110 次―」『奈良文化財研究所紀要　2001』

早川庄八 1988 「東アジア外交と日本律令制の推移」『日本の古代 15　古代国家と日本』中央公論社

林　博通 2001 『大津京跡の研究』思文閣出版

松浦俊和 1997 「近江大津宮新『京域』論―大津宮に『京域』は設定できるか―」『大津市歴史博物館研究紀要　第 5 号』

森　公章 2002 「倭国から日本へ」『日本の時代史 3　倭国から日本へ』吉川弘文館

大和地名研究所 1952 『大和地名大辞典』

和田　萃 2003 『飛鳥―歴史と風土を歩く―』岩波書店

結　我が国における古代国家の形成過程
—— 古代宮都の変遷からみた律令国家の形成 ——

は じ め に

　我が国の歴史は，狩猟を中心とした縄文時代から，弥生時代になり，王が出現して，階層社会が形成されるようになる。そして，古墳時代には，初期国家が形成されてきたと考えられる。このような国家形成過程のなかで，「日本国」誕生を律令国家の形成とみる。それは，我が国の政治・社会の制度や文化・芸術の直接的なはじまりが，古代律令国家にあると考えるからである。

　ここでは律令国家のはじまりを示す遺跡として，まず飛鳥寺と小墾田宮をとりあげる。それは東アジア世界との交流のなかで，新たに造られた施設であり，我が国の古来からの文化との融合の賜物でもあるからである。その後，乙巳の変によって，豪族の時代は終焉を迎え，大化改新による新たな法治国家への道を進むことになった。そして，飛鳥の王都を示す迎賓館や漏刻など，さまざまな施設が造られた。それは当時の科学技術水準を示すとともに，時空の管理による国家支配の強化につながった。白村江での敗戦や壬申の乱を経て，東アジア世界で生き抜くチカラが必要であると痛感したのである。天武朝は最古の鋳造貨幣である富本銭の発行により，国家の成熟度を示しており，「天皇」もこの頃から呼ばれることになった。そして，中国都城制度を導入し，瓦葺の王宮・王都である「新益京」を造営し，大宝元年（701）正月には「文物の儀，是に備れり」と高らかに宣言したのである。

（1）　始めて法興寺を作る —— 飛鳥前史

　飛鳥地域の開発は，飛鳥寺造営から始まる。それまで原野にちかく，小規模な集落のみがあったところに，突如として基壇をもち礎石の上に朱塗の柱を建て，屋根には瓦を葺いた異国情緒あふれる建築が立ち並んだのである。特に，

寺院のシンボルである塔は，天空にまで聳えるような超高層建築であった。その飛鳥寺の発願は用明2年（587）であるが，奈良の元興寺に残されているヒノキの建築部材（巻斗）の伐採年代は，年輪年代によると582年以降の590年頃と推定されている（元興寺2010）。まさに発願にちかい年代を示しているといえる。また，元興寺の屋根には，今も1400年前の瓦が，現役で建物を守っているのである。

飛鳥寺の建築は，当時の百済・高句麗など，東アジアとの文化交流によって形成されたといってよい。しかし，塔の埋納品をみると，8世紀の鎮壇具と共通する金箔や玉などと舎利容器が出土するとともに，後期古墳に副葬されるような馬具などもあり，東アジアの新しい文化と日本の古来からの文化の融合をここにみることができる（奈文研1958）。

このような古代寺院の堂塔のなかには，さまざまな仏教絵画が描かれていた。法隆寺の金堂に壁画があることは有名であるが，その前身寺院である若草伽藍のものとされる壁画片が発掘調査でも確認されている（斑鳩町2004）。これらの壁画も新たな仏教文化とともに，もたらされたのである。

飛鳥寺は，蘇我馬子によって発願されたが，それはまだ，推古天皇が豊浦宮で即位する5年前の用明2年（587）のことである。蘇我氏は未開であった「飛鳥」の地に飛鳥寺の造営をし，推古天皇を呼び入れたのである。このことは飛鳥寺が飛鳥小盆地の入口に建設されたことや，舒明朝以降には，飛鳥中心に王宮が建設されることから，蘇我氏の意思が強く働いたと考えられる。

(2)　東アジアへの憧憬——推古天皇の時代

推古天皇は，崇峻5年（592）12月に豊浦宮で即位した。崇峻天皇が暗殺されたわずか1カ月後のことである。豊浦宮はわずか1カ月で造営されたことになる。豊浦の地には蘇我稲目の「向原の家」があり，推古天皇が蘇我の血筋であったことから，即位の背景に蘇我氏がかかわっていたことがわかる。豊浦宮は蘇我氏の施設を改修した王宮であった可能性が高い。その推定地は豊浦寺の下層である。発掘調査では石敷を伴う掘立柱建物の一部が確認されており，地形に合わせて約19度西偏した方位をした，天皇の居住空間だけからなる王宮

であった（奈文研 1986）。まさに古墳時代の王宮の延長上にあるといえる。

　豊浦宮で約 10 年を過ごしたのち，推古天皇は，推古 11 年（603）に新たな王宮「小墾田宮」へ遷る。小墾田宮造営の背景には，推古 8 年（600）の遣隋使があった。それは遣隋使が見聞した隋の王都や政治システムの影響を受けたもので，それまでの古墳時代的王宮とは質的にも異なるものであったと考えられる。遣隋使の帰国後，冠位十二階や十七条憲法の制定などの政策や，官道の整備，王宮の整備など，ソフト・ハードともに大きな飛躍を遂げ，律令国家への道を歩みはじめたのである。推古朝の政策は，このように東アジア世界へ目を向けたものであり，小墾田宮も隋の王宮を模したものである。この小墾田宮の位置はまだ確定していないが，奈良時代の小治田宮は，雷丘東方遺跡から出土した「小治田宮」と記された多数の墨書土器から判明している（明日香村 1988）。この土器が出土した井戸は 760 年頃に伐採されたヒノキ材を使用している，淳仁天皇の小治田宮御幸に伴って造られた井戸である（相原ほか 2002）。しかし，飛鳥時代の小墾田宮の場所はまだ謎のままである。これまでその候補地としては，古宮遺跡や雷丘東方遺跡の名前が挙げられるが，筆者は，石神遺跡東方隣接の微高地とみる。飛鳥寺北面大垣に沿う道路が古山田道であり，この道路を境に，北が「小墾田」，南が「飛鳥」であった。この古山田道に北接する石神遺跡東方では，正方位をとる遺構群があり，そのなかには，瓦葺建物もみられる。このように，推古朝段階では，飛鳥寺とその北辺に沿った山田道沿いのみが開発され，まだ飛鳥寺南方地域は未開の地であった。そして，小墾田宮ははじめて正方位を示す王宮として造営されたのである（相原 2013）。

（3）　飛鳥宮の誕生 —— 舒明天皇の時代

　推古天皇が崩御すると，次期天皇の皇位継承問題が起きる。田村皇子が舒明天皇として即位。飛鳥寺南方に王宮・飛鳥岡本宮を造営した。「飛鳥」に造営された最初の王宮で，以降，3 時期にわたる王宮が営まれることになる。この地は，飛鳥寺が北の入口を塞ぐことにより，小盆地状となる一等地である。舒明天皇が蘇我蝦夷の後盾により即位したことと合わせて，飛鳥岡本宮は蘇我氏の強い影響力を受けた王宮といえる。この飛鳥岡本宮は，20 度西偏する飛鳥

宮跡の下層にあたるⅠ期遺構とすることが有力である（林部2001・小澤2003・橿考研2008）。しかし，小墾田宮が正方位の王宮であるとすると，次の飛鳥岡本宮も正方位をしている可能性が高い。造営期間と立地を考えると，未調査であるⅢ期内郭の東方に正方位の王宮が想定される。

しかし，この王宮も舒明8年（636）に焼失すると，舒明天皇は田中宮・厩坂宮などを仮宮とするが，香具山北方に百済大宮と百済大寺を造営する。大宮の造営には西国の，大寺の造営には東国の労働力が投入されたことは，豪族の力だけでなく，広く仕丁を動員できる体制が確立したといえる。百済大寺と推定される吉備池廃寺は並外れた規模の堂塔と伽藍をもつ（奈文研2003）ことから，百済大宮も相応の王宮と思われる。王宮は立地からみると，吉備集落の微高地に推定できる（相原2016a）。しかし，飛鳥から離れたこと，蘇我氏に頼らなかったことは，舒明天皇が蘇我氏と距離を置いていたことを示しており，氏族からの脱却を図っていた。このことは，蘇我本宗家が権力の増大することとも無関係ではない。しかし，舒明天皇は舒明13年（641）に崩御し，皇極天皇が即位した。

(4)　前時代からの転換——皇極天皇の時代

皇極天皇は蘇我氏に詔をして，飛鳥板蓋宮を飛鳥岡本宮の地に再び造営した。その労働力としては東は遠江，西は安芸までの範囲から仕丁を徴発したが，蘇我氏の拠点である飛鳥への回帰は，再び蘇我氏との関連を強く示唆するものであった。この時期，皇極天皇の政治・政策については『日本書紀』にあまり記されていない。南淵での雨乞いは，女帝のシャーマン的な色彩を色濃く残しているといえる。この時期まで，天皇の「政」は，祭祀と政治を併せ持つものであったといえる。『日本書紀』は，天皇の功績よりも，蘇我蝦夷・入鹿の横暴ぶりを強調している。編纂者の意図も十分に考慮しなければいけないが，それは乙巳の変に向けての布石でもあった。蘇我蝦夷・入鹿は甘樫丘に邸宅を建てた。蝦夷の家を「上の宮門」，入鹿の家を「谷の宮門」と呼び，柵で厳重に囲み，兵庫や水槽を備えた堅固なものであった。甘樫丘東麓遺跡が蘇我氏の邸宅であるとの見解もある（奈文研1995）が，発掘調査では邸宅中心部と考えられ

る建物群は確認されておらず，邸宅は別の地点に想定できる。甘樫丘周辺部を含めて，遺跡・寺院，そして古墳については，いずれも蘇我氏との関連が強いもので，7世紀前半の甘樫丘全域が蘇我氏の支配下にあったと言っても過言ではない。そして，7世紀中頃を境として，7世紀後半には遺跡の様相が大きく変わる。蘇我本宗家の滅亡を受け，甘樫丘は没官地となり，次世代には都市化の波に巻き込まれるのである。7世紀前半の蘇我氏の横暴を打破しようとしたのが，乙巳の変であった。ここにおいて豪族の時代が終焉し，律令国家への歩みを再び歩みはじめたのである。蘇我本宗家滅亡の意義は，この点にもある（相原2016b）。

(5) 律令国家への飛躍——孝徳天皇の時代

　その後，都は飛鳥を離れ，難波へと遷る。難波長柄豊碕宮（前期難波宮）である。難波遷都にあたって，仮宮を転々としていたが，大化2年（646）の政策を実現するために，小郡宮を造営し，さらに改新政権は巨大な難波長柄豊碕宮を造営したと推定されている。しかし，この王宮の造営は大化元年には計画が定められ，同2年には造営が開始されたとみられる。史料と遺跡からみると，その構造・規模はそれまでの飛鳥の王宮にはなかった並外れたもので，『日本書紀』には「其の宮殿の状，殫に論ふべからず」（白雉3年（652）9月条）と記されるほど立派であった。その造営期間ものちの藤原宮に匹敵する7年ちかくかかっている。この王宮では内裏から突出する形で正殿が造られ，のちの「大極殿」への系譜を窺うことができると同時に，のちの「朝堂院」にあたる空間も創出された（大阪市1981・2005・中尾1995）。これはそれまでの儀式空間である「庭」と，衆議の空間である「朝堂」を一体化させたもので，ここに画期性と先進性を読み取ることができる（相原2010）。この王宮は「大化改新」と呼ばれる政治改革を実践しようとしたものであるが，改新の詔については，その信憑性や年代に疑問を投げかける研究者も少なくない。しかし，前期難波宮の造営期間や構造・規模は，新政権の意気込みを示すのに十分な内容であると考えられる。詔の内容が，短期間に広範囲にわたって，実際に施行されたかは検証が必要であるが，実施しようとしたことだけは間違いない（相原2016c）。

しかし，中大兄皇子は皇極前天皇らを連れ，飛鳥へともどった。改新政権の政策路線の齟齬が，政権分裂へと繋がった。飛鳥ではまず「飛鳥河邊行宮」にはいったとする。従来，飛鳥川上流の稲淵宮殿跡をその比定地とする（奈文研1977）が，「飛鳥」の地名を冠することから，「飛鳥」の地域名のなかで求めるべきである。水落遺跡下層にある建物群が候補となる。なお，「飛鳥川原宮」についても，同施設を利用した可能性が高い（相原2014a）。

(6) 倭京の荘厳化——斉明天皇の時代

難波から還都した斉明天皇は，新しい王宮・後飛鳥岡本宮を造営した（橿考研2008）。しかし，それは難波宮とは異なり，大規模な「朝堂院」を付随せず，大化前代の王宮を踏襲しているようにみえる。ただし，王宮の中心建物をみると，中軸線に3棟並ぶ殿舎配置などは，前期難波宮をトレースしている。斉明天皇は王宮そのものよりも，王都建設や国家体制の強化に力を入れている。特に，飛鳥寺の西には，槻樹のある石敷広場がある。乙巳の変の幕開けともなった，中大兄皇子が蹴鞠に興じているとき，中臣鎌足と出会った場として有名であるが，孝徳天皇即位時に槻樹下で忠誠を誓わせたり，その後も壬申の乱時に近江軍の駐屯地となったり，蝦夷らの饗宴の空間として，飛鳥史のエポックには必ず現れる地域であった。その北側隣接地には，我が国はじめての漏刻台である水落遺跡，さらには蝦夷や新羅などからの夷狄・蕃客を迎えた迎賓館と推定される石神遺跡の施設群が広がっている。ここには石人像や須弥山石などの噴水石造物が饗宴場のオブジェとして設置されていた（安田2006）。漏刻は，時と人民を支配するという意味では，時間と国土を治めることを示し，仏教世界の中心である須弥山を模した石造物造立は，ここが飛鳥の中心，世界の中心であったことを示している。斉明天皇は，ここを中心として，蝦夷や新羅などの夷狄・蕃客などを取り込む，小中華世界を形成したのである（相原2014b）。

一方，飛鳥宮の東方丘陵上には酒船石が座している。この石造物を取り巻くように，丘陵中腹には，天理砂岩の石垣が構築されており，幾重もの石列・石垣がめぐっている。『日本書紀』に記される「宮の東の山の石垣」「石の山丘」（斉明2年条）に該当する。さらにこの石垣の石材を運搬するのに「狂心渠」と

いう巨大な運河を掘って，船200艘で運んだと記す（329ページ参照）。これらの数字については，労働力を計算したところ，大きな違いはなく，比較的正しいと思われる（相原2008a）。この運河も，酒船石遺跡の東を起点に，飛鳥寺の東から北を通過する水路が確認されている。さらに遺跡北裾では亀形石槽などで構成される導水施設がある（明日香村2006）。天皇祭祀にかかわる施設である。この遺跡は次の天武朝においても，改修しながらも使用されており，極めて重要な祭祀施設であった。天武朝に，天皇権力の昇華のために，はじめて大嘗祭を実践したことを考え合わせると，天皇の最重要祭祀が執り行われていた遺跡といえる（相原2003a）。

斉明朝には須弥山石や酒船石・亀形石槽をはじめ，亀石や猿石など，いまだ用途の確定していない石造物が多く造られる。それまでの古墳の硬質系石材（花崗岩）を加工する技術は我が国にもあったが，石材を彫刻する技術は無に等しかった。この時期だけに突如として現れ，次の天智朝には新たに石造物が造られなかったことを考えると，これらの石造物は斉明天皇の趣向であり，彫刻技術者を当時，硬質系石材加工技術に優れていた百済から呼び込んだと考えられる（相原2008b）。

(7) 淡海の都——天智天皇の時代

この時代，韓半島は動乱の時代であった。百済が唐・新羅から攻められ，これを救援するために斉明天皇は自ら九州まで赴いたのだが，ここで崩御することになる。後を継いだ中大兄皇子は，斉明天皇の意思を受け継ぎ，韓半島で応戦するものの，圧倒的な軍事力をもつ，唐・新羅連合軍に対して，白村江において敗退することになったのである。この敗北は，当時の倭国において国際的な緊張をもたらすことになった。

中大兄皇子がまず行ったのは，国土防衛である。この前後，瀬戸内から北部九州にかけて山城を造営し，烽が置かれ，大宰府・水城を置き，防人を配置した。飛鳥においても，飛鳥をめぐる「羅城」的な掘立柱塀が設置されたのもこの前後の時期である（相原2004）。そして，天智6年（667）に天智天皇は，都を飛鳥から近江大津宮に遷したのである（林2001）。

この大津の地で，天智天皇はいくつもの政策を立案している。このなかでも「戸籍を造る」（天智9年2月条）は重要である。全国にわたる戸籍である庚午年籍によって人民支配が完成した。また，冠位・法度の事を施行した。所謂「近江令」である。この近江令による官制が官僚組織として成立していたことを示し，次の飛鳥浄御原令へと繋がる。

大津宮は西に比叡山の山塊が迫り，東は広大な琵琶湖が広がっている。しかし，このような立地的条件から，大津宮は小規模にしかならず，朝堂院も備わっていない（林部2001・相原2010）。その王都も湖畔沿いの南北に細長い地形にしかならない。西近江路に沿ってそれに直交する道路があった程度であろう（相原1994）。また，官人の居住エリアもこの範囲だけでは収まらなかったのであろう。『藤氏家伝』（天智8年10月16日）によると，中臣鎌足の邸宅は「淡海」つまり近江京内にもあるが，ほかに「山科の陶原」（『帝王編年記』斉明3年）にもあることからも窺うことができる。王都としての形態には，不備があったが，緊急時には琵琶湖対岸に船で渡ることもでき，北へ抜けると東国あるいは北陸へと抜けることができる。そこには，唐・新羅と対峙していた高句麗があったのである。天智9年2月条に「天皇，蒲生郡の匱迮野に幸して，宮地を観はす」とあり，琵琶湖対岸の湖東を視察する記事があるが，湖東の広大な土地に新都の構想をもったのであろうか。そこは渡来人が多く住む地域でもあった。

(8)　日本国の形成 —— 天武天皇の時代

大友皇子と大海人皇子との間で，皇位継承をめぐる古代史上最大の内乱が起きる。壬申の乱である。その舞台となったのは，奈良盆地のみならず，河内から東海へと広がる。石神遺跡からは多数の鉄鏃が出土しており，倉庫と考えられる施設もみられる。壬申紀にみる「小墾田兵庫」と推定でき，水落遺跡の上層遺構にはこの時期最大の四面廂建物があり，留守司の有力な候補地となる。そして，近江軍が飛鳥古京を守るために軍営を張ったのが，飛鳥寺の西の槻樹の広場であった（相原2011）。

壬申の乱を勝ち抜いた大海人皇子は，天武天皇として即位，日本国の形成に

向けて本格的に動き出した。天武天皇が，国家形成に意欲を見せた理由は，白村江の敗戦であり，壬申の乱であった。唐の巨大な軍事力や国家体制に，我が国も追いつく必要性を感じていたのである。

　天武天皇の王宮は，母である斉明天皇の後飛鳥岡本宮を増改築した飛鳥浄御原宮である。ここには，のちの大極殿に相当する「エビノコ大殿」も建てられている（橿考研1978）。「大極殿」の名称は天武10年（681）からしか現れない。「エビノコ大殿」の造営時期がこの頃まで下る可能性があり，天武10年という年は，天武朝でも画期となる。天武朝前半の政策は，官人の登用・勤務評定・給与・公民への課税・出挙など細かな制度整備が行われたが，これらは近江令を補う細部修正にすぎない。この時期，国際関係では，天武元年（672）に唐が高句麗遺民を攻め，唐軍対高句麗・新羅軍が戦闘状態になっていた。このため，我が国は唐との国交を絶ち，新羅との交流に重きを置いていた。これに対して，天武10年以降，重要な政策を次々と発する。飛鳥浄御原令の編纂の勅命を「大極殿」で発する（天武10年2月25日条）。同年3月には「帝紀及び上古の諸事」を記す『日本書紀』の編纂を命じている。また，禁式九十二条が立てられ，服飾規定を行った。諸氏の族姓を整理統合した「八色の姓」など，社会秩序が礼法・冠位制として整えられたと同時に，歴史書編纂という，神話からつづく皇統の正当性を示そうとしたのである。

　これらの制度・行政組織の整備に伴って，宮内には各種の官衙群が建ち並ぶことになる。宮内の一角には，海外からの賓客をもてなす，巨大な苑池もある（橿考研2012）。一方，宮外においても，官衙群が立ち並んでいた。石神遺跡では具注暦木簡が出土しており，当時の役所において，暦が使用されていたことを示している（相原2003b）。

　この時期，国家形成を端的に示す遺物が出土したのは飛鳥池工房遺跡である。この工房は，多様な品々を製作していた飛鳥時代最大の官営工房である。その製品や製作技術，生産体制は国家のレベル水準を表しており，特に，最古の鋳造貨幣である富本銭の鋳造は，国家としての成熟度を示している。また，「天皇」木簡の発見は，この時期に天皇号が使用されていたことを証明し，「天皇」と名乗った最初の人物は，天武天皇であった可能性が高い。「次米」木簡の出土は，『日本書紀』の記述とも相まって，天武朝において大嘗祭・新嘗祭が実

践されていたことを記しており，隣接してある酒船石遺跡が天皇祭祀の遺跡として注目される。

一方，王都としてみると，皇族・官人の邸宅が盆地縁辺部に建つようになる。王宮を中心とした王都が，広がりはじめるのである（相原 2000a）。7 世紀後半，飛鳥の道路網も拡大していった。既存施設があれば，それを迂回し，あるいは道路に面して施設を設置したが，都市交通網としては不備であった。そこで王宮中心部へ直線道路が，下ツ道から川原寺・橘寺間を通過して，飛鳥宮西門に敷設された。飛鳥の道路網の過渡期となる（相原 1998・2000b）。

この天武天皇の時期は，飛鳥浄御原令の制定や，国史の編纂，官僚機構の整備，伊勢神宮や天皇祭祀など，多くの機構整備がなされた時代でもある。壬申の乱以降，律令国家への道程は大きな飛躍をしたのである。次の藤原宮の造営が始まるのも，まさにこの頃である。

(9)　文物の儀，是に備れり ── 藤原京の時代

持統 8 年（694）12 月 1 日，持統天皇は，都を飛鳥から新益京（藤原京）へと遷した。平城京へと遷都するまでの約 16 年間，日本の首都となる。藤原宮は天皇の居所である内裏，政治儀式の中心である大極殿・朝堂院，そして各省庁の官衙建物が，高さ 5 m の大垣に囲まれた，約 1 km 四方のなかに配置されている（奈良研 1976・1978・1980）。このなかでも大極殿・朝堂院には宮殿でははじめて礎石・瓦葺建物が採用され，我が国の王宮構造が確立した。それはプロトタイプであった前期難波宮の造営から 50 年後のことである。この藤原宮の周辺には，中国の条坊制都城を模した，一辺 5.3 km を碁盤目状に区画した街区が形成されている。飛鳥の道路網から藤原京の道路網への変化は，広域道路から区画道路への変化でもあった。この区画内に寺院や宮外官衙，そして皇族や役人の邸宅が建ち並んでいた。このような正方形の都城の中心に王宮を配置し，市を北方に置くのは，『周礼』冬官考工記に記されたミヤコと共通しており，まさに中国理想の都を具現化したにほかならず，唐に対抗する王都を造営したのである（小澤 2003）。

しかし，新益京の造営過程は複雑で，持統 8 年の遷都時には，大極殿・朝堂

院はもとより，大垣でさえ完成していなかったのである。近年の調査・研究の成果によると，その造営は，天武5年（676）まで遡ることがわかっている。倭京の一画にニュータウンとしての方形街区「新城」を施工した。その後，天武10年頃に「新城」区画を拡大整備した「新益京」を計画・造営したのである。つまり，天武天皇は即位した直後には，新興住宅街のみを設けたが，のちにこれを拡大整備して，国家の中心である都の造営を目指し，それが王都「新益京」だったのである。しかし，志半ばで倒れ，その計画は一時中断をする。その意思を受け継いだのが妻の持統天皇であったのである。

　我が国ではじめての巨大な都城の造営は，造営期間の長さに表れるように，そう簡単ではなかった。精緻な測量技術や大規模な土木工事，大量の造営物資の生産・調達，その資金や労働力の確保など，これまでにない規模のプロジェクトである。柱などの木材は近隣地域はもとより，遠く近江国の田上山から切り出し，河川や人工運河を掘削して運んでいる。また，瓦も大和国内だけでなく近江や讃岐，淡路島で生産しているのである。先に見た富本銭の発行は，藤原京造営資金の一環としても発行された。

　そして，大宝元年（701）正月，「文物の儀，是に備れり」としたのは，ソフトである行政機構や律令，ハードである王宮・王都が完成し，名実ともに整った律令国家「日本国」であることを高らかに宣言したのである（相原2015）。

　この年，粟田朝臣真人を遣唐使として，実に30年ぶりに派遣する。大唐帝国に「日本国」を正式外交によって報告・認めさせるためである。遣唐使が帰国したのは2年後の慶雲元年（704）のことである。正式な国交が断絶していた唐の都の様子や政治を見てきた遣唐使の報告によると，時の皇帝は天子南面するの思想通り，北の高所から南を向いて政治を行っている。都の形態も北端の高所に王宮を営んでいたのである。これらの最新の情報に加えて，藤原京においても理想と現実の齟齬が現れはじめていた。慶雲4年（707）には，早くも遷都の議題があがり，翌，和銅元年（708）には平城京遷都が決定されるのである。そして，都は和銅3年（710）3月10日に平城京へと遷ったのである。

（10） 総　　　括 —— 平城京・平安京へ

　飛鳥時代の王宮・王都の変遷は，単純なものではない。特に，難波宮の構造・規模にみられるように，一概に発展していくわけでもなく，そこには大いなる飛躍や後退を繰り返しながらも，進化を遂げていったのである。その背景には国際的な関係や，国内的な事情が，時の政策に影響とインパクトを与えており，王宮の構造・規模の変遷に繫がっている。同様に制度の充実や確立に伴い，官衙域の発展を促し，藤原宮域内への集約になる。これらは，王都の発展においてもみられ，徐々に拡大しながらも，最終的には，新益京の都城となって結実する。これら王宮・王都の解明が，律令国家の形成過程を鮮明に表すもので，宮都研究は国家形成の鏡であることは間違いない。新益京で確立された律令国家体制は，つづく奈良時代の平城京において昇華され，平安京へと受け継がれていく。しかし，平安時代も中頃になると，律令国家が崩壊していき，古代から中世へと変化をする。その過程も平安京の研究によって明らかになりつつあるのである。

参考・引用文献

相原嘉之 1994 「近江京域論の再検討・予察—7 世紀における近江南部地域の諸相—」『紀要　第 7 号』滋賀県文化財保護協会（本書第Ⅰ部第 2 章に収録）

相原嘉之 1998 「飛鳥地域における古代道路体系の検討—都市空間復原に向けての基礎研究—」『郵政考古紀要　第 25 号』大阪郵政考古学会（本書第Ⅲ部第 2 章に収録）

相原嘉之 2000a 「飛鳥地域における空間利用形態についての一試論—掘立柱建物の統計的分析を通して—」『明日香村文化財調査研究紀要　創刊号』明日香村教育委員会（本書第Ⅲ部第 1 章に収録）

相原嘉之 2000b 「飛鳥の道路と宮殿・寺院・宅地—飛鳥の都市景観についての一視点—」『条理制・古代都市研究　通巻 15 号』条理制・古代都市研究会（本書第Ⅲ部第 2 章に収録）

相原嘉之・光谷拓実 2002 「小治田宮の井戸—井戸枠の年輪年代と出土土器—」『明日香村文化財調査研究紀要　第 2 号』明日香村教育委員会

相原嘉之 2003a 「飛鳥大嘗宮論—初期大嘗宮と酒船石遺跡—」『続文化財学論集』文化財学論集刊行会

相原嘉之 2003b 「飛鳥浄御原宮の宮城—飛鳥地域における官衙配置とその構造—」『明日

香村文化財調査研究紀要　第3号』（本書第Ⅱ部第3章に収録）

相原嘉之 2004　「倭京の守り―古代都市 飛鳥の防衛システム構想―」『明日香村文化財調査研究紀要　第4号』明日香村教育委員会（本書第Ⅲ部第4章に収録）

相原嘉之 2008a　「飛鳥における斉明朝の土木技術―酒船石遺跡と『日本書紀』の宮東山―」『季刊考古学　第102号』雄山閣

相原嘉之 2008b　「古代飛鳥の石造物群―石造物からみた皇極・斉明朝の飛鳥―」『別冊歴史読本　大化の改新と古代国家誕生』新人物往来社

相原嘉之 2010　「我が国における宮中枢部の成立過程―内裏・大極殿・朝堂院の成立に関する覚書―」『明日香村文化財調査研究紀要　第9号』明日香村教育委員会（本書第Ⅱ部第2章に収録）

相原嘉之 2011　「飛鳥古京の攻防―壬申紀にみる小墾田兵庫と留守司―」『琵琶湖と地域文化　林博通先生退任記念論集』林博通先生退任記念論集刊行会

相原嘉之 2013　「飛鳥寺北方域の開発―7世紀前半の小墾田を中心に―」『橿原考古学研究所論集　第16』八木書店

相原嘉之 2014a　「ふたつの飛鳥川原宮」『明日香―明日香村文化協会々誌―　第36号』明日香村文化協会

相原嘉之 2014b　「飛鳥寺西の歴史的変遷―飛鳥における『天下の中心』の創造―」『万葉古代学研究年報　第12号』奈良県立万葉文化館

相原嘉之 2015　「新益京造営試論―藤原宮・京の造営過程に関する覚書―」『河上邦彦先生古稀記念献呈論文集』河上邦彦先生古稀記念献呈論文集刊行会（本書第Ⅰ部第3章に収録）

相原嘉之 2016a　「磐余の諸宮と磐余池―古代磐余をめぐる諸問題―」『魂の考古学　豆谷和之さん追悼論文編』豆谷和之さん追悼会

相原嘉之 2016b　「甘樫丘をめぐる遺跡の動態―甘樫丘遺跡群の評価をめぐって―」『明日香村文化財調査研究紀要　第15号』明日香村教育委員会

相原嘉之 2016c　「大化改新の真実」『明日香―明日香村文化協会々誌―　第38号』明日香村文化協会

明日香村教育委員会 1988　『雷丘東方遺跡　第3次発掘調査概報』

明日香村教育委員会 2006　『酒船石遺跡発掘調査報告書―付. 飛鳥東垣内遺跡・飛鳥宮ノ下遺跡―』

斑鳩町教育委員会 2004　『若草伽藍西方の調査』

元興寺・元興寺文化財研究所 2010　『元興寺膳室　屋根裏探検』

大阪市文化財協会 1981　『難波宮址の研究　第7』

大阪市文化財協会 2005　『難波宮址の研究　第11―前期・後期朝堂院の調査―』

小澤　毅 2003　『日本古代宮都構造の研究』青木書店

中尾芳治 1995　『難波宮の研究』吉川弘文館

奈良県立橿原考古学研究所 1978 「飛鳥京跡昭和 52 年度発掘調査概報」『奈良県遺跡調査
　　概報（第 2 分冊）1977 年度』
奈良県立橿原考古学研究所 2008 『飛鳥京跡Ⅲ―内郭中枢の調査（1）―』
奈良県立橿原考古学研究所 2012 『史跡・名勝 飛鳥京跡苑池（1）―飛鳥京跡Ⅴ―』
奈良国立文化財研究所 1958 『飛鳥寺発掘調査報告』
奈良国立文化財研究所 1976 『飛鳥・藤原宮発掘調査報告Ⅰ』
奈良国立文化財研究所 1977 「稲淵川西遺跡の調査」『飛鳥・藤原宮発掘調査概報 7』
奈良国立文化財研究所 1978 『飛鳥・藤原宮発掘調査報告Ⅱ』
奈良国立文化財研究所 1980 『飛鳥・藤原宮発掘調査報告Ⅲ』
奈良国立文化財研究所 1986 「豊浦寺第 3 次調査」『飛鳥・藤原宮発掘調査概報 16』
奈良国立文化財研究所 1995 「甘樫丘東麓の調査　第 71-12 次調査」『飛鳥・藤原宮発掘
　　調査概報 25』
奈良文化財研究所 2003 『吉備池廃寺発掘調査報告―百済大寺跡の調査―』
林　博通 2001 『大津京跡の研究』思文閣出版
林部　均 2001 『古代宮都形成過程の研究』青木書店
安田龍太郎 2006 「石神遺跡」『続 明日香村史　上巻』明日香村

あ と が き

　本書は，筆者が20年余の間に書きためた古代宮都に関する論文のうち9編と，新稿2編を加えて編成した最初の単著である。本書作成にあたっては，『古代飛鳥の都市構造』の書名に沿って構成したが，一書に纏めるにあたって既発表論文を読み返すと，特に，初期の論文には考察不足や表現の未熟さが目に付き，論文間の重複も多いことに気づく。しかも，飛鳥地域におけるここ20余年の調査・研究の進展にはめざましいものがあり，これによって事実関係や見解にも修正が迫られるものがある。当初，補注等で補い，発表当時のまま掲載することも，研究史的な意義もあろうかとも思ったが，今回は最新データを基に大幅な補筆・修正を行った。よって，本書の内容が現在の筆者の理解と思っていただきたい。

　さて，まず筆者が都城制研究を志した経緯から記しておこう。筆者が考古学を目指したのは大学受験を控えた高校3年の時であった。それまで天文学など理科系分野に興味をもち，大阪四ツ橋にあった電気科学館のプラネタリウムによく通っていたものである。当然，高校では理系コースの授業を受けており，理系科目のほうが成績は良かった。しかし，受験を控えて大学を選ぶ際に，なぜか不得意な文系学部の考古学を選ぶことになり，奈良大学文学部文化財学科へと入学した。そこには全国から考古学や美術史，保存科学などを学ぶ学友が集っていた。入学後，先輩の紹介により，1回生から奈良市埋蔵文化財調査センターの遺物整理・発掘調査に参加することになった。今から思えば，これがその後の方向性を決めることになったのである。結局，卒業するまでの4年間，平城京の調査に参加した。卒業論文は水野正好先生の指導のもと，平城京の市をテーマにした「古代日本市場の考古学研究への道標」を提出した。
　卒業後は先生の推薦で，奈良国立文化財研究所飛鳥藤原宮跡発掘調査部の研究補佐員に採用された。ここでの2年間は，飛鳥・藤原地域の調査研究に携わり，この経験がその後の進路へと繋がっている。その後，滋賀県文化財保護協

あとがき　　*373*

会の技師として採用され，琵琶湖の湖東地域の調査にあたることになったが，この間も大津宮とされる錦織遺跡の調査を実見することができ，湖西の比叡山麓の山城踏査などにも参加した。滋賀県に奉職して 2 年目，明日香村へと舞い戻ることになり，再び飛鳥地域の調査研究を行うことになった。明日香村では，酒船石遺跡や藤原京・川原下ノ茶屋遺跡など飛鳥の遺跡を調査し，その経験が本書の研究テーマの基礎ともなっている。さらにキトラ古墳や高松塚古墳などの調査にも参画し，文化財の保護・活用などの文化財行政にも携わることになった。

このように大学入学後から一貫して，平城京や難波宮，そして卒業後も飛鳥・藤原京の調査研究に携わることになる。そして，これらの調査研究のなかで，飛鳥地域の王都の成立やその構造の解明のために，さまざまなテーマを検討してきた。

このような経緯のもと，テーマに沿った論考を書き上げていったのである。ここでは各論考の成り立ちと発表時との違い，そして今後の課題を記しておきたい。

第Ⅰ部第 1 章　倭京の実像——飛鳥地域における京の成立過程——

「倭京の実像—飛鳥地域における京の成立過程—」（『紀要　第 6 号』滋賀県文化財保護協会，1993 年），および「大和　飛鳥・藤原地域の土器」（『古代の土器 5-1　7 世紀の土器（近畿東部・東海編）』古代の土器研究会，1997 年）の論文を大幅に改変したものである。

前者は，筆者が奈良国立文化財研究所から滋賀県文化財保護協会に移った 1 年目に執筆したもので，筆者としては処女論文でもあった。奈文研では，2 年間飛鳥・藤原京を中心に調査をしており，その意味では奈文研の卒業論文でもある。

飛鳥地域の都市としての成立過程を考古学的に明らかにしようと試みた論文で，都市の成立過程を究明するために時間軸と空間軸を据えた分布図を作成した。これによって，遺跡の広がりやその動向の画期をとらえ，飛鳥が都になる過程を明らかにしたものである。その後，同様の考察を阿部義平氏や林部均氏が試みられており，飛鳥の変遷過程について論じられている。本書掲載にあた

っては，発表後約20余年にわたる発掘成果や研究成果を踏まえて，最新のデータを基に再度分布図を作成して，再検討を行った。ここ20余年の調査成果からも，検討結果に大きな変更は認められない。しかし，7世紀前半の遺構確認位置が少ないことや，藤原京の条坊計画の時期など，詰め切れない点も残されている。より詳細な時期区分と良好な調査成果，そして，それを客観的に提示できる報告の積み重ねが必要であろう。

第Ⅰ部第2章　近江京域論の再検討 —— 7世紀における近江南部地域の諸相 ——

「近江京域論の再検討・予察—7世紀における近江南部地域の諸相—」（『紀要　第7号』滋賀県文化財保護協会，1994年）の論文を大幅に改編したものである。

滋賀県2年目に執筆をしていた論文であるが，奇しくもこの年の途中，筆者は明日香村へと移ることになる。滋賀県では主に湖東地域の調査を担当していたが，大津宮の建物と推定される調査も間近に接することができた。その大津宮は錦織遺跡とほぼ確定してきたが，大津宮に伴う「京」については，方格地割をもつものや，漠然とした範囲であるというものなど，諸説があり明確ではない。そこで，前章において行った手法を用いて，近江京の動向を検討した。本書では，その後の調査成果を基に分布図を作成，再検討をしたものである。しかし，飛鳥地域にもまして，遺構の確認件数が少なく，分布図への反映が難しい。これは大津宮（錦織遺跡）においても，近年は調査が進んでいないことも影響している。

第Ⅰ部第3章　新益京造営試論 —— 藤原宮・京の造営過程 ——

「新益京造営試論—藤原宮・京の造営過程に関する覚書—」（『河上邦彦先生古稀記念献呈論文集』河上邦彦先生古稀記念献呈論文集刊行会，2015年）の論文を一部改変したものである。

日頃から多くのご指導をいただいている河上邦彦氏の古稀記念論集に向けて執筆した論文である。奈良文化財研究所は近年藤原宮の中枢部（大極殿院・朝堂院・朝庭）の調査を継続している。これに伴って，藤原宮造営の過程が詳細に判明してきた。これまで藤原京研究は，遷都（持統8年・694年）までの造営過程と京域の問題が大きな研究課題であった。しかし，最近の成果を踏まえ，

藤原宮・京の造営過程を考古資料および文献史料を対比し，整理することにより，具体的な造営過程が明らかとなる。それは遷都時にまだ，大極殿・朝堂院も完成していないことにも現れ，藤原宮・京の造営過程の研究は，天武5年（676）から平城京遷都までを対象にしなければいけないことが判明する。近年は大極殿院の調査がしばらく継続するが，内裏地区の解明が大きな課題となる。

第Ⅱ部第1章　飛鳥の諸宮とその展開 ── 史料からみる王宮造営の画期 ──
新稿である。

飛鳥時代の王宮は遷宮を繰り返しており，多くの王宮が造営された。その遷宮理由は政治的な理由もあるが，火災などの物理的な要因もある。これらの王宮は時代により，その構造は異なると考えられるが，一体，王宮の造営にはどのくらいの期間がかかり，どのような体制が必要であったのであろうか，というのが執筆の動機である。王宮の構造は律令体制の整備に伴って，充実していく。本来，王宮は天皇の居住空間である「内裏」のみで構成されていた。しかし，国家体制の確立に伴い，政治の空間が大きくなり，官衙も整備されていく。このような違いはみられるものの，7世紀の王宮造営の期間を検討し，そのなかでの画期を明確にすることに努めた。本章の内容を踏まえて，遺構から王宮中枢部の変遷を検討したのが，次章の論考である。

第Ⅱ部第2章　宮中枢部の成立過程 ── 内裏・大極殿・朝堂院の成立 ──
「我が国における宮中枢部の成立過程─内裏・大極殿・朝堂院の成立に関する覚書─」（『明日香村文化財調査研究紀要　第9号』明日香村教育委員会，2010年）の論文を一部改変したものである。

筆者はこれまで，飛鳥の王宮中心部に関する論文は執筆してこなかった。それは飛鳥の官衙や都市にかかわる遺跡の調査には直接携わっていたが，飛鳥宮跡の調査は橿原考古学研究所が主に担当し，筆者は直接かかわっていなかったからである。しかし学生時代には，水野ゼミの発表や研究室の交流会で，大極殿にかかわる発表を行っていた。そして，近年，「大極殿」の成立について多くの議論が行われるなか，最近の調査成果を踏まえて，再検討したものである。王宮構造の成立過程では，「大極殿」が最も重要ではあるが，合わせて「内裏」「朝堂院」の成立過程も検討する必要がある。そこで，これまでの研究を整理・検討すると，どの要素を重視するかによって「大極殿」「朝堂院」の成立

時期が異なることを指摘し，確実な成立は藤原宮と結論づけた。しかし，藤原宮の内裏がほとんど解明されていないことは，飛鳥宮跡・前期難波宮と平城宮との変遷を繋ぐ遺跡として課題があると考えられる。

第Ⅱ部第3章　飛鳥浄御原宮の宮城 ── 官衙配置の構造とその展開 ──

「飛鳥浄御原宮の宮城─飛鳥地域における官衙配置とその構造─」(『明日香村文化財調査研究紀要　第3号』明日香村教育委員会，2003年) の論文を一部改変したものである。

酒船石遺跡の西部地区で，大型建物や木簡群が出土し，飛鳥宮の宮外官衙と推定できるようになってきた。また，官衙遺構が，宮内および宮外で確認されてきたことを受け，飛鳥宮の官衙配置と掌握官司について検討したものである。さらに次の藤原宮の官衙と比較することにより，飛鳥宮の官衙の特質が見えてくると考えた。しかし，斉明朝の宮内官衙については不明な点も多く，前期難波宮における官衙の実態は，王宮の変遷からみても特異な点であることが改めて認識された。

第Ⅲ部第1章　宅地空間の利用形態 ── 掘立柱建物の統計的分析を通して ──

「飛鳥地域における空間利用形態についての一試論─掘立柱建物の統計的分析を通じて─」(『明日香村文化財調査研究紀要　創刊号』明日香村教育委員会，2000年) を大幅に改変したものである。

明日香村教育委員会が発行している研究紀要の創刊号に掲載するために執筆した論文である。藤原京・平城京などの条坊制都城では，宅地規模が判明することによって，王都における宅地空間の配置や構造が明らかになる。しかし，飛鳥地域では，宅地と推定される遺跡においても，建物の一部が確認される程度で，全貌がわかるものは少ない。そこで注目したのが，建物そのものがもつ属性（柱間件数・寸法・柱坑規模など）を藤原京の宅地建物と比較するというものである。これらの比較により，飛鳥地域の宅地のランクを分け，空間利用形態を解明したものである。

第Ⅲ部第2章　飛鳥地域の道路体系の復元 ── 都市景観復元に向けての一試論 ──

「飛鳥の道路と宮殿・寺院・宅地─飛鳥の都市景観についての一視点─」(『条里制・古代都市研究　通巻15号』条里制・古代都市研究会，1999年)，および

「飛鳥地域における古代道路体系の検討─都市空間復原へ向けての基礎研究─」（『郵政考古紀要　通巻 34 冊』大阪・郵政考古学会，1998 年）を合成のうえ改変したもである。

　筆者は平成 8 年（1996）に川原下ノ茶屋遺跡の道路交差点の調査を担当した。この時に確認した東西道路は，川原寺・橘寺間を通過して，下ツ道から飛鳥宮まで直線で結ぶ幹線道路であり，飛鳥の道路として重要なものであると考えられた。飛鳥の都市景観を復元するにあたり，道路網の復元は，重要な要素である。このためにも飛鳥の道路を積極的に復元した。

第Ⅲ部第 3 章　飛鳥の古代庭園 ── 苑池空間の構造と性格 ──

　「飛鳥の古代庭園─苑池空間の構造と性格─」（『古代庭園の思想─神仙世界への憧憬─』角川書店，2002 年）を一部改変したものである。

　平成 12 年（2000）に奈良大学において行われたシンポジウムの内容を基に，飛鳥時代の庭園について分類・性格づけを行ったものである。シンポジウムおよび書物については，当時，奈良国立文化財研究所飛鳥藤原宮跡発掘調査部長にあった金子裕之氏のご配慮があった。金子氏とは学生時代から研究会で交流があり，この庭園研究においても，亀形石の庭園としての位置づけについて検討するという点にあったと思う。本章では，亀形石の庭園的意味の有無と，飛鳥の庭園遺跡を体系的に検討した。

第Ⅲ部第 4 章　倭京の守り ── 飛鳥地域における防衛システム構想 ──

　「倭京の守り─古代都市　飛鳥の防衛システム構想─」（『明日香村文化財調査研究紀要　第 4 号』明日香村教育委員会，2004 年）を一部改変したものである。

　飛鳥東方丘陵上の八釣・東山古墳群の調査において検出した，尾根上の掘立柱塀の位置づけを検討するなかで考察した。掘立柱塀は，尾根を基壇にみたてた遺構であり，稜線に沿ってあることから，復元的に検討したところ，飛鳥の盆地を囲む「羅城」的施設と推定された。さらに飛鳥時代の軍事関連遺跡も検討し，飛鳥の防御の側面について検討した。この内容について，都城の軍事的側面を研究していた国立歴史民俗博物館の阿部義平氏からは，多くのご教示をいただいていた。

結　我が国における古代国家の形成過程 ── 古代宮都の変遷からみた律令国家の形成 ──

新稿である。

　これまで筆者が書いた古代宮都に関する論文を基に，宮都の変遷から律令国家の形成過程を論じたもので，本書の総括的論文である。王宮・王都研究に基づいて，古代国家の成立過程をトレースしたが，まだ，検討の不足している王宮もある。例えば，飛鳥岡本宮や大津宮については，十二分な位置づけができていない。それは調査成果がまだ少ないことにもよる。さらなる検討が必要であろう。そして，離宮や仮宮についても，今後検討が必要である。

　このようななか，これまでに執筆した論文を，1冊の書物にまとめてみないかと勧めていただき，吉川弘文館への仲介の労をとっていただいたのは，中尾芳治先生であった。先生は筆者が学生の頃，奈良大学に非常勤講師として来られており，その授業を受講したことをきっかけに，難波宮東八角殿院の調査への参加も許され，さらに当時，大阪市文化財協会で2カ月ごとに行われていた都城制研究会にも参加させていただいた。当時は学生として最年少ではあったが，ここで各都城を調査している研究者とも交流をもつことができ，多くのことを学ぶことができた。この研究会は今も続いており，毎回多くの刺激を受け，勉強をさせてもらっている。

　これまで執筆してきた論文が成り立つにあたっては，各都城遺跡で発掘調査に汗をかかれている研究者の方々から，多くの調査成果や研究成果をご教示いただき，ご指導をいただいてきた。さらに大学で都城制研究をされている先生方には，直接・間接を問わずお世話になった。ここでは紙面の都合上，一人一人のお名前を記すことはできないが，御礼申し上げたい。また，同じ分野に進んでいる学友たちとは，卒業後も切磋琢磨しながらも，多くの刺激をいただいている。その友人から貰った「好きなことをしてほしい」の言葉の通り，ここまで歩んできたような気がする。その研究環境を支えてくれている家族と両親にも感謝の言葉を述べたい。

　そして，大学卒業後も変わらずご指導をいただいていた奈良大学の先生方の学恩に感謝したい。特に，水野先生には公私にわたり，多くのご指導をいただいていた。筆者がこの道に進み，都城制研究を志すことになったのも，先生のお導きがあったからにほかならない。本書を先生にご覧いただけなかったのは

あとがき　　379

残念である。

　最後に，今日の出版事情の厳しい折，出版をお引き受けいただいた吉川弘文館に感謝したい。本書をまとめるにあたり，最新の成果を含めたものにしたいと思ったものの，論文執筆時から20年以上も経つものもあり，改訂作業は思ったよりも多くの時間がかかってしまった。再三締切を延ばしてもらうことになったが，辛抱強く待っていただき，適切なアドバイスをいただいた編集部の並木隆氏と編集実務にあたった精興社制作室の吉本英規氏に御礼申し上げます。

　　平成29年1月吉日

　　　　　　　　　　　　　　　　「牟佐の鎮守の森」近くの四阿にて

　　　　　　　　　　　　　　　　相　原　嘉　之

索　引

I　事　項

あ　行

赤坂天王山古墳群　31
芦浦遺跡　62
味経宮　122
飛鳥 I　14, 37
　──飛鳥池遺跡灰緑色粘砂層
　　14
　──甘樫丘東麓遺跡 SX037
　　14
　──雷丘北方遺跡 SD3580
　　14
　──川原寺 SD02　14, 37
　──狭山池北堤窯　14
　──古宮遺跡 SD050　14, 37
　──山田寺整地層　14, 37
飛鳥 II　14, 37
　──坂田寺 SG100　14, 37
　──水落遺跡　14, 38
飛鳥 III　15, 37
　──大官大寺 SE116　38
　──大官大寺 SK121　15, 38
　──藤原京右京二条二坊 SK
　　7303　38
　──藤原京左京六条三坊 SE
　　2355　15, 38
飛鳥 IV　15, 38
　──雷丘東方遺跡 SD110
　　38
　──高松塚周辺遺跡掘割状遺
　　構　38
　──檜前上山遺跡第 5 トレン
　　チ包含層　38
　──藤原宮西方官衙南地区
　　SE8470　15, 38
　──藤原宮西方官衙南地区
　　SK8471　38
　──藤原宮大極殿院地区 SD
　　1901A　15, 38

　──藤原宮内裏東官衙地区
　　SD8551　38
　──本薬師寺西三坊坊間路
　　SD151・SD152　38
飛鳥 V　15, 38
　──飛鳥京跡 SD0901　15,
　　39
　──藤原宮西方官衙南地区
　　SE1105　39
　──藤原宮内裏東外郭地区
　　SD850・SD105　39
　──藤原宮東面大垣地区 SD
　　2300　39
　──藤原京左京二条二坊土坑
　　1　39
　──藤原京横大路 SD01　39
飛鳥池工房遺跡　196, 202, 212,
　228, 247, 274, 295, 304, 314,
　367
飛鳥池東方遺跡　232
飛鳥板蓋宮　20, 120, 123, 126,
　131, 160, 183, 362
飛鳥岡本宮　20, 117, 126, 160,
　183, 361
飛鳥川原宮　123, 364
飛鳥河邊行宮　21, 127, 364
飛鳥宮跡　20, 24, 183, 246, 265,
　361
　── I 期　20, 117, 183, 362
　── II 期　20, 120, 131, 157,
　　160, 183
　── III 期　21, 117, 156
　── III ─ A 期　124, 133, 146,
　　160, 183
　── III ─ B 期　24, 125, 135,
　　146, 160, 183
　──エビノコ郭　125, 135,
　　184
　──エビノコ郭正殿（大殿）

135, 145, 146, 165, 184, 246,
　367
　──外郭　135, 185
　──北の正殿　134, 165
　──宮外東辺官衙地区　191,
　　193, 200
　──西北官衙地区　189, 199
　──東方官衙地区　190, 200
　──東北官衙地区　190, 200
　──内郭　125, 133, 135, 165,
　　183, 310
　──内郭東北官衙地区　189,
　　199
　──内郭北方官衙地区　188,
　　199
　──内郭前殿　133, 145, 146,
　　165, 184, 246
　──内郭南門　133
　──北辺官衙地区　191, 200
　──北辺西官衙地区　191,
　　200
　──北方官衙地区　190, 199
　──南の正殿　134, 165
飛鳥宮東辺道路　265, 281
飛鳥宮南辺道路　265, 281
飛鳥宮北辺道路　265, 281
飛鳥京跡苑池　189, 199, 295,
　304
飛鳥浄御原宮　24, 117, 125, 135,
　144, 160, 183, 265, 299, 367
　──大蔵　181
　──外安殿　165
　──大安殿　144, 165
　──大極殿　165, 184, 367
　──内安殿　165
飛鳥浄御原令　179, 200, 210
飛鳥寺　28, 279, 328, 346, 359
飛鳥寺下層　16
飛鳥寺瓦窯　281

索　引　*381*

飛鳥寺参道　269, 279, 281
飛鳥寺西辺道路　267, 278, 279
飛鳥寺西方道路　268, 279
飛鳥寺東南辺道路　269, 279, 281
飛鳥寺東辺道路　270, 281
飛鳥寺南辺道路　269, 279, 281
飛鳥寺西槻樹の広場　297
飛鳥寺北辺道路　270, 279, 281
飛鳥の方格地割　10, 54, 56, 258
飛鳥東垣内遺跡　346
飛鳥横大路　44, 262, 270, 274, 277, 281
穴太遺跡　59, 62
穴太瓦窯　69
穴太廃寺　348
　──後期再建伽藍　72
　──後期創建伽藍　69, 71, 72
　──前期　71
穴太南遺跡　62, 63
安倍寺　29
安倍寺遺跡　17, 25
阿部六ノ坪遺跡　→谷遺跡
甘樫坐神社　16
甘樫丘東麓遺跡　20, 21, 37, 228, 245, 247, 248, 362
甘樫丘東麓道路　282
新益京　24, 25, 41, 42, 45, 100, 222, 232, 284, 368
粟津市　77
安養寺瓦窯　97
雷内畑遺跡　301
雷丘　33
雷丘東方遺跡　17, 116, 130, 194, 201, 279, 294, 300, 348, 361
雷丘北方遺跡　37, 224, 243, 246, 247
斑鳩宮　116
石神遺跡　17, 20, 21, 24, 28, 116, 194, 201, 212, 267, 275, 278, 279, 294, 301, 340, 348, 361, 364
石神遺跡内道路　267
石川精舎　28
石居廃寺　72
石舞台古墳　32
石舞台古墳下層　31
石山国分遺跡　70
石山寺　72

石山寺前身寺院　348
乙巳の変　120
稲淵宮殿跡　21, 24, 127, 246, 364
芋谷南遺跡　70
岩屋山古墳　33, 277
磐余池　16
上之宮遺跡　16, 17, 24, 311
植松東4・5号墳　31
植山古墳　32
刑官（刑部省）　181
打上古墳　33
内山・田中瓦窯　98
厩坂宮　118
梅山古墳　31
浦坊廃寺　30
衛府　325
近江京（大津京）　40, 54, 76, 348
近江令　179
大壁建物（住居）　59, 63, 77, 231, 339
大窪寺　29
大蔵（大蔵省）　201, 202
大郡　122
大郡宮　122
大津城下層遺跡　62
大津宮　14, 15, 56, 62, 63, 124, 126, 134, 330, 365
　──淡海之第　57, 76
　──大炊　56
　──大蔵　56
　──大殿　56
　──臥内　56
　──庠序　57, 76
　──内裏西殿　56
　──内裏正殿　134
　──内裏佛殿　56
　──朝堂西第一堂　134
　──殿　56
　──濱臺（濱搜）　57, 76
　──南門　134
　──漏刻　14, 57
大津廃寺　72, 348
大野丘北塔　28
岡寺古墳　31
奥山廃寺　29
奥山リウゲ遺跡　224, 243

小郡宮　121
理官（治部省）　181
オスゲ6号墳　31
鬼の俎雪隠古墳　33
小原宮ノウシロ遺跡　226
小墾田兵庫　77, 116, 201, 330, 348, 366
小墾田宮（小治田宮）　17, 115, 116, 120, 126, 130, 156, 159, 194, 279, 297, 300, 361
　──大殿　131, 156
　──閤門　131, 157
　──大門　131, 156
　──廳（庁）　131, 156
　──南門　131, 156
園城寺　72
園城寺前身寺院　348
オンドル　59, 63

か　行

笠寺廃寺　73
笠山遺跡　70
笠山南遺跡　59
膳夫寺　30
カヅマヤマ古墳　34
カナヅカ古墳　33
上ツ道　17, 25, 259
上ノ井出遺跡　226, 247
亀形石槽　305, 313, 365
唐橋遺跡　62
軽寺　29
蝦蟇行宮　121
川原亀石遺跡　264
川原ケブタ遺跡　228, 245
川原下ノ茶屋遺跡　21, 260, 274, 281
川原百合ノ内遺跡　282
瓦積基壇　73, 79
川原寺　29, 38, 340, 347
川原寺下層　20, 21
川原寺参道　270, 282
川原寺式瓦　70, 71, 73, 79
冠位十二階　115
元興寺　360
官道整備　115
観音寺廃寺　71
観音堂遺跡　70
観音堂廃寺　71
紀路　259, 283, 342

岸説藤原京　24, 45
キトラ古墳　35
衣川廃寺　72
木之本廃寺　20, 29
吉備池廃寺　29, 118
京内諸寺　40
京の内の二十四寺　11, 28, 41
穹窿状石室　74
曲　池　315
欽明天皇陵　277
岬墓古墳　33
百済大寺　29, 118, 362
百済宮（百済大宮）　118, 120,
　126, 362
宮内官（宮内省）　181, 202, 207,
　210
久米ジガミ子遺跡　34
久米寺　30
栗原寺（呉原寺）　29
クルマゴエ遺跡　24
軍　団　326
牽牛子塚古墳　34
遣隋使　115, 116
乾政官院　155
源内峠遺跡　69, 70
憲法十七条　115
皇后宮　165, 173, 199
興善寺　30, 224, 241, 243, 247
高台・峰寺瓦窯　98
郡山遺跡　311
『国記』　115
国昌寺　73
越塚御門古墳　34
五条野内垣内遺跡　228, 243,
　246, 247
五条野丸山古墳　32, 277
五条野向イ遺跡　228, 243, 247,
　273, 282
子代屯倉　121
子代離宮　121
小谷遺跡　32
小谷古墳　33
小谷古墳群　32
古西近江路　69, 74, 78, 366
小山田遺跡　33, 230, 274, 282
古山田道　→山田道
小山廃寺（紀寺）　30
コロコロ山古墳　31, 32, 34

さ　行

坂田寺　29, 30, 281, 294, 310,
　347
阪田ミヤノ口下遺跡　230, 247
酒船石　305, 314, 365
酒船石遺跡　21, 191, 193, 198,
　202, 212, 215, 228, 243, 295,
　305, 313, 346, 348, 365
酒船石遺跡向イ山地区　333,
　339
坂本八条遺跡　74, 348
佐田遺跡群　21, 24, 32, 33, 231,
　246, 334, 342
猿　石　294, 310
山　城　329, 330, 332, 348, 365
志賀古墳群　74, 75
滋賀里遺跡　59
城島遺跡　20, 21
四条遺跡　24, 25, 95, 101, 102
四条古墳群　95
島庄遺跡　20, 21, 245, 294, 305
嶋　宮　24, 124, 294, 298
下ツ道　20, 21, 24, 25, 85, 258,
　276, 283
『周礼』冬官考工記　86, 368
須弥山石　116
上居49号墳　31
菖蒲池古墳　33
条　坊　24, 42, 99, 222, 284
定林寺　29, 30
白錦後苑　189, 299
神官（神祇官）　202
新山田道　→山田道
『隋書』倭国伝　115
崇福寺　72, 80, 348
菅池遺跡　59, 62
朱雀大路　257
関津遺跡　59, 62
膳所城下町遺跡　62, 63, 72
膳所廃寺　72
瀬田川　77
瀬田天神山遺跡　69
瀬田唐橋　55
前漢長安城　160
前期難波宮　123, 126, 132, 146,
　147, 160, 212, 363
──西方官衙　212
──内裏　166

──内裏後殿　132, 166
──内裏前殿　132, 145, 146,
　157, 166
──内裏南門　132
──朝堂院　132
──東方官衙　212
先行条坊　15, 24, 42, 89, 94, 96,
　98, 99
先々行条坊　41, 42, 89, 96, 98,
　99
礎石建物　59, 63
園山古墳群　74

た　行

高家遺跡　232
高家古墳群　31
高家一ツ橋古墳　31
大化改新　126
大官大寺　21, 30, 278
太極殿　147
大極殿　139, 144, 145, 363
大般若寺跡　72
大藤原京　24, 25, 232
大宝律令　85, 101, 179, 210
内　裏　164, 184
高松塚古墳　35
宅地班給　87, 100, 222
竹田遺跡　226, 246, 270, 276
高市大寺　29
太政官　181, 207
太政官院　155
橘　寺　29, 30, 340, 347
橘寺西辺道路　271, 283
橘寺東辺道路　270
立部ヨウトマエ遺跡　230, 245
田中宮　118
田中廃寺　29
谷（阿部六ノ坪）遺跡　16, 17,
　24
谷首古墳　32
民官（民部省）　181, 201
朝　庭　155, 158, 159
朝　堂　155, 158, 159
朝堂院　146, 154, 158, 363, 368
束明神古墳　34
塚本古墳　32
月輪南流遺跡　70
土橋遺跡　96, 102
兵政官（兵部省）　181

索　引　383

出水酒船石　295, 304
テラノマエ古墳　33
『天皇記』　115
天武持統陵（野口王墓）　34
東光寺跡　73
唐古安城　147, 161
　　──承天門　161
東方官衙下層遺跡　17
特殊地割　54, 56, 68
烽　326, 342
豊浦寺　14, 16, 29, 347, 360
豊浦寺下層　16, 115
豊浦宮　16, 114, 126, 360

な　行

長岡宮　147
中尾山古墳　34
中尾山古墳隣接地　232
中務省　181, 200, 210
中ツ道　24, 85, 259, 278
中畑遺跡　59, 62, 63
中山１号墳　33
中山２号墳　33
中山３号墳　34
中山遺跡　17, 20
中山古墳群　33
長束廃寺　72
難波大蔵　212
難波京　40, 222
難波碕宮　121
難波長柄豊碕宮　120, 122, 126,
　132, 363
難波宮　126
南郷遺跡　69
南郷田中古墳　74
南郷丸山古墳　74
新　城　24, 25, 30, 41, 42, 45, 98,
　246, 369
錦織遺跡　59, 62, 75, 124, 134,
　146
西橘遺跡　230, 246, 275
日向寺　29
野口王墓　→天武持統陵
野路岡田遺跡　59, 62
野路小野山遺跡　70
後飛鳥岡本宮　21, 42, 117, 124,
　126, 133, 183, 265, 364
法官（後の式部省）　181

は　行

八角形楼閣状建物　132
八省院　154
花摘寺廃寺　72, 73
馬場頭古墳群　31
橿木原遺跡　59
橿木原瓦窯　70
未央宮　160
東池尻・池之内遺跡　16, 17
東橘遺跡　21
東山カワバリ遺跡　270, 275,
　276
東山マキド遺跡　226, 243
平吉遺跡　16, 226, 245, 247
日高山　20
日高山横穴（W1〜2・W2〜4
　号）　34
日高山横穴墓　103
日高山瓦窯　97
日高山古墳（W1号墳）　32
匱迬野　79
檜前上山遺跡　20, 24, 231, 246,
　335, 342
檜前上山遺跡第５トレンチ包含
　層　38
檜前大田遺跡　231, 245, 246
檜前門田遺跡　231, 247, 275
檜隈寺　29, 30
「ヒブリ山」地名　343
平田キタガワ遺跡　21, 294, 310
平田クルマゴエ遺跡　230, 246
福王寺古墳　74
藤原宮　84, 125, 127, 135, 145,
　160, 237, 368
　　──西南官衙地区　210
　　──西方官衙　237
　　──西方官衙北地区　101
　　──西方官衙南地区　85, 92,
　99, 206, 207
　　──造営運河　87, 90, 96, 99,
　125
　　──大極殿　102, 125, 138,
　368
　　──大極殿院　15, 85, 100,
　135, 138
　　──大極殿院南面回廊　87
　　──大極殿院南門　87, 100
　　──内裏　85, 99, 125, 135

　　──内裏外郭　138
　　──内裏内郭　135
　　──内裏東官衙　85, 93, 101,
　203, 207
　　──朝集堂　132, 138
　　──朝集堂院　85, 89, 138
　　──朝集堂院東回廊　101
　　──朝堂院　85, 88, 125, 135,
　138
　　──朝堂院東面回廊　100
　　──朝堂院北面回廊　87, 100
　　──朝堂第一堂　88, 100
　　──朝堂第二堂　88, 100
　　──朝堂第三堂　88, 100
　　──朝堂第四堂　88
　　──東方官衙　237
　　──東方官衙北地区　85, 92,
　101, 205, 207
　　──東楼　87, 100
藤原宮西方官衙下層遺跡　224,
　246
藤原宮内裏東官衙下層遺跡
　223, 243, 247
藤原宮東南隅下層遺跡　224,
　247
藤原京　85
　　──右京北五条三坊西南坪
　241
　　──右京北五条十坊西南坪
　234
　　──右京七条一坊西南坪
　234, 241
　　──右京二条三坊東南坪
　241
　　──右京六条五坊東北坪
　241
　　──左京十一条三坊　234,
　237, 241
　　──左京六条三坊　232
藤原京右京十二条四坊下層遺跡
　226, 247
藤原京左京六条三坊下層遺跡
　224, 247
両槻宮　124
古宮遺跡　16, 17, 28, 116, 276,
　294, 300, 361
平安宮　147
　　──豊楽院　158
平城宮　147, 158

384

————大極殿　102
————内裏正殿　199
平城京　86, 101, 102
————朱雀大路　258
方形街区　24, 25, 30, 42, 45, 98,
　125, 246, 369
方形瓦　69〜73, 79
方形池　294, 315
宝光寺　72
木瓜原遺跡　70
細川谷古墳群　31

ま　行

牧代瓦窯　96
纏向遺跡　17, 25
真弓鑵子塚古墳　32
マルコ山古墳　35
御倉遺跡　59
水落遺跡　14, 21, 38, 127, 212,
　246, 364
御園アリイ遺跡　24, 230, 245
御園遺跡　245
御園チシャイ遺跡　231, 245
御園西浦遺跡　232
三尾城　55, 77

南滋賀遺跡　59, 62, 63, 74
南滋賀廃寺　70, 72, 348
ミニチュア炊飯具　74
耳梨行宮　116
御窟殿　199
都塚古墳　31
宮滝遺跡　311
宮東山　124
民部省　→民官
向原の家　28, 115, 360
鞭崎神社古墳　74, 75
メスリ山西土壙群　32, 33
本薬師寺　15, 30, 94
桃原墓　32
森カシ谷遺跡　338, 342
文殊院西古墳　33
文殊院東古墳　31

や　行

矢倉口遺跡　63
八釣東山古墳群　31, 33
八釣マキト遺跡　333, 339
山田寺　14, 29, 347
山田寺下層遺跡　20, 232, 248
山田寺参道　271

山田寺整地層　14, 37
山田寺南辺道路　271
山田道（古山田道・新山田道）
　17, 24, 25, 28, 85, 116, 260, 270,
　275, 279, 340, 348
山田道遺跡　16, 268
倭都　→倭京・倭都
山ノ神遺跡　69, 70
養老律令　179
横大路　24, 25, 85, 260
横尾山古墳群　75
横土井遺跡　75
吉野宮　124

ら　行

洛陽　160
羅城　331, 340, 349, 365
留守司　77
漏刻　→大津宮漏刻

わ　行

若草伽藍　360
若松神社古墳　75
倭京・倭都　10, 40, 42, 76
和田廃寺　29, 30, 347

II　人　名

あ　行

厩戸皇子（聖徳太子）　16, 116
大海人皇子　77, 366

か　行

柿本臣人麻呂　53
吉備姫王　298
欽明天皇　31, 277
草壁皇子　34, 298
鞍作氏　29
元明天皇　135
皇極天皇（斉明天皇）　120, 123,
　131, 362
孝徳天皇　120, 123, 132, 145
弘文天皇（大友皇子）　134, 366

さ　行

斉明天皇（皇極天皇）　30, 34,

　42, 131, 133, 265, 364
持統天皇　30, 100, 135, 368
舒明天皇　117, 118, 361
推古天皇　32, 114, 115, 130, 360
崇峻天皇　31, 114
蘇我氏　14, 17
蘇我稲目　32, 115, 360
蘇我入鹿　20, 144, 248, 328, 362
蘇我馬子　32, 115, 298, 360
蘇我蝦夷　20, 117, 118, 248, 328,
　361, 362
蘇我倉山田石川麻呂　20, 248

た　行

竹田皇子　32
高市皇子　100
天智天皇　57, 79, 134, 365
天武天皇　30, 42, 96, 99, 124,
　135, 265, 367

な　行

中臣鎌足　57, 76, 297, 366
中大兄皇子　14, 29, 123, 144,
　297, 298
糠手姫皇女　298

は　行

檜隈氏　29
平田氏　29

ま　行

文武天皇　135

や　行

東漢氏　32

Ⅲ　研究者名

あ　行

秋山日出雄　11, 149, 258
阿部義平　13, 55, 68, 325, 348
網干善教　10, 258
石田由紀子　96
石母田正　348
井上和人　11, 56, 258
井上亘　152
今泉隆雄　12, 141, 151
入倉徳裕　11
植木久　143, 152
牛川喜幸　295
近江俊秀　257
大脇潔　12, 96
小笠原好彦　54, 68
小澤毅　141, 153, 162, 349
押部佳周　12
小野健吉　295

か　行

門脇禎二　348
金子裕之　152
亀田博　141, 153, 178, 295, 349
河上邦彦　295, 348
岸俊男　10, 12, 140, 147, 149,
156, 158, 223, 257, 324, 343
鬼頭清明　140, 149
木下正史　11, 223
黒崎直　11, 258

さ　行

清水真一　295
菅谷文則　324
関川尚功　325
関野貞　148
積山洋　142, 147
千田稔　11, 258

た　行

高瀬要一　295
竹田政敬　232
田辺昭三　54, 55
千田剛道　325
寺崎保広　151, 162

な　行

直木孝次郎　139
中尾芳治　139, 147, 151
西弘海　14, 36
西本昌弘　145, 149
仁藤敦史　12, 55

は　行

橋本義則　12, 150, 158, 163
花谷浩　12, 96
林博通　54～56, 68, 348
林部均　13, 142, 146, 153, 163,
178
福尾猛市郎　54
福山敏男　139
藤居朗　68
藤井利章　277
藤岡謙二郎　54

ま　行

前田晴人　12
松浦俊和　55, 348
三崎裕子　164
湊哲夫　12

や　行

八木充　148
吉川真司　154, 163

わ　行

和田萃　348
渡辺晃宏　143

著者略歴
1967年　大阪市に生まれる
1990年　奈良大学文学部文化財学科卒業
奈良国立文化財研究所飛鳥・藤原宮跡発掘調査部，滋賀県文化財保護協会を経て，
現在　明日香村教育委員会文化財課長

〔主要著書・論文〕
『蘇我三代と二つの飛鳥』（共著，新泉社，2009年）
「ふたつの壁画古墳」（森公章編『史跡で読む日本の歴史』3所収，吉川弘文館，2010年）
「発掘された飛鳥・藤原京」（豊島直博・木下正史編『ここまでわかった飛鳥・藤原京』所収，吉川弘文館，2016年）

古代飛鳥の都市構造

2017年（平成29）3月20日　第1刷発行

著　者　相
あい
原
はら
嘉
よし
之
ゆき

発行者　吉　川　道　郎

発行所　株式
会社　吉川弘文館
〒113-0033 東京都文京区本郷7丁目2番8号
電話 03-3813-9151（代）
振替口座 00100-5-244
http://www.yoshikawa-k.co.jp/

印刷＝株式会社 精興社
製本＝誠製本株式会社

© Yoshiyuki Aihara 2017. Printed in Japan

| 古代飛鳥の都市構造（オンデマンド版） |

2024年10月1日　発行

著　者　　相原嘉之
発行者　　吉川道郎
発行所　　株式会社 吉川弘文館
　　　　　〒113-0033　東京都文京区本郷7丁目2番8号
　　　　　TEL　03(3813)9151(代表)
　　　　　URL　https://www.yoshikawa-k.co.jp/

印刷・製本　株式会社 デジタルパブリッシングサービス
　　　　　　URL　https://d-pub.sakura.ne.jp/

相原嘉之（1967～）　　　　　　　　　　　© Aihara Yoshiyuki 2024
ISBN978-4-642-74635-9　　　　　　　　　　Printed in Japan

JCOPY 〈出版者著作権管理機構　委託出版物〉
本書の無断複写は著作権法上での例外を除き禁じられています．複写される
場合は，そのつど事前に，出版者著作権管理機構（電話 03-5244-5088，
FAX 03-5244-5089, e-mail: info@jcopy.or.jp）の許諾を得てください．